U0147480

物象社会译丛

陈振铎 主编

*Alain Corbin*

# 烟花女子

## 19 世纪法国性苦难与卖淫史

〔法〕阿兰·科尔班——著　唐果——译

# LES FILLES DE NOCE

*Misère sexuelle et prostitution (XIXe siècle)*

商务印书馆
创于1897 The Commercial Press

Alain Corbin
**LES FILLES DE NOCE**
**Misère sexuelle et prostitution**
**(XIX$^{e}$ siècle)**
Revised edition

本书根据法国弗拉马里翁出版社 2015 年版译出

# 总 序

人作为自然中的物，因有智慧与理性，创造各种物；这些物，又反过来影响人，人生活在这些物中间，受这些物影响，进一步塑造自身。人与物相互作用。这种互为对象的关系，引发了中外文化对物和象千姿百态的认识。中国文化认为物可以作为景的一部分，是人眼中的景，是人心境的外延，是景象。西方文化自古典时代发凡，对物的认知经历了自然主义和形而上学阶段。文艺复兴和启蒙运动以前，物由神造、物经天作；之后，“人”的面貌逐渐清晰。工业革命及技术的发展，使自然之物、人和人造之物的关系逐渐变得复杂。在现代世界中，以物为中心和以人为中心的各种意识共同交织，一条发展主线是物对人的异化，形成一种“物是人非”。物的进化，是以人的退让为代价的。人被异化为各种物和符号。另一条主线是以人为中心的人文主义精神，这种探寻从未止步，不断寻求解放人类心灵的方法和道路。物的进化和人的耕耘，在“现代”的洪流中演化出各种人-物关系以及物象观，催生出各种人文思想和皇皇巨著。

中国进入现代化进程以来，除了中国社会传统的各种认知，也吸收了西方社会人-物的各种认知观，并与中国传统相互结合。同时，正在大步跨越的互联网技术以及已然形成的信息社会，影响和重新塑造着人类的心灵秩序，人与外部物质的关系又面临变革。这对人文社会科学提出了更多要求。

基于以上判断，这套丛书试图在浩瀚书海中搜寻研究物和人的关系的经典佳作，以人-物关系、物象观为主线，审视人类社会和中国社会的各种结构和进程。丛书将主要关注物通过人的心灵与社会形成的"体现"，也就是附着于物的各种符号、象征意义，以及人借物的社会互动形成的现象和这些现象背后的价值、关系、意义等。丛书将特别关注现代进程中人与自然之物、人造之物等不同范畴的物如何耦合的，如何相互征服、控制、改造和训化，并通过这种交互形成自我和共同的关系。由此，丛书定位也清晰起来：从物出发，以物联系世界和社会万象，见微知著。

老子说："执大象，天下往"。"象"在老子这里，不仅仅是现象和境界，还是规律，是道本身。丛书追求的理想型也在于此，即万物和人的关系能否达致老子"人法地，地法天，天法道，道法自然"的秩序，还有庄子所言的"天地与我并生，而万物与我为一"。在这种理想型和人文关怀中，一边审视既往历史发展而来的抛给当下人类社会各种难题，一边在这种困境中不断探究人类心灵在各种以物为本体的秩序中如何超越与解放。这是丛书，也是人文社会科学研究的一种志业。

陈振铎

2023 年 8 月 5 日于杭州

# 目 录

## 第二部分 从人身监禁到行为监督

## 第三部分 新战略的胜利

# 前　言 7

1912年，美国学者弗莱克斯纳在调查欧洲卖淫规模时写道："如今，男人的需求……如此常见，甚至可以被认为是普遍需求。"[①] 当时的浪漫主义小说、政治小说、侦探小说和犯罪小说不仅证实了这种印象，而且充分表明性交易行为在当时广受关注。然而，当代法国学术史甚少关注这一重要的社会心理学问题。[②] 面对这一研究空白，我提出了"历史学家与妓女研究"的论题，以期引起同行的关注和思考。迄今为止，史学界的同类研究寥寥无几，这难道是因为这是一个禁忌话题吗？我也说不上来。但无论如何，历史学家之所以如此沉默，是由于自古以来人们坚信妓女这个现象是不具有历史性的。这是"世界上

---

① Abraham Flexner, *La prostitution en Europe*, p. 31.

② 中世纪和现代的历史学家已经开始研究这个问题，比如 J. 罗索德（J. Rossiaud）、B. 杰雷梅克（B. Geremek）、J. 索莱（J. Solé）、J. –C. 佩罗（J.-C. Perrot）的著作，尤其是埃里卡 · 贝纳布（Erica Benabou）的论文。应当指出的是，国外一些学者很早就着手研究卖淫史，参见美国学者弗恩 · L. 布劳（Vern. L. Bullough）及其团队的著作。

最古老的职业”，也是唯一被历史遗漏的职业。有关卖淫业历史研究的法文文献少之又少，[①] 在君主立宪制时期，一些博爱主
8 义者就妓女问题出版了相关论著，不过，他们的论述时间跨度相当大。本书则选择了一个中段时间，准确来说是研究 1871—1914 年的卖淫问题。对习惯于将妓女问题放在最大时间跨度下看待的人来说，我的选择可能显得很荒谬。因此，我需要解释一下为什么这个时间段值得深究。

首先，我们在探讨妓女问题时，不会婉转措辞，不会体恤怜悯，也不会得意扬扬。换句话说，我认为，性苦难和性享乐这两个问题应该放在性病问题之外单独加以研究，[②] 也不应该披上历史人口学的外衣。当代法国历史学家不必再依赖户籍官员，是时候独自“走进”两性房间，一探究竟了。迄今为止，19 世纪的性学历史一直被社会心理学家所忽视，然而，这段交织着欲望、欢愉和苦难的历史不应遭受伦理道德、优生优育和鼓励生育等顾虑的干涉。

在一个尚未探索的领域，除了开辟前景，我们还能做些什么呢？进行这项研究的最终目的不是写出一部论文，而是试图找出性苦难与卖淫组织、卖淫行为、卖淫话语和卖淫政策之

---

① 尤其参见：Servais et Laurend, *Histoire et dossier de la prostitution*。

② 这个研究角度不同于少数提出这个问题的作者。参见 P. 皮拉德（P. Pierrard）的论文，或 G. 德赛尔（G. Désert）最新的文章。我的论文《19 世纪利木赞的古风与现代化》（*Archaïsme et modernité en Limousin au XIX$^{e}$ siècle*）当中所用的研究方法也存在这个不足。

间的关联性。为此，我选择研究由执政府建立的监狱制度逐渐解体的时期。正是在这一时期，亚历山大·巴朗-杜夏特莱（Alexandre Parent-Duchâtelet）提出的卖淫规制主义理念产生了动摇，人们开始以优生学的名义对妓女的行为进行监督。从法兰西第二帝国结束到第一次世界大战，卖淫规范程序开始向 9
科学技术过渡，不同的卖淫规范程序至少可追溯到18世纪的启蒙运动，科学技术则开启了追求健全社会的20世纪。[①]

这部作品的灵感来源是坚信19世纪卖淫史是了解那个时代的一个特殊途径。而当时的卖淫话语是集体妄语的交汇点，也是所有焦虑的汇合点。

最后，这部作品还可以为思考“放荡”意义的人们提供研究素材。放荡往往被视为一种异化形式，它不仅是性苦难导致的结果，也是一种抗议，具有颠覆性的威胁，必须加以制止。在当时的男权社会里，女性的放荡尤其不被容忍，在施虐受虐的社会大环境下，女性成为受害者。本书最后就当代卖淫的发展（1914—1978年）展开了研究，既弥补了历史文献的空白，也旨在辨析妓女运动和现有观念中存在的两方面问题：一方面是对初具雏形的卖淫组织的顽固维护或默许；另一方面是变革的意愿以及对新式卖淫的拒绝。

---

① 埃里卡·贝纳布（Erica Benabou）详细阐述了这一点。

# 第一部分

# 卖淫规制及封闭式管理

# 第一章　卖淫规制主义话语 13

## 1. 亚历山大 · 巴朗-杜夏特莱与卖淫规制主义

与本书计划研究的历史阶段相比，亚历山大·巴朗-杜夏特莱[①]的著作早了几十年，即便如此，这部著作也不容忽视，否则我们将完全无法理解那场贯穿了19世纪最后三十几年的争论。卖淫规制起源于执政府时期，实际上在七月王朝初期，巴朗-杜夏特莱医生就已经开始研究卖淫规制理论了。不仅如此，他还是卖淫规制的宣传捍卫者，甚至可以说是最具威信的颂扬者。

在帝国时期和复辟时期，当权者有意无意地颁布了一系列指导方针，巴朗-杜夏特莱按照逻辑关联的原则将它们汇总起来，并在杰出的社会人类学研究的基础上建立了整套规制。他的著作总体构架协调，涉猎广泛，具有方法论的革新，因此，

① Docteur Parent-Duchâtelet, *De la prostitution dans la ville de Paris considérée sous le rapport de l'hygiène publique, de la morale et de l'administration.*

14 这部作品不仅具有重要的认识论意义，而且为近半个世纪的妓女文学做出了权威性示范。[①] 作为作者，巴朗-杜夏特莱的名望已经引起了当代历史学家的关注。[②] 在此，我们简要概述一下他的思路，也借此提出本章将要论述的观点。简而言之，我们希望能帮助读者理解发生在第三共和国时期的纷争，正是在这个时期，卖淫规制在社会结构和思想结构剧变的波及下崩溃瓦解。

### 1）卖淫和妓女

巴朗-杜夏特莱的著作只涉及“公娼”，在他看来，性交易并不属于这一类别，书中也不涉及被包养的女子、交际花和
15 高级暗娼。有些从事性交易的女性拥有固定居所，能够缴纳税款，享有公民权，对外表现得很体面，并借由以上因素躲避行政专制监察。第三共和国初期，贝劳的后继者认为这类女性也

---

① 巴朗-杜夏特莱著作的影响是立竿见影的。贝劳（Béraud）参考这部著作，用一名警察的经历做了补充，于 1839 年出版了《巴黎妓女公娼及其管辖警察》（*Les filles publiques de Paris, et la police qui les régit*）。布雷（Buret）、弗雷吉尔（Frégier）和杜克贝秀（Ducpétiaux）都采纳了巴朗-杜夏特莱著作中大量关于卖淫的定量数据。波顿（Potton）医生之所以能在 1839—1842 年完成著作《论大城市，尤其是里昂市的卖淫和梅毒问题》（*De la prostitution et de la syphilis dans les grandes villes, dans la ville de Lyon en particulier*），正是因为他希望罗讷市可以像巴黎一样，实行巴朗-杜夏特莱曾多番论述的卖淫规制。只有阿尔丰斯·艾斯奇洛斯（Alphonse Esquiros）（著有《疯狂的处女》[*Les vierges folles*]，1844）试图反对这位提倡卖淫规制的医生的观点，然而他本人恰恰从后者的观点中得到了启发。

② Louis Chevalier, *Classes laborieuses et classes dangereuses*, p. 29-31.

属于卖淫者行列，但巴朗-杜夏特莱和贝劳与他们的观点恰恰相反。[①] 巴朗-杜夏特莱认为，这类女性对统治阶级而言并不构成真正的危险，事实上，她们已融入了统治阶级。

尽管巴朗-杜夏特莱在很多章节中[②] 强调卖淫由来已久，甚至亘古不灭，但他并不认为卖淫是一成不变的，他甚至明确否认卖淫会永远存在。[③] 许多历史学家之所以对卖淫这一现象缺乏研究兴趣，正是因为他们假定卖淫组织和卖淫行为具有永久性，而不是一个历史性的现象。但与许多规制主义者甚至大多数当代历史学家不同，坚信历史主义的巴朗-杜夏特莱采用经验论的研究方法对卖淫现象进行了研究。

自古以来，卖淫被认为是一种祸害，同时也是一种必要的 16

---

① 实际上贝劳对此也是矛盾的。他本人也拒绝研究“交际花、被包养的女子、放荡的女子和高级暗娼”（*op. cit.*, t. I, p. 18-19）；波顿医生认为她们都是一样的（*op. cit.*, p. XIV），与他的观点不同，贝劳认为风流女子和公娼并不一样（*op. cit.*, t. I, p. 47）。然而，暗娼令他烦忧，他希望扩大警察的监管范围，这促使他在著作的末尾提出了规制计划，他打算把处于各种不同状况的风流女子都转变成公娼（*op. cit.*, t. II, p. 296-298）；他认为这是保障卖淫卫生监管、保护回头浪子的财富，尤其是扼制奢靡之风蔓延的唯一方式，“奢靡是对贫苦人民美德的一种公然侮辱”。与巴朗-杜夏特莱相比，贝劳以一种更狂热的态度、更强硬的说教口吻鼓吹极端规制主义。

② 这段时期的荒淫无度更能说明君主立宪制时期或第二共和国时期出现的卖淫故事。参见：Sabatier, *Histoire de la législation sur les femmes publiques et les lieux de débauche*, 1818; Dufour, *De la prostitution chez tous les peuples*, 1832。相关内容可查阅贝劳（*op. cit.*, t. I, p. IX-CVIII）以及波顿医生（*op. cit.*, p. 7 *sq.*）的著作。

③ 阿尔丰斯·艾斯奇洛斯错误地写道，巴朗-杜夏特莱认为卖淫是一种“停滞不前的、永久的、始终如一的行为”（*op. cit.*, p. 19）。

恶；[1]“无论是在居民区，还是在下水道、公共道路和垃圾场，都少不了妓女”；[2]“她们有助于维持社会秩序和社会安定”。[3]作为巴黎公共道路和下水道研究专家，[4]巴朗-杜夏特莱立足于最纯粹的奥古斯丁传统，[5]他的关注点反映出他对垃圾和疫气的执念。巴朗-杜夏特莱认为，如果没有妓女，“有欲望的男人会对你的女儿和女仆产生欲望……终而扰乱你的家庭”。巴朗-杜夏特莱认同当时盛行的有机论，他认为卖淫现象如同必需的排泄行为，可以保护社会主体免受疾病的侵害。

17　实话说，巴朗-杜夏特莱在著作中几乎从未强调困扰他的本质性问题。这个问题不是指公娼，因为他认为公娼是可以管控的。这个问题也不是指暗娼，要知道巴朗-杜夏特莱对暗娼的关注度远远不及贝劳和第三共和国社会革命[6]期间贝劳的后

① 几乎所有时代的作者都同意这一点；1835年，盖平（Guépin）医生就提出了一些保留意见（*Nantes au XIX*$^{e}$ *siècle*, p. 636）。贝劳（*op. cit.*, t. I, p. 15）也认为卖淫是“保护绝大多数不受我们尊敬和尊重的性别”的先决条件（p. 16）。阿尔丰斯·艾斯奇洛斯认为卖淫是一种必要的恶，但这只是暂时性的，一旦文明进程减少了这种由原始混乱造成的后遗症，卖淫就会消失。同时，应将这类女子“纳入社会的主流”，同时对她们实行暂行规范（*op. cit.*, p. 182, p. 205）。

② *Op. cit.*, tome II, p. 513.

③ *Op. cit.*, tome II, p. 512.

④ 关于这个方面，参考法国历史学家、人口学家路易·谢瓦利埃的阐述（Louis Chevalier, *op. cit.*, p. 30）。

⑤ 规制主义者总是援引奥古斯丁的观点：“废除妓女这一职业，男人的欲望会令世界天翻地覆；将妓女列为清白女性，世界会因此蒙受耻辱。”

⑥ 第三共和国社会革命也称“道德秩序”。“道德秩序”是在拿破仑三世和临时共和党政府接连倒台后形成的权力联盟。第三共和国社会革命爆发于拿破仑三世逊位和临时执政府覆灭之后，革命的目的是进行第三次复辟。——译者

继者。真正困扰他的，是卖淫这一“职业”在妓女生命中的暂时性。巴朗-杜夏特莱对此颇为焦虑，他写道：“她们会回归日常生活，出现在我们周围……进入我们的家庭，进入我们的群体内部。”① 从这个角度来看，被弗雷吉尔归为“邪恶阶级”甚至是“危险阶级”② 的劳动阶级的存在，也令当时的名流显贵产生了同样的焦虑。因此，巴朗-杜夏特莱认为只有充分了解妓 18
女，才能尽可能防止她们养成恶习，防止她们在“转行”时将恶习传染给别人。最重要的是，要避免她们受“女同性恋”的侵害，这会对女性的性行为道德造成最直接的损害。

需要注意的是，巴朗-杜夏特莱尤其强调性疾病传播的威胁。正是因为这一点，巴朗-杜夏特莱被视为 19 世纪末致力于散布性病焦虑和梅毒厌恶情绪的医生先驱。事实上，巴朗-杜夏特莱在他的著作中已明确了这个重要主题：“在所有严重损害人类和社会健康的传染病中，没有哪一种疾病比梅毒更严重、更危险、更可怕”，③ 这是一种比瘟疫更糟的祸患。不过巴朗-杜

① *Op. cit.*, tome II, p. 14.

② 路易·谢瓦利埃的杰作的成功光环实际上多少使人忽略了这个概念。弗雷吉尔认为，是个体内部的贫穷和堕落的加深使这个群体成为危险分子（*op. cit.*, t. I, p. 7）。但是他并不把“引起大众叛乱的个体”归为“危险阶级”（t. I, p. 13），而是把公娼、公娼的情人、皮条客以及妓院女主人归为“堕落阶级中的危险分子”（*op. cit.*, t. I, p. 44）。弗雷吉尔最后遗憾地指出，“懒散、不安定、堕落的阶级”（p. 7）（在此我们想到了流氓无产阶级），“十分狂热”（p. 11），只能成为统计的对象，并且与犯罪相比，统计数据较少关注堕落行为（p. IX）。按年统计堕落行为（弗雷吉尔似乎尤其针对酗酒行为）这个提议不在规制主义计划范围之内，但属于同一种烦扰。

③ *Op. cit.*, tome II, p. 33.

夏特莱也客观地指出，整个社会的性病发病率在下降。[①]

基于对卖淫本身以及卖淫造成的威胁做出的阐释，巴朗-杜夏特莱创立了研究“公娼阶层”的杰出的人类学理论。“公娼阶层”被定义为处于社会边缘的群体，这一“游离群体”[②]的
19 成员是一些置身社会之外的女性，对于其他社会成员来说，她们仿佛来自另一个半球，[③]拥有不同的习俗、不同的兴趣、不同的习惯。巴朗-杜夏特莱认为，这种边缘性是由组成该群体的个体造成的，同时也是卖淫规制形成的基础。边缘化现象之所以如此严重，是因为该群体长期被边缘化。[④]与犯罪一样，卖淫会催生一个反社会的地下群体，形成一批对道德、社会、卫生和政治均构成威胁的社会底层。[⑤]巴朗-杜夏特莱本就是下水道专家，谁能比他更胜任这项研究呢？

这种社会底层并非无差别的大杂烩。当时的人们对劳动阶

---

① 的确，波顿医生在他有关卖淫的著作里坚定地把重点放在性病的危险上。然而当时大众相信的说法是梅毒虽然传染，但其危害不再严重。参见：docteur Guépin, *op. cit.*, p. 644. Cullererier, *Dictionnaire des sciences médicales*, «syphilis»。波顿医生批判了这种观点（*op. cit.*, p. 3）。

② *Op. cit.*, tome I, p. 4.

③ 同上。巴尔扎克笔下的卡洛斯·赫雷拉对艾斯黛儿说：“因为在警察的文件上，你并不属于社会的一员。”（*Splendeurs et misères des courtisanes*, La Pléiade, p. 684）

④ 这是贝劳反复重申的观点（*op. cit.*, t. II, p. 34）。然而阿尔丰斯·艾斯奇洛斯认为，公娼没有被社会抛弃；她们压根未曾进入社会（*op. cit.*, p. 69）。

⑤ 阿尔丰斯·艾斯奇洛斯一直受到主流的有机论影响，他特别写道：“长期以来，让社会成员偏离中心对于社会一直是危险的：正是这些分裂力量在特定的时间引起了某种暴力且徒劳无益的动荡。”（*Il y a deux soeurs naturelles au monde: c'est la prostituition et l'émeute*, *op. cit.*, t. II, p. 201）

级只有一个模糊的概念，恐惧削弱了他们的观察力，巴朗-杜夏特莱却相反，信念感曾促使他长期待在下水道里做研究，后来也同样促使他对“公娼阶层”展开分析、剖析以及分类。他对构成这个阶级的各类人群进行了相当精确的研究，因而直到
20世纪前，他的论述一直被反复引用；[①] 其权威性使后来的研究 20
者望而却步，从而忽视了该领域的发展变化。我们可以说，公娼阶层这种底层社会的群体与上层社会的群体均有所对应：“最常见的是，高娼会从法学院学生、医学院学生和年轻律师中挑选情人……而中娼会在各种商店职员，特别是在裁缝中选择情人，她们还会选理发匠、流动演奏家、咖啡馆驻唱歌手以及珠宝商和金银匠。其余的妓女则会将目光投向各类工人。”[②] 娼妓的等级划分也是一条金钱鄙视链。

巴朗-杜夏特莱强调，通过这种社会阶层对照，每一类妓女都以嫖客的身份地位定义自己的等级。“每一级妓女都有特定阶层的主顾，她们会养成主顾所在阶层的习惯，言行举止也会与那个阶层越来越相似，因此，经常接待工匠、苦力工或泥瓦匠的妓女在与官员客人相处时往往会感到格格不入……同样，习惯接待社会地位高的文化人的妓女也讨厌和粗人待在
一起。[③] 这种划分有助于消除人们对社会传染风险的担忧。第 21

① 自1839年，贝劳开始大胆尝试在巴朗-杜夏特莱对妓女所做的分类的基础上进行补充汇总（*op. cit.*, t. I, p. 54-91）。

② *Op. cit.*, tome I, p. 153.

③ *Op. cit.*, tome I, p. 180.

三共和国初期，资产阶级行为习惯的影响扩大，卖淫规制被破坏，但与此相比，妓女阶层等级划分的瓦解更让最后的规制主义者惊慌失措。

巴朗–杜夏特莱按照林奈（Linné）的生物学分类系统将妓女分为不同种类，例如“妓院里的妓女”①“站街女”“军妓”，等等。他还对每个种类进行了详细的描述，例如，“暗妓”也就是“下等娼妓或地下娼妓”，只能在暗中工作，这类妓女是很可耻的，她们甚至“不配登记在册”。②

分析卖淫的原因以及导致卖淫的途径，使卖淫规制话语建立的前提更加清晰，同时也表明了强烈谴责性行为自由的主观意愿。恰恰是因为出现了性自由的强烈趋势，人们才提出建立卖淫规制的计划。女性只有先经历一段“无序生活”，继而经历一段“荒淫无度”③的时期之后，才会陷入“卖淫”。而“女同性恋”则是卑劣至极的“卖淫”。④这一历程受到情绪和社会机制的双重影响。驱使女性坠入致命深渊的正是最初的淫荡和懒惰。从事卖淫行业的主要是“某种特定类型的女孩”。⑤第二

---

① 然而贝劳指出，巴朗–杜夏特莱错误地混淆了两种妓女，即“自愿入行的妓女”和“名妓”，前者是妓院女主人手下真正的学徒，没有任何报酬；后者可以拿到一部分客人给的报酬（*op. cit.*, t. I, p. 57-60）。

② *Op. cit.*, tome I, p. 188.

③ “贝劳写到放荡是一种激情，这种激情会演变成狂热；放荡导致卖淫（或者过早死亡），没有什么比它更可耻、更无可救药了。”（*op. cit.*, t. I, p. 42）

④ 贝劳拒绝讨论同性恋话题，因为他的写作面向全体大众。

⑤ *Op. cit.*, tome I, p. 90.

个基本假设是，放荡和卖淫的趋向源于原生家庭：有“一个卑 22
劣的原生家庭”，[①] 或者目睹家庭成员的“放荡生活”[②] 都会导致堕落。[③] 但巴朗-杜夏特莱也提到了贫穷和低收入问题。维莱尔梅（Villermé）曾多次强调，许多制造业女工会时不时地卖淫或以卖淫为副业。在车间和工厂里，工人们没有性别之分混杂在一起，对此，维莱尔梅、众多社会主义者以及上文提到的学者们都深感悲哀。由此我们可以明白，对所有研究卖淫问题的人来说，失业、女性低收入以及更广泛的工人贫困问题，[④] 都是促使她们卖淫的重要因素。

巴朗-杜夏特莱描绘的妓女形象经常在妓女文学中出现，
成为众多作家的灵感来源，我们曾在上文提到，他的研究误导 23
了后续的研究者，除此之外，他的理论也在某种程度上决定了

---

① *Op. cit.*, tome I, p. 95.

② *Op. cit.*, tome I, p. 94.

③ 我们知道当时的博爱主义者和经验论社会学家十分重视社会环境的影响。关于卖淫，盖平医生 1835 年写道：“我们请求数据统计工作者提供这些妓女的经历、社会地位、受教育状况、父母的道德观念等信息，总之就是与她们周围社会阶层环境相关的信息。”（*op. cit.*, p. 637）他认为这项信息统计工作应该由“和善的警察”承担。

④ 比如，下列学者在他们的著作中都认为贫困是卖淫的原因：E. Buret（*De la misère des classes laborieuses en Angleterre et en France*, 1840, t. II, p. 251-256）；Frégier（*op. cit.*, passim）；Potton（*op. cit.*, p. 7 *sq.*）；Ducpétiaux（*De la condition physique et morale des jeunes ouvriers et des moyens de l'améliorer*, 1843, t. I, p. 325, 330）；Al. Esauiros（*op. cit.*, p. 30）。然而，在巴朗-杜夏特莱之后，这些学者依然提及与个人妓女脾性相关的种种导致卖淫的原因；到了 19 世纪下半叶，关于妓女卖淫原因的分析各执一词；再也没有如此详尽的对导致妓女卖淫的不同进程之原因的分析了。

妓女行业本身的导向。在创立理论之前，巴朗-杜夏特莱汇总了与妓女相关的所有成见。接下来，我们将列举这些成见，以理清它们对未来产生的影响。

巴朗-杜夏特莱描绘的妓女形象围绕着一个核心观点，即所有与时下公认的价值理念背道而驰的性格特点在妓女身上都有迹可循。部分原因是，妓女很像孩子，但又不能把她们看作孩子。众所周知，人们长期以来一直刻板地认为妓女心智不成熟。[1] 人们常常认为，心智成熟等同于接受社会的普遍价值观，这实际上是一种蓄意的混淆，也是造成“妓女心智不成熟”这种刻板印象的根源。首先，人们认为妓女是为了享乐而拒绝工作；[2] 她们的懒惰、散漫、作息紊乱都证明了这一点；困在妓院里的她们只愿意躺在床上从事龌龊的工作。此外，妓女逃避定
24 居和工作；[3] 她们代表了变动、不稳定、动荡和不安。巴朗-杜

---

① 参见：Béraud, *op. cit.*, t. II. p. 36。不过，阿尔丰斯·艾斯奇洛斯是研究这个主题最久的学者。他对颅相学的精通以及与布鲁赛（Broussais）的访谈使他认为妓女仍“处于童年状态”（*op. cit.*, p. 68）。他认为，“这类女性将人类的童年延续下去……她们仍然处于原始的、未发育的状态”（*op. cit.*, p. 69）。世纪末的犯罪人类学家也赞同这一概念（参见下文第 560 页。参见页码均为原书页码，即本书边码，注释次序按原文排列。——译者）。阿尔丰斯·艾斯奇洛斯同时证明了行政监督的合理性：妓女的“社会年龄”意味着她们不应该被奴役，而应该被监督，目的是让她们感受到自我的存在，而据布鲁赛，这正是她们所或缺的。

② 另见：Alphonse Esquiros, *op. cit.*, p.37。

③ 年轻女孩卖淫在许多人看来相当于年轻人流浪。巴尔扎克写道：“女孩本质上是一种变化性很强的生物，她们可以毫无缘故地从最茫然的不信任转向绝对的信任。在这方面，她们比动物还低等。”（*Splendeurs et misères des courtisanes*, p. 682）

夏特莱认为，正因如此，封闭管理卖淫活动并建立妓女监狱是很有必要的。变动对她们充满了吸引力，具体表现有：频繁出行和搬家、热爱跳舞、情绪不稳定以及注意力不集中。我们甚至在社会阶层的流动中发现了同样的现象，与资产阶级[①]一样，妓女搬家往往意味着她们完成了阶级跨越，尽管巴朗-杜夏特莱称这一观点显得有些前后矛盾。

妓女还代表混乱、不节制和缺乏远见。简而言之，妓女抗拒秩序，拒绝节俭，参观一下她们的家便明白了，她们的不洁本身就是最好的证明。而她们的不节制体现在诸多方面：轻易地屈服于“欲望”和“激情”，嗜酒、贪吃甚至贪婪、喋喋不休、易怒。除极少数例外，大部分妓女不懂存钱，[②]她们热衷于不必要的花销，尤其喜欢买花。她们还很容易染上赌瘾，不管是打牌还是买彩票。

最后，尤其要指出的是，妓女有一天可能会变成“同性 25
恋”。因此，对于性秩序来说，妓女既是最可靠的保障也是可怕的威胁。巴朗-杜夏特莱认为女同性恋是相当危险的，因为这是一种不治之症，并且，即使客观地观察妓女的外在特征，[③]也很难辨别谁是女同性恋，阴蒂的大小也并不能作为准确的判断依据。因此，巴朗-杜夏特莱花费了很多时间分析女同性恋，

① A. Daumard, *La bourgeoisie parisienne de 1815 à 1848*, p. 211.

② 弗雷吉尔要求警员做出努力，强制带妓女去银行储存她们的积蓄（*op. cit.*, t. II, p. 259）。

③ *Op. cit.*, tome I, p. 223.

甚至可以认为他对妓女性行为的研究仅限于女同性恋，非同性恋的案例都是他自己想当然描绘的。在观察样本这方面，调查者巴朗-杜夏特莱认为监狱是唯一的观察场所，在这方面监狱是有用的；然而监狱也是有害的，它助长了道德败坏的风气的传播。[①]巴朗-杜夏特莱建议密切监视监狱中妓女的道德状况，并拿走她们喜爱的物品，同时单独关押年轻的女囚犯。

巴朗-杜夏特莱建立了一个罗列妓女特性的指南，这个指南得到了卖淫规制主义者的一致认可，具有决定性意义。因此，在整个19世纪，人们热衷于激发妓女对宗教的热爱，唤
26 起她们对孩童的喜爱甚至对乡村的眷恋。[②]只有在面对"心上人"和情妇时，她们才会表达爱意；只有在拒绝当着警察或其他女人的面脱衣服时，她们才会有羞耻心。最后，由于被社会边缘化，她们之间团结友爱、互帮互助。简而言之，与成为贤妻良母的女性一样，妓女也拥有美好的品质，但是低贱的生活经历阻碍了她们拥有更美好的未来。这份妓女特性指南固化了资产阶级对女性的看法。

然而，令人惊讶的是，巴朗-杜夏特莱并未在著作中详细描绘妓女的身体。鉴于当时颅相学和面相学理论的流行，人们本来期待巴朗-杜夏特莱的著作所描述的妓女形象与道德成见

---

① 而这只是由于"食客"的存在，也即与被监禁的妓女分享食物的人。

② 阿尔丰斯·艾斯奇洛斯写道："妓女尤其喜欢世上的三样东西：阳光、花朵和她们自己的头发。"我们知道有大量文学作品描写这个主题。

精准吻合。但事与愿违，[①]巴朗-杜夏特莱进行了客观的观察，开展了大量的研究，研究范围甚至涉及眼睛的大小、眼睛的颜色以及头发的颜色，他得出的结论是：妓女的身体特征是极其多样化的。因此，他无法给出一个确切的妓女身体形象。他承认，尽管妓女组成了一个游离的社会群体，但妓女的身体与其他女性是一样的。我们在前文中提到过，巴朗-杜夏特莱一直坚信妓女这份职业具有暂时性，认为妓女终有一天会回归大众生活。因此，妓女身体特征的大众化使巴朗-杜夏特莱更加认为她们的存在十分危险。

与当时盛行的偏见相反，巴朗-杜夏特莱认为，妓女的阴
蒂、小阴唇、阴道和肛门并无特别之处；妓女的受孕能力或者 27
说生育能力只是略低于平均水平。而且，妓女很少会歇斯底里。此外值得庆幸的是，当时的主流观点认为性行为过量会降低平均寿命，而他通过严格执行自己的调查方法，得出了与之相反的结论。总而言之，他认为卖淫并不是一种特别不健康的职业；“尽管她们过度纵欲，并且可能会得很多病，但她们的健康状况要比一般已婚已育的家庭妇女好得多”。[②]

---

① 只有热衷于颅相学的阿尔丰斯·艾斯奇洛斯对妓女做了精确的描绘（*op. cit.*, p. 52 *sq.*）；她们的特征主要包括：“胸部宽大且突出；肩部丰满，挂着大领口的衣服，看起来强壮有力；整个面孔说不上美丽，但十分生动；前额较低，鼻孔张开；嘴大……手掌短小，但厚实而柔软。”他认为，种族与卖淫能力之间存在关联；因此，“黑人妇女生来就是做妓女的料”（*op. cit.*, p. 54）。

② *Op. cit.*, tome I, p. 279. 类似的观点也可以在维莱尔梅的著作中找到。

巴朗-杜夏特莱只强调了两种与生理相关的成见，这两种成见在他今后的论述中也多有提及：第一种认为妓女普遍体型丰满，这不仅是因为她们本人贪吃、懒散，而且因为主顾喜欢这种体型；[①] 另一种认为妓女大多嗓音嘶哑，作者认为这在很大程度上是由于她们的社会出身、酗酒以及长期挨冻，而并非像大众以为的那样是由于口交。

**2）容忍和监督的必要性**

卖淫活动的存在是必要的，但也是危险的。因此，对卖淫活动应当采取容忍的态度，但一定要严格加以控制。监督的目的就是防止卖淫泛滥化。[②] 事实上，巴朗-杜夏特莱宣称自己
28 反对针对卖淫活动的禁令，他认为历史已经证明，禁令是无效的。同样，他也批评了自由派的观点：过度的自由等同于放荡与荒淫，有许多人由于自身的不成熟而无法真正享受自由，妓女就属于这一类人。

自执政府时期以来，卖淫规制的建立表现出了容忍和监督的必要性，这个体系也称法国体系，它基于三项基本原则：

1）必须为纯洁的儿童、少女和妇女创造一个封闭的、不

---

① 巴尔扎克《交际花盛衰记》(p. 671)、维克多·雨果《悲惨世界》(“La Pléiade”, p. 265)以及莫泊桑《港口》都强调了这一特征。

② 弗雷吉尔写道，登记是防止已在册且因此被监督者过度沉迷(*op. cit.*, t. I, p. 155)。事实上在非法卖淫中，羞耻的是“极端过度的性行为”(*op. cit.*, tome I, p. 185)。

可见的场所；这种隔离可以将妓女极端边缘化，遏制婚外性行为，防止任何形式的放纵。[①]

2）这种封闭的场所必须始终受行政当局监督，必须对社 29
会其他人士不可见，但对管控者完全透明。[②] 巴朗-杜夏特莱以一种近乎顽念的方式将福柯关于圆形监狱的全景敞视主义论[③]写进了卖淫规制条例。

3）为了有效管控这类封闭式场所，必须对其进行严格分层和划分；尽可能避免不同年龄以及不同阶级混杂在一起，这样做不仅有利于观察，也有助于管理。

显然，这个规制源于启蒙运动的理性主义，正如其在学校、剧院、医院和墓地中所起的作用一样，它旨在消除混乱现象。卖淫规制形成的历史是一段为了管理妓女而不懈努力的历

---

① 贝劳强调了卖淫规制的基本原则。他提出，卖淫规制旨将卖淫行为"压制"在规定范围之内，使卖淫行为不再是有损尊严的行为（*op. cit.*, t. I, p. 10）；为此，他打算消除公共道路上所有明目张胆的妓女拉客行为（p. 17），强制相关行为在室内进行（*op. cit.*, t. I, p. 178）。"将放荡行为有组织地集中起来"有利于提高"公共羞耻心"、保证公共安全并促进妓院经营的发展。贝劳是芒冉的执行者，芒冉作为警察局局长，曾试图在1830年将妓女驱逐出公共场所，但并未成功。

波顿医生写道："道德最可靠的保证就是将邪恶全都集中起来。"（*op. cit.*, p. 247）阿尔丰斯·艾斯奇洛斯认为，将妓女集中在官方允许的妓院将促进妓女道德的进步，并能使她们更容易达到终极修复阶段，也就是婚姻。

这里有必要指出，巴尔扎克也赞同对恶习进行集中化管理。参见：*Splendeurs et misères des courtisanes*, p. 672。

② 参见：*Béraud*, *op. cit.*, t. I, p. 4。理查德·科布（Richard Cobb）指出，卖淫是当时警方最了解的职业（*La protestation populaire en France, 1789-1820*, p. 221）。

③ *Michel Foucault*, *Surveiller et punir*, chap. III. «Le panoptisme», passim.

史，理想情况是创造一种妓女类别：一种修女式妓女，作为遵纪守法的“性工作者”，她们在身不由己的同时，依然是败坏的享乐者。

鉴于以上原则，监禁系统得以建立，妓女的整个卖淫生涯都受其监控。这个系统涉及四种封闭性场所的组织建立：妓院、医院、监狱，最后，避难所或忏悔堂、康复所。妓女们坐在新型封闭式车辆里，从一个场所转移到另一个场所，巴朗-杜夏特莱非常重视这种车辆的设计与使用，并且强调这种车辆在转移过程中非常重要。值得一提的是，这种车辆的使用甚
30 至要早于囚车。[①]牵着苦役犯的铁链游街容易怂恿煽动违法犯罪行为，同样，将妓女从拘留所转移到监狱也曾引起民众自发的游行示威，在某种程度上，这种游行是为了支持非法性行为；“这场游行十分引人注目，队伍后面尾随着众多浪荡街痞，伴随着士兵们的起哄声，厚颜无耻的妓女们放声大笑、放荡不羁”。[②]

这个规制的核心是**公娼馆**。理想情况下，公娼馆仅在**特定街区**开放；这样做可以加强封闭性，使其远离大众女性的视野，并有助于“全景敞视主义”的推进，因为“这种集中管理可以使所有卖淫场所处在视线范围内”。[③]遗憾的是，巴朗-杜

① 福柯已强调了其重要性。

② Parent-Duchâtelet, *op. cit.*, t. II, p. 250.

③ *Op. cit.*, t. I, p. 308.

夏特莱认为，过往经验已表明这种方法是徒劳的；在巴黎设立一个特定街区只会助长暗娼盛行；而比起让路人知道妓院的存在，作者更害怕看到卖淫逃脱监管。

巴黎阿西斯区曾经设立过这样一个不为人知的机构，引发了费多街[①]最严重的丑闻，但妓院融入社区后**聚集了所有的恶**，起到了净化周边区域的作用。当一个街区开设了妓院，“可以观察到该区域的骚乱行为很快就会停止或减少；妓女在妓院里活动，不再广泛拉客；监管变得更加有效，镇压也更加容易”。[②]

妓院将是封闭式的，只能通过双层门系统进入，窗户将装
上防变形的防护网和磨砂玻璃。[③]应尽可能不建造底层和地面 31
夹层，以便通过建筑的高度实现隔离。妓女几乎不被允许外
出，就连寻医看病也是在妓院内进行。

相反，行政管理部门的政府官员随时可以进入公娼馆。妓女接客的房间不需要上锁，房门也都是玻璃门。女主人或老鸨需要经常保持警惕，避免妓女独处，以便人员内部可以随时相互监督。

---

① 这条街是在1713年监狱计划中改名为费多街的，妓院的建立在当地引发了诸多丑闻。——译者

② *Op. cit.*, t. I, p. 292.

③ 贝劳在规范条例草案中特别注明：“必须要有打开窗户和拉开窗帘更新空气的时间，这样嫉妒的气氛才能不断削弱。窗帘将采用厚重的材质且是深色的。”（*op. cit.*, t. II, p. 161）

妓院必须是一个等级分明的场所，由政府代表也即妓院女主人进行管理。巴朗-杜夏特莱要求妓院女主人应当具备与职责相匹配的才能，这相当于要求资产阶级家庭主妇具备企业领导人的才能。女主人将拥有动产的所有权，以免依赖装修工。妓院应尽可能保持繁荣，以确保妓院女主人经济独立。通过行政授权，妓院女主人获得管理资格。她们在管理过程中应适当使用强硬的手腕，确保妓女的尊重与服从。“妓院女主人渴望拥有权力、魄力、精力、体力以及统筹力等男子气概。”[①] 妓院
32 女主人不能让她的丈夫或情人住在她管理的妓院里，男人带来的影响可能会动摇警察的权威。政府许可的妓院必须是一个女性团体，其作用是保证政府直接管控男性嫖娼行为，所以，妓院里一旦出现一个既不是顾客也不是风化警察的男性，只会引起角色混乱。巴朗-杜夏特莱观察到，妓院女主人会把自己的孩子送去最好的寄宿学校，离职后，她们往往会成为慈善家或忏悔所的女主人。

简而言之，妓院女主人与皮条客的形象是对立的：皮条客是道德败坏的渣滓，他们形象模糊、难以界定、不好捉摸，是**放荡荒淫现象的始作俑者**，再加上他们不受行政部门管控，还经常扰乱警察对卖淫场所的监督，因而皮条客是非常严重的威胁。

因此，合乎逻辑的做法是鼓励开设公娼馆，特别是在“低

---

① *Op. cit.*, t. I, p. 429-430.

收入街区”[①]增设更多的妓院。然而，巴朗-杜夏特莱也清楚有些妓女喜欢独来独往，对此他人也无法阻止。在这种情况下，最好按照惯例允许她们继续工作，但同时要求她们办理相关证件。

可惜的是，公娼馆并不是一个理想的观察场所。巴朗-杜
夏特莱之所以敢不分昼夜地访问妓院，是因为总有一名警员陪 33
同他一起。据此，医院和监狱在卖淫规制中的作用就更好理解了。自从巴黎设立了警察局，卫生监管制度就开始实施。不过，在第三共和国初期，同类机构却受到了质疑。在巴朗-杜夏特莱眼中，进行相关随访的诊所是“最好的卫生机构，自从医学被应用于治理民众，诊所便应运而生”。[②]巴朗-杜夏特莱本人就是一名医生，他认为医学的首要功能是检查，医学治疗的重点应当是道德，而不是身体。巴朗-杜夏特莱更关注医生对妓女的道德引导而非性病的治疗结果。巴朗-杜夏特莱认为，医生中的典范是雅克明（Jacquemin），这位医生创建了一条行业准则，就是“带给病人更多道德上的益处，而非身体上的益处”。[③]

巴朗-杜夏特莱通过这些原则阐明了自己关于医院的理

---

① *Op. cit.*, t. I, p. 292. 各类卖淫规制都要求增加妓院数量。参见：Béraud, *op. cit.*, t. I, p. 184-185 或 Potton, *op. cit.*, p. 231。

② *Op. cit.*, t. II. p. 49.

③ 盖平医生早已提出，“只有通过道德改革”才能消灭梅毒（*op. cit.*, p. 642）。弗雷吉尔认为，只有医生和警察专员才有资格对妓女进行改造，他要求政府鼓励医生为妓女提供道德咨询（*op. cit.*, t. II, p. 256）。

念。首先，他根据医务人员的初步意见，而不是警察当局的意
见，呼吁为患性病的妓女建立一所专科医院。他批评了综合医
34 院的性病治疗体系：染了性病的妓女与“良家女孩”在同一家
医院接受治疗。妓女专科医院可以作为观察场地和促使忏悔的
场所，其设立非常有必要。关于专科医院的整体规划也体现了
**封闭管理**的必要性，理想的专科医院类似于监狱，圣拉扎尔便
有一家监狱式诊所。同样，正如监狱会分开关押犯人，专科医
院有必要避免混合收治妓女：染病妓女群体虽然类型多样，但
也存在等级区分。巴朗-杜夏特莱提出按照社会出身、地理背
景和性行为等标准，区分“女同性恋”“下等娼妓”“普通妓
女”“初入行者”和外省妓女，并根据分类对她们进行隔离。

按照卖淫规制的逻辑，性病专科医生由道德服务部门管
辖。“道德医生”与警察、妓院女主人或忏悔所女主人一样，
都是构成该系统的要素。巴朗-杜夏特莱要求“道德医生”与
风化警察具备同样的素质，这些素质体现了道德至上的观念。
“道德医生”是“未受腐蚀”[①]之人，他正直、高尚，他日趋成
熟或者至少会“结婚”，他含蓄、沉默，他在访问妓院时谦虚、
温柔、讲究礼节，这些都会提升他的道德威信。巴朗-杜夏特
莱尤其强调“庄重和尊严”的品性。简而言之，“道德医生”
35 的态度必须体现出他所代表的行政当局与他卑劣的病人之间的
**差距**，因此，必须禁止任何与“边缘化染病妓女”这一总体目

① *Op. cit.*, t. II, p. 86.

标背道而驰的沟通发生。

巴朗-杜夏特莱要求对性病治疗过程实行人性化管理，这一点与当时经验主义社会学家的博爱观念是一致的。他反对向“重病”患者施加任何惩罚，这一点也使他成为新卖淫规制[①]的先驱。精确的监控系统使野蛮的程序变得不再必要。在这一领域，我们目睹了与监狱系统内部发展并行的一种演变，福柯曾对其进行过清晰的描述。

在巴朗-杜夏特莱的著作中，监狱是该系统不可或缺的元素：监狱的首要目的是对妓女产生**长期的震慑**作用，而这种震慑效应是遏制过度性行为、防止卖淫泛滥的唯一途径。这清楚地表明，卖淫规制的本质就是压制，而不仅仅是管控。实际上，《刑法》并不视卖淫为犯罪。然而，刑法是怎么界定的并不重要，反正公众舆论认为卖淫是犯罪，这才合乎“文明准则，符合道德利益和家庭利益，反映公共舆论以及母亲们的呼吁”。[②]

事实上，妓女监狱具备多种功能： 36

1）监狱对妓女具有长期的震慑作用，能够保障妓院、诊所和医院的秩序。

---

① 需要强调的是，七月王朝时期，卖淫规制的制定者并不将性病视为对妓女的一种公正惩罚，尽管人们常常指责染病妓女，但这是错误的行为。正相反，鉴于存在大量无辜受害者，这些制定者欢迎废除肉体惩罚，并要求治疗人性化（参见：Béraud, *op. cit.*, t. II, p. 59）。

② *Op. cit.*, t. II, p. 495. 贝劳长期致力于证明“专制的必要性”（*op. cit.*, t. II, p. 24 *sq.*）。

2）行政专制管理使每个妓女都待在妓女监狱里，有利于监狱成为研究卖淫环境的首选实验室，从而更好地监测卖淫环境。研究和监测的结果有助于扼止卖淫行为扩散蔓延，尤其可以防止“反自然”性行为的产生和发展。巴朗-杜夏特莱强调，对卖淫进行管制虽然卑鄙却非常有必要，可以对婚外性行为进行引导，最重要的是使其符合自然性行为。

3）此外，妓女监狱（这一制度的逻辑意味着这是一个特殊的机构）还具有普通监狱的功能。在这个领域，巴朗-杜夏特莱的著作只是庞大监狱话语中的一部分，此处没有必要也无法加以分析。巴朗-杜夏特莱认为，监狱可以使人性的深层冲动显现出来，从而有利于忏悔。农活、劳作、肌肉疲累和步行都可以促进忏悔进程。此外，这些活动也是降低妓女性欲的最佳方式，尽管她们在工作中表现得冷酷无情，但她们仍然是最淫荡的人。巴朗-杜夏特莱的此番叙述预示了 19 世纪末开展的一项由医生和卫生学家发起的运动，这项运动旨在支持妓女锻炼身体，因为他们认为锻炼身体是禁欲的必经之路。

37 然而，既然卖淫是必要的，为什么又要引导妓女忏悔呢？这场悔改的结果是什么？既然妓女的工作对性秩序不可或缺，让她们回归正途不是很荒谬吗？在这方面，卖淫似乎与犯罪截然不同，这也证明了区分两者的合理性。巴朗-杜夏特莱本人也认识到难以协调“卖淫的必要性”和“引导妓女忏悔”之间的矛盾，他指出，制度的良好运作应当优先于个人道德的培养过程。监狱制度的首要任务是确保被监督的妓女遵守规则。应该受到谴责的是混乱的秩序，而不是卖淫的行为。关于这一点，巴朗-杜夏特莱有句话说得很清楚："妓女被动服从警察的监管是为了改善自己的状况，这也是监禁妓女的目标。"[①]

从这个角度来看，无论是妓女接受的康复治疗，还是忏悔所女主人起到的作用，都收效甚微。如果这些忏悔所女主人不想破坏整个制度，她们就只能挽救少数妓女，从而证明教会认为的实施这一制度的必要性。忏悔所女主人是保证卖淫规制存在的最后一类人，她减轻了公众舆论对妓女的冷嘲热讽。忏悔机制使妓女有机会得到宽恕，例如，收容所的建立有助于被灌输福音思想的人接受这一制度，虽然这些收容所只能接收很少
一部分人。不过，忏悔并没有真正让妓女走出卖淫规制的封闭 38
式管理，与回归正常生活的"从良"妓女不同，入修道院忏悔的妓女一旦被判定终止卖淫生涯，就要剪短头发，穿上麻布衣服，在修道院一类的住所中度过余生。

忏悔所女主人和被监管的妓女面对面的接触值得我们进行更系统的分析，但由于篇幅有限，只做简要说明。巴朗-杜夏特莱认为，忏悔所女主人应当是虔诚又上了年纪的人妻和人母，因为这类女性会由于礼节的束缚而压抑性冲动，是向被监管妓女展示的良好典范。另一方面，为了保证这类女性典范发

① *Op. cit.*, t. II, p. 261.

挥良好的影响，需要防止妓女与家人或朋友保持联系。只有妓院女主人、风化警察、道德医生和忏悔所女主人才有权与被监管妓女交流沟通。[1]

巴朗-杜夏特莱定义了这一体系，也在阐释该体系的成果时证明了其正当性。大部分时候，巴朗-杜夏特莱关于卖淫规制的言论都会变成对该制度的赞歌。大革命时期结束以来，彻底改变和净化卖淫环境的不正是这些卖淫规制吗？巴朗-杜夏特莱写道，那些“令人作呕的淫秽场景……在如今的巴黎城内已经很少见了”；[2] 用巴朗-杜夏特莱的话来说，在性方面，无产阶级的言行举止不再随心所欲，这体现了他们对纵欲的压抑。我认为，这种对性行为的管控是至关重要的，它减少了整个 19 世纪无产阶级的暴力行为。[3] 毫无疑问，卖淫行业观念的转变在很大程度上也反映了整个社会性行为的变化。资产阶级家庭的某些价值观正逐渐扩散，并在某种程度上被工人
39 阶级吸收和接纳。[4] 同样，无产阶级的性行为也逐渐受到小资

① 阿尔丰斯·艾斯奇洛斯强烈反对这种妓女康复模式（*op. cit.*, p. 193）。他建议将卖淫纳入普通法（p. 205），停止对她们的轻视，将她们当作女性对待，并把她们集中在整改过的妓院里。对她们来说，这些机构只是纯粹的过渡场所，因为最终，“婚姻将终结她们的卖淫生活，正如光明将终结漫长的夜晚”（p. 233）。

② *Op. cit.*, t. I, p. 115.

③ 参见：Ch. Tilly, «The changing place of collective violence», *Essays in Social and Political History* et E. Shorter et C. Tilly «Le déclin de la grève violente en France de 1890 à 1935», *Le Mouvement social*, juill.-sept. 1971, p. 95-118。

④ 参见下文第 349 页及以下。

产阶级模式和隐私观念的影响，这种影响尤其反映在卖淫问题上。

但是，巴朗-杜夏特莱观察到的变化在当时究竟意味着什么呢？卖淫规制、妓女医院、妓女监狱以及强制性劳动导致“妓女阶层”内部出现了一场真正的变革，震惊了“所有来巴黎的外国人”；[①]“人们再也看不到轻慢而挑逗的目光、不雅的穿着、放荡的动作和姿态以及不断上演的争执；再也听不到下流话、喊叫声和令人恐惧的骂声。[②] 最重要的是，妓女在一定程 40
度上撕掉了“嘈杂”和“骚乱”的标签。与此同时，卫生方面也有进步。所有这些都明显地促进了忏悔制度的发展和修道院的成功。

尽管如此，顽固存在的暗娼始终令人担忧。不过在这一点上，巴朗-杜夏特莱远不像贝劳、弗雷吉尔或波顿医生那样无比焦虑。他认为，纵观全局，暗娼只是一种特殊现象。巴朗-杜夏特莱忠于他的经验主义原则，建议政府当局适当妥协，承认卖淫规制内的“快餐妓院”，尽管这些妓院与他所设想的公娼馆相去甚远。其他的威胁来自夜总会和酒水零售店的黑箱操作。[③] 巴朗-杜夏特莱也揭露了这些威胁，但并不表示担心，他认为卖淫规制足以消除这些威胁。

① *Op. cit.*, t. II, p. 268.

② 同上。

③ 弗雷吉尔更加坚定地谴责这些“暗娼活动的前哨”（*op. cit.*, t. I, p. 181）。

### 3）认识论意义

无论是巴朗-杜夏特莱关于卖淫规制的话语，还是风靡19世纪的卖淫研究，都具有认识论意涵，都不是我们需要直接探讨的问题，但这里我们仍有必要梳理一下。另外，人文科学比其他学科更能表明，该学科自形成以来，就与行政监督和行政惩罚有着密切联系。巴朗-杜夏特莱长期研究的最终目标是积
41 累知识，以便使当局政府更自如地行使权力。巴朗-杜夏特莱从一开始就清楚地指出："当涉及对人的管理时，应当了解人的弱点，并利用这些弱点引导人。"[①] 他主张封闭管理的首要目的是便于观察和实验。如巴朗-杜夏特莱著作的设计思路所述：封闭是为了观察，观察是为了了解，了解是为了监督和控制。他的这部著作正是因为基于观察，所以完全站在了乌托邦的对立面，成为经验社会学的首批杰作之一。

对数量的执念和对系列的关注一直都是巴朗-杜夏特莱研究的特点："我所研究的每个点都有数据的支撑"，[②] 这就是他亲口承认的方法论倾向。他还写道："我称之为统计的方法……用不了多久就会被普遍采用。"[③] 他希望医学能够迅速采用这种方法，因为他认为"医学尚未成为一门科学，但如果医学在所有

---

① *Op. cit.*, t. I, p. 109.

② *Op. cit.*, t. I, p. 22.

③ *Op. cit.*, t. I, p. 23.

相关研究领域都使用数学方法，它便可以成为最有实效的自然科学”。[1]巴朗-杜夏特莱采用的调查技术非常现代化：他编制了一组问卷，供妓女注册时填写，他还改进了登记卡系统，提 42
出建立和完善个人档案，最重要的是，他非常关注验证方法，[2]以上种种都表明了他的现代性。他用图表呈现研究成果，体现了他对创新的渴求，或许可以认为，巴朗-杜其勒是第一个在统计类著作[3]中使用条形图的学者。

更有意义的是，他从多个角度展现了卖淫行业的面貌。他逐一分析了人类学、民族学、语言学、社会文化学、社会地理学和医学，无一遗漏。他关于识字率的研究是基于马焦洛[4]针对旧制度下人民识字率的调查文件展开的，这完全符合历史学家最新的关注焦点。[5]唯一的空白就是针对妓女及其顾客的性行为研究，但这也是因为环境不允许。与其责备他，不如说这是时代的错误，不是吗？

---

① *Op. cit.*, t. I, p. 255 et. t. I, p. 23. 巴朗-杜夏特莱、奎特雷（Quételet）、安吉维勒（Angeville）伯爵和杜克贝秀均为促进科社会统计学发展的社会学家。关于问卷调查在法国的发展，参见：B. Gille, *Les sources statistique de l'histoire de France*, 1964。

② *Op. cit.*, t. I, p. 372 *sq*.

③ 参 见：M. Pertot, *Enquêtes sur la condition ouvrière en France au XIX^e^ siècle*, p. 33。

④ 学区督学路易·马焦洛（Louis Maggiolo）完成的针对旧制度下人民识字率的调查文件（1879—1880 年）。——译者

⑤ 在研究巴黎妓女的地理来源时，他也发现了著名的圣马洛日内瓦线的存在。

因此，我们也明白了为什么继巴朗-杜夏特莱这样的典范之后，众多描写卖淫活动的学者都习惯于大量采用数据。由于当代读者对君主复辟时期的专题文献涉猎甚少，庞大的数据量常常令他们震惊。1876—1886 年，O. 柯门戈医生开展了大量关于暗娼[①]的研究工作，这得益于他对巴朗-杜夏特莱著
43 作的参考。巴朗-杜夏特莱的研究模式具有强烈的约束力，以至随后的卖淫社会学都沿用了他的研究方法，而忽视其余方法，例如，勒佩尔（Le Play）学派的个案研究技术就未得到采纳。

巴朗-杜夏特莱和贝劳相继提出的卖淫规制除了要求司法部门对卖淫活动进行干预，还要求行政部门以高效的方式对过度性行为进行阻止、遏制和引导。卖淫规制获得了政府、警察和军队的支持以及教会的默许，与此同时，也遭到了一些批评。就好比监狱理论，卖淫规制从一开始就受到某些自由主义者的批评。然而，在建立这一规制的体制和支撑该规制的社会力量被动摇之前，也就是说，在共和国取得胜利之前，这一规制并未受到根本性的质疑。直到 20 世纪初，当整个社会的性行为发生变化时，严苛的卖淫规制才逐渐松绑。

---

① Docteur O. Commenge, *La prostitution clandestine à Paris*.

## 2. 焦虑的增加以及系统的恶化

在普法战争败北和巴黎公社失败之后，卖淫规制的话语不断更新变化。三十多年以来，巴朗-杜夏特莱的著作一直是这一领域的参考文献，直到 1857 年，该领域的专家依然被他的权威笼罩，[①] 甚至不敢发表相关文章，而是仅仅满足于加印巴朗-杜夏特莱的著作。1871—1877 年涌现了大量重要作品，[②] 44
直到此时，该领域的理论研究才开始取得显著发展。资产阶级保守派和自由派的悲观情绪随着帝国主义狂欢的结束和公社大屠杀赎罪的需求而变本加厉，卖淫规制也日益严格，即便人们都认为这个制度最终会走向失败。当局对性行为采取严厉的压

---

① 巴朗-杜夏特莱著作的第三版可追溯至 1857 年；特别是它的附录中包含了特雷布切特和波伊拉普・杜瓦尔的研究。

② 以下列举其中的主要作品：C. J. Lecour, *La prostitution à Paris et à Londres, 1789-1871*, 1872, *De l'état actuel de la prostitution parisienne*, 1874. Maxime Du Camp, *Paris, ses organes, ses fonctions et sa vie…*, t. III, chap. XVII, «La prostitution», 1872. Docteur Jeannel, *De la prostitution dans les grandes villes au XIX$^{e}$ siècle et de l'extinction des maladies vénériennes*, 1868. Docteur Homo, *Étude sur la prostitution dans la ville de Château-Gontier, suivie de considérations sur la prostitution en général*, 1872. Flévy d'Urville, *Les ordures de Paris*, 1874. Charles Desmaze, *Le crime et la débauche à Paris*, 1881. Docteur J. Garin, *Le service sanitaire de Lyon, son organisation médicale et ses résultats pratiques*, 1878。还有一些作品虽然有些落后，但来自同样的灵感：docteur Mireur, *La prostitution à Marseille*, 1882, 以及 docteur L. Reuss, *La prostitution au point de vue de l'hygiène et de l'administration en France et à l'étranger*, 1889。

制，因为性行为已如波涛般泛滥，不再只是暗处的威胁。卖淫焦虑的加剧体现了当时的一种深层恐慌，这种恐慌来自“道德秩序”领域中正在进行的社会政治变革。虽然卖淫规制仍然忠于帝国时期和君主立宪制时期的基本原则和成见，但实际上卖淫规制话语开始延伸到另一个领域。娼妓文学最能揭示这种时代焦虑。

**1）话语的永恒性**

卖淫规制最忠实的拥护者已经意识到制度的失败之处，即便如此，规制条例仍越来越细致，监管方法也日趋完善。人们
45 认为，失败不是制度本身造成的，而是它最初的缺陷造成的。所以从根本上来说，这个制度从未中止过。事实上，巴朗-杜夏特莱的著作在他的追随者看来就像是一副枷锁，直到伊夫·古约特[①]的作品问世，人们才开始进行反思并做出深刻的修正。罗伊斯（Reuss）医生在困囿于巴朗-杜夏特莱持续五十年的权威之后，终于在1889年发表著作，终结了巴朗-杜夏特莱以一系列人类学研究开创的时代。

在所有关于卖淫规制的文献中，卖淫一直被描述为一种无法规避但又无法治愈的罪。无论是关于希伯来人民的历史研究，还是关于古罗马或中世纪的历史研究，时间的长流中始终

① Yves Guyot, *La prostitution*, 1882.

流淌着这种非历史性现象。这种现象也印刻在七月王朝的作品中。“奥古斯丁派”或“圣保罗派”[1]这两个学派时刻提醒人们教会在这个制度中扮演的担保角色。无论是对医院、警察和监狱管理部门的相关资料和文件进行完善，还是对调查方法进行改进，都有助于使相关研究更加精确，娼妓人类学还远未到枯竭的时候。

至于对卖淫原因的分析[2]，相关研究虽然贫乏，但还算精练。人们提出了**本性论**，认为卖淫更多是出于本性，而不是贫 46
穷、失业或社会结构中的任何其他因素。“淫乱的天性”“享乐的欲望”以及放荡的遗传因素都被视为决定因素。懒惰和无所作为是其他主要原因。当人们对社会现象进行反思时，很少指出无产阶级或妇女被剥削的现实恶行。饥饿也不被视为卖淫的根本原因。对此，第三共和国卖淫规制倡导者的观点不同于君

① “上帝不是为女人创造男人，而是为男人创造女人”（*Etenim non est creatus vir propter mulierem, sed mulier propter virum*, saint Paul, I Cor. XI, 9）。

② C.-J. Lecour, *La prostitution à Paris*…, chap. XV, p. 241 *sq*., Maxime Du Camp, *op. cit*., p. 428 *sq*., docteur Jeannel, *op. cit*., p. 174：“懒惰、贪吃、混乱、遗传性放荡、暗娼、完全自弃和厌恶工作，这些都是公开卖淫的真正原因。” Docteur Homo, *op. cit*., p. 125 *sq*., Docteur H. Mireur, *La prostitution à Marseille*, p. 333-335; docteur L. Reuss, *op. cit*., p. 24-49. 在这部作品中，卖淫制度形成原因的列表是最精确的；笔者相继列出“生殖本能、早期和天生的堕落”“懒散、懒惰”“贫困家庭中的下流和拥挤”“私生子”“父亲或母亲再婚”“不良教育”“女性职场的拥挤”“教育的进步”“对农村的遗弃”“收入不足”“工厂和商店里性别混杂，过多的仆人”“享乐的诱惑、奢侈的滋味”“淫秽书籍和雕塑”以及“第一次诱惑”；他着重强调，“卖淫原因与社会问题之间存在密切的联系”（p. 49），“政治革命”“金融波折”以及“长期以来促使工人阶级坚强和诚实的宗教原则”的消失都发挥着至关重要的作用。

七月王朝立宪制时期的博爱家，与雨果的痛苦有益论更是相去甚远。“社会变革”被认为是有罪的。因此，卖淫言论是对所有刻板观念的回应，这些刻板观念滋生了 19 世纪中期名流显贵永无止境的不满情绪。家庭内部父权制的削弱、无神论和自由思想
47 的发展、教会影响力的下降、对政治权威的质疑、使警察镇压更加困难的自由主义的发展，以及对公众舆论的再次放任，以上种种均被不断援引。大量的社会流动促进了无产阶级的扩散，服装的平等阻碍了阶级身份的识别，人民阶层也开始追求奢侈、热衷打扮。政治动荡以及人生苦短的思想的发展促使人们追求“及时享乐”。学者对这些现象的深刻揭露体现了他们面对变革的深度焦虑。在所有这些变化面前，19 世纪上半叶的[①]卖淫规制主义提倡者精心建造的规制堤坝显得一无是处。当然，人们也经常提到工业化对卖淫规制造成的伤害，但基本上仅限于对工厂内混乱拥挤现象的批评。

在很长一段时间里，妓女一直保持着 19 世纪上半叶的形象。研究者不停强调妓女各方面的不稳定性，认为她们饶舌多言、嗜酒（尤其是苦艾酒）、贪食、热衷赌博、懒惰、喜欢撒谎、易怒。人们总是喜欢强调她们的某些道德品质：团结意识、关怀儿童、羞于就医，尤其笃信宗教。除了鲜花，她们也喜爱动物，特别是鸟类和狗。

---

① 这方面体现了霍莫（Homo）医生对过去下等妓院的怀念，这些不起眼的妓院如今却要与豪华妓院竞争（*op. cit.*, p. 6-7, p. 70）。

最后一批卖淫规制倡导者指出了卖淫活动中的一些细微变 48
化，例如妓女文身的减少和个人卫生的进步。他们还提醒人们注意同性恋的发生频率，但这种提醒往往是参照巴朗-杜夏特莱的著作提出的，同性恋似乎并不像过去那样引起强烈的焦虑。

唯一的重大变革是爱国妓女题材的突然出现，这为文学创作打开了广阔前景，从莫泊桑的《羊脂球》或美丽的伊尔玛[①]，到莱昂·布罗伊笔下的圣加莱妓院的妓女布洛特[②]，均如出一辙。豪森维尔伯爵对巴黎的在册妓女进行了调查，[③]首次指出了她们身上的这种爱国情感力量。豪森维尔伯爵很可能是有意颂扬这些在册妓女，因为她们保证了道德的稳定，并且抑制了通奸的增长以及小资阶级女性色情行为的发展。或许也是因为作家渴望展示妓女深刻的爱国主义情感，这种情感与宗教情感一样，即便在堕落之人心中也依然圣洁。

长期以来，卖淫规制话语鼓励“公娼馆”并强调其不可或缺性。当人们发现公娼馆开始衰落时，更是加强了对它的赞美。霍莫医生就对“年轻人抛弃公娼馆”感到遗憾。[④]加林医生则希
望提升妓院女主人的权威，并限制妓女离开妓院的自由。[⑤]勒库 49

---

① 莫泊桑短篇小说《第二十九床》的女主人公。

② Léon Bloy, «Repaire d’amour», *Sueurs de sang*.

③ Le comte d’Haussonville, «L’enfance à Paris», *Revue des Deux-Mondes* (oct., déc. 1876, mars 1877).

④ Docteur Homo, *op. cit.*, p. 70.

⑤ Docteur J. Garin, *op. cit.*, p. 39.

尔重申："公娼馆是所有卖淫制度的基础……它可以帮助警察有效地确定卖淫地点，以便进行监视和压制，从而消灭暗娼。"[①]米瑞医生受到马赛妓院的启发，希望公娼成为今后唯一官方认可的妓女。[②]他认为，这便于吸引那些希望卫生得到保障的嫖客。[③]米瑞医生提出这一观点的五年后，罗伊斯医生也要求政府尽力扩大公娼馆的数量。[④]

人们发现，早期的卖淫规制倡导者尤其注重卖淫活动的封闭性和隐秘性。在里昂，人们力图防止妓女在前往诊所时引起旁人的注意，加林对此现象感到很满意："预防措施甚至细致到给妓女指定一条直达诊所的路线，并要求她们着深色服装。"[⑤]

马克西姆·杜·坎普[⑥]对圣拉扎尔诊所的理想化描述以及对妓女康复院的大加赞扬，都反映了卖淫规制的持久影响。保守党在这一时期表现出的赎罪欲望使人们有理由将忏悔计划列
50 入议程。豪森维尔伯爵认为，随着卖淫规范制度的根基越来越深，帮助失足少女进行康复变得越来越有必要。行政部门的监督可以保证康复机构的运作，如果没有康复机构，康复所的女慈善家们就无法管控卖淫。女慈善家难以在路边或旅店遇到妓

① Lecour, *La prostitution à Paris*, p. 137.

② Docteur H. Mireur, *La prostitution à Marseille*, p. 228.

③ Docteur H. Mireur, *La syphilis et la prostitution dans leurs rapports avec l'hygiène, la morale et la loi*, p. 368.

④ Docteur Reuss, *op. cit.*, p. 97.

⑤ Docteur J. Garin, *op. cit.*, p. 12.

⑥ Maxime Du Camp, *op. cit.*, p. 424 *sq*.

女，但可以在医院、诊所甚至监狱里接触到她们。还要补充一点，被妓女笑称为“孵化器”的康复收容所完全是基于修道院的模式建造的。

**2）卖淫主题的延伸**

卖淫规制除了具有持续性，还具有延伸性。为了更好地理解卖淫问题在时间层面上的扩展，以及人们对建立超规范主义的渴望，有必要回顾一下 1871 年的巴黎公社起义。

坦白说，巴黎公社在卖淫方面的作为并不明确。它原则上反对卖淫规制，但同时又夹杂着市政当局企图尝试的禁欲主义以及当时盛行的自由主义。无论如何，起义期间暴露的诸多问题，如站街许可证、圣拉扎尔诊所里妓女的“纵情狂欢”、王家大道的街垒、妓女自焚的谣言、向警察总部开火的“战火女掮客”[①]、萨托利难民营，等等，在卖淫规制支持者的眼中都恰 51
恰证明了实行监管可以带来好处。他们认为，警察的监管制度可以从巴黎公社运动中吸取经验。从 5 月底开始，风化警察“立即且无可争议地进行了改组”。[②] 勒库尔意识到政府当局可以从巴黎叛乱的经验中获益，急忙在写于帝国末期的著作里补了几章。莫里亚克医生则喜欢在梅毒学课上强调公社运动对巴

① Léon Bloy, *Sueurs de sang*, p. 60.

② C.-J. Lecour, *La prostitution à Paris*..., p. 338. 保罗·塞雷（Paul Cère）指出，自两次戒严以来，警察对妓女的态度变得更为严厉（*Les populations dangereuses et les misères sociales*, 1872, p. 235）。

黎发病率的影响。[①]

总的来说，卖淫问题的影响范围比以前大得多。对卖淫问题的宣传早在1871年就开始了，远远早于发生在1870年代后期的大规模舆论运动。马克西姆·杜·坎普近乎谵妄的分析夸大了当时卖淫制度支持者的思想。[②]坎普认为，卖淫作为来自社会底层的隐患，像霉菌一样遍布第二帝国时期的整个社会。[③]在19世纪初，工人阶级的腐败还只是一个旧时的担忧，眼下却已经变成了现实。风流女子特别是妓女的快速增加，以及行业内恶习的传播，都引起了“社会混乱”。在资产阶级悲观主
52 义思想的笼罩下，马克西姆·杜·坎普向他的读者指出，这是一场山洪暴发，是一股不可抗拒的潮流，在其前面的一切堤坝都会被冲垮。体制的不稳定和自由主义的飞速发展造成了社会衰弱，也证明了上帝的责罚，反过来又激发了急于享受生活的欲望。妓女群体利用这种欲望得以发展，但也因此成为死亡威胁的化身，而这种象征又影响着社会主体。只有恢复秩序，尤其是**道德秩序**，也即在卖淫领域实行规范化管理，才能有所补救。

因此，人们并非像巴朗-杜夏特莱那样对卖淫制度持乐观

---

① Professeur Mauriac, *Leçons sur les maladies vénériennes professées à l'hôpital du Midi*, 1883, 4$^{e}$ leçon (1875), p. 145.

② *Op. cit.*, p. 454 *sq*.

③ 弗莱维·德维尔认为“麻风病正处于高峰期”（Flévy d'Urville, *op. cit.*, p. 155 *sq.*）。

态度。过去，我们仅仅满足于管控“社会底层”，并且多少取得了一些成功；现在，卖淫所带来的威胁已不再局限于“社会底层”。因此，最新制度的制订者认为应当扩大警察监管。随着妓女文学中暗娼主题的兴起，这种对“恶习的社会性传播”的恐慌日益突出——在此之前，巴朗-杜夏特莱则选择忽略这种焦虑。卡利尔[①]在著作中指出，这种恐慌在第二帝国期间尤为突出，它使人们意识到卖淫规制的失败，但在制度支持者看来，这一切不足以导致谴责该制度。人们感觉到暗娼大肆入
侵，[②]实际上是因为资产阶级对性自由化越发感到恐惧。通奸、53
道德自由、放荡、恶习与卖淫之间的界限从未如此不清晰。[③]正因如此，马克西姆·杜·坎普认为仅仅在巴黎这一座城市就

① F. 卡利尔（F. Carlier）1887 年出版的《两种卖淫》（*Les deux prostitutions*）涉及第二帝国相关内容。

② 夏尔·德马泽认为，我们不能再给妓女“编号”了。“以前，卖淫仅限于某些已知的、登记过的、戴着金腰带的女性，她们定居在某些街区，今天，在巴黎，她们遍布各处，穿着由她们引领了剪裁和时尚的服装招摇过市。以前，妓女被一个固定数字编号，而现在她们人数众多，范围日益扩散，工厂、商店和剧院给她们提供食物，年龄、性别、籍贯和疾病都混杂在一起，人们花钱就可以买到美名。”（Charles Desmaze, *op. cit.*, p. V）

③ 保罗·塞雷认为，行为不检点的女子和妓女已经混在一起（*op. cit.*, p. 229）。此外，轻佻的女子只钟爱一个情人的现象已经消失了（p. 3）。米瑞医生在 1883 年写道：“色情、放荡、纳妾和卖淫这几个词之间肯定还是有一些差别的！”有些不信教的人提到秘密卖淫，“这群堕落和毁灭之人此时遍布我们身边，似乎出现在我们生活的各处”（*La prostitution à Marseille*, p. 210）。罗伊斯医生更明确地写道：“一般来说，所有放荡的女人都是暗娼：因此，一位情人众多的有地位的夫人，与游荡在大街上不服从管理的妓女属于同一类人。”（*op. cit.*, p. 164）

有 12 万名妓女，[①] 罗伊斯医生认为 1889 年巴黎的妓女超过 10 万人。正如迪代医生所写，规制主义文学与新规制主义文学首选的主题依旧是描写暗娼及其危险，以及分析这个“抗拒任何制度化的群体”，[②] 而主张废规的提倡者则热衷于展示公娼馆的恶行。

被包养的女子一直被早期卖淫规制所忽视，现在也引起了
54 关注。霍莫医生以沙托贡蒂耶城镇为例开展研究，他指出被包养的女子在小城镇中尤其危险：她们通常是“土生土长”的女子，与社会保持着关系；“她们的童年玩伴在没有人看到时才敢跟她们说话；她们会在家里雇用女工”，[③] 她们是奢侈和贪婪的典型。如今在沙托贡蒂耶，给年轻人进行性启蒙的是暗娼；这些年轻人去妓院只是为了观看“淫秽场景”。[④] 而与暗娼发生婚外性行为才是最可怕的威胁。与劳动–节约–幸福的价值观相对的是闲散–奢华–肉体享乐，后者在被包养的女子和暗娼身上体现得淋漓尽致，这两种群体之间并无明显区别。

最后一批拥护卖淫规范制度的学者精准有力地强调了卖淫是社会的坏疽，可能对社会主体造成各种各样的威胁。如今有越来越多的作品研究健康风险或卫生危险，并且比以往更依赖

---

① *Op. cit.*, p. 465.

② Professeur H. Diday, «Assainissement méthodique de la prostitution», *Bulletin de l'Académie de médecine*, 1888, p. 492.

③ *Op. cit.*, p. 65.

④ 同上书，第 69 页。

医疗权威。[①] 勒库尔大量引用医生的著作，表明这种趋势已促使新卖淫规制进入萌芽状态。如今，人们担忧的传染病不再是霍乱，而是梅毒，危险阶层易感染的传染病已经变成了性病。

因此，卖淫对人种构成了可怕的威胁。卖淫造成“人种退 55
化”的观点应运而生，这种观点最终在 19 世纪末反对性交风险的运动中达到高潮。人们认为，卖淫对结婚率和出生率的威胁比对梅毒遗传的威胁更大，因为卖淫引起了人口下沉[②] 以及国家防御能力的下沉。此外，卖淫及其造成的发病率直接威胁到了军队的实力。穆吉欧特医生认为：“如果一个国家毫不在意国民的身心健康，任由其后代人数减少、体质变弱，那么这个国家必将成为其他人口众多、国力强盛的国家的猎物。”[③] 人们对德国的威胁感到担忧，由日耳曼民族引发的一连串恐惧心理将在 19 世纪末引起人口复兴运动。

然而，随着城市化的加快，伤风败俗，尤其是卖淫，导致了结婚率和出生率下降以及相关疾病发病率上升。性爱使年轻人远离婚姻，“因为他们很容易就能满足性欲，并且放荡的生活令他们更愉悦，他们并不想舍弃这种生活，而是想要摆脱作

① 这反映了卫生主义影响的进展，反映了医学界的关注。早在 1867 年，巴黎国际医学大会就已将对抗性病列入议程。

② 参见：Docteur H. Mireur, *La syphilis et la prostitution...*, *passim*。然而值得注意的是，1867 年，他在论文中专门论述了梅毒的遗传问题（*Essai sur l'hérédité de la syphilis*）。

③ Docteur Mougeot, 转引自：Lecour. *La prostitution*…, p. 13-14。

为一家之主要承担的各种烦扰”。[1]此外，卖淫使年轻人沾染上
56 坏习惯，而“这种习惯迟早会影响家庭内部，损害对配偶应有的尊重”。[2]最后，暗娼使年轻人过早堕落，霍莫医生认为，在沙托贡蒂耶堡，这种堕落现象从第二帝国时期开始出现，导致了年轻人生育能力下降，甚至不孕不育。马克西姆·杜·坎普认为，“人种正在衰退，甚至在生命的源头就已经被毒害了，应该以保护人种之名”，并以“保护上层阶级”为目的，[3]要求赋予巴黎警察局自由裁量权。

卖淫使资产阶级的健康和财产都受到了威胁。风流女子或暗娼被称为“食肉动物”[4]“雌性食肉动物”[5]“章鱼”[6]“赌博狂”“妖怪”，投资推广这类女子的“食人魔”不再仅仅是毁掉贵族青年，现在已经引发了中产阶级母亲的恐惧，她们甚至怀念儿子只去公娼馆玩玩的日子。风流女子和所有暗娼在一定程度上导致了“金钱”的“大量流动”，[7]而这种金钱流动又使人们对表面上看似非常稳定的地位产生了怀疑。此外，“合作投资已经延伸到情爱方面”，[8]年轻人甚至凑钱共同包养一名风流

① Docteur Homo, *op. cit.*, p. 75.
② 同上书，第 75 页。
③ *Op. cit.*, p. 490.
④ 同上书，第 458 页。
⑤ 同上书，第 460 页。
⑥ Flévy d’Urville, *op. cit.*, p. 26. 作者仍然在讨论“囤积”。
⑦ Maxime Du Camp, *op. cit.*, p. 460.
⑧ Paul Cère, *op. cit.*, p. 231.

女子或者暗娼；“出身良好的青年、小职员和蹩脚演员会轮流与
他们共同包养的妓女睡觉，每个人都有专属的日子，彼此之间 57
也不会嫉妒”。[①] **性放纵**既是社会混乱的原因和象征，也是卖淫规制拥护者无法解决的根本性难题。

稍不留意，暗娼就可能导致整个社会的性泛滥。规制提倡者出于对资产阶级妇女性贞洁的担忧，要求建立“道德秩序”。这就是“超卖淫规制”产生的原因，其目的不再是控制公娼或暗娼，而是控制一切婚外性行为。卖淫规制的这种发展倾向也在情理之中。超规制主义达到顶峰的时刻，也就是废规运动即将爆发的那一刻。需要指出的是，巴黎公社后的形势有利于废规运动的兴起，因为这是第二帝国被清算的时期，而半上流社会的女子和风流女子崛起正是这一时期的象征。

巴朗-杜夏特莱之所以获得胜利，是因为卖淫规制是当时资产阶级所有困扰的交集，它反映了人们对新事物和变革的恐惧，从根本上讲，就是对性的恐惧。性行为自由——被规制主义者蓄意混淆为道德放纵、放荡和卖淫——威胁到家庭、女性的忠诚、女孩的贞洁以及血统和种族的纯正。放弃监管不仅意
味着结束对无产阶级性行为的控制，也意味着增加资产阶级家 58
庭感染传染病的风险。

因此，自君主立宪制以来，民众使统治阶级感知到了不同的危险，尤其是卖淫带来的危险。首先，人们一直都害怕感染

① Flévy d'Urville, *op. cit.*, p. 40.

性病，这是显而易见的；此外，生理意义上的恐惧也被心理层面上的恐惧取代了，人们不再害怕劳动阶级的暴力犯罪，而是开始害怕卖淫会使财产和女性贞洁受到损害。这种心理变化也是由于自19世纪中叶以来，民众的暴力行为越来越少，普遍存在的非法现象也在逐步减少。

这些情绪加速了卖淫规制的推行，这不足为奇。卖淫规制原本意味着行政和警察具有对妓女管控的专制权，但从1874年和1877年5月16日起，卖淫规制开始适用于政治领域。因此，支持卖淫规制的保守派和提倡废规的激进派之间展开了激烈对抗，关于卖淫问题的讨论自然而然浮出水面。

#### 3）极端的补救措施

社会遭受着被颠覆的威胁，为克服由此造成的焦虑感或迷茫感，出现了许多补救措施。浪漫主义文学刚刚从审查制度的束缚中艰难地解脱出来，还未开始阐释这种焦虑，就已经承担起安抚焦虑的责任。

59 里昂的加林[①]、波尔多的让内尔[②]和马赛的米瑞[③]始终反对司法权力干预卖淫问题，他们认为立法部门的干预只能是为了确保警察的专制权，并且要求在全国各地实行统一标准的法规；

---

① *Op. cit.*, p. 44.

② Jeannel, *op. cit.*, 2$^{e}$ section. Introduction

③ *La prostitution à Marseille*, p. VIII.

后两人甚至希望制定国际卫生法规。他们重申了克罗医生和罗莱医生在 1867 年巴黎国际医学大会的报告中表达的愿望，[①] 这些愿景随后于 1873 年在维也纳大会上由参会成员再次提出。为了准备这次大会，米瑞医生写下了鸿篇巨制《梅毒和卖淫，及其与卫生、道德和法律的关系》。[②]

这些著作以及罗伊斯后来的作品都表达了加强卖淫监督机构之间联系的愿景。里昂是首先实行**卖淫监管机构集中化**的城市："在卢泽尔内大街，旧警察局的一楼由卫生服务局占据，那里还设立维和人员的哨岗。楼梯将这层楼分为两部分：一边是检查员办公室，紧挨着的是会计办公室，以及关押被捕、生病或受罚妓女的临时拘留所；另一边作为附属建筑，只允许探望人员进出。

"此外，阁楼里还有一间俗称"拘留所"或"钉子"的警察室，里面有一张钢丝床，可以拘留女犯人最多四天。"[③] 60

米瑞则要求在马赛的卖淫保护区附近设立一个"特殊诊所"，"集中提供与卖淫有关的所有服务，即探视诊所、拘留所和治疗室"；[④] 米瑞倡议设置保护区，支持公娼馆垄断卖淫业，由此可以看出，他提议的是一个近乎乌托邦式的封闭模式。

① Docteurs Crocq et Rollet, *Prophylaxie internationale des maladies vénériennes*, 1869, p. 28.

② 请注意，在费城国际医学大会（1876 年）和日内瓦大会（1877 年）上，这个问题不再列入议程。

③ J. Garin, *op. cit.*, p. 13.

④ *La prostitution à Marseille*, p. 327

“特殊诊所”的留宿妓女按年龄划分，无论是被拘留者还是患病者，都需要在“特殊诊所”的缝纫作坊里劳作。[1]

1887年，德拉博斯特（Delabost）医生提议合并下塞纳河市的监狱、诊所和妓女医院，从而组建一个“庇护所”；“这些建筑群……可以选址在一个未出租的旧工厂，以节约成本。”[2]

罗伊斯在1889年再次要求统一登记、监测和执法工作。他写道：“在卖淫问题上，统一方向和观念是至关重要的。”[3]

所有专家都设想了卖淫管制的扩展方式。米瑞受到1871—
61 1873年普罗旺斯警察高效执法的启发，呼吁当局采取“最严厉的压制”措施。[4]1871年和1873年的两项市政法令成功将马赛市的卖淫活动限制在公娼馆内。这种“封闭”式管理随着妓女的迁移也被带到了其他地方，例如，瓦尔省的省级理事会和省长于1873年8月采取了类似措施。

就卖淫问题而言，最激烈的讨论涉及对水手、士兵、乞丐、旅行者、工人和公务员等各类嫖客开展卫生检查，以及如何隔离感染性病的嫖客。隔离性病患者实际上是一个古老的观念。早在1846年，盖平医生就主张普及这一观念，[5]1850年，

---

① *La prostitution à Marseille*, p 330.

② Arch., dépt. Seine-Inférieure, 4 MP 4565.

③ *Op. cit.*, p. 397.

④ *La prostitution à Marseille*, p. 233.

⑤ «Supression de la syphilis», Paris, 1846, 转引自：Després, *op. cit.*, p. 174。

迪代[①]在《医学报》上再次提及此事，第二帝国期间，这一观念继续被众多学者宣传，[②]雷医生在 1867 年的巴黎大会上提了出来，[③]继而在 1873 年的维也纳大会上以更有力的方式重申了这个想法。霍莫医生、加林医生和让内尔医生都主张隔离性病患者。[④]虽然让内尔医生不打算对工人和旅行者施加卫生检查，但他建议设立“拉扎雷医院，以便对发现患有性病的男子进行隔离和治疗”。[⑤]

霍莫医生于 1872 年提出了一个更加雄心勃勃的计划，他提
倡对所有“属于军队、国家海军和军工团”的人员以及海商、
“流浪汉、囚犯、刑事被告”[⑥]进行健康访问。不过，他在深思
熟虑后认为，还应当将健康检查的范围扩大到工人群体（制造 62
业、工厂、铁路、矿山等）。[⑦]在工人阶级内部对梅毒传播进行
监测的做法促进了社会医学的发展，不过在当时，这样做的主
要目的是保护社会其他群体免受传染。

共和国初期，当局以监督卖淫为借口，控制或惩罚一切形

① Professeur Diday, *La Gazette médicale*, 1850, p. 198.

② 米瑞认为系由拉提尔（Ratier）、佩德曼（Pétermann）、阿克东（Acton）、德·桑杜维尔（de Sandouville）、贝尔瑟兰（Bertherand）和达维拉（Davila）提出（*La syphilis*..., p. 82）。

③ Docteur Rey, Congrès médical international de Paris, 1867, p. 312.

④ 米瑞医生评定过多方建议后，最终决定反对他们（*La syphilis*..., p. 82-97）。

⑤ Docteur Jeannel, *op. cit.*, p. 377.

⑥ *Op. cit.*, p. 121.

⑦ 同上。

式的婚外性行为，这足以体现当时卖淫规制的本质。1872 年，霍莫医生要求所有被包养的女性做登记，他认为包养是变相卖淫。[1] 当然，这并不是新想法，部分学者考虑到具体的实施难度，对这种看法持反对意见，例如斯特拉斯堡的斯特罗尔（Strohl）医生。但霍莫医生认为，社会必须展开自卫，抵御被包养女性造成的社会危害："难道我们如今还看不到包养女人的危害吗？多少年轻人背叛婚姻！多少家庭陷入困境！多少财富被耗尽！"[2] 此外，他认为这种措施是符合道义的，并体现了波顿医生不久前提出的卖淫规制原则，即"必须要让恶习蒙羞"。[3]

63 在这种情况下，发展出了超卖淫规制，人们打着反对卖淫的旗号，抑制或监管个人的所有性行为，甚至是婚内性行为，尤其是针对女性。为了避免出现更多的妓女，米瑞医生还给父母提出以下建议："孩子从四五岁开始拥有记忆，[4] 这时父母就应日夜看管女儿，并且留心她们的言行举止……"[5] 米瑞在关于马赛卖淫业的著作中写道："不管女孩的社会地位如何，更确切地说，不管她们父母的社会地位如何，她们都应该尽早从事体力劳动，很少……会有劳动女性……放荡不羁。"[6] 学校必须开展道德教育。他建议"新阶层"的母亲们应该"克制女儿对奢侈

---

① *Op. cit.*, p. 89.

② *Op. cit.*, p. 89.

③ Docteur Potton, *op. cit.*, t. II, p. 442, 转引自：le docteur Homo。

④ *La prostitution à Marseille*, p. 336.

⑤ 同上。

⑥ 同上书，第 337 页。

品的喜爱”。[①]哎！一旦女孩进入商店或工厂工作，她就很难被管控了，因为她会在那里遇见她的天敌——男人。[②]说到这里，就不必再往下说了，所有人都知道会发生什么。在这方面，规制主义文学的发展实际上就是对全面打击婚前性行为的一种回应。医学领域也抵制婚前性行为，例如贝蒂荣医生就开展过一场保卫运动，旨在揭露 21 岁之前进行婚前性行为的危害。[③] 64

迪代教授制定的卖淫规制更具原创性：他似乎是唯一清楚地认识到卖淫的功能并对卖淫进行社会学分析和思考的人。他是一名杰出的梅毒病医生，在他看来，卖淫程度并非受到低级本能或邪恶诱惑的影响，而是与晚婚晚育和一夫一妻制相关。因此，他自然而然认为人们应当停止谴责卖淫，并为嫖娼创造有利条件。他清醒的头脑反而使他受到孤立，他既被主张废除卖淫规制的一方批评，又被支持卖淫规制的一方否定。他并不担心性爱发挥“社会保障”的作用。“性是人类的基本需求之一，人类的社会组织却为满足性需求设置了障碍。文明国家容忍卖淫是出于道德的考虑，也是防止产生动乱、纠纷、丑闻、不法行为和罪行的唯一手段。”[④]因此，有必要对卖淫进行有效组织，以确保其正常运作，从而“约束那些必须满足自身性欲

---

① *La prostitution à Marseille*, p. 338.

② 同上书，第 339 页。

③ Docteur Bertillon, mémoire sur *L'influence du mariage sur la vie humaine*, Académie de médecine 24 nov. 1874. Publié en *Gazette hebdomadaire*, 1871, n° 43, p. 686 *sq*.

④ Diday, «Assainissement méthodique de la prostitution», p. 492.

的人，社会可以借助卖淫业防止他们出轨破坏家庭和谐”。[1]这种言论过于大胆，所以只是昙花一现。

*

65 除了迪代教授的这些大胆观点外，卖淫规制主义的其他流派仍比较传统，他们从根源出发对卖淫现象加以分析。而迪代教授比以往任何观点都更强调“本能”是卖淫的首要动因。妓女的形象仍然符合自君主立宪制时期就存在的成见，人们设想的引导措施仍然是从管理和监督入手。巴朗-杜夏特莱的工作侧重于处理卖淫网络的建设问题，主要是通过阻拦和引导处理暗娼带来的威胁，“道德秩序”的监管者则把注意力集中在各个社会群体的性行为问题上。这个时期，卖淫问题已成为社会的主要关切点，卖淫规制言论也越发公开地表明了当局全面管制性行为的基本规划。

很明显，正是这种还算不上是焦虑的担忧使得妓女成为浪漫主义文学的热门主题，这种担忧在医学人士的著作中也有迹可循。在许多方面，“娜娜”都体现了后巴黎公社时代卖淫规制主义狂潮中诞生的女子形象。[2]

---

① Diday, «Assainissement méthodique de la prostitution», p. 492.

② 我们知道左拉曾回应这一系列的幻想；根据他的说法，娜娜“可以溶解她触碰的所有东西，她是发酵的、裸体的、臀部的，她导致我们社会的分解……她是中心的肉体”（左拉作品，法国国家图书馆手稿，第211—212节）。然而，他并不反对这一进程：娜娜似乎是一个分解剂，而不是一种威胁。

# 第二章　卖淫规制封闭式管理 67

## 引言："听罪由命"[1]的妓女

### 1）程序

女性需要在官方进行卖淫注册，才能正式进入封闭式管理的公娼馆从事卖淫活动。事实上，无论她决定去妓院工作还是独自从业，只要登记了，她就是一名"在册妓女"。如果她选择去妓院，她会被登记在老鸨的名册里，成为一个"有编号的妓女"。如果她选择独立卖淫，她会得到一张证件，并被政府认定为"持证妓女"。然而，登记在册并不代表通过了职业认证，人们并不把卖淫视为一种职业，而是一种交易。某些卖淫规制主义者甚至将卖淫交易类比为军火交易。然而二者还是存在很大区别的，因为卖淫在一定程度上会受到专横的行政处罚。

---

① 这个表达是下塞纳河地区一名在册妓女给政府所写的信中使用的，她在信中要求注销登记（Arch. dépt., Seine-Inférieure, 4 M P 4565）。

妓女注册程序因城市而异。但是在任何情况下，都会区分
68 自愿注册的妓女和被政府要求登记的妓女。在巴黎，妓女自愿登记的程序很简单：申请者带上出生证明复印件，去警察局第一分局第二办公室申请注册。办公室副主任会问一些问题，要求说明婚姻状况和父母的职业，妓女需要说明她是否还和父母住在一起，如果不住在一起，就要解释分开的原因。申请者还要说清自己从什么时候开始住在巴黎的、是否有孩子以及是否自己带孩子。最后，她必须说明申请注册的动机。

然后妓女在警察局的卫生站接受体检。巴黎警察局会向她原户籍所在地的市长发起调查，以便核实陈述是否属实并建立档案。如果妓女是已婚妇女，道德风化科还会传召她的丈夫。完成这些手续后，申请者有权进入自己选择的妓院或私下独立营业。需要注意的是，在巴黎，妓院老鸨不能像过去那样自己带妓女去警察局进行登记。

1878 年 10 月 15 日，《吉戈特条例》开始实施，即日起，注册程序变得更加复杂。册外妓女如果在拉客时被抓现行，就会被逮捕，所在地区的警察局长会“立刻”审讯她。① 如果她在晚上被捕，就得在拘留所过夜。警察局长可以决定是释放她还是将她送到值班处，值班处会将她关在拘留所的单人牢房
69 里。负责审讯的是风化办公室副主任，审讯结束后，她需要在

① Règlement Gigot, 15 octobre 1878, I, 2.

警员记录的笔录上签字，并被送到卫生站做体检。

如果妓女患有性病，她会被送到圣拉扎尔诊所；如果她身体健康，并且是第一次被捕，通常会被释放。相反，有前科的惯犯会立刻被安排登记注册。任何抗议或拒绝遵守注册法规的妓女都将被送回拘留所，等待最终判决。以前是审讯专员负责这项工作，现在由一个专门委员会负责。这个委员会理论上由“省长或省长代表、第一分局的负责人和审讯专员”组成，但实际上，组成人员只包括第二办公室的负责人和两名协警。如果被逮捕的妓女已成年，委员会则倾向于采纳审讯专员的意见；如果被捕的妓女未成年，就由委员会全权决策。风化科负责对未成年妓女进行调查，建立档案，并通过市长与她们的家人沟通。[①]只有完成漫长的程序之后，这些未成年人才能正式成为“登记在册”的妓女。

不言而喻，一旦风化科的专员判断错误，就有可能造成丑闻。夜晚在巴黎街头被误捕的“良家女子”将不得不跟犯罪分子和流浪汉一起在当地街区的拘留所里过夜。如果审查专员认可了警员的笔录，她仍会被带到值班处和拘留所，并被迫接受性器官 70
检查。正是这一类错误导致后来出现了大规模的废规运动。[②]

此外，任何被认定“失踪”并被登记册除名的妓女，一旦

① 参见：O. Commenge, *op. cit.*, p. 142-175。作者引用了市长与家人通信的例子。

② 参见下文第二部分第三章。

被发现拉客，就要重新登记注册并受到惩罚。

马赛[①]于1878年制定了卖淫注册程序，但是与巴黎的注册程序有些不同。申请注册的妓女要填写一份表格（表格里设置的问题不少于24个），还要进行体检。她的档案首先被提交至中央特派员，然后转交给市长。文件获批后将被送回风化科办公室，申请者会收到一张证件，上面标有她必须完成定期体检的日期。[②]未成年妓女还会接受更多的询问，但程序是一样的。揽客被抓现行的册外妓女要接受风化办公室检查员的审讯，后者参考报告和检查结果，决定是否让她注册。如果妓女是已婚女性，只有在丈夫拒绝把妻子领回家后，检查员才能做出决定。在马赛，只有检查员，没有陪审团也没有委员会。

71 在中小城市，程序更简单。1882年古约特的调查显示，[③]在大多数中小城市，被突击抓现行的册外妓女身边通常有一个不相识的男人，并且这个男人也不愿意为她说话。这项调查显示许多案件都是被人告发的。告发者可能是士兵、邻居、街区的居民，也可能是一些嫉妒暗娼与其竞争的在册妓女。

亨内金[④]分析了1904年生效的445条规定，其中279条规

① Docteur H. Mireur, *La prostitution à Marseille*, p. 130-151；罗讷河口省档案M6系列的各种文件。

② 在土伦，1902年，这些证件以1法郎的价格出售，所得收益作为奖金分发给警察局工作人员（1902年3月24日中央特派员报告。瓦尔省档案，序号8M52）。

③ 结果见该书附录（p. 485-555）。

④ M. F. 亨内金（M. F. Hennequin）提交的道德制度的议会外委员会，总报告附录（p. 41-133）。

定了自愿登记程序，403 个市镇规定了强制登记程序。大多数法规要求妓女习惯卖淫，[①] 但很少有法规给出防止妓女遭受专制压迫的保障措施。超过 200 个地区没有指出哪些行政人员拥有强制注册的权利，事实上各个级别的行政人员，包括委员、行政助理甚至警察，都在行使该权利。共有 50 条法规规定市长要将权利委托给其他人，其中有 34 条指出市长需要将此权利委托给专员，其余 16 条未指明委托人身份。150 个城市规定“只有市长可以行使这项权利”。[②] 据报告员说，只有 63 项条例表明强制注册前需有保障措施。在 40 个市镇中，一般情况下，妓女只有被邻居或街区居民投诉举报后，才需接受强制注 72
册。17 项法规要求调查妓女的生活经历、家庭背景以及从良的可能性。在当时，只有马赛和纳博讷城的现行法令规定了妓女可以向警察法院提起上诉。另外还有 25 条市政条例规定，在给已婚妓女注册之前，应通知她的丈夫并请他行使管理妻子的权利。在利摩日，必须要“确定丈夫不发表意见或纵容，或无法阻止妻子卖淫”，[③] 才给妓女注册。瑟堡也要求丈夫签字表示“弃权”。

截至 1880 年前后，自愿注册人数远远多于强制注册人数。在波尔多，1855—1861 年，“在 1216 名在册妓女中，有

① 参见：Henri Hayem, «Enquête sur la police des mœurs en province», *Revue pénitentiaire*, 1904, p. 251 *sq*.。

② Hennequin, annexes au rapport cité, p. 91.

③ H. Hayem, art. cité, p. 258.

1005人是自愿注册的，另外211人是被强制注册的”。[1]米瑞于1882年写道：“十年来，马赛自愿注册的妓女有2510名，被强制注册的妓女有1074名。”[2]但在之后，被强制注册的妓女人数明显多于自愿注册的人数。我们挑选了五个省份作为研究样本，[3]1902年在这些省份展开的调查结果印证了上述观点（见表
73 1）。另一方面，法国南部自愿登记的妓女人数似乎比卢瓦尔河以北的地区更多。[4]

**表1　作为样本的五个省1886—1901年的在册妓女数量和注销妓女数量**

| | 强制注册 | % | 请求注册 | % | 注册总人数 | 注销 | 注销人数与注册人数百分比 |
|---|---|---|---|---|---|---|---|
| 菲尼斯太尔 | 1759 | 99.7 | 6 | 0.3 | 1765 | 1688 | 95 |
| 塞纳-瓦兹 | 365 | 93 | 28 | 7 | 393 | 97 | 25 |
| 下夏朗德 | 788 | 74 | 278 | 26 | 1066 | 407 | 38 |
| 埃罗 | 2781 | 59 | 1890 | 40 | 4671 | 2468 | 52 |
| 默尔特-摩泽尔 | 1071 | 79 | 279 | 21 | 1351 | 453 | 33.5 |
| 总人数 | **6764** | **73** | **2481** | **26** | **9246** | **5113** | |

不管是自愿的还是被强制的，在册妓女都可以脱离卖淫行业。为此，理论上需要完成注销程序。而实际上，妓女只需要

① Docteur Jeannel, *op. cit.*, p. 236.

② Docteur H. Mireur, *La prostitution à Marseille*, p. 150.

③ 根据1902年调查绘制的表格，菲尼斯太尔省档案部（M系列，未编号）、塞纳-瓦兹省档案部（6 M 7）、下夏朗德省档案部（6 M 415）、埃罗省档案部（62 M 8）、默尔特-摩泽尔省档案部（4 M 134）。

④ 在这种情况下，我们所观察到的变化可能会被样本的组成放大，而样本的组成往往会将法国南部的重要性降至最低。

简单地“失踪”就可以了。除了死亡之外，巴黎现行法规还规定了可以申请注销的其他理由。首先，妓女结婚后可以提交证明申请注销。其次，如果一位情人宣称他和某妓女是认真交往 74
的，当局就会对该男子的财产和两人的相处时间进行核实，核实无误后，妓女也可以注销身份。再次，妓女也可以应家人要求注销，这种情况下，父母必须生活富裕，并且证明他们从未引导女儿从事卖淫业。最后，残疾妓女可以立即注销，这里需要指出的是，年老并不总是注销的充分理由。1904 年，巴黎“持证妓女”中年龄最大的 73 岁，该妓女于 1848 年注册；“次长者”65 岁，[①] 于 1866 年注册。

在某些情况下，妓女要经过三至九个月的考验期才能注销。[②] 收容所的女慈善家会将申请注销的妓女带进收容所——收容所专门收留失足少女并为其提供工作——而决定工作的妓女将继续受到风化警察的监视。此外，部分妓女可以临时注销身份，包括获得赦令者、普通刑事犯罪者、无通行证前往外省者，尤其是“失踪者”。

马赛的注销程序与巴黎几乎相同，[③] 唯一的不同之处便是马赛风化办公室检查员全权负责妓女的注销事宜。除此之外，对于与情人同居的妓女，马赛不允许其注销身份。此外，希望离

---

① Docteur Louis Fiaux, *La police des mœurs*..., t. I, p. 199.

② 巴尔扎克作品中夸张地写道，19 岁的埃斯特在离开梅纳尔迪夫人的妓院时经历了两年的测试期（*Splendeurs et misères des courtisanes*, p. 677）。

③ Docteur H. Mireur, *La prostitution à Marseille*, p. 201.

75 开马赛的在册妓女要指明目的地，通过健康检查以后，其档案登记视作自动注销。

根据亨内金的说法，[①]1904年，几乎所有市政卖淫条例都提到了注销规定，一般是由市长根据有关人士或保证人的书面请求批准注销。然而，在二十多个城市中，注销的考验期历时大约三个月。各类卖淫条例都提到四种注销理由：一、妓女品行良好，有工作或有体面人士做担保（221条）；二、妓女选择结婚（55条）；三、妓女回归家庭（33条）；四、妓女年老或患有疾病（19条）。只有11条条例一并列出了上述四种理由。

事实上，很少有妓女因为找到了另一份生计、结婚或重返工作岗位而被批准注销。在巴黎，1880—1886年，只有233名提交申请的妓女被批准注销。与此同时，有262名在册妓女因死亡被注销，378人因结婚被注销，490人因正在服刑被暂时注销，一些妓女因“失踪”被注销身份，另一些则在未获得通行证的情况下前往外省而被注销身份，这两类注销妓女的人数达11510人。[②]往后几年，风化警察对妓女注销的管控同样严格。1888—1903年，314名巴黎妓女因死亡被注销，378人因结婚被注销，545人因行政决定被注销。在此期间，有20397名妓女因“失踪”而被注销。因此，“失踪”是妓女逃避
76 警方控制的有效途径。然而，失踪妓女只能获得临时注销。最

① Hennequin, rapport cité, p. 97.

② Docteur Reuss, *op. cit.*, p. 261.

后，值得注意的是（见表1，边码第73页），1902年，在作为样本的五个省内，注册人数仍远远高于注销人数。[①]

上述数据证明了在册妓女的流动性非常大。对大多数妓女来说，注册卖淫只是一个临时状态。尽管重新注册的频率很高，但是“失踪”的妓女人数也很多。可以看出，程序的严格性与实际结果之间存在失衡，这恰恰表明了卖淫规制的失败。此外，妓女的流动性也为统计某一特定时期实际从事卖淫的在册妓女人数带来了困难。勒库尔所谓的“在职妓女”[②]、加林所谓的“营业妓女”[③]和理查德所谓的“流动妓女”[④]，其总数的计算方式为：（在册妓女＋再注册妓女）–（已注销的＋失踪的＋患病在治疗的＋犯罪受罚的妓女）。我们将试图对这一群体作一个整体了解，然后在监管机构设置的封闭式管理环境中继续追踪观察。要做到这一点，需要参考由风化警察记录的大量文件和专题研究卖淫规制主义的最新作品，因为卖淫规制的准则之一就是使该群体边缘化，以便更好地展开研究并加以控制。然而必须指出的是，在册妓女远远不能代表整个卖淫业。在册妓女通常来自暗娼，且最终会重操旧业，即便如此，她们在册 77
期间仍会受到卖淫规制条例的约束，还会被封闭管理，成为政

① 参见：Annexes au rapport de M. F. Hennequin, rapport de Paul Meunier, p. 392。

② C.-J. Lecour, *La prostitution à Paris…*, p. 126.

③ Garin, *op. cit.*, tableau hors texte.

④ E. Richard, *La prostitution à Paris*, 1890, p. 50.

府管控的一部分。在册妓女的生活方式和生活态度与册外妓女大不相同，在册妓女认为后者是强劲的竞争对手。

### 2）“听罪由命”的妓女：地理分布

要了解1851—1879年的公娼人数是相对容易的。事实上，在1851年、1856年和1872年的三次人口普查期间，政府专门统计了公娼人数。1879年，应德斯普雷斯[①]医生的要求，在吕尼耶（Lunier）医生的指导下，内政部在全国范围内统计了1878年底的受监管妓女人数。德斯普雷斯在著作中记载了这次统计的结果。[②]

三年后，伊夫·古约特在撰写著作时，向法国主要城市的市长发起了调查，该调查得到了35位市长的回复。其中28位
78 市长提供了1876—1881年的年度数据，其他市长仅提供了1880年或1881年受监管妓女的数据。可惜，这项调查的结果与德斯普雷斯的数据有多处不符。说实话，德斯普雷斯的数据似乎更符合实际情况，因为他的调查涉及全国各地。1879年，行政当局成员展开了一项非常正式的调查，与之相比，古约特的调查则显得非常片面，调查结果似乎主要是为了支持作者的

---

① Docteur A. Desprès, *La prostitution en France*, 1883.

② 根据1879年2月1日的通告，这项关于“道德统计”的调查的详细清单可在大多数部门档案中找到。例如，罗讷河口档案部M6 2329文件、下查伦特档案部6 M 415文件、纪龙德档案部4 M 337文件、瓦尔档案部8 M 52文件、菲尼斯太尔档案部文件（未编号）、滨海塞纳省档案部4 MP 4565文件、塞纳-瓦兹省档案部6 M 7。这些文件都可用于核实上述列表的准确性。

个人论点。古约特为不同的城市设置了不同的问卷，此外，他的工作中存在大量计数错误，例如同年份的统计数值差异过大，这使我们不禁怀疑古约特的调查结果是否有效。

1879年以后，妓女人数鲜为人知，由于人口普查不再将妓女视为劳动力的一部分，所以并未统计妓女人数。幸运的是，1902年1月20日大调查的数据可供我们研究改善妓女状况的行政措施。[①] 据我们所知，巴黎汇总的清单列表是由1903年成立的道德制度议会外委员负责制作的。我们希望将来有机会对这一调查进行彻底的梳理，尽管这是一项艰巨的任务。目前，我们先集中分析国内七个省的调查结果。 79

**表2**[②]

| | 妓女人数 | 每一万人中，妓女在15—49岁女性人口中所占的比例（%） |
|---|---|---|
| 1851年 | 16239 | 17.35 |
| 1856年 | 14413 | 15.21 |
| 1872年 | 11875 | 12.83 |
| 1878年 | 15047 | 16.01 |

此外，还有一些零碎的数据：1881年由特奥多·卢塞尔担任主席的参议院委员会收集到的数据涉及未成年妓女的人

① 我们将在以后的论述中广泛使用这项调查，例如下列档案中的重要部分：下查伦特档案部6 M 415文件、埃罗62 M 8文件、默尔特–摩泽尔4 M 134文件、瓦尔8 M 52文件、塞纳–瓦兹6 M 7文件、菲尼斯太尔M系列未编号文件、罗讷河口M 6 4817A文件。

② 需要将尼斯和萨沃伊的数据考虑在内，这两个城市的妓院很不发达，还要考虑阿尔萨斯–洛林，在这片法国由于战败失去的领土上，卖淫活动相当活跃。

数，[1]“监狱总会”也在1904年进行了调查，[2]此外还有巴黎和马赛的警方档案，以上资料都可用于建立一系列连续数据。

1851—1878 年，若将所有已调研和未调研的省份考虑在内，全国范围内在册妓女的人数保持相对稳定。在册妓女的人数在 1851—1872 年略有下降，但在 1872—1878 年，人数又有所回升。不过由于数据来源不一，后来的这种回升值得怀疑。

80 1879 年成立的风化服务机构往往高估在册妓女的规模，亨利·哈耶姆在 1904 年指出，在某些城市，“我们发现警方在记录时计算了长期失踪的妓女”。[3]

在册妓女人数的相对稳定以及私娼人数的增长掩盖了公娼人数下降的事实。然而，在 1878 年，公娼馆内的妓女总人数（见表 4，边码第 86 页）仍然高于站街女的总数。

我们完全有理由相信，尽管受到废规运动的影响，尽管卖淫规制受到质疑，官方注册卖淫的妓女人数在 19 世纪 80 年代中期以后还是有所增加，特别是在首都巴黎，在册妓女人数的增幅尤其明显（见右图）。在册妓女人数在第三共和国社会革
81 命政府期间保持稳定，在 1876—1883 年，随着共和党的胜利和第一次大规模废规运动大幅减少，接着在 1884—1902 年，尽管公娼人数下降，但在册妓女的总人数强势回升。

---

[1] 参议员特奥多·卢塞尔（Théodore Roussel）的报告，《议会文件——参议院》（*Documents parlementaires. Sénat*）。1882 年 7 月 25 日会议的附录。附加文件，对第 13 个问题的答复（p. 291-296）。

[2] 参见：Henri Hayem, art. cité。

[3] H. Hayem, art. cité, p. 251.

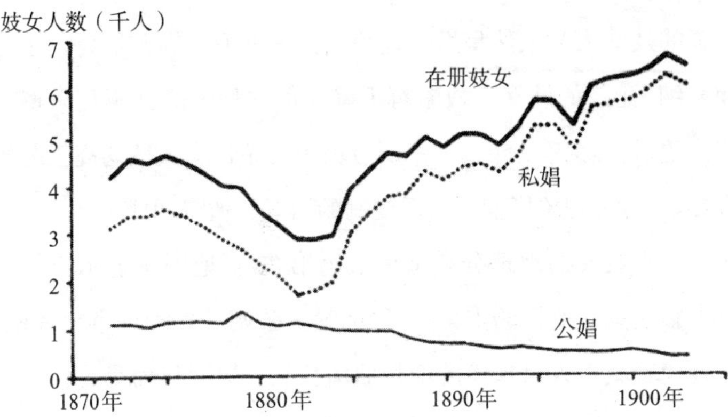


1872—1903 年巴黎在册妓女人数的演变（警察局档案）

**表 3　1878—1902 年巴黎、马赛、土伦以及其他省份的妓女人数变化**

| | 公娼 | | 私娼 | | 总人数 | | 增减量 % |
|---|---|---|---|---|---|---|---|
| | 1878 年 | 1902 年 | 1878 年 | 1902 年 | 1878 年 | 1902 年 | |
| 菲尼斯太尔（布雷斯特） | 152 | 76 | 112 | 164 | 264 | 240 | – 9 |
| 塞纳–瓦兹 | 165 | 125 | 32 | 38 | 197 | 163 | – 17 |
| 下查伦特 | 136 | 125 | 43 | 148 | 179 | 273 | + 52,5 |
| 埃罗 | 234 | 85 | 14 | 371 | 248 | 456 | + 84 |
| 默尔特–摩泽尔 | 92 | 161 | 183 | 255 | 275 | 416 | + 51 |
| 总人数 | 779 | 572 | 384 | 976 | 1163 | 1548 | + 33 |
| 马赛 | 448 | 87 | 216 | 700 | 664 | 787 | + 18,5 |
| 土伦 | 246 | 236 | 29 | 16 | 275 | 252 | – 8 |
| 巴黎 | 1343 | 382 | 2648 | 6257 | 3991 | 6639 | + 66 |

如表 3[①] 所示，在其他地区，妓女数量的变化不太明显。然
而，埃罗、默尔特–摩泽尔和下查伦特的人数增长相当迅猛。82

① 根据附注 27 中引用的文件绘制。

马赛的妓女人数依然呈增长趋势。另一方面，布雷斯特、土伦和塞纳-瓦兹的妓女人数略有下降，但这种下降并不足以撼动整体的增长。1902 年，几乎所有城市的站街女人数均高于公娼人数。[①] 这种现象影响了卖淫规制的命运，值得回顾。

在册妓女的地理分布（见边码第 83 页地图）显示出长期以来影响其重要性的因素。[②] 很明显，公娼是一种城市化现象，并且随着城市人口规模的增长而增长。其原因显而易见：大型城市聚集区形态各异，这种多样性造成了卖淫形式的多样化。此外，妓女在大城市更容易隐姓埋名，这无疑为妓女人数激增创造了有利条件。同样，“站街女”的比例也随着人口规模的增长而上升。在市级城市中，公娼人数几乎是私娼人数的两倍，而在巴黎，公娼人数仅占私娼人数的一半。

86 **表 4　1878 年的在册妓女** [③]

| | 妓院数量 | 公娼人数及百分比 | | 站街女及百分比 | | 在册妓女总数 |
|---|---|---|---|---|---|---|
| 巴黎 | 128 | 1340 | 33 | 2648 | 66 | 3988 |
| 省会城市 | 698 | 3764 | 54 | 3153 | 45 | 6917 |
| 市级城市 | 414 | 2313 | 65 | 1228 | 34 | 3541 |
| 区域行政中心 | 79 | 396 | 75 | 129 | 25 | 525 |
| 其他市镇 | 9 | 46 | 60 | 30 | 39 | 76 |
| 总人数 | | **7859** | **52** | **7188** | **47** | **15047** |

① 土伦的情况可以通过中央委员会自 1900 年以来实施的“监禁”政策来解释（见 1902 年报告，Arch. dépt. Var, 8 M 52）；私娼的人数分别是 1899 年 250 人，1901 年 89 人，1902 年 16 人。

② 参见：docteur A. Desprès, *op. cit.*, *passim*。

③ 数据信息取自 A. 德斯普雷斯医生的作品。

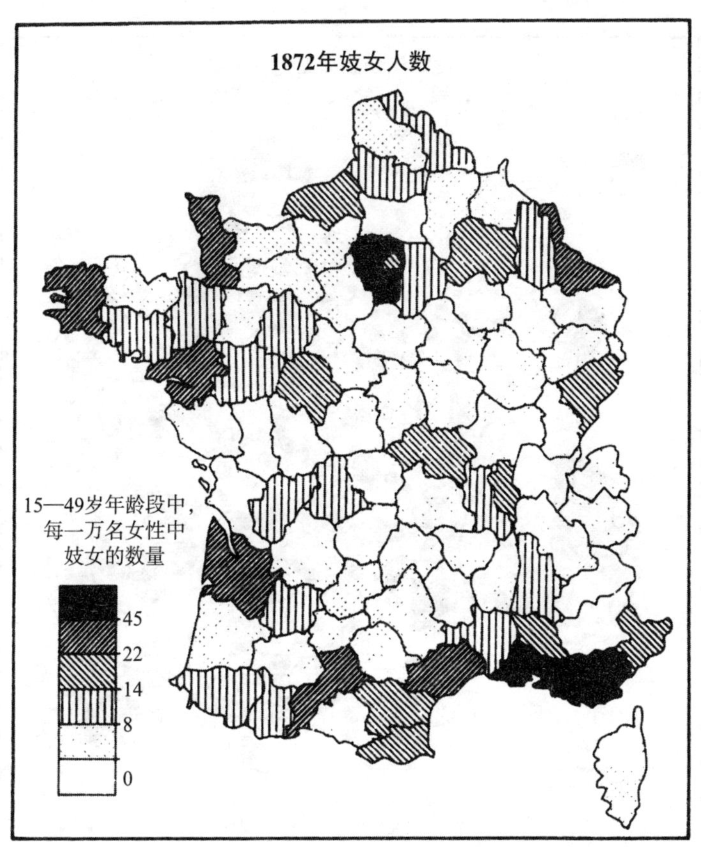


根据人口普查结果绘制

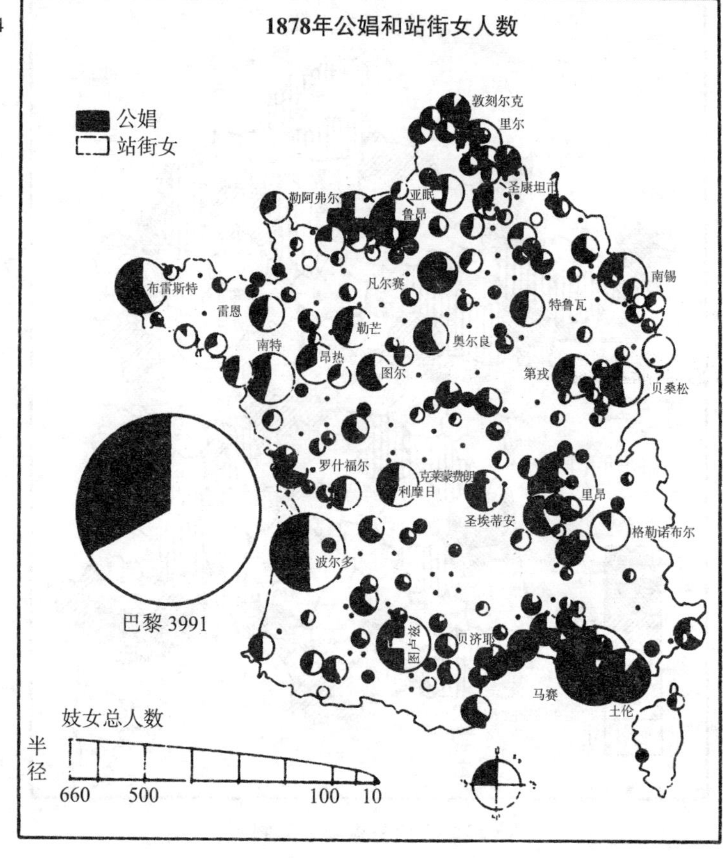


1878年公娼和站街女人数

## 在册妓女年龄分布

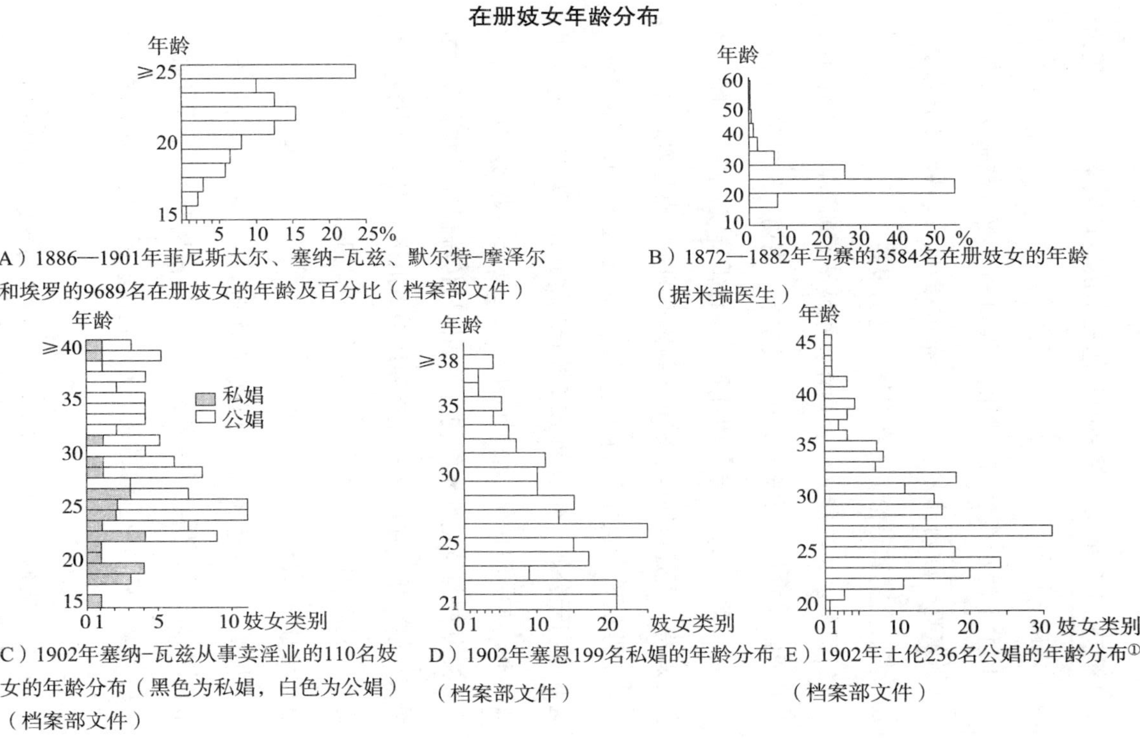


A）1886—1901年菲尼斯太尔、塞纳-瓦兹、默尔特-摩泽尔和埃罗的9689名在册妓女的年龄及百分比（档案部文件）

B）1872—1882年马赛的3584名在册妓女的年龄（据米瑞医生）

C）1902年塞纳-瓦兹从事卖淫业的110名妓女的年龄分布（黑色为私娼，白色为公娼）（档案部文件）

D）1902年塞恩199名私娼的年龄分布（档案部文件）

E）1902年土伦236名公娼的年龄分布①（档案部文件）

① 该分布图根据出生年龄绘制，显示的是1902年统计时的年龄。

影响 1878 年调查结果的其他三个决定性因素（见边码第 84 页地图）如下：

1. 主干线沿线城市的情况；港口和主要铁路或公路节点（敦刻尔克、勒阿弗尔、瑟堡、布雷斯特、南特、罗什福尔、波尔多、马赛和土伦）的在册妓女比例很高。

2. 某些城市功能区：公娼在驻军城镇、朝圣地、水疗中心以及通常在旅游中心发展良好。贝尔福、南锡、凡尔登、图勒、凡尔赛、索米尔、维希、伊苏丹、科特雷特以及穆尔默隆、圣麦克森特、塞普坦地区法尔热等地附近的军营也是如此。

87 工业的繁荣决定了由新移民组成的工人无产阶级的存在，这既有利于公娼，也有利于暗娼（以北方城市为例）。在某些情况下，大学的存在也能促进卖淫业尤其是暗娼的发展。

3. 某些与特定性别结构有关的区域传统促进了妓女人数的增长。很明显，在朗格多克市和地中海沿岸城市（图卢兹、贝济耶、蒙彼利埃），[①]公娼特别发达，而在下诺曼底地区，则有很多在册的私娼。

相反，一些地区几乎没有妓女注册。这些地区通常具有城市化水平较低、信息传递滞后以及工业占比低等特点。因此，中央高原（克勒兹、科雷兹、上卢瓦尔、康塔勒、阿韦龙、洛

---

① J. 罗索德对中世纪时期南方罗讷河地区的妓女结构进行了精确的研究。参见：«Prostitution, jeunesse et société dans les villes du Sud-Est au XV$^{e}$ siècle», *Annales E. S. C.*, mars-avril 1976, p. 289-326。

泽尔、阿尔代什）的中心、比利牛斯山脉（阿里埃日）、阿尔卑斯山以及一般山区不利于卖淫业的发展。

简而言之，对妓女地理分布的研究揭示了嫖客的性质以及妓女在群体性生活中所起的多样性作用。[①]

### 3）“听罪由命的妓女”：社会人类学草图 88

大多数在册妓女的注册年龄介于21—25岁之间。1880—1886年在巴黎注册的5440名妓女中，[②]73.91%在注册时已经成年，23.73%为18—21岁，只有2.35%为16—18岁。1872—1882年在马赛注册的3584名妓女中，[③]3%未满18岁，8%年龄在18—21岁之间，89%声称已成年（见边码第85页图表）。1886—1901年，在作为样本的五个省中，9689名在册妓女的年龄分布证实了以上结果（见边码第85页图表）。值得注意的是，登记时尚未成年的妓女是一个不容忽视的群体。

妓女的过早破处表明，绝大多数在册妓女在申请注册时，已经从事数月甚至数年的性交易了。当然，处女申请注册的情况也的确存在，但我们相信，那只是个例。巴泰勒米教授于

---

① 然而，现在有必要先指出，公娼满足了城市社会之外的性需求（军人、学生、游商、游客、近期移民并处于边缘的工人），而暗娼更符合融入这个社会的个人需求。这也是暗娼看起来更具威胁性的原因之一。

② Docteur Reuss, *op. cit.*, p. 19.

③ Docteur H. Mireur, *La prostitution à Marseille*, p. 158. 应当指出的是，很多申请人为了更容易登记而谎报较大的年龄。

1891—1899年在圣拉扎尔诊所开展的调查工作①也证实了这一
89 假设。巴泰勒米教授得出的结论是，妓女的平均破处年龄为16岁。在他研究过的195名在册妓女中，有66名在从事卖淫业第一年就进行了注册，47名在第二年登记注册，63名在第三到六年之间登记注册，19名在卖身五年之后登记注册。因此，巴泰勒米教授补充说："妓女平均在注册前三年零九个月就开始从事卖淫活动了。"②19世纪末，有一种成见广泛流传于各大公会③：年轻女工要么失身于资产阶级家庭的儿子，要么失身于她的老板。然而，这种成见经不起事实的推敲，因为在绝大多数情况下，妓女的初夜都是献给了同阶层的男人。皮勒尔医生对圣拉扎尔诊所的582名妓女的调查④与马蒂诺医生关于暗娼的
90 结论不谋而合：⑤38%的暗娼失身于工人，17%失身于"业内人士"，5%失身于自己的丈夫，11%失身于各个阶层的自由职业

---

① Professeur Barthélemy, «La prophylaxie des maladies vénériennes chez la femme», *Revue de médecine légale*, 1900, p. 124.

② 这些结论证实了马蒂诺医生关于暗娼的看法（参见下文第307页）。沙托贡蒂耶的52名妓女向霍莫医生透露了她们破身的年龄；2人在10岁时失去童贞，17人在10—15岁，24人在15—18岁，9人在18—21岁。破身的平均年龄为15岁零4个月。52人中有43人在注册前有一个孩子。很大一部分妓女在进入妓院之前一直被包养着（docteur Homo, *op. cit.*, p. 45）。这些数字可以与1969年勒摩尔（Le Moal）医生在《未成年人卖淫研究》（*Étude sur la prostitution des mineures*, Paris, 1969）中提供的当代的数据进行有趣的比较。

③ 在1901年里昂举行的废规运动大会期间，这一成见再次被采纳。

④ Docteur L. Le Pileur, 转引自：Régnault, *L'évolution de la prostitution*, p. 87-88。

⑤ Docteur Martineau, *La prostitution clandestine*, p. 42-66.

者，只有3%失身于雇主、老板或他们的儿子，1.3%失身于自己的家庭成员。其他人表示不知道失身于什么人。只有19人（3%）声称受到了强暴。

1902年，塞恩、土伦和塞纳-瓦兹省内在册妓女的年龄分布[1]表明，在册妓女普遍很年轻，原因在于其工作的短暂性。需要指出的是，那时警察不愿意给未成年人注册。从第85页的图表中可以看出，站街女的平均年龄低于公娼。与普遍看法相反，30岁以上的在册妓女大多在妓院工作，而不是上街拉客。

有一种偏见认为所有在册妓女都是私生女，[2]这种偏见是经不起推敲的：在马赛注册的3584名妓女中，[3]90.3%是婚生女，仅有9.7%是非婚生女，还应当指出的是，6.5%的马赛在册妓女不知道自己的父母是谁。十年前，霍莫医生对沙托贡蒂耶妓女的调查也得出了类似的结论，据调查，仅有10%是非婚生
女。[4]1882年在马恩注册的234名妓女中，23人（9%）是非 91
婚生女，204人在原生家庭中长大，其中197人由父母或其中一人养育，只有7人由其他亲戚养大。剩下的30人中，有14人在教会长大，9人在孤儿院长大，7人靠救济生活。[5]这一比

① Arch. dépt. Var, 8 M 52 et Arch. dépt. Seine-et-Oise, 6 M 7.

② 杜克贝秀在著作《青年工人的身心状况及改善方法》中探讨了卖淫业发展的基础。杜克贝秀在书中也提出质疑：是否有必要提醒大家，《悲惨世界》里的芳汀是一个私生女？

③ H. Mireur, *La prostitution à Marseille*, p. 169.

④ H. Homo, *op. cit.*, p. 40.

⑤ Préfet Delasalle, 18 février 1882, in Th. Roussel, rapport cité, p. 294.

例与全国平均水平大体一致，所以，非婚生女与卖淫倾向之间没有必然联系。[①]

当然，妓女在注册时几乎都是单身；已婚妇女甚至是寡妇始终是个例。在沙托贡蒂耶的 151 名妓女中，只有 7 人结过婚。[②] 在马赛登记的 3584 名妓女中，只有 239 名是已婚妇女（6%），其中包括 67 名寡妇。[③]1880—1886 年 [④] 在巴黎登记的妓女中，已婚人数占 5.88%。1902 年马赛的 87 名公娼中，有 84 人是单身，只有 3 人结过婚。[⑤] 同一时期，凡尔赛 96% 的公娼和 89% 的私娼是单身。在布雷斯特，单身公娼和单身私娼的
92 占比分别为 92% 和 84%。[⑥] 需要注意的是，这一次各个城市中的比例再度基本持平。

妓女或多或少都远离自己的出生地卖淫，距离远近取决于所在卖淫城市的大小。1880—1886 年巴黎有 5440 名在册妓女，[⑦] 其中 4.74% 在国外出生，65.39% 来自外省，2.92% 来自郊区，只有 26.95% 出生于巴黎。马赛的妓女中外国人占比更高：[⑧]

---

① 然而，需要指出的是，在所有被发现从事卖淫行为，以及政府鉴于其年龄拒绝注册的年轻女孩中，家庭成员对她们的影响十分显著。关于这一点，不要忘了我们所述的公娼并不能代表整个性交易产业。

② Docteur Homo, *op. cit.*, p. 36.

③ Docteur H. Mireur, *La prostitution à Marseille*, p. 170.

④ Docteur Reuss, *op. cit.*, p. 17.

⑤ Arch. dépt. Bouches-du-Rhône, M 6 4817A.

⑥ Arch. dépt. Seine-et-Oise, 6 M 7 et Arch. dépt. Finistère, M (non classé).

⑦ Docteur Reuss, *op. cit.*, p. 13.

⑧ Docteur H. Mireur, *La prostitution à Marseille*, p. 166-168.

3584名妓女中，878人（24%）[①]出生在国外，占比最高的国籍分别是意大利（342人）、西班牙（219人）、瑞士（128人）和德国（93人）。

应当指出（见边码第121页地图），马赛卖淫产业从全国各地招募妓女，庞大的卖淫网络遍布各省。来自罗讷河口省的妓女仅270人（占总数的9%），并不比来自罗讷省（212人）或阿尔卑斯山地区多。阿尔卑斯山地区的妓女虽然数量少，却为马赛的妓院做了很大贡献。其他大多数妓女来自地中海沿岸省份、罗讷河谷省份以及各个重要港口所在的省份，由此可以推断，妓女的流动多发生在港口城市之间。另外，许多妓女来自阿尔萨斯-洛林地区，这又是为什么呢？大概率是因为阿尔萨斯-洛林的领土曾因法国战败被割让，当地的妓女也随之撤走了。将上面的结果与1902年从业妓女的调查结果[②]进行比较后可以看出，马赛地区妓女的来源地范围相对稳定。

**表5　根据审讯记录，1872—1882年马赛在册妓女父亲的职业** 93

| 职业 | 人数 | 合计 |
|---|---|---|
| 靠利息和租金生活的业主 | 207 | |
| 自由职业者、法官、教师 | 43 | |
| 艺术家 | 47 | 352　(11.3%) |
| 政府官员 | 17 | |
| 工厂主和企业家 | 38 | |

① 不包括出生在阿尔及利亚的58名妓女。

② Arch. dépt. Bouches-du-Rhône, M 6 4817$^{A}$。土伦采用了马赛模式。参见：Arch. dépt. Var, 8 M 52。

续表

| | | | |
|---|---|---|---|
| 批发商 | 34 | | |
| 商人-个体户 | 125 | | |
| 咖啡馆老板、旅馆老板、餐厅老板、烟草零售商 | 97 | 353 | （11.3%） |
| 流动商贩 | 97 | | |
| 手工业老板和工人： | | | |
| 建筑业 | 126 | | |
| 冶金业 | 127 | | |
| 木材业 | 113 | | |
| 皮革业 | 107 | | |
| 纺织业 | 119 | 855 | （27.5%） |
| 出版业 | 23 | | |
| 食品业 | 88 | | |
| 运输业 | 65 | | |
| 其他 | 87 | | |
| 中层行政管理人员 | 3 | | |
| 初级行政干部和职员 | | 58 | （1.8%） |
| （邮递员、宪兵、海关乡村警察） | 55 | | |
| 铁路职员和工人 | 60 | | （1.9%） |
| 94 退役士兵 | 42 | | （1.3%） |
| 工厂初级干部（工头） | 14 | | （0.4%） |
| 中间商和游商 | 28 | | （0.9%） |
| 办公室职员和公共作家 | 67 | | （2.1%） |
| 酒店和咖啡馆的服务员 | 38 | | （1.2%） |
| 工厂工人和模压工 | 22 | | （0.7%） |
| 短工、挖土工人、清洁工、搬运工 | 562 | | |
| 仆人和门房 | 60 | 641 | （20.7%） |
| 乞丐、盲人、摔跤力士、巡回音乐家 | 19 | | |
| 苦役犯、囚犯 | 2 | | |
| 渔民 | 44 | | （1.4%） |

续表

| | | |
|---|---|---|
| 农民、种田者、酿酒师 | 476 | （15%） |
| 园丁、苗木培养工 | 37 | （1.1%） |
| 牧民 | 4 | （0.1%） |
| 伐木工、煤矿工 | 18 | （0.5%） |
| **总计** | **3102** | |

另外，除了少数妓女来自北部地区（芒什、奥恩），1862—1869 年沙托贡蒂耶市的在册妓女主要来自邻近省份。然而，在这个小城市，妓女很少在自己的出生地附近工作。在出生地附近工作的妓女当中，仅有 16.5% 在马延出生，2.6% 在沙托贡蒂耶出生。[1]

因此，巴朗-杜夏特莱所说的巴黎妓女并非特指在首都或 95
大城市出生的妓女。要知道，在册妓女几乎都不愿意提供家乡信息，即使其工作的小城镇离家乡并不远。原因有两个：一是妓院的招聘方式，[2] 二是妓女通常要求匿名。

妓女的社会出身是一个比较棘手的问题，在这一研究领域，存在两种相互对立的说法：一种说法认为妓女是贵族或资产阶级出身，由妓院老鸨和皮条客精心供养，后者希望利用她们增加业务、激起嫖客的性欲；另一种则认为苦难与卖淫紧密相关。第二种说法由慈善家或民粹主义作家在 19 世纪上半叶提出，随后得到社会主义者的支持。事实上，米瑞对马赛的

① Docteur H. Homo, *op. cit.*, p. 31.

② 参见下文第 136 页及以下。

3102 名在册妓女进行了研究，[①] 他得出的结论与半个世纪前巴朗-杜夏特莱在巴黎的调查结果大致相同，其研究结果对这两种说法做出了评判（见表 5，边码第 93 页）。米瑞的调查并不是绝对有效的，因为他参考了妓女在回答注册表的问题时给出的答案，但很明显，这些妓女的出身遍布所有社会阶层，尽管来自每个阶层的人数并不均衡。

通过对整个人口的社会和职业分布结果进行对比，可以看
96 出大部分妓女来自城市，农民出身的妓女 [②] 人数明显较少。同样，大部分妓女的家庭都不从事工业。大多数妓女的父母是无产阶级工人、短工、个体户和社会边缘者。表 5 显示许多妓女的父辈是咖啡馆-旅店老板、流动商贩、游商、酒店服务员以及歌剧和戏剧演员，这也就不足为奇了。

妓女的家庭出身多样，其中最具代表性的两个社会阶层是收租房东和自由职业者，这些职业主要集中在城市。还有一组数据令人惊讶，在马赛妓女中，有 13 人是教师的女儿，6 人是看门人的女儿，4 人是律师的女儿，4 人是法官的女儿，还有 1 人是检察官的女儿。同样令人诧异的是，还有许多妓女的父辈是退役军人（59 人中有 17 人父亲是军官）和执法人员。

---

① Docteur H. Mireur, *La prostitution à Marseille*, p. 171-173.

② 然而，表中所列的许多家庭佣工有很大可能曾经都是农民。

**表6　1871—1881年马赛在册妓女注册前从事的职业**

| 职业 | | | |
|---|---|---|---|
| 妓女 | | 1822 | |
| 无业 | | 213 | |
| “家庭主妇” | | 61 | |
| 学徒工 | | 203 | |
| | | 2299 | 97 |
| 申报的职业： | | | |
| “收租者” | 13 | | |
| 教师、家教 | 7 | | |
| 歌剧和戏剧演员 | 40 | | |
| 咖啡馆和小酒吧的服务员 | 58 | | |
| 卖花女或流动商贩 | 34 | 115 | |
| 其他商业的职员 | 23 | | |
| 裁缝、洗衣妇、绣娘、洗衣工、烫衣工 | 265 | | |
| 裁缝 | 91 | | |
| 制帽工 | 28 | | |
| 手套商 | 16 | 544 | |
| 皮鞋制造工 | 26 | | |
| 理发师 | 38 | | |
| 各种手工业者 | 80 | | |
| 大工厂女工 | 11 | | |
| 女仆和厨娘 | 305 | | |
| 旅馆女服务员 | 202 | 521 | |
| 白班女工 | 14 | | |
| **总计** | **1251** | | |

调查妓女在注册前从事的职业毫无意义，众所周知，她们中的大多数人在注册之前就已经是暗娼了。在这种情况下，她们口中所说的职业只是为了隐瞒真实情况，只不过有些人处于入行学

习阶段，而有些人早已把卖淫作为真正的职业，这两类妓女往往难以区分。然而不可否认的是，她们中的一些人有其他的工作，有时甚至与卖淫同时进行，因此，她们所述的职业清单并非毫无
98 价值。另一方面，在被逮捕的册外妓女中，警察有可能根据职业进行了筛选，警察也许会或多或少故意只给从事某些职业的女性登记注册。在这种情况下，在册妓女注册前从事的职业清单与册外妓女从事的职业清单可能并不完全相符。[①]

**表 7　1902 年瓦尔和塞纳–瓦兹省的妓女注册前从事的职业**

| | 塞恩的私娼及百分比 | | 塞恩和土伦的公娼及百分比 | | 总计及百分比 | | 塞纳–瓦兹省全部妓女 |
|---|---|---|---|---|---|---|---|
| 无业 | 19 | 9.5 | 112 | 41.3 | 131 | 27.8 | 5 |
| 家庭主妇 | 15 | 7.5 | 3 | 1 | 18 | 3.8 | 1 |
| 教师和护士 | – | | 1 | 0.4 | 1 | 0.2 | 1 |
| 歌剧和舞蹈演员 | 4 | 2 | 4 | 1.5 | 8 | 1.7 | |
| 商店店员或职员，超市售货员 | – | – | 6 | 2.2 | 6 | 1.3 | 2 |
| 商人，零售商，水果商，卖花女 | 3 | 1.5 | 6 | 2.2 | 9 | 1.9 | 3 |
| 99 洗衣工，烫衣工，洗补工 | 33 | 16.5 | 28 | 10.3 | 61 | 12.9 | 16 |
| 针线活儿女工（裁缝、制帽工、绣娘、紧身衣缝制工、绦带商、仆人） | 61 | 30.5 | 28 | 10.3 | 89 | 18.9 | 16 |
| 其他手工业女工（理发师、刺绣师、串珠师、印刷工、钟表匠） | 7 | 3.5 | 5 | 1.8 | 12 | 2.5 | 3 |
| 制造业女工 | – | – | 8 | 3 | 8 | 1.7 | 2 |

① 参见下文第 260 页。

续表

| | | | | | | | |
|---|---|---|---|---|---|---|---|
| 农民 | 1 | 0.5 | – | – | 1 | 0.2 | |
| 女仆及厨娘 | 54 | 27 | 64 | 23.6 | 118 | 25.1 | 53 |
| 短工 | 3 | 1.5 | 6 | 2.2 | 9 | 1.9 | 6 |
| **总计** | **200** | | **271** | | **471** | | **108** |

1882 年，马赛统计了过去十年的妓女注册情况，结果显示，大多数妓女承认自己在注册前从事的唯一工作就是卖淫。[①]表 6 的数据显示，妓院的前厅通常是女仆的房间、酒吧、洗衣 100
店和缝纫车间，不过都是些小作坊。由于大量女仆和厨娘前去登记当在册妓女，统治阶级对服务行业人员的道德产生了焦虑。[②]一会儿我们还要再细讲[③]戏剧演员或家庭教师注册成为妓女的例子，她们的处境激起了人们的愤怒，引发了反对“拐骗女歌手和女教师为娼”的运动。

1902 年的调查结果（表 7，边码第 98 页）表明，女演员和女教师也会去注册当妓女。但塞恩和土伦的公娼中，未受过教育的妓女（41%）占比非常高。对比公娼和站街女的学历可以发现，没有任何专业资格证书的妓女大多选择成为公娼，而已经从事过某项职业的妓女更倾向于私下从事卖淫。

没有任何证据表明妓女的受教育程度远低于平均水平。1880—1887 年巴黎的 5440 名在册妓女中，只有 19.65% 的妓

① Docteur H. Mireur, *La prostitution à Marseille*, p. 176.

② 参见下文第 382—383 页。

③ 参见下文第 318 页及以下。

女是文盲。[①] 马赛妓女的受教育程度确实不太高，1871—1881 年有 3584 名在册妓女，识字率仅达 55%。[②] 但这只是暂时现象，1902 年，封闭式妓院中有 72% 的妓女会读会写，有两人
101 甚至拥有很高的学历。[③] 同一时期，在凡尔赛的在册妓女中，只有 9% 是文盲，7% 有小学文凭。[④] 有些妓院老鸨有意招徕受过教育的妓女。1902 年塞恩的所有公娼都会读写，“甚至还有一人……接受过中等教育，是一名出色的音乐家，九年来一直跟随同一个妓院老鸨”。[⑤]1902 年，奥勒龙城堡的所有公娼都会读写。[⑥] 在所引用的例子中，中部地区或布列塔尼地区某些省份妓女的识字率甚至高于当时所有女性群体的识字率。

在册妓女的生育率非常低，但一些妓女在怀孕后还是会生下孩子。大多数情况下，孩子出生后不久就要跟母亲分开。1901 年，马赛有 73 名妓女生产，[⑦]13 名新生儿出生就是死胎，17 名出生后很快就夭折了，19 名被送往公共援助机构，只有 24 名儿童由母亲抚养。1899—1901 年在凡尔赛出生的 11 名妓女的子女被送到公共救济事业局。1902 年土伦的 236 名公娼中，有 48 人生了孩子，其中 6 人有 2 个孩子，2 人有 3 个孩子。

---

① Docteur Reuss, *op. cit.*, p. 15.

② Docteur H. Mireur, *La prostitution à Marseille*, p. 174.

③ Arch. dépt. Bouches-du-Rhône, M 6 4817A.

④ Arch. dépt. Seine-et-Oise, 6 M 7.

⑤ Arch. dépt. Var, 8 M 52.

⑥ Arch. dépt. Charente-Inférieure, 6 M 415.

⑦ Arch. dépt. Bouches-du-Rhône, M 6 4817A.

这些母亲中有 21 人将孩子安置在自己父母家，12 人将孩子委 102
托给保姆或保育员，8 人将孩子送到收容所或医院。[①]

尽管官方指引女性合法卖淫的方向非常清晰，但不同阶层的在册妓女似乎自愿使自己边缘化。最后，从私生女比例、父母职业以及教育程度来看，在册妓女与整个社会的平均水平相比没有显著差异，这表明，对任何过于简单的相关性解释，都必须谨慎看待。

然而，我们也应当警惕平均数，因为受卖淫规制管控的卖淫是一个极其多样化的缩影。这种多样性将在对妓院的描述中反复出现，这里的妓院指的是卖淫规制封闭管理在册妓女的场所。最后，卖淫活动多样性只是需求多样性的反映，而需求的多样化也体现了性挫折的程度。正如我们所见，尽管方式略有不同，性挫折还是触及了所有人群和社会阶层。卖淫规模庞大以及妓女出身多样化的原因是性挫折，而不是贫穷或淫荡的品性。所以，没有必要感叹被资产阶级破处的妓女或未婚妈妈堕落卖身的命运，因为苦难并不是导致卖淫的首要因素；也没有必要与卖淫规制主义者一道斥责那些年轻妓女的淫荡，因为品性并不是导致卖淫的决定性原因。各种处境下的女性都有可能
成为妓女，因为当时的性结构引发了巨大的需求，同时也催生 103
了卖淫业这个高利润行业。

此外，在卖淫规制主义话语中，还有一个重要的悖论：规

① Arch. dépt. Seine-et-Oise, 6 M 7 et Var, 8 M 52.

制者想将妓女划入一个特定的单独群体，然而社会学和统计学的研究结果显示，除了在性行为方面和对工作的态度上有些不同，在册妓女与普通女性具有很多相似之处。要知道，卖淫规制主义话语的根本目的就是使妓女区别于其他女性群体，以便边缘化卖淫业，从而使妓女群体成为反面教材，好让忠贞的女性引以为戒，那又如何解释这种悖论呢？①

## 1. 妓院或“精液下水道”②

妓院研究面临着特殊困难。卖淫规制要求对性交易实施封闭式管理和持续监控，实际上这是不可能实现的。废规主义者强调卖淫规制与日常现实之间存在失调，妓院老鸨、医生，有时甚至风化警察也很少遵守规制条例。因而，规则与现实的失调导致研究者难以对妓院开展精准研究。此外，外界对妓院的评论往往只是评论者的个人幻想。

总体来说，对妓院的描述可以分为四种类型：

104 （1）虚构文学的描述。

（2）专业人士的描述，因工作需要，他们经常接触妓院里的人。这类人士包括医生、警察和法官，在他们笔下，妓院仿佛是一幅静态的写实画。一方面是因为大多数专业人士都是卖

① 关于这个方面，参见：Friedlander, *Histoire et psychanalyse*。

② Docteur L. Fiaux, *La police des mœurs*, t. I, p. 212.

淫规制主义者，支持封闭管理卖淫，他们在很大程度上受到巴朗-杜夏特莱遗留的成见的影响。此外，他们还受到人类学观察方法的影响，而且他们本身也谈性色变，所以他们对妓院的描绘是一种静止的描绘，可以说是一种外在的描绘，这种冷冰冰的描绘使他们很难如实把握妓院系统的运作脉搏，也很难解释卖淫行为。[①]

（3）嫖客或承认接受过个人调查者的陈述，以及大量图像文学。这些文学作品虽然很写实，但偏好描写丑闻和下流场景，因此显得很不可靠。[②]

（4）记者、时事评论员或各种辩论家甚至政治家编写的书籍或抨击文章，这类文章有很强的引导性。这类人士通常是废规主义者，他们的创作意图是好的，但本人很少去妓院。因此，他们往往容易受到妓院最离奇的传闻的误导。只要传闻具有足够大的吸引力和戏剧性，这些人就会被吸引。因此，他们对妓女的误解特别深。[③] 并且，他们普遍敌视教会、军队和警 105
察，因而他们对妓女的论述大多是不可靠的。[④]

描绘妓女的作品有很多，但很遗憾，还没有妓女写自传或

① 这类作品主要出自以下作者：霍莫医生、勒库尔、加林医生、米瑞医生、马瑟、罗伊斯医生、菲奥医生、高隆，以及 1878 年巴黎市议会组建的委员会或议会外政权委员会文件。

② 例如，上文引用的科菲尼翁（Coffignon）和维尔马特（Virmaître）的作品。

③ 在这方面，请参阅维尔马特对菲奥作品的评论（*Trottoirs et lupanars*, p. 28）

④ 这种类型属伊夫·古约特的作品。

回忆录。直到当代，妓女才敢主动说出自己的故事。不过还好，我收集到了一些被封闭管理的妓女写给朋友或“心上人”的信，还有一些在册妓女寄给政府职员的投诉信。此外，我还查阅了里昂三所妓院的登记册。[1]最后，我还查阅了马赛风化警察局关于妓院老鸨[2]和“放荡场所”[3]的一系列档案。不过可惜的是，大多数文件仅涉及1900—1914年的记录。

尽管资料不全，我们仍将尝试描述19世纪最后25年[4]妓院的职能。

106 **1）封闭妓院的地理位置和类型**

在法国，只有少数南方城市和港口城市设置了卖淫“专区”。1882年，马赛共有88间妓院，除了个别例外，大多妓院都聚集在一个特定的区域，该区域东至雷诺德街，西至拉多街，南至罗日街和兰斯里街，北至凯塞里街。[5]布特里街有15

---

① Arch. dépt. Bouches-du-Rhône. Non classé. 1）1896年9月19日由埃斯佩兰斯萨尔瓦多所做的位于莫纳街1号的妓院登记册（1885年9月7日至1914年7月27日）；一家妓院包括22间客房；2）贝约特妓院的登记册，从1907年8月2日到1914年8月3日；3）约瑟芬·切维利亚特所做的自1879年7月25日以来位于史密斯街2号的白寡妇妓院登记册（1898年10月22日至1914年7月18日）。该妓院有10个房间。

② Arch. dépt. Bouches-du-Rhône, M 6 6569.

③ Arch. dépt. Bouches-du-Rhône, M 6 65701.

④ 有的时候我们会引用一些20世纪初期的作品。

⑤ Docteur Mireur, *La prostitution à Marseille*, p. 156；1876年12月15日中央委员会的报告中提到了86个“封闭式”妓院（Arch. dépt. Bouches-du-Rhône, M 6 3336）。

家妓院，灯笼街有 13 家，阿曼迪尔街有 12 家。在马赛，公娼馆非常发达，私娼比国内其他大城市要少得多。如果公娼离开所在的妓院成为私娼，通常会被判入狱。

同一时期，蒙彼利埃的在册妓女都聚集在名为“帕斯基尔城”的街区，[1]她们有的在寄宿酒店的“房间”接客，有的在“封闭式妓院”或“混合式妓院”接客。在“混合式妓院”里从业的都是负债妓女，她们在警察的监督下从事临时卖淫活动。土伦市市长说：“在土伦，被称作‘红帽子’的红灯区‘地理位置优越’，该区域延沿着外城墙边建设，人烟稀少。”[2]但是，通往那里的大道却繁华无比。1902 年，那里聚集了 55 家 107
妓院。在 1878 年[3]和 1902 年，政府试图通过警察的大力镇压来确保妓院实施“封闭管理”，因为事实上，在册妓女并没有在妓院寄宿，而是在城里居住。对于这种不符合规定的现象，港口城市的风化警察倾向于事后清算。1896 年 9 月 9 日的条例提出，赛特市[4]的在册妓女必须被限制在苏纳斯-高区。[5]最早提出此类倡议的市长是普罗旺斯地区艾克斯市的市长，他于 1907 年 10 月决定在普罗旺斯的铸造厂大街、布雷顿街和花园路设立一个专门区域。[6]

---

① Yves Guyot, *La prostitution*. Annexes, p. 488.

② Rapport du maire, 25 mars 1902. Arch. dépt. Var, 8 M 52.

③ Arch. dépt. Var, 8 M 52.

④ Cette，1927 年以前塞特市（Sète）的拼法。

⑤ Arch. dépt. Hérault, 62 M 8.

⑥ Arch. dépt. Bouches-du-Rhône, M 6 6573.

布雷斯特的禁令不像马赛那么严格。1874年左右，政府试图将妓院集中在靠近港口的地方，如七圣街、七圣街上段、新七圣街和克莱贝尔巷，[1]并禁止妓院在克莱贝尔和古约特街营业。1875年，副省长表示，鉴于城市规划的变化，主动为卖淫业开放一片新区是有必要的。在他看来，与该市主动脉暹罗街相连的克莱伯街过于拥挤，无法容纳大量妓院。[2]

108 即使在没有专门设立红灯区的城市，妓院也必须遵守禁令。巴黎颁布的禁令最多。1878年颁布的《吉戈特条例》禁止在小学、高中、寺庙、教堂或犹太教堂以及大型公众建筑附近开妓院。此外，妓院之间必须隔开一段距离，因此不可能在同一大楼内开两家妓院。简而言之，为了更好地打击暗娼，警察局更倾向于使妓院分散开，而不是集中起来。在外省，法规禁止在市政纪念性建筑物、宗教或教学场所和公共步道附近开妓院。1904年仍有82项类似的禁令。[3]

自19世纪初以来，城市化进程和妓院数量下降已经深刻地改变了妓院的地理分布。不可否认，老妓院依然占据城市核心位置，许多妓院——往往是最肮脏的妓院——总是开在城市的中心，位于大教堂或其他中世纪建筑附近，其建筑老旧，所在的街道狭窄、阴暗。巴黎的一些街区，如市政厅甚至王宫附

---

① Docteur Reuss, *op. cit.*, p. 407.

② Arch. dépt. Finistère, série M ; non classé.

③ Hennequin, rapport cité, p. 106.

近都有妓院长期存在。

然而，巴黎城中心的变化导致了一些著名妓院的消失。这
些地方主要是奥斯曼城市革新运动重点“美化”的区域，比如 109
西岱岛，以及自中世纪以来巴黎妓院的聚集地——圣路易岛。奥斯曼城市革新运动首先扩建了里沃利街，接着建设了卢浮宫酒店和商店，导致集中在弗罗伊曼托街、皮埃尔-雷斯科特街和图书馆街的主要红灯区遭到破坏。

除了传统的城内核心区，妓院还分布在其他三种新型区域，以巴黎为例：

（1）自君主立宪制时期以来，一些大妓院开设在繁忙的街道旁，靠近主干道，也就是后来的城市商业中心。妓院开在玛德莱娜教堂、歌剧院以及证券交易所附近，这说明卖淫业的发展与奢侈品贸易以及街区的人流量有关，例如沙巴奈街的妓院已经享有国际声誉。

（2）早在第三共和国成立之前，城市扩张（有时甚至只是防御工事线的修建）都会导致处于城市改造区域的妓院数量增加。在巴黎，随着城市堡垒的建设，出现了新式的“民间妓院”，与传统的城市妓院并存。[①] 林荫大道外侧和防御工事之间也开了妓院。1840 年以后，警察局默许夜总会成为暗娼聚集的场所。与此同时，政府允许夜总会女管事经营一家小咖啡馆，这个特权招致了她们的同行，也就是城中心妓院老鸨的嫉妒。

---

① Servais et Laurend, *Histoire et dossier de la prostitution*, p. 203.

110 不过这些老鸨后来也争取到了这个特权。然而在这些街区，暗娼馆的数量远远超过公娼馆。

（3）随着通信的发展和商业活动的增加，出现了越来越多的休息等候区。因此，火车站、市场和新港口附近都出现了妓院。有时，这些新的因素也会助长在传统闹市区开设妓院的需求，例如，巴黎的大型市场附近便开设了新的妓院；

（4）最后，国家军队的建立以及由此创建的众多军营也改变了妓院的分布。驻军城镇和营地附近的妓院数量大幅增加。众所周知，正是开设在军校附近的妓院[①]为爱德蒙·德·龚古尔的名篇《少女艾丽沙》提供了灵感。

妓院的地理分布与私娼和暗娼的拉客路线并不一致，甚至相去甚远。因此，在从整体上定义“卖淫场所”之前，必须先描述复杂多变的拉客路线。

通常情况下，妓院的类型与卖淫的地理位置相吻合。从这个角度来看，巴黎的情况是最具代表性的。高级妓院是服务贵族或资产阶级客户的一等和二等妓院，这类妓院的客人看重的是场所的奢华性和保密性。首屈一指的是歌剧院区的大型妓
111 院，对该区妓院的描述是所有以妓院为主题的作品中最露骨的篇章。为满足嫖客所追求的异国情调或穷奢极欲，这些妓院的室内装潢和家具往往别出心裁。[②]我先大致描述一下这些妓

---

① 参见：R. Ricatte, *La genèse de «La Fille Élisa»*, p. 120。

② 参见下文第 225 页及以下。

院的内部环境。卧室里有一张三面敞开的床，周围是柱子和帷幔，铺着一张素简的床单，上面是床顶或是一面与床一样大的镜子。[①] 房间的角落有一个大理石台面的梳妆台，上面摆着精美的香水瓶。壁炉上摆着青铜制的动物塑像或祭祀女神塑像；床或小客厅附近摆着躺椅和长沙发，以满足嫖客千奇百怪的口味。阳光透过百叶窗照进来，壁炉上方的煤气灯使光线巧妙地散落在房间的各个角落。

走廊、楼梯、客厅，到处是厚厚的地毯、镜子和青铜器；天花板和墙壁上挂满了以神话故事为主题的壁画。[②] 房间里还摆满
了异国植物和鲜花，整个房间都散发着浓郁的情色味道。沿着隔 112
板摆着长沙发或矮椅。“到处都能闻见甜得发腻的香水味，让人想起米酒中的米粉和霉菌：这是一种难以形容的气味，弥漫在沉闷的空气里，就像置身蒸气浴室里那般令人透不过气来。”[③]

在贵族和资产阶级寻欢作乐的高级妓院里，安静和私密占据主导。社会底层的妓院里则充斥着嘈杂、骚动、歌舞、酒

---

① 相关描述参见：L. Fiaux, *Les maisons de tolérance, leur fermeture*..., p. 251。

② 莫泊桑的《耐心朋友》(*L'Ami Patience*) 当中描绘的妓院客厅里装饰着一幅画，画的是躺在天鹅下面的利达。“女子啤酒店”里的装饰大量运用了神话色彩，神话的运用不亚于资产阶级画家的伎俩，这些以历史神话和东方景象为主题的画作在当时被戏称为“消防员的艺术”。这些画家既想展现卖淫的环境，又不想刺激到客人，于是添加了各种引人联想的画作，比如东方的后宫、野蛮酋长的掠夺、奴隶市场，以及圣安东尼引诱图或玛丽玛德琳娜的肖像。更多信息参见：Alexa Celebonovic, *Peinture kitsch ou réalisme bourgeois. L'art pompier dans le monde*。

③ Maupassant, *L'Ami Patience*.

精、撩人的脱衣表演甚至是肢体挑逗，这一切无一不在刺激感官。在奢华的妓院中，妓女们几乎全裸，美丽的肉体、挑逗的姿势、具有性暗示意味的眼神和手势，以及奢华的布景，都在一种动人的氛围中激发着欲望。以上这些场景都可以在德加描绘大型妓院的系列画作中找到。图卢兹-罗特列克（Toulouse-Lautrec）的作品《沙龙》（*Salon*）里虽然没有裸露的画面，我们仍可以从中感受到大型妓院安静和私密的氛围。

二等妓院面向的客人更加广泛，但里面的布置仍然很私密。[①]这类妓院有一套巧妙的操作，可以防止客户之间碰面。新客人会被带进一个等候室，他可以在那里挑选喜欢的妓女；每一层楼都有大量守卫，并配有一套响铃，以确保卖淫活动顺利进行。因此，这类妓院里往往有很多客厅，每个房间里都有一张多面敞开的平坦的床，四周都是镜子，地上的地毯也有助于隔音。

113 人们常说的“街区妓院”指的是面向小资产阶级的妓院。常客在大厅里安静地坐着，墙上装饰着镜子，沿着镜子放着红色天鹅绒沙发。[②]房间里有一张单面敞开的床，床上挂着床帏，铺着鸭绒被。街区妓院为小资产阶级客户提供食宿，除了公共接待室和卧室，还有一间供租户用餐的餐厅和一张“主人餐桌”。[③]

---

① 参见：Coffignon, *Paris vivant. La corruption à Paris*, p. 43。

② Coffignon, *op. cit.*, p. 39.

③ Docteur Jeannel, *op. cit.*, p. 194.

面向普通客人的妓院形态多样，但是与面向资产阶级客人的妓院相比，两者差异巨大。普通妓院通常是小咖啡馆式的。这种咖啡馆的室内设计与普通小酒馆的设计没有太大差别，只是镜子更多，煤气灯更考究。[①]咖啡馆内喧闹嘈杂，烟雾缭绕，灯红酒绿，浓妆艳抹的妓女穿着大号童装——一件小背心和刚到大腿的小短裙——或者只穿镂空浴袍，露出肩膀、手臂和胸部、紧裹着丝袜的双腿，与顾客一起喝酒，领着顾客上楼卖淫。这样的室内布置谈不上任何私密性，争吵打架时常发生，“龟奴”还得充当保镖的角色。嫖客在被带到自己选中的妓女房间之前就已经大醉醺醺了，而妓女房间的装修风格类似低级旅馆。

有一些妓院位于营房或港口附近，供军方使用。普通民众 114
妓院很少接待穿制服的士兵。龚古尔和莫泊桑对专门面向士兵或水手[②]的妓院的描绘栩栩如生，令人难忘。

在蒙鲁日或夏龙以及某些中心街区（例如莫贝尔广场），最底层的妓院建在防御工事附近。这种妓院附近往往有一个公共休息室，里面配有桌椅板凳。底层妓院里的妓女大都年老色

① 但请注意，大多数外省城市禁止妓院老鸨在妓院一楼出售饮品以及开咖啡小酒馆，比如亚眠、鲁昂、雷恩、布雷斯特、南特或图卢兹。里昂允许妓院内开设酒吧。L. Fiaux, *La police des mœurs en France et dans les principaux pays d'Europe*, 1888, p. 184.

② Ed. de Goncourt, *La fille Élisa*. G. de Maupassant, *La maison Tellier* et *Le port*.

衰，[1]她们化浓妆试图掩盖皱纹，喝啤酒或苦艾酒，在摆着铁床甚至只有一张草垫的房间里接客。还有所谓的“卖肉场”，那里的妓女价钱不比一杯啤酒高多少。在格勒奈尔区的军妓馆里，客人要花50分法郎排号，在马格里布妓院[2]也是一样，需要付费取号。每逢大规模演习的夜晚，一些外省妓院也采用这种排号的做法。[3]

115 上述介绍虽然简短但栩栩如生，足以反映巴黎妓院的高度多样化，这种多样化也展现了当时金字塔模式的社会等级。在外省城市，妓院的等级划分没有那么细致。1902年土伦政府只把妓院划分为两类：富人阶级、海军、军官经常光顾的“封闭式妓院”，以及工人、水手、士兵“经常光顾的普通妓院”。[4]在布雷斯特，市长称：“布雷斯特的妓院在管理和舒适度方面差别不大。客户群体差不多，价格也很相似。”[5]在兰伯维利耶，[6]旅行推销员、店员、小员工和工人一般会在周一到周六的晚上

① 至少根据当事人的说法是这样的。但经验表明，我们应当警惕这些陈旧的固有印象，并通过定量分析进行验证（参见下文第277页关于“军妓”的内容）。

② G. Macé, *La police parisienne. Gibier de Saint-Lazare*, p. 260.

③ 萨林斯市市长尚蓬确称在讷韦尔也有相同的情况。参见：A. de Morsier, *La police des mœurs en France et la campagne abolitionniste*, Annexes. «Rapport de M. Champon», p. 155。

④ Toulon, rapport du commissaire central, 24 mars 1902, Arch. dépt. Var. 8 M 52.

⑤ 布雷斯特市市长向副省长提交的报告（Arch. dépt. Finistère, série M, non classé）。

⑥ Lardier, *op. cit.*, p. 13.

和周日下午去妓院。在费康，真的就像《戴丽叶春楼》[1]中写的一样，接待普通嫖客的地方通常是小咖啡馆，资产阶级则习惯光顾妓院的沙龙大厅；小城镇也有这种区分，资产阶级光顾的妓院大厅有时就位于普通嫖客光顾的小咖啡馆上方。《戴丽叶春楼》展示了巴黎的妓院类型，阐释了主流社交模式对妓院的影响，因为无论是资产阶级沙龙，还是大众歌舞厅，都为不同类型的妓院设计提供了参照。

### 2）形形色色的客人 116

要定义一家妓院的级别，首先要看经常光顾的嫖客。然而，嫖客又通常是形形色色的人，其身份的高度多样性只能用妓院的多重功能来解释。妓院对青少年来说是启蒙地，对缺乏性生活的人来说是性消费场所，对梦想婚外性生活的丈夫来说是一种补偿；对于缺乏娱乐的小城市资产阶级男性而言，它是交际圈；对于百无聊赖的人、“变态”的人，或是单纯对奇特的性招式感兴趣但又被妻子拒绝的资产阶级而言，则是高级色情场所；最后，对于那些试图在旅途中寻求有别于日常性生活的新奇感的旅行者来说，那里或许只是他们短暂消遣的地方。

妓院功能的多样化在 19 世纪下半叶发生了变化。妓院虽然仍旧是社会边缘者的性启蒙和性消费场所，但资产阶级已婚

---

① G. de Maupassant. *La maison Tellier*.

或单身男士逐渐对它失去了兴趣，而被其他卖淫形式吸引。长此以往，妓院成为一个“变态聚集地”。[①]但小城镇除外，在那里，人们认为妓院在社会文化发展过程中扮演了重要角色，当然这样的论点具有一定的挑衅意味。[②]

117 不得不承认的是，我们对大妓院的客人始终不是很了解。要知道，很少有小说或画作描绘这类客人，[③]只有德加的几幅作品对此有一些模糊的呈现。在图卢兹-罗特列克的画作《沙龙》中，男人的缺席本身就造成了女性的执着期待，女性的存在似乎只是为了满足看不见的男性。不过有必要说明的是，大妓院的客人是一群捉摸不定的个体，光顾妓院只是他们体面生活中一段不起眼的短暂经历。这也是为什么在当时的文学和绘画作品中很少出现大资产阶级光顾妓院的画面，原因很简单，人们实际上看不到他们去妓院。大资产阶级常常有窥淫的癖好，他们总去私密性极高的妓院。越是私密的妓院，就越容易催生出一种色情的力量，促使人们窥探他人的性生活。[④]

相反，我们对街区妓院、小城市妓院或平民妓院的客人

---

① 参见下文第 225 页及以下。

② 参见下文第 232 页。

③ 大多数作品涉及的是风流女子、被包养的妓女或其他册外妓女。

④ 有些时不时爆出来的丑闻倒是提及了这一类型的客人。1883 年年底，阿尔勒就发生了一个相关的丑闻：鲁吉尔女士的妓院被指控让未成年女孩卖淫，很快，消息就抖出该妓院的很多常客是该市的“公务员、律师、市政议员、靠年租金利息生活者或商人”（铁路特别专员 1883 年 11 月 30 日的报告，Arch. dépt. Bouches-du-Rhône, M 6 3336）。

了如指掌。这些场所通常鱼龙混杂，我们描写这些妓女时不可避免地要讲到她们的客人。当时的卖淫规制条例禁止妓院老鸨招待未成年人。1904 年生效的 294 项市政法令中，有 118
181 项明确禁止未成年人或中学生进入妓院。[①] 尽管有禁令，事实上他们通常都会去，并且大多数小资产阶级和中产阶级家庭的儿子往往是在妓院破处的。[②] 关于这个方面有大量的证据。保罗·布尔盖特指出：“在警察的保护下，年轻人在妓院这个欢乐场中破处。”[③] 他回忆起就读的外省中学每逢周四小巷里的场景：“在操场上，总有一个我们的伙伴，我们看着他，无限崇拜，就像看着高大的阿尔卑斯山一样：他去过那里！……哪里？就是郊区那里！我们散步的那条小巷。”保罗·布尔盖特后来去巴黎的一所高中读书，毕业后他说，首都和外省都是一样的，最大的区别是：“当外省的穷人相继涌向城里唯一能找到廉价美女的地方时，巴黎人已经开始追求新的艳遇了。”[④] 布尔盖特强调，这种充斥着罪恶、羞耻和疾病风险的性启蒙会对未成年人成年后的性生活造成不可估量的后果：“未成年人会因为这个特殊的青春期经历对女性产生一种不可避免的污辱感。”[⑤]

---

① Hennequin, rapport cité, p. 108.

② 否则，他们会去找私娼或暗娼。

③ Paul Bourget, *Physiologie de l'amour moderne*, p. 78.

④ 同上书，第 79 页。

⑤ 同上书，第 82 页。

119 妓院的基本功能就是满足所有被性排斥和被边缘化的人群。对于盛行晚婚的群体来说，嫖娼和手淫构成了长期单身人士结婚前的性行为。对店员、酒店服务员①或办公室职员来说尤其如此，贫穷使他们无法包养妓女，也不能奢望结婚。

除了这类嫖客，光顾妓院者还包括所有边缘化人群、流动工人或迁移进城市不久的工人，他们无法很好地融入城市，因此也没有其他方式可以满足性欲，有些人因为太穷，有些人因为没有时间，有些人是因为遭到女人拒绝。这解释了为什么游商②构成了外省小城市妓院的主要顾客群。同样，外省的大学生经常成群结队去妓院，哪怕只是为了玩“红心 A”③——只有抽到红心 A 的人才能赚到牌费，优先和妓女上床。然而必须承认，大学生想体验其他性交易形式的愿望越强，光顾妓院的次数就会越少。小城市的男孩子不能召妓，因为人们彼此熟识，因此他们也会去附近大城市的妓院。④每逢征兵体格检查日，
120 或者只是举行某个本地节日期间，邻里的年轻人就有举办“淫乱派对”⑤的传统。

在普通人逛的妓院里，嫖客由各种边缘人群构成，包括短

① 特别是在旅游地区。耶尔的警察专员表示，“到了冬天，城里的大多数酒店服务员都会去那里”（Rapport du 16 mars 1902, Arch. dépt. Var, 8 M 52）。

② 参见：Homo, *op. cit.*, p. 179 et Lardier, *op. cit.*, p. 6。

③ L. Fiaux, *Les maisons de tolérance*…, p. 126.

④ Lardier, *op. cit.*, p. 13.

⑤ L. Fiaux, *Les maisons de tolérance*…, p. 125.

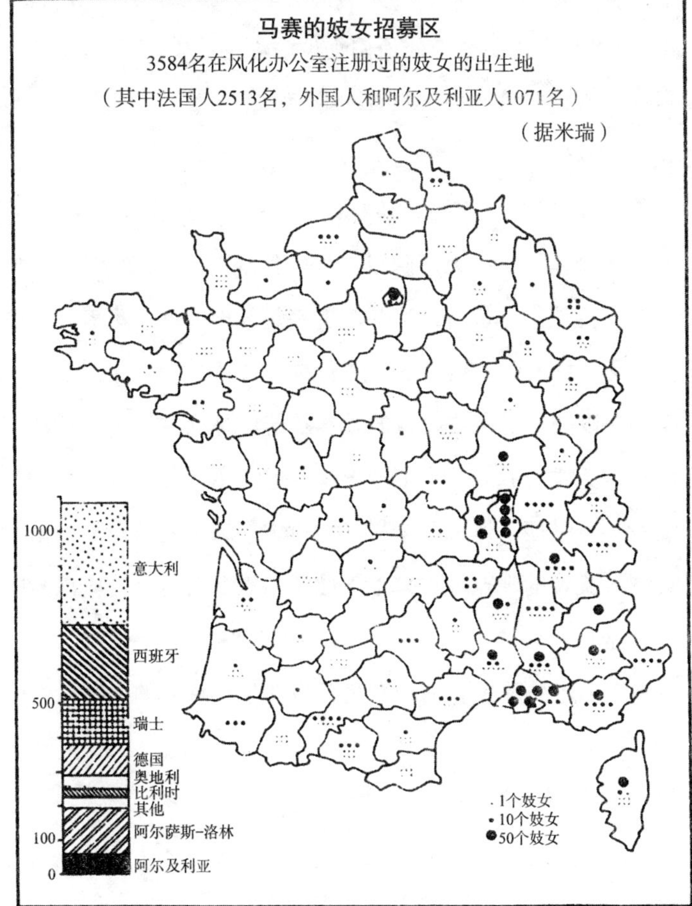


**马赛的妓女招募区**

3584名在风化办公室注册过的妓女的出生地

（其中法国人2513名，外国人和阿尔及利亚人1071名）

（据米瑞）

工、操作工、挖掘工、清扫工、拾荒者[①]、移民工人[②]或外国人。这类人难以融入工人阶层，通常住在出租屋，他们的妻子或未婚妻则留在祖国。水手和士兵的情况很容易理解，军队的传统（如军事管理意志）会促使他们去妓院满足欲望。[③]然而需要指出的是，在这些群体中，随着职业军人的消失，性交易行为也迅速发生改变。[④]

除了这类经济无产者，还要算上所有得不到爱的嫖客，[⑤]长相丑陋或身体残疾的无产阶级被私娼和暗娼拒之门外，但公娼不得不招待他们。最后，那些需要满足欲望的性病患者除了去妓院别无选择，因为只有不太挑剔的公娼会接待他们。

长期以来，封闭式妓院的基本功能就是满足性生活长期匮
122 乏的边缘人群，这不但是社会给妓院设定的目标，也是巴朗-杜夏特莱和早期卖淫规制主义者的奥古斯丁主义观点。根据卖淫规制主义者的观点，正是由于妓院的以上功能，才应该封闭管理卖淫业。

事实上，妓院也有助于满足日常性生活缺失的已婚男性的

---

① Coffignon, *op. cit.*, p. 41.

② A. Corbin, *Archaisme et modernité en Limousin*, t. I, p. 218.

③ 土伦市市长在 1902 年提到，“每 10 万居民中就有 1.5 万名单身汉”。他认为，一旦取缔卖淫，同性恋将会变得非常普遍（Arch. dépt. Var, 8 M 52）。

④ 参见下文第 376 页。

⑤ 保罗·布尔盖特在《现代爱情生理学》（*Physiologie de l'amour moderne*）中进行了一项关于性排斥的有趣研究，在我们列举过的类别之外，他又补充了一类人：害羞的人。

需求。想要维持婚外情的丈夫逐渐喜欢上找私妓、暗娼或包养情妇，这种感官和行为层面的演变应当得到重视。对于暂住巴黎的外国人和外省人来说，去妓院已经成为一种仪式。[①] 众所周知，这种休闲式和旅游式的性交易，即某种意义的“社会逃离”，已经成为一种名副其实的产业。这正好可以解释 1878 年、1889 年和 1900 年世界博览会期间大妓院业务量剧增的现象。这类大型活动是卖淫业发展难得的机遇。附近小城镇里渴望去妓院度过美好时光的居民，乘着享乐的快车前往邻近的大城市。伯杰雷特医生写道，曾经有一段时间，阿尔布瓦“荒淫的男人们”在节假日期间组织了所谓的“休闲旅行”或“享乐之旅”，前往贝桑松、第戎和里昂寻欢。[②] 这就像是在庙会或集会的日子，农民们蜂拥至中等城镇的妓院。[③] 123

### 3）企业及管理人员

公娼馆是商业性质的企业，利润至上的原则决定了它的运作方式。妓院的首领是老鸨，通常是女性，某些外省城市的卖淫规制条例也允许男性担任老鸨的角色。[④] 大型妓院的老鸨通

---

① 参见下文第 218 页一名巴黎妓院老鸨的陈述（Arch. préfet. de pol. B A 1689）。

② Bergeret (d’Arbois) : «La prostitution et les maladies vénériennes dans les petites localités», *Annales d’hygiène publique et de médecine légale*, 1866, p. 348.

③ H. Homo, *op. cit.*, p. 179.

④ 在许多情况下，妓院产权可以转让给男性，但在大多数大城市，只允许女性开设和居住在妓院，比如雷恩、勒芒、亚眠和马赛都属于这种情况。

常是善于理财的前交际花，或者是上一级老鸨的副管家，继任了前老鸨的位置，有时甚至只是一名事业成功的在册妓女。老鸨的女儿或侄女也可能继任，这种情况虽然少见，但也有实例。最后，妓院老鸨也可以是一位受人尊敬的资产阶级女商人，她开妓院的目的是赚钱，当然，妓院老鸨也有可能是某个生意不好的酒店业主，试图通过转型成妓院以提高收益。

尽管距今时间比较久远，但是通过分析 1908—1913 年马赛 17 名妓院老鸨的档案，我们可以呈现妓院老鸨这一人物的形象。[①] 在这 17 名老鸨当中，有 16 人的年龄介于 26—52 岁，
124 3 人年龄在 26—30 岁之间，6 人年龄在 30—40 岁之间，6 人年龄在 40—50 岁之间，还有 1 人年龄为 52 岁。其中有 11 人的档案里注明了出生地：只有 2 人出生在马赛，2 人来自卢瓦尔河，2 人来自布列塔尼，1 人来自巴黎，1 人来自汝拉，1 人来自兰德斯，1 人来自多姆山，还有 1 人出生于意大利。

这些获得妓院营业许可的女士有 9 人已婚，3 人单身（其中 2 人在妓院工作），4 人是寡妇，其中 1 人处在同居状态。这些“姘居男女”中有 3 对的同居状态非常稳定，分别持续了 6 年、12 年和 17 年。她们的丈夫或同居者从事的职业非常多样化：装袋工（1 人）、前码头工人（1 人）、劳动养老金领取者（1 人）、水手（1 人）、机械师（1 人）、集市珠宝商（1 人）、驾车卖汽水的人（1 人）、前葡萄酒商（1 人）和台球

① Arch. dépt. Bouches-du-Rhône, M 6 6569.

老师（1 人）。有一人自称是餐厅服务员，实际上是妓院的皮条客。老鸨们开妓院似乎并不是依靠男人的钱财，这些男性更像是依靠妓女生活，是他们的伴侣在卖淫行业中升职晋级、赚钱养家。

马赛的妓院老鸨中很少有人一开始就从事这一行业，这也是她们仅有的共同点。在马赛获得授权开妓院的老鸨中，4 人曾经在城中注册当过妓女，其中 2 人申请了注销。此外，3 名申请者曾在妓院里当过副管家。8 名获得授权经营的女性已经拥有一家妓院（其中 5 人的妓院开在马赛，2 人开在土伦，1 人开在里蒙），6 人当过酒店老板，4 人经营过酒吧。档案还表
明，其中 7 人一开始经营的是暗娼馆。其中一个看起来像是这 125
一行的新人，因为她以前开的是裁缝小作坊，这也可能是幌子商店。[①] 最后，17 人中有 4 人曾因偷窃、斗殴、伤害或挑唆未成年人卖淫而被判刑，不过这并不妨碍她们获得营业许可。

总而言之，对于这些处在边缘地位的人（包括几名女罪犯和几名暗娼馆老鸨）而言，新的许可证有时是一种晋升，有时是一种束缚，因为她们现在必须遵守卖淫规制条例，并配合行政当局的工作监管。

理论上，妓院老鸨不应依赖投资人。勒库尔于 1874 年写道：“无论如何，经营妓院不是为了让他人获利。”[②] 事实上，要

---

① 参见下文第 265 页。

② C. -J. Lecour, *De l'étal actuel de la prostitution parisienne*, p. 138.

了解妓院老鸨是否依靠了其他投资商是件非常困难的事情，因为无论是商业法庭还是登记管理部门，甚至连公证人都不承认妓院老鸨将妓院委托给中间商进行经营，但是这种现象至少在外省是存在的，① 有些外省妓院的老鸨手上有好几家妓院，她们会将妓院的运行交给其他投资人来管理。卡奥尔的一名妓院老鸨，人称“让娜 · 萨拉伯特妈妈”，她不仅在卡奥尔城里开了一家妓院，还在康东开了另一家。② 此外，地毯商、装修商甚
126 至一些富人也会投资这类生意。他们是妓院房屋的产权人，有时还会借钱给妓院老鸨作为启动资金或用于购买家具。③ 下表是卡利尔提供的 1870 年巴黎主要妓院业主的名单。④

**表 8　1870 年巴黎主要妓院业主**

| | |
|---|---|
| 靠年租金利息生活者 | 97 |
| 法律类从业人员（律师、诉讼代理人、公证人、法官） | 6 |
| 证券经纪人、代理人 | 4 |
| 商人 | 4 |
| 妓院老鸨 | 22 |
| 小作坊或商店的老板 | 6 |
| 其他（企业主、运输专员、纱厂主、小旅店店主） | 4 |
| **总计** | **143** |

值得注意的是，妓院业主很少是老鸨本人，通常是靠年租

① Carlier, *Les deux prostitutions*, p. 177.

② Arch. Nat. BB18 2314.

③ 正如我们所知，这通常是卖淫规制要求的。勒库尔、马瑟和菲奥医生均提到过以上操作。

④ Carlier, *op. cit.*, p. 153.

金利息生活者、自由职业者或商人。在巴黎，要开一家妓院必
须有房东和该栋楼大部分租客的书面许可。为了获取许可，妓
院老鸨不得不向这些人支付大笔贿款以及远高于平均水平的租 127
金。正是这些人的过分要求迫使妓院老鸨压迫雇来的妓女。警
察局免费发放妓院营业许可证，最终却使妓院业主成为卖淫业
的主要受益者。由于许可的对象是房屋而不是老鸨，老鸨离开
也不能带走许可证。新的老鸨可以免费使用留在妓院内的许可
证，但必须重新购买家具，尤其是要满足业主的要求以获得新
的租约。

因此，自第三共和国初期，某些妓院的标价极高。理论
上，[①]房屋的买卖价格应由政府规定，或者更准确地说是取决于
“建筑材料”的价格，因为这才是唯一需要购买的资产。事实
上，卖方和买方通常一致同意按照私下价格交易。据卡利尔，[②]
巴黎1860—1870年妓院的平均转让价格为1万法郎。售价最
高的三家分别达到15万、26万和30万法郎，售价最低的是
1500法郎。1901年，萨林斯市市长尚蓬估计，全省妓院的平
均价格为25000—30000法郎。[③]1902年塞纳-瓦兹省差不多也
是这个价格。[④]然而，瓦尔“普通妓院”的同期价格只要6000 128

① Macé, *op. cit.*, p. 283.

② *Op. cit.*, p. 152.

③ Champon, *op. cit.*, p. 156.

④ Rapport du commissaire central de Versailles, Arch. dépt. Seine-et-Oise, 6 M 7.

法郎。[1] 布雷斯特的副省长写道，这些妓院“通常没什么价值，最贵的总值 3 万法郎”。[2] 但是，这些价格只是“建筑材料”的转让价格，接手的妓院老鸨还必须向房东支付高额租金。1902 年土伦 [3] 一家一等“封闭式妓院”每年的租金约为 4000 法郎，“普通妓院”的租金在 1500—2000 法郎不等；在滨海拉塞讷，[4] 租金达到 2700 法郎；布雷斯特的平均租金只需要 2500 法郎。[5] 毋庸置疑，这种买卖的利润可观，一些专门从事此类私下交易的事务所从中获取了丰厚的利润。[6]

尽管开妓院的启动成本很高，但经营收益往往相当可观。收益显然取决于妓院的档次和“过夜”或“快餐”[7] 的价格。正如我们所知，军营附近的妓女接客价格可低至 0.5 法郎，但这
129 属于例外情况。在低级妓院，嫖客需要支付 2—3 法郎。[8] 在一

---

① Rapport du commissaire central de Toulon. 24 mars 1902. Arch. dépt. Var, 8 M 52.

② Rapport du 14 mars 1902, Arch. dépt. Finistère, série M, non classé.

③ Arch. dépt. Var, 8 M 52.

④ Rapport du commissaire de police de La Seyne-sur-Mer, 28 mars 1902, Arch. dépt. Var, 8 M 52.

⑤ Rapport du maire, Arch. dépt. Finistère, série M, non classé.

⑥ 根据卡利尔的说法，巴黎有四五家这样的事务所（*op. cit.*, p. 175）。

⑦ “快餐”费指不过夜的单次嫖资。——译者

⑧ 1902 年土伦的“开放式妓院”中，妓女接客价格在 1—2 法郎之间浮动，过夜价格在 5—10 法郎之间浮动（Arch. dépt. Var, 8 M 52）。在布雷斯特，1902 年，单次接客价格是 2 法郎，而陪睡的价格是 5 法郎（Rapport du maire, Arch. dépt. Finistère, série M, non classé）。凡尔赛也是如此。但是在凡尔赛，军方的单次接客价格仅需 1 法郎（Rapport du commissaire central, 14 mars 1902, Arch. dépt. Seine-et-Oise, 6 M 7）。

等和二等妓院，“快餐”费是5法郎、10法郎或20法郎，不包括给妓女和副管家的“小费”，事实上，加上这些费用，价格会翻一倍。[1]根据布雷斯特市市长的说法，一个妓女“平均每天可以为妓院赚10法郎”，但是“每个寄宿妓女的日常开支大约是3法郎，包括食物、保养和住房”。[2]

此外，在平民妓院，利润的主要来源是在候客咖啡馆和妓女房间内消费的饮料。[3]通常来说，妓女不陪顾客喝酒，就不能上楼陪睡。一旦回到房间，她就会开始劝顾客再“喝一轮”。月底，有的老鸨会给劝诱客人消费最多的妓女发代金筹码牌，这些筹码牌可以在妓院内部使用。在马赛、里昂和克莱蒙费朗，累计得到300法郎筹码牌的妓女可以得到一件漂亮的衬衫。[4]废规主义者毫不夸张地指出，妓院里的常客对老板娘来说才是真正的金矿，例如有个单身汉，他在几年的时间里就把四万法郎财产全部花在了萨林斯小镇的妓院里。[5]因此不难理解，为
什么妓院老鸨特别关心常客。市长写道：“倘若有的出身不错的 130
少爷钱不够，老鸨会准许他用一块奶酪或一大瓶烧酒抵账。”[6]

---

① 1902年土伦“封闭式妓院”的单次接客价格是5法郎，过夜价格根据妓女和客户质量为10—20法郎不等（commissaire central, rapport cité）。

② Rapport du maire, Arch. dépt. Finistère, série M, non classé.

③ 关于这个方面，参见：la communication de Mme Legrain au Congrès abolitionniste de Lyon en 1901. A. de Morsier, *La police des mœurs en France*, p. 184 *sq.*。

④ 同上书，第187页。

⑤ Champon, *op. cit.*, p. 156.

⑥ 同上。

131 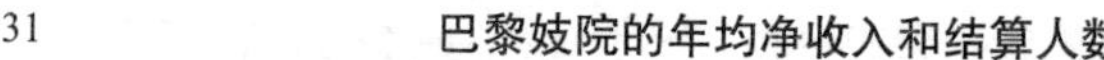


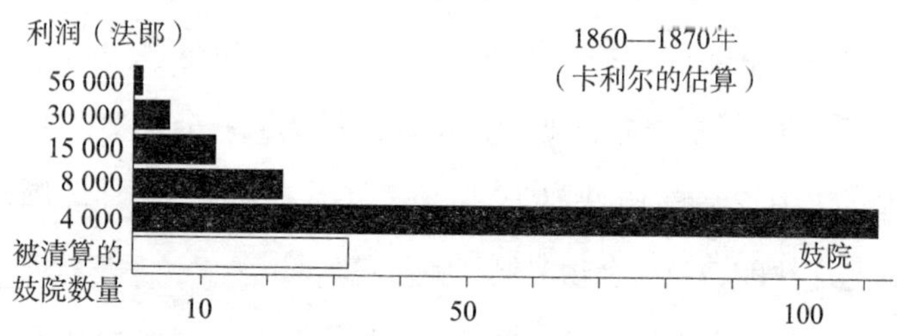


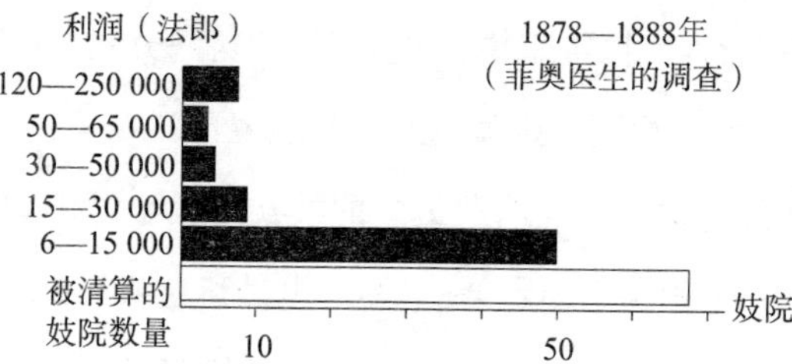


表 8（边码第 126 页）是卡利尔[①]和菲奥医生[②]对 1860—1870 年和 1878—1888 年巴黎的主要妓院所获利润的统计。需要强调的是，第一组数据只是估算，第二组数据则来自更严格的计算结果。

第一部分的估算显然并不可靠，但由于缺少足量的私人档案，这些数据是我们可以获得的唯一参照指标。这些统计结果可以帮助我们了解妓院的持续演变：许多小妓院倒闭后，一部分转变成幽会馆或暗娼馆，大妓院利润随之大幅增加。在这个过程中，封闭卖淫的模式发生了改变，这种变化一直在持续，

① *Op. cit.*, p. 154.

② L. Fiaux, *Les maisons de tolérance*..., p. 301.

到了 19 世纪末，变化的速度甚至越来越快。

我们来回顾一下卖淫规制程序。当一名女性决定在巴黎开一家妓院（已婚妇女需经丈夫同意），她要先跟妓院业主协商好，再向警方局长提交书面申请。接着，第一分局第二办公室的警员会调查申请者的背景；如果调查结果没有问题，尤其当结果显示她本人不再从事卖淫，这名女性就会收到一本册子，上面记录有该妓院所有从业妓女的情况及体检结果。政府对妓院老鸨拥有完全管制权，政府不仅有权在任何时候要求妓院暂停营业或收回记录册，也有权让妓院老鸨破产。政府之所以有这个权力，是因为妓院并非合法机构，只是政策上“予以容忍的企业”。

遭遇盗窃或欺诈的老板娘只能求助警察局长。实际上，法律不承认皮肉生意。妓院的交易也属非法行为；民法第 1133 条规定，“任何与道德相悖的债务均为无效”。因此老鸨不能起 132
诉偷窃的妓女或耍诈的嫖客，也不能呈报破产并要求启动破产程序，甚至不能抵押资产，因为她没有交营业税，她的妓院也没有在商业法庭登记。理论上她只拥有一些家具。然而，尽管存在争议，但警方经常要求欺诈老鸨的人退还赃款；在卖淫规制中，老鸨是政府在妓院的代表。

在外省，每个城市的程序各不相同；总的来说，行政管理不是那么严谨；但市政当局始终对妓院的开设和运作拥有控制权，并有权将其关闭。1904 年生效的 445 条法规[①] 中只有 294

① Hennequin, rapport cité, p. 106-110.

条涉及妓院，其中有 290 条提出预授权的必要性，有 4 条只是要求简单的声明。249 条法规要求老鸨掌管登记簿，200 条法规要求老鸨向警方报备妓女的离开。93 条法规禁止老鸨招聘外国妓女，146 条法规禁止收容未成年妓女。

巴黎的卖淫规制条例禁止妓院老鸨与丈夫或情人一起住在妓院里，这条禁令也是合乎情理的。此外，她只能雇用男仆。
133 然而，由于大妓院的化妆沙龙每个月都在变化，因此除了妓女以外，在妓院里工作的还有一大批女性劳工，包括洗衣工、裁缝、女仆和厨娘。①

老鸨的丈夫如果不是游手好闲的人，有的会在附近开一家咖啡馆或寄宿旅店；这样他也可以经营暗娼馆。更多时候，他为妻子招募妓女，以扩充妓院。此外，别忘了许多老鸨都是同性恋者，其丈夫的存在多少会在妓院里引起女伴的强烈嫉妒。

在一等妓院中，妓院老鸨会将日常管理工作交给副管家，自己则去时髦的度假胜地做水疗。妓院带来的收入足以使外省的退休老鸨或龟头享有受人尊敬的地位。艾梅·普鲁沃特是一名来自默伦的龟头，他于 1890 年 7 月 25 日向巴黎市遗赠了一百万法郎，用于建设一个以他的名字命名的庇护所。②

从这里我们更能明白妓院副管家的重要性。副管家通常为年龄超过 30 岁的在册妓女，偶尔也由老鸨的某个亲戚担任。

---

① Macé, *op. cit.*, p. 265.

② L. Fiaux, *Les maisons de tolérance*…, p. 296.

有客人光临时，副管家先透过猫眼看一下，再打开门让客人进
来，接着把姑娘们召集到大厅里，让客人挑选自己喜欢的姑
娘。“快餐”费也是由副管家收取。通常，她知道如何检查男
人，假如被选中的妓女担心嫖客患有疾病，她会出面检查。妓
女们必须像服从老鸨一样服从副管家。据菲奥[①]医生，大多数
时候，副管家的工资很低：中等妓院是每月25—40法郎，据
罗伊斯医生，[②]工资若包含衣食住，则为20—30法郎。然而在 134
大妓院，副管家的薪资可以达到2400—6000法郎。她可以向
客人出售一些小东西，如雪茄、糖果、肥皂或避孕套，从而赚
取一些小钱。此外，客人还会给她小费。同时，希望被客人选
中的妓女也会给副管家送礼物。

#### 4）产业运作

我们可以确认的是，尽管当时反对“拐卖处女为娼”[③]的运动十分激烈，但公娼馆的妓女在注册时很少是处女。大多数情况下，她们之前就做过暗娼或私娼，早已学会了如何卖淫。[④]因此招募妓女很容易。在巴黎招募妓女也很容易；[⑤]对

① *Les maisons de tolérance*…, p. 113.

② Docteur Reuss, *op. cit.*, p. 135.

③ 见下文第516页。

④ 不过一些新人决定直接进入妓院；因此，1902年在布雷斯特妓院的妓女中，“有两名来自修道院的妓女是被迫送进去的”（maire de Brest, 13 mars, 1902, Arch. dépt. Finistère, série M, non classé）。

⑤ Macé, *op. cit.*, p. 258.

大多数老鸨来说，雇用那些毛遂自荐的姑娘就足够了。然而，妓院里人员调动频繁，妓女们一旦还清债务就想做私娼，另外疾病频发等一系列问题也会给老鸨招聘劳动力造成困难。以上现象在外省妓院尤其突出。在巴黎，若是妓院老鸨为难
135 妓女，也会导致这些问题的发生。此外，妓院的人员组成不仅是一门艺术，更关系到妓院的声誉，有经验的老鸨大部分情况下会给客人推荐金发女，也会推荐棕发女，带去挑选的妓女中至少会有一个红发女。她关注不同妓女的脾性和言行举止，“注重招徕不同人种”，[①] 既要“胸部丰满”的类型，也要“身材苗条瘦弱像堕落中学生”的女子……葡萄牙籍犹太女子旁边可能会站着佛拉芒女子；波尔多女子或马赛女子可能会装扮成黎凡特女子的模样，旁边则站着来自巴黎小郊区的小女孩；[②] 更别忘了还有有色人种。不同类型的女子有着特定的精神面貌：“快乐型总是放声大笑，露出牙齿，技术很好，和幻想型混在一起；老鸨们很讨厌情感丰富型、自命不凡型和愤世嫉俗的易怒型。”[③] 简而言之，妓女人员组成的多样化是门艺术，只有对其进行系统分析，才能更好地抵御时间对卖淫业的冲击，这种冲击也意味着有必要长期招募新人。在外省，需要经常招募新人，特别是当客人资源稳定时，尤

---

① L. Fiaux, *Les maisons de tolérance…*, p. 49.

② 同上。

③ 同上。

其需要持续更新妓女以免使常客厌烦。以上这些都可以解释存在着庞大的招募网络的原因。

皮条客为了经营暗娼馆，非常希望雇用新的妓女，他们经常出入职业介绍所[①]、医院或药房，还会等妓女出狱，也会在火车站等外省女子出站；老鸨一般会直接招募妓女，偶尔也会找 136
掮客帮忙；在波尔多，[②]老鸨甚至直接在诊所招人。图卢兹[③]有个名叫让娜·萨拉伯特的老鸨在劳工交易所招人。有时候她们也会找酒店、餐馆或咖啡馆的服务生以及俱乐部主管或车夫[④]做中间人。凡尔赛的妓女都是被巴黎郊外大道上的葡萄酒商人送来的。[⑤]妓院甚至会直接靠警方招人；[⑥]1908年6月5日，政府决定关闭德拉吉尼昂的一家妓院；为了避免妓女被遣散后成为私娼，委员会“命令她们去昂蒂布，那里有个公娼馆的老鸨愿意接收她们并支付她们的旅费”。[⑦]

不过需要重申的是，通常而言，招募妓女的中间人是由老

---

① 奥克塔夫·米尔博（Octave Mirbeau）在《女仆日记》（*Journal d'une femme de chambre*）中描绘了办公室等候室的气氛（p. 262-263, éd. Fasquelle, 1968）。

② Y. Guyot. *op. cit*., p 165.

③ Arch. nat. BB 18 2314.

④ L. Fiaux, *Les maisons de tolérance*…, p. 41-42.

⑤ Enquête de 1902, Arch. dépt. Seine-et-Oise, 6 M 7.

⑥ 这些皮条客在招募未成年女孩时必须欺骗政府，甚至经常欺骗老鸨本人，并伪造身份证件。为此，土伦的中央特派员写道，他们去了墓地，在公墓的墓碑上查看已故年轻女孩的婚姻状况，并以合理的动机向其原籍所在地的市长索要出生证明（Arch. dépt. Var, 8 M 52）。

⑦ Arch. nat. BB 18 2386 II.

137 鸨的丈夫或情人担任的。1902 年在滨海拉塞讷和土伦[①]也是一样的情况。为了招募妓女，老鸨的丈夫或情人走遍全国，参观各家妓院，努力说服看中的妓女进入妻子所开的妓院，或与当地的老鸨做一些巧妙的交易；有时，招募中间人也是匿名的游商。[②]老鸨还可以去职业介绍所，或是求助于印小广告供“货”的机构。小广告对所供“货品”的情况做详细描述，这种交易模式早在贩卖白人女性的贸易发展之前就开始了，并卓有成效。关于贩卖白人女性的贸易，我们将在后面的篇章中单独论述。布雷斯特的老鸨会求助于“介绍人”，也就是说，根据妓女距离老鸨所在城镇的远近，[③]老鸨需向介绍人支付五法郎或六法郎的佣金。最后，为了节省中介费用，老鸨会直接从同行手中购买妓女；在这种情况下，“货品”的价格大致相当于她们的债务金额，因此，妓女对新老鸨的依赖程度不亚于前老鸨。

大量信件来往记录了这些交易，信件讨论的内容包括“货品”的技术和“货品”的健康状况，并给出了相应的意见和建议。废规主义者后来利用这些信件展开了废规运动。[④]有时，“货品”的交易并非最终交易，而是取决于需求波动的临时租
138 赁行为；前任预审法官杜马斯向巴黎市政委员会[⑤]成员指出，

---

① Commissaire de police de La Seyne et commissaire central de Toulon, rapports cités, Arch. dépt. Var, 8 M 52.

② L. Fiaux, *Les maisons de tolérance*…, p. 41.

③ Enquête de 1902. Arch. dépt. Finistère, non classé.

④ 参见：L. Fiaux, Rapport… au conseil municipal de Paris, 1883。

⑤ 转引自：L. Fiaux, dans ce rapport, Annexes à l'ouvrage de Léo Taxil, *La prostitution contemporaine*, p. 370, note 1。

视预备役军人到达的地点而定，妓女们会从默伦的妓院涌入枫丹白露的妓院，或者反过来。

“货品”供应或交易半径因地区而异：巴黎的妓院在整个法国甚至国外招募妓女，布雷斯特[①]的老鸨则在南特、雷恩、洛里昂、坎佩尔、莫莱克斯、鲁昂和勒阿弗尔招人，滨海拉塞讷[②]的老鸨则从马赛、埃克斯、尼姆和蒙彼利埃的妓院招人。在对里昂三家妓院存档的登记册[③]进行分析后，可以准确掌握妓女的流动情况，[④]并且可以发现在巴黎和里昂，当地妓女占比最高。在其他省份的妓院，大部分妓女来自罗讷地区附近的中型城镇：日内瓦（46 人）、圣埃蒂安（41 人）、格勒诺布尔（26 人）、美肯（19 人）、维尔（13 人）、罗昂、维埃纳河、圣尚翁和尚贝里。来自偏远地区的妓女相对较少；有 15 名妓女来自马赛，考虑到马赛卖淫业的规模，这个数字并不算高。里昂的三所妓院主要在罗讷河谷和中央高原地区招人。除去巴黎本地的妓女，来自卢瓦尔河北部地区的妓女人数特别少。[⑤]以 139
上数据构成了一种不同于马赛妓院的关系模式，因为马赛妓院

---

① Docteur Reuss, *op. cit.*, p. 411. Le maire de Brest confirmera en mars 1902 la description de ce réseau (Arch. dépt. Finistère, M non classé).

② Rapport du commissaire de police, 1902, Arch. dépt. Var, 8 M 52.

③ Arch. dépt. Rhône. Non classé.

④ 需要明白一点，在里昂一所妓院登记的妓女，对其来源地的研究不同于对其出生地的研究（参见上文第 75 页）。

⑤ 每个老鸨都有自己习惯的地区；埃斯佩朗斯 · 萨尔瓦多的妓院主要在巴黎招人，贝约特和切维利亚的妓院主要在里昂招人。

的招聘模式最大的特点是区域性，妓女通常从一个港口的妓院前往另一个港口的妓院。

我们很难将妓女进入妓院前的来源地与其离开后的目的地进行比较：有些妓女（61 人）突然就失踪了，我们无法得知她们去了哪里。[①] 不过，由于省会妓院与巴黎妓院之间总是形成贸易逆差，与市级妓院之间则是形成顺差，因此我们可以还原妓女的流动路线，这条路线在一定程度上体现了当时农村人口外流的情况。里昂的妓院吸引着附近城镇的女孩。虽然她们中的大多数人有一天会回到来源地，但妓女流动的独特之处在于，其中一些妓女会转入并扎根于暗娼馆，另一些人则持续受到巴黎的吸引。从这个角度来看，里昂就像一个中转站，它与其他地区的大城市一样，都是附近农村女孩向上的台阶。此外，流动妓女落脚地的地理位置与招募区域保持高度一致。

要知道妓女流动是连续性的还是季节性的，最好分析一下
140 妓女每月的流动情况（见下页图表）。首先要注意的是，妓院没有衰落期：妓院内部人数保持稳定。除了在春末和夏初会有较大的人员流动外，每个月的流动量基本保持稳定：在好时节，人员一般不会冒着风险离开。人们普遍认为，妓院秋季招新会吸引更多的客人。冬季似乎是一个相对稳定的时间段，这

① 有 30 人说她们不知道要去哪里，3 人会“默默消失”（这是少数），11 人说她们回到了自己的国家（但地区不明），9 人因病被遣返，4 人违反了政府制定的法律，其中 2 人被监禁，只有 1 人注销了妓女身份，还有 1 人在留住妓院期间死亡。

也是可以理解的，因为冬天的坏天气会阻止妓女离开。显而易见的是，2 月是招人最少的时期，这可能是受到封斋期的影响。

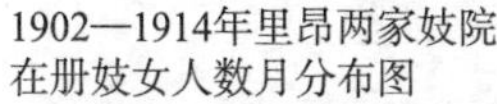


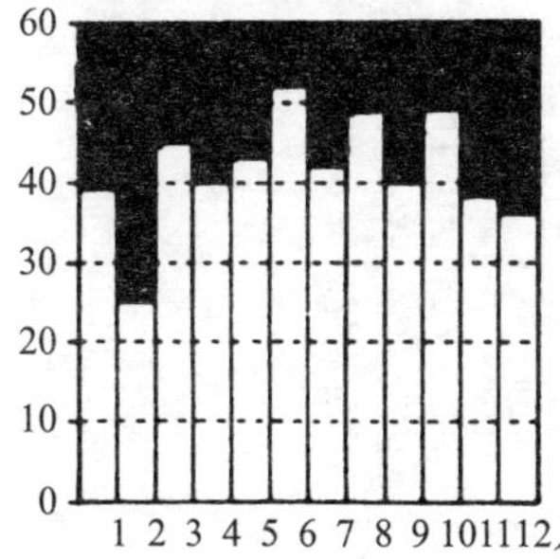


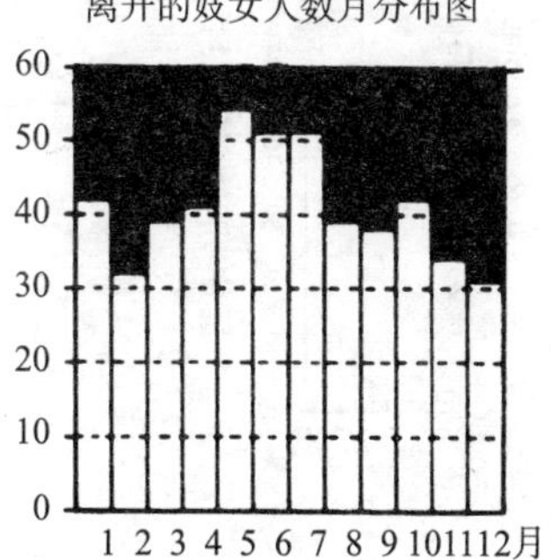


141

寄宿妓女在同一妓院停留的时间长短因情况而异；但总体而言，大多数妓女会辗转于不同妓院；1902 年凡尔赛和土伦的妓女分别在同一家妓院居住时间的统计图表[①] 显示了妓女的高度流动性。据布雷斯特市市长，妓女在一家妓院停留的平均时长是 15 个月。[②]

1885—1914 年，里昂三家妓院一共有 573 名在册妓女，她们的档案被保存了下来，[③] 其中 471 人（82.2%）只入住过一次妓院，76 人（13.2%）两次，11 人（1.9%）三次，6 人（1.2%）四次，5 人（0.8%）五次，4 人（0.7%）超过五次。

① 图表的制作依据以下文件：Arch. dépt. de la Seine-et-Oise, 6 M 7, du Var, 8 M 52 et des Bouches-du-Rhône, M 6 4817 A（见第 142 页）。

② Arch. dépt. Finistère, série M, non classé.

③ Arch. dépt. Rhône. Non classé.

## 妓女在妓院的居住时间

凡尔赛，1902年
（82名妓女）

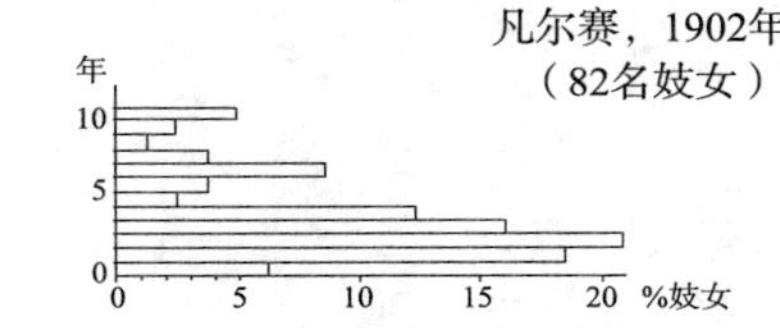


平均居住时间（估值）

A）1902年凡尔赛妓女在自己工作的妓院中的平均居住时长（1902年调查，档案部）

土伦，1902年
（236名妓女的573次入住）

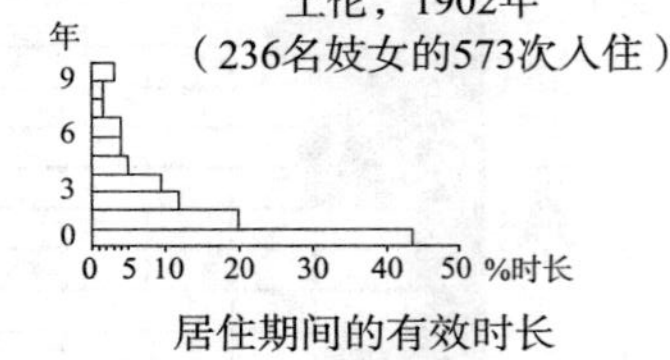


居住期间的有效时长

土伦，1902年

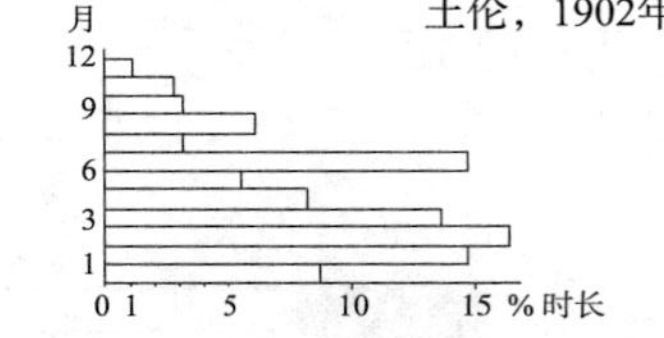


249次居住时间短于一年

B）1902年土伦妓女在所有工作过的妓院中的居住时长（档案部）

1885—1914年
（571人第一次入住妓院的时长）

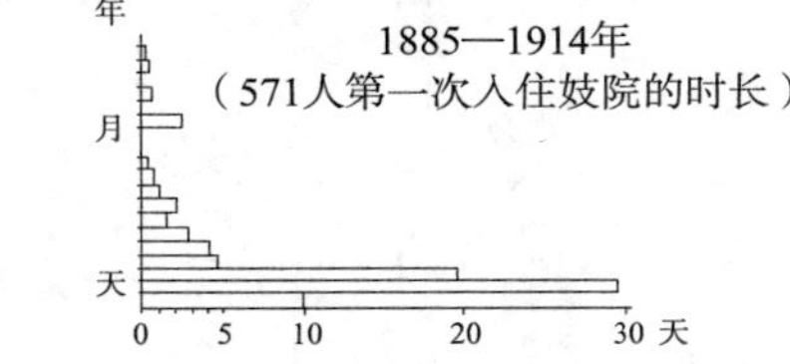


妓女在里昂三家妓院第一次入住的时长

C）1885—1914年三家妓院中妓女在本机构注册后的居住时长。

如果一个妓女进过好几家妓院，只算她去的第一家。

我们在对比了图A、图B和图C后，发现了一些不同之处。这主要是由于使用的统计方法不同。图A和图B对妓女做的调查有一个既定日期，图C则考虑了所有妓女第一次入住妓院的时长。这种历时方法要考虑到多个短期居住，这就不允许按既定日期进行调查，某些“昙花一现”的人员流动就很容易被忽略掉。

## 1902年妓院妓女

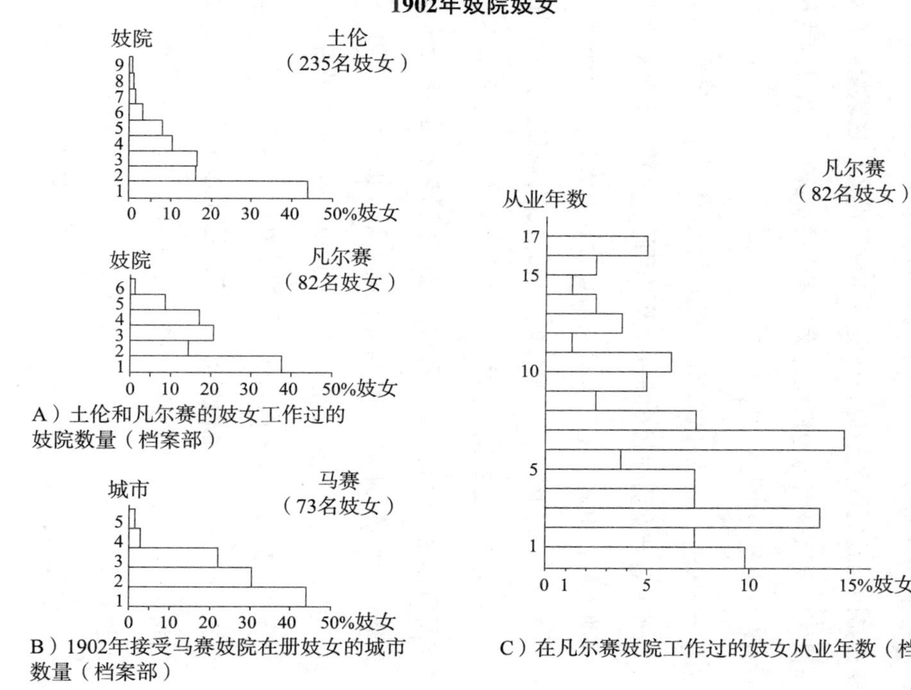


A）土伦和凡尔赛的妓女工作过的妓院数量（档案部）

B）1902年接受马赛妓院在册妓女的城市数量（档案部）

C）在凡尔赛妓院工作过的妓女从业年数（档案部）

如果只考虑（见边码第142页图表）102名多次入住妓院的妓女的单次居住时长和第一次入住的时长，[①]我们可以观察到妓女的三种态度：

——56名妓女（9.7%）在妓院的居住时长短于一周，这要么是因为她们没能适应在妓院卖淫或者没适应这家妓院的卖淫惯例，要么是因为她们没有满足客人的口味，要么是因为她们只在这家妓院里打短工。

——169名妓女（29.4%）在妓院居住过7—30天；111
144（19.7%）名妓女居住过30—60天。因此，半数以上的妓女为是流动人员，由此产生的人员更新正合客人的心意。190名妓女（33.1%）长期待在同一家妓院，但时长都没有超过12个月。

——另外，每家妓院都有少量的常住妓女，她们使妓院的风格得以延续，给老主顾一种持续感。老鸨常利用这些老员工来控制流动人员。1900—1914年，40名妓女的居住时长为1—5年；从业5年以上的妓女有5人，其中一人在一家妓院工作了十多年。此外，在多次入住妓院的妓女中，有些人实际上已经成为妓院的支柱；她们只需要不定期地休息几天就够了。塞莱斯坦·B……被客人们称作艾斯特，她于1901年5月8日进入切维利亚妓院；直到1919年3月5日才离开。在17年零10个月的时间里，她离开过十一次，六次前往蒙塔基（可能是她

① 我们删除了其他一些对我们来说没有意义的居住时长；通过这种方法，我们缩短了妓女实际的居住时长（参见下文第142页）。

的家乡）；1919年她退隐后也是回了那里；她去巴黎小住过四次，其中有两次停留了很长时间：1911年4月25日她离开妓院去了奥尔良，直到1912年6月25日才从巴黎回来。1915年，她离开妓院去蒙塔吉斯和巴黎住了七个月。玛丽……于1909年3月25日进入同一所妓院，1920年3月8日彻底离开，期间出去过十三次。此外，我们可以注意到各个妓院的惯例不同；很显然，切维利亚妓院的人员比其他两家妓院更稳定。 145

在一家妓院的平均居住时长过短不会妨碍妓女的职业生涯。第143页的图表可以清晰地表明这一点，[①] 图上显示了1902年凡尔赛妓女的从业年数以及同一时期马赛和土伦妓女工作过的妓院数量。还要补充一点，布雷斯特妓女在妓院的平均居住时长是六年。[②] 妓女L……是1902年土伦妓院的一名寄宿妓女，她已在那里工作了15年。在此之前，她一共在12家妓院流转。她第一次卖淫是因为14岁时被一个办假证的中间人安排进入凡尔赛的一家妓院工作。

第143页图B没有统计妓院的数量，而是统计了马赛妓院的妓女工作过的城市数量，因此该图可以从另一个角度表明妓女的流动性。有时，妓女先后的工作城市彼此相距甚远：妓女P……，1902年时33岁，出生于下查伦特，[③] 曾是专业裁缝，

---

① 图表的制作基于1902年的调查结果：Arch. dépt. Seine-et-Oise, 6 M 7, Var, 8 M 52 et Bouches-du-Rhône, M 6 4817A（参见第143页）。

② Rapport du maire, Arch. dépt. Finistère, série M, non classé.

③ Rapport cité du commissaire central de Toulon, Arch. dépt. Var, 8 M 52.

已经从事卖淫二十多年。六年前她进入土伦的妓院；此前，她
146 曾住在波尔多、波城、土伦、巴黎、凡尔赛、勒阿弗尔和马赛的妓院。与妓女 P 相反，土伦的一些妓女从未离开过地中海地区。比如 30 岁的瑞秋 · M……，生于卡斯特尔，做过磨刀工；在做妓女的十年间，她进过很多地方的妓院，包括巴斯蒂亚、阿雅克肖、蒙彼利埃、尼姆、塔拉斯孔、马赛和土伦。还有一些妓女长期待在同一家妓院；玛丽 · B……是制帽女工，也是一名寡妇，1902 年她已经在同一家妓院工作了 17 年；菲尔 · G……在同一家也是唯一一家妓院里生活了 13 年。

妓女进入妓院后就会失去自己的本名，[①] 改用假名，通常来说，即使她去了不同的妓院，这个假名也会贯穿她的整个职业生涯。[②] 在这个领域，专名学有过丰富的研究。如果将里昂三所妓院里妓女出生时的洗礼名与妓院给她们起的假名进行比较，[③] 首先可以看出，最常见的洗礼名字有：玛丽、珍妮、路易斯、约瑟芬尼和安娜，这些名字通常不在假名名单上。反而言之，用得最多的假名（卡门、米侬、苏珊、勒妮、安德里、马赛嘞、西蒙娜、奥乐佳、维奥莱特、伊万特、保莱特）也不在

---

① 18 世纪，西蒙娜 · 德莱塞勒（Simone Delesalle）在《阅读杰作：马依 · 莱斯科》（Lecture d'un chef-d'œuvre : Manon Lescaut）中强调了妓女的匿名性。"在浓厚的社会阴影中，她使用假名"；这就是维克多 · 雨果呈现芳汀的方式，她会匿名至死（*Les Misérables*, p. 129）。

② 除非这个假名已经被妓院里的某个妓女使用了。

③ Arch. dépt. Rhône, non classé.

洗礼名名单上，或出现得很少。除了贝尔特和布朗希之外，洗礼名和花名构成了专名学两个不同的系列。 147

美好年代[1]期间，里昂妓院里用假名的妓女很少；使用频率最高的名字在各家妓院都有出现。从她们选择的名字中可以感受到文学尤其是抒情艺术的影响：卡门和米侬是最常见的；马侬、卡米莉亚、芳汀也反映出同样的影响。还有大量的名字用了爱称“艾特”（代表“娇小”），如瓦尔莱特、伊艾特、博莱特、布鲁奈特、布隆迪奈特、欧戴特、艾尔莱特、乔治艾特、露塞特、玛妮奈特和妮奈特；占假名总数的 65%；这种假名的作用可能是为了突出妓女的青春感，同时反映了当时嫖客喜好年轻少女的趋势，而这一趋势在 20 世纪初备受谴责。另一方面，除了沙芙，[2]其他任何名字在词义上都不具色情含义，不含任何特殊或淫秽的暗示；从这里或许可以看出妓女对卖淫仍然具有羞耻感。另外，通过这些传统的名字，嫖客能够把妓女私密地幻想成小资阶级女性，同时又享有性刺激。还有一点令人惊讶的是，充满异国情调的名字（卡门除外）或与圣经故事里性爱场面有关的名字很少。苏珊娜这个名字的使用也令人

---

① 美好年代（Belle Époque），19 世纪末至第一次世界大战爆发的这个时期被上流阶级认为是一个“黄金时代”，此时的欧洲处于一个相对和平的时期，随着资本主义及工业革命的发展，科学技术日新月异，欧洲的文化、艺术和生活方式等都在这个时期日臻成熟。——译者

② 假名使用的相对频率在一定程度上可以通过阿尔封斯·都德（Alphonse Daudet）的女主角来解释。

感到惊讶，这个名字与窥淫癖的绘画主题相关，是一种色情的载体，承载着一种既裸露又奉献的贞洁。

按照卖淫规制的自身逻辑，妓女在妓院内需要遵守规章条
148 例。每家妓院都有一套自己的规定，老鸨可以通过这些规定有效管控妓女。从妓女进入妓院的第一天开始，老鸨和新来的寄宿妓女就各自手持一本账目。理论上，老鸨负责妓女的住宿、饮食、内衣、取暖、照明和洗衣；另一方面，老鸨（至少在巴黎）负责收取客人的“快餐”费和过夜费。因此，妓女们能得到一副“手套”（指客人赠送的礼物）就该满足了。然而，倘若一名妓女只是单纯地“寄宿”，她可以得到“快餐”费的一半，但必须每月向老板娘支付膳宿费。每家妓院价格不一样，[①]金额从 90 到 200 法郎不等。账目采用筹码牌进行计算；这给了老鸨作假的机会，妓女们把这种做法叫“漏掉快餐费”。在外省，不论是否寄宿，妓女通常都会得到客人所付嫖费的一半。1902 年，在瓦尔，“普通妓院”里接待普通民众的妓女每天可以赚5—6法郎；[②]“封闭式妓院”里接待小资阶级客人的寄宿妓女平均能赚 15 法郎。[③]

老鸨会用各种手段让妓女负债。说实话，这是再容易不过的事了：支付给招聘代理商的佣金、旅行费用、旅行期间的换

---

① L. Fiaux, *Les maisons de tolérance*…, p. 90.

② Rapport cité du commissaire central de Toulon, Arch. dépt. Var, 8 M 52.

③ 另一方面，同一时期在凡尔赛，妓女每天只能赚取 1 法郎或 1 法郎 50 分。这证明各地区情况大不相同（Arch. dépt. Seine-et-Oise, 6 M 7）。

装或穿过的服装，以及睡袍的费用，都可以记在妓女账上。此 149
外，还有给仆人的小费，预约美发师、足疗师和指甲修剪师，就医，买药，额外的洗衣费，在大妓院租借首饰，在老鸨开的商店里买各类食品，都会增加她们的债务。由于妓女很少被允许外出，她们只能从老板娘那里买香烟、香水、浴室香皂、蜡烛以及各种她们想买的时尚单品，而这些东西无不价格昂贵。不管是在沙龙里还是在饭桌上，她们一天中吃的所有额外食物，以及香槟和甜酒，都由她们自己支付；老鸨熟知如何通过嘲笑妓女不懂挥霍来促使她们消费。说到这里，有必要提一下妓女的脾性，特别是她们的团结意识；这些女性群体遵守一些非常具体的社交方式：每个人都要轮流坐庄“请客”喝勃艮第葡萄酒或香槟；打牌输了的妓女必须请朋友们大吃一顿；庆祝生日或决定与某个同伴建立联盟时，也要请客吃饭。在一年中的某些时候，尤其是老鸨过生日的时候，她们要送老鸨很多礼物。最后，有任何违反规定的行为都要支付罚款，比如用餐时间迟到、不尊敬老鸨，或最常见的，对客人不够殷勤。

如果负债累累的妓女试图逃跑，警察会帮助老鸨追回应收
的欠款。1907 年，掌玺大臣[①]认为巴涅尔-德比戈尔妓院的老 150
鸨，也就是塔拉扎克寡妇有权拒绝向一名想离开妓院的妓女归还其身份证件和衣服，因为这名妓女还欠她 45 法郎的债。但是也不能就此认为妓女都是被强留在妓院里的；这只是废规主

① Arch. nat., BB 18 2359.

义文学中想象的戏剧化情节。对妓女来说，妓院生活能保证相对舒适的生活，不必担心明天，食物和酒相对充足，生活闲散，不用早起，有漫长的下午用来打牌和闲聊。这一切都将妓女与卖淫体系通过微妙的联系捆绑在一起；在必要情况下，债务的存在只是为了确保妓女在跳槽去其他妓院后继续保持这种生活方式。

只有在一些省级城镇，才会有妓女需由老鸨陪同才能外出的情况；在巴黎和马赛，这种做法已经过时了。现在，通常每两个星期，妓女就可以在城里合适的地方散散步；她会去见"心上人"，如果愿意的话，还会把自己微薄的积蓄给他；妓女艾丽莎正是利用一次外出的机会杀了她心爱的军人。晚上，妓女回去时会给老鸨带一束花，或给龟头带些雪茄。

一般来说，体检是在妓院内进行的，[①] 巴黎就是这样。然而在某些外省城市，比如里昂，妓院里寄宿的妓女会一起或者分批去风化办公室的卫生站做卫生检查。伊夫·古约特正是由于
151 童年时代在雷恩看到她们集体出行的一幕，才决定致力于解放幽居在妓院里的妓女。[②]

**寻找顾客和工作**

巴黎大妓院靠熟人招揽客人，其外观没有什么明显的标志，如果不是因为妓院的百叶窗总是关着，路人绝不会认为这

① 参见下文第 169 页及以下。

② Yves Guyot, *op. cit.*, p. 305.

里存在着一个以前被称作“放荡之家”的卖淫场所。相反，街区妓院和平民妓院很容易辨认出来：不管是在巴黎还是在外省，这些妓院会在门口挂灯笼，一些郊区妓院甚至会挂着60厘米高的大号码牌，清楚地指明此家店的性质。1904年，[①]有22条市政条例要求妓院悬挂灯笼和大号码牌，69条要求妓院天黑以后在入口处和进门的楼梯上挂灯。[②]郊区妓院的墙壁通常也是鲜艳的颜色。

在马赛，妓女们要轮流去门前或妓院的长廊上露脸，“拉客女仆”则要坐在门边。1878年，巴黎一名退休妓女变成了妓
院的“说客”，站在屋外吸引嫖客，向他们鼓吹屋子里有极乐 152
之宴在等着他们。这种“女仆”为嫖客指路的做法[③]曾被吉戈特压制，随后又在省长卡慕卡茨的默许下逐渐得到恢复。[④]有时，妓女会亲自轮流去妓院门前人行道上拉客，直到第三共和国初期这种现象才逐渐消失。[⑤]

路过的客人有兴趣的话可以得到本市所有妓院的地址指南。妓院里通常摆放着一本《雷鲁年鉴，或不同国家的“社会

① Hennequin, rapport cité, p. 106-107.

② 有些规定非常详细；克莱蒙特–德–赫罗特的规定出现较晚（1911年才出现），但是，它特别规定“每个（妓院的）房间门上必须有编号，数字高度至少7厘米”（第5条），“楼梯的每个台阶高度不得高于17厘米，台阶面不得窄于30厘米”（第20条）[Arch. dépt. Hérault, 62 M 8]。

③ L. Fiaux, *Les maisons de tolérance*…, p. 238.

④ L. Fiaux, *Rapport… au conseil municipal de Paris*.

⑤ E. 龚古尔在《少女艾丽莎》中有过一段迷人的描述，后来左拉从中得到很多灵感。

之家”（也说公娼馆）地址指南，包括法国、阿尔及利亚和突尼斯，以及瑞士、比利时、荷兰、意大利和西班牙主要城市的妓院》。除了妓院的地址和老鸨的名字之外，在广告部分还有供应商和妓院周边商店的信息。

妓院老鸨还差人在街上、酒店或火车站派发卡片，卡片上画着爱神或女性裸体，标着妓院的地址；咖啡或餐厅的服务员、酒店搬运工、出租车司机，偶尔还有专门付费招来的人，都会给潜在客人提供信息，必要时还会把他们带到妓院门口。有时，报纸的广告栏甚至会告诉读者哪些妓院的条件最好，并介绍这些妓院的地址以及特色，不过这些广告通常只介绍幽会馆。[①]

153 当然，计算公娼的工作量是件很困难的事。而一切都表明公娼的工作量比私娼或暗娼的工作量大得多。只考虑利益的老鸨要求妓女一旦被客人选中，就必须接客，并且必须满足客人的所有要求。老鸨还会在客人离开前询问一些问题，以便衡量妓女对客人的殷勤程度。妓女在生理期也要工作；老鸨会让妓女化妆，以免客人知道她们的身体状态。同样地，如果客人执意点名要某个妓女，即使她生病了，也要继续工作；副管家已经成了化妆遮瑕的专家，比如，她会让得病的客人用上了色的羊肠避孕套，或者给患有淋病或梅毒的妓女在性器官上涂一层

① 参见下文第 329 页。

胭脂。[①]妓女怀孕了也不能停止工作；有些客人甚至会专门挑选怀孕的妓女。

勒韦尔（Level）医生作为巴黎市政委员会成员，负责记录妓女的工作，平均每天要写七八份报告。[②]1902 年，滨海拉塞讷的妓女平均每天接客五次。[③]不过说实话，这些平均值没有多大意义；许多妓女在一周的其他夜晚没有工作，但在星期 154
六、星期一、狂欢节、赶集日、军事理事会审查日[④]和展览日要招待大量客人。通过查阅文件，菲奥医生指出，大妓院里的妓女一夜接待不到四个客人的情况是罕见的；[⑤]通常情况下，一名妓女要接待 7 个、8 个、10 个或 12 个客人。菲奥医生举了妓女罗兰德的例子，她一晚上要接待 16 个男人。[⑥]在街区妓院和平民妓院，妓女的平均接客量往往较低，因为客流量不太规律；职员和工人通常都是月初去，特别是周六和周一领薪水的时候。据伊夫·古约特估计，这个时候妓女每天接客的数量可

---

① 帕托尔（Patoir）医生强调了里尔妓院老鸨的一些技巧；她们可以用泡沫和硝酸铅笔，将前庭大腺从妓女的阴道里掏出来，或者“用手帕抽”，以消除宫颈周围“黏液黏附过度”的问题（La prostitution à Lille, *Écho médical du Nord*, 7 septembre 1902, p. 425）。

② 转引自：L. Fiaux, *Les maisons de tolérance*..., p. 130。

③ Commissaire de police de La Seyne, Arch. dépt. Var, 8 M 52.

④ 军事理事会负责在军队招募期间检查年轻人是否适合服兵役。——译者

⑤ 这里是指接客的数量，而不是性交的次数。参见：L. Fiaux, *Les maisons de tolérance*..., p. 131。

⑥ 同上。

以达到 15 人、20 人甚至 25 人。[①] 另一方面，“从每月的 15 号开始”，“很多夜晚一个客人都没有”。[②] 妓女接客量的月分布与性犯罪的月分布很相似，也就是说，峰值是在 5 月、6 月、7 月和 8 月，谷值在 2 月份的四旬斋期间。

事实上，迎客和陪宿只是妓女工作的一个方面：施虐–受
155 虐和女同性恋等活色生香的性交场景在 20 世纪初就已经是大
妓院的必备项目了。[③]

### 5）妓女在妓院的日常生活

1904 年，在巴黎和 124 个外省城市，[④] 卖淫条例禁止妓院老鸨让两个妓女睡在同一个房间，并要求老鸨为妓女提供舒适的住宿条件。事实上，这些规定很少有人遵守。直到 1914 年，所有进过妓院的人都用最黑暗的形容词描述这些肮脏的“狗舍”“鸡舍”或阁楼上的“橱柜”，妓女们挤在一起，两人并排着睡。

一些妓女没有居住在“狗窝”里，而是住在房间里。但房间里的家具通常就是一张铁床（草垫上满是臭虫）、一张木桌和一把草椅。妓院所有的窗户必须一直关着；直到 1904 年，

---

① *Op. cit.*, p. 207.

② L. Fiaux, *Les maisons de tolérance*…, p. 132. 例证取自：Champon, *op. cit.*, p. 156。

③ 参见下文第 225 页及以下。

④ Hennequin, rapport cité, p. 107.

仍有 199 条市政法规要求妓院安装防护网。[①] 此外，还有 79 条卖淫条例禁止妓女在门口或窗边晃荡。从这方面来看，一等妓院的妓女并没有比平民妓院的同行好到哪儿去。[②]

妓院的妓女起床很晚，通常在十点到十一点之间。每天起
床后的第一件事是洗澡、梳洗、做发型，妓女的发型很复杂， 156
假发师需要花很长时间给她们打理头发。然后是化妆，妓女们会把脸涂成夸张的白色或桃红色，再画上细小的蓝色血管，假装皮肤很透明。在底层妓院里，年老的妓女只能戴上劣质假发，然后把鱼胶制品涂在皱纹上。[③]

午饭后，她们会玩扑克牌或乐透，吸着烟，没完没了地闲聊来打发漫长的下午。懂音乐的妓女会弹钢琴；有的妓女会读小说。谈话内容大同小异：据菲奥医生，她们主要谈论接客技巧。[④] 外省妓院里一般都有花园，[⑤] 妓女们可以在花园里散步。

妓女的饭菜很多，而且往往很丰盛。妓女们和老鸨一起用餐，用餐气氛有着小资阶级式的情调：老鸨进门时妓女们要起身，而且通常情况下应当保持安静。在资产阶级妓院里，如果妓女言语失检，举止间缺乏尊重，甚至谈话声太过喧闹，都会

---

① Hennequin, rapport cité, p. 106.

② Macé, *op. cit.*, p. 267. 不言而喻，各省的情况并没有太大差别，我们可以参照《少女艾丽莎》中对布尔莱蒙特妓院房间的描述。

③ L. Fiaux, *Les maisons de tolérance*…, p. 50.

④ 同上书，第 263 页。

⑤ 参见：E. de Goncourt, *La fille Elisa*, G. de Maupassant, *L'Ami Patience*。

受到斥责。妓女的用餐时间与普通家庭的用餐时间完全不同。在巴黎，[1]资产阶级妓院的妓女每天吃四餐：第一餐在上午十一
157 点或中午，包括三道菜、一份甜点和半瓶葡萄酒；第二餐是晚餐，开饭时间为下午五点或六点，这是最丰盛的一顿饭，还会额外配置汤和咖啡。根据马瑟的说法，消夜有两顿，分别在午夜时分和早上五点（罗伊斯医生认为只有一顿消夜，即凌晨两点），消夜包括冷肉、沙拉和葡萄酒。

晚餐后，妓女要在接客前去房间洗漱，穿上接客服："白色、粉色或黑色的丝绸长筒袜，有的绣花，有的镂空，高跟凉鞋，透明的浴袍或衬衫，衬衫通常饰有黑色或白色的蕾丝或纱罗。"[2]招待资产阶级客人的妓女还佩戴很多手镯、戒指和项链。平民妓院与资产阶级妓院的作息时间基本相同，不同的只有膳食的质量和妓院的奢侈程度。

在外省，妓院的营业时间因城市而异。[3]亚眠的某些条例规定妓院需在午夜关闭；其他城市（如波尔多、布雷斯特、蒙彼利埃）则规定要在晚上十一点关门，南特规定在晚上十点关门。相反，巴黎大妓院的营业时间在晚上十一点至凌晨两点之间，顾客在大厅等待的时间也自然加长。妓院的顾客，即"嫖客"到达妓院后，会被引到妓院的主厅。在那里妓女们有序站

---

① Macé, *op. cit.*, p. 266, docteur Reuss, *op. cit.*, p. 122 *sq*.

② Docteur Reuss, *op. cit.*, p. 124.

③ L. Fiaux, *La police des mœurs*…, 1888, p. 184.

成两排，供顾客挑选。妓女不会主动开口要求顾客选择她们，
但她们会抛媚眼、微笑、舔舐嘴唇或摆出一些姿势引诱顾客。158
顾客在被某个妓女勾起欲望后，会牵着她的手，在副管家的陪同下离开大厅上楼，等妓女洗完澡来服侍他。在平民妓院，嫖客通常在小酒馆里选人，妓女们轮流出来撩拨顾客，令嫖客满意的那个妓女会陪他喝酒，她还会抚摸嫖客，刺激他带自己回房间做爱。

简单来说，妓院妓女的生活便是如此。她们很少有机会和老鸨一起外出，所以几乎没有机会打破日常的单调。娱乐机会屈指可数：两个妓女“结婚”、老板娘过生日以及在 7 月 14 日参加国庆灯光秀。[①] 在《戴丽叶春楼》里，妓女们领圣体导致妓院关闭，还有妓女从妓院逃跑，这些情节显然只存在于文学作品。

需要指出的是，虽然有时妓女会“失踪”，[②] 但她们并不会使用暴力打破禁闭，最多只是口头抗议而已。我们所知道的唯一一次暴力反抗发生在 1867 年。那一年，帕尔特奈一所妓院
的妓女为了重获自由，放火烧毁了所在的妓院。[③] 妓女反叛的 159

---

① 亨内金报告指出，有几项法规禁止老鸨在 7 月 14 日“挂彩旗和开灯”（p. 112）。

② 然而，在里昂的三家妓院中，这种情况非常罕见，而这些房屋的档案已被保存（参见上文第 139 页，注释②）。

③ Arch. nat., BB 385. 转引自：Pierre Arches, *Une ville et son maire, Parthenay en 1872*, 1975, p. 34-35。

场所首先是医院，[1]然后是监狱，[2]而不是她们工作的妓院。妓女暴力抗议往往是因为被禁止卖淫。

妓院作为一个透明度较高的场所，在某种程度上是反流动、反脏乱的，这一点与暗娼馆恰恰相反。不可否认，妓院确实是性欲过剩者释放性欲的地方，莫利纳里认为妓院的这一功能对人类生存是不可或缺的。[3]但妓院并不支持群交和滥交，而是以自身的方式反映了资产阶级的私密关系[4]——根据规定，每对妓女和嫖客都会被分配到一个单独的房间。在这方面值得强调的是，令整个19世纪的研究者和当局者为之愤怒的并不是妓女接客的房间，而是妓女们结束工作后挤在一起休息的“小橱柜”。在那里，妓女乱糟糟地挤在一起，而且更糟糕的是，她们是同性。

## 2. 站街女：过渡状态

据米瑞医生，站街女是管制状态下在册妓女中的贵族。[5]
160 为了更好地管控低级卖淫，也就是常说的暗娼，政府允许站街女的存在。然而，一些市政条例起初并不承认站街女，也就是

---

① 参见下文第183页。

② 参见下文第609页。

③ G. de Molinari, *La viriculture*, p. 156.

④ Lion Murard et Patrick Zylberman, *Le petit travailleur infatigable*, *passim*.

⑤ *Op. cit.*, p. 152.

“持证妓女”，例如1874年，德拉吉尼亚颁布的市政条例就禁止妓女住在妓院外面。[①]

私娼必须接受体检。[②]在巴黎，她们理论上被禁止住在寄宿酒店，必须租住单间或公寓，并且得自己装修房屋，因而常常受到业主和室内装潢商的欺压。[③]租金的上涨逐渐把她们从市中心推到城市的郊区。但是，应当指出的是，警察局长允许私娼去公娼馆接客，[④]私娼把这些公娼馆当作“快餐”妓院。1878年，巴黎127所妓院中有36所获得了招募私娼的许可。

在波尔多，卖淫条例更加复杂。政府强迫二等私娼住在底层卖淫区的寄宿酒店里。她们租住的房间在一楼，大门朝向街道，她们坐在门口，日夜招徕顾客。不过，波尔多政府默许站街女中最富有的妓女出入“快餐”妓院，甚至是较高档的幽会馆。[⑤]

马赛的私娼理论上必须住在专门区域。事实上，她们多年 161
以来已经逐渐挣脱了这种束缚。“第二专区”的自发形成分别于1872年[⑥]和1876年[⑦]引起了市长和中央特派员的注意。不被政府认可的“第二专区”俨然成为站街女的主要营业场所。[⑧]

---

① Arch. dépt. Var, 8 M 52.

② 参见下文第168页及以下。

③ L. Fiaux, *Rapport… au conseil municipal*, p. 372.

④ 根据库埃在市委员会发表的声明。

⑤ Docteur Jeannel, *op. cit.*, p. 203.

⑥ Arch. dépt. Bouches-du-Rhône, M 6 1747.

⑦ Arch. dépt. Bouches-du-Rhône, M 6 3336.

⑧ 这个街区包括雷科莱特街、图巴诺街、莱马埃特尔街、博物馆街、咖啡馆街、法国剧院街和塞纳克街。

在这个区域内有60家众所周知的“快餐”妓院。此外，市内还有55家寄宿酒店供私娼居住，当中通常混着暗娼。这一势态在1902年[①]越演越烈；700名站街女中有448人“非法”居住在马赛170家寄宿酒店和旅馆里，或住在从个人手中租赁的房间里。

市政条例对私娼的活动做出了明确规定。巴黎禁止私娼在晚七点之前以及晚十点或十一点之后在街上或公共场所揽客甚至现身。她们不得浓妆艳抹，不得做挑逗的动作，出门不能佩戴“招摇的头饰”。卖淫规制者始终对妓女的拉客行为怀有一种挥之不去的恐惧，他们禁止妓女抚摸路人，用任何姿势或露骨的言语挑逗路人，尤其不允许妓女靠在窗边勾引路人。

1904年，亨内金分析了施加给站街女的所有禁令，他承
162 认，站街女的生活经受了严苛的管制，并认为政府当局不应该允许站街女脱离妓院系统卖淫。在当时的所有禁令中，有351条禁止她们出入咖啡厅，329条禁止在公路上逗留，尤其不能在高中和军营附近逗留，247条禁止在窗口搔首弄姿，51条禁止淫秽言语扰众，62条禁止在自己家里抚养孩子；有334条详细规定了妓女的活动时间；17条禁止她们乘坐敞篷车或与男性一起乘坐轿车外出，13条规定她们在未经允许的情况下不得去剧院。1886年拉罗谢尔[②]颁布的卖淫条例要求妓女只能在

---

① Arch. dépt. Bouches-du-Rhône, M 6 4817A.

② Arch. dépt. Charente-Inférieure, 6 M 413.

警察指定的区域活动。在南锡市，1874年生效的卖淫条例规定:“私娼居住的公寓窗户必须始终保持关闭，并使用磨砂玻璃或者安装上锁的百叶窗……公娼则应避免从房间内发出任何噪音，不得在房间内喧闹、争吵，以及做出任何可能引起邻居和路人注意或目光的行为。”[①]

不言而喻，妓女们只是在理论上遵守这些禁令，实际上不可能照单全收。不过，警察可能以违反禁令为由，随意逮捕任何一个站街女。风化科确实面临着一个两难的局面：一方面，禁令不允许私娼做出任何淫秽挑逗的动作，避免向“良家妇女”，特别是少女和孩子暴露她的工作性质；另一方面，私娼需要揽客，她的言行举止必须向客户表明她是从事卖淫业的。 163

事实上，官方允许的私娼会混在人数众多的暗娼当中，因为私娼与不受管控的暗娼之间并无多大差别。某种程度上，私娼代表了一种从封闭的、理想的卖淫监管环境到大城市普遍存在的性非法主义的过渡。这种过渡往往是受金钱驱使。有时，“私娼”就是来自公娼馆的妓女，她们想要恢复一部分自由，所以成为私娼。[②]此外，在册妓女通常是曾经的暗娼，大多数站街女会通过“消失”的方式重新加入暗娼的行列。因此，这两类人员会不断互换。再者，为了更好地吸引那些不喜欢找在册妓女的资产阶级嫖客，站街女会假装成暗娼。布洛涅森林

① Arch. dépt. Meurthe-et-Moselle, 4 M 134.

② 参见上文第139页关于里昂三所妓院的注释②。

或香榭丽舍大街揽客的许多“独立经营的妓女”就属于这种情况。

站街女是官方允许的妓女，拥有许多政策上的便利，所以相较于暗娼更容易被嫖客合伙包下。换言之，站街女会委身于数个彼此认识的男士，他们合伙包下她，并自行分配见她的日子。如若合伙包养妓女的都是正派人士，则可以大大降低性病传染的风险。[1]

164 站街女和暗娼彼此嫉妒，二者之间剑跋扈张，后者往往会遭到前者的揭发。这也在情理之中，因为在风化科监管不足的街区，在册妓女往往认为是暗娼抢走了她们的客人。

有一种说法认为政府能够完全监管私娼，因为私娼也是登记在册的妓女，这未免有些夸大其词。私娼与暗娼一样，一般都受皮条客控制。其实站街女的许多活动都属于底层卖淫的范畴。即使站街女可以在卖淫规制管控的妓院范围之外卖淫，也无法逃避警方的长期监管，更无法逃避医院和监狱的监禁。

## 3. 医院

卖淫业出现了两种符合卖淫规制理论设想的演变。一方面，自七月王朝建立初期，当局大幅完善了针对在册妓女的卫

① Docteur Reuss, *op. cit.*, p. 72.

生检查。一些综合医院和妓女监狱的医务室都开设了检查间，大城市的卫生部和风化警察之间加强了联系，强制增加妓女体检的频次，并加大体检监管，改善检查条件，还建立了相当复杂的档案系统，以上种种表明，卫生检查与性病治疗并驾齐驱。同时，医疗检查的改进可以帮助风化科官员更好地监管妓 165
女，更轻易地掌控她们。简而言之，卖淫规制计划正日益成为现实。

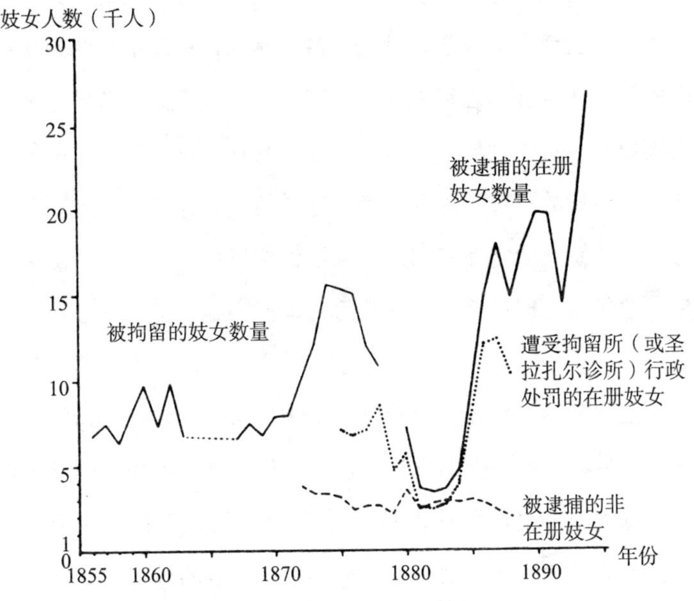


**巴黎的压制局势（参见警察局档案，理查德，罗伊斯）**

随之而来的还有另一种演变：过去，针对性病患者的治疗就像是一种惩罚，现在，这种做法已经过时了。众所周知，自

文艺复兴时期以来，“脏病”患者一直是暴力治疗的对象，甚
至会被当众体罚，目的是惩罚她们的不当行为，并让她们为享
受肉欲付出代价。现在，大城市中的性病治疗已发生变化：取
166 消鞭打；减少地牢的使用；逐渐废除虐待惩罚，如长时间剥夺
食物或生活必需品。这一切都体现了社会思想和监禁方法的全
面演变。

这种双重演变表明当局将管制卖淫的重心从道德管制转移到了卫生管制。这种演变很快导致新规制主义的出现，人们不再担忧性交泛滥而是恐慌性病扩散。然而，思想层面和现实层面的转变速度皆因区域和人口密度的不同而不同，差异之大令人震惊。在一些大城市，特别是在巴黎和里昂，患性病的妓女和“患性病的平民”隔开治疗。这样的区分导致妓女进一步被边缘化。妓女通常在专门的医院或诊所里接受治疗，虽然治疗是人性化的，但这并不妨碍政府对她们实施有史以来最严格的禁闭。

在众多中型城市，综合医院仍然拒绝接诊性病患者。[①]同
样，大多数互助协会的章程把性病视作可耻的疾病，剥夺了性
167 病患者本应享有的医疗保障。[②]在外省城镇，女性性病患者会
遭受区别对待。非妓女患者会被安置在特定的病房，妓女患者

① 从 1865 年的医院调查结果可以看出这一点（Arch. nat., F20 282）

② 1882 年，在蒙彼利埃、兰斯、布雷斯特、夏隆、南特、尼奥尔、圣康坦、波城和特鲁瓦，互助机构实施社会排斥；通常该法规条款也针对酗酒者和斗殴受害者（参见：Y. Guyot, *op. cit.*, annexes p. 486-555）。

则会被严格看管，并沿袭以往老旧的关押手段：在某些地区，妓女囚室、监狱和地牢等司空见惯的监禁手段一直持续到第一次世界大战前夕。

### 1）卫生检查的进步或“政府的阴茎”[①]

卫生检查既保证了对在册妓女整体工作和生活条件进行全面监管，也保证了监管顺利进行。事实上，真正支撑卫生检查的是“卫生站”，而不是“监狱式医院”，正如罗伊斯医生所言，无数事实表明，卫生站是卖淫规制体系的“基石”[②]。

妓女往往担忧体检，[③]她们交谈的重心通常也是体检。妓女对体检的担忧源于当时社会的一种偏见，人们认为针对女性性器官的医学检查会导致破处，甚至认为这是一种强奸。废规主义者[④]常常做这样的比喻，即使是思想开明的规制主义者也对此感到不安。米瑞医生认为有必要对妓女进行体检，但同时他 168
也承认这是一种“耻辱”，是“侮辱行为”和“对人类尊严的攻击”。[⑤]1859年，最高上诉法院检察长杜宾认为，与监禁相

---

① 马格里布妓女给窥镜取的名字。参见：M. Mory «prophylaxie des maladies vénériennes», *Écho médical du Nord*, 17 août 1902, p. 391。

② Docteur Reuss, *op. cit.*, p. 291.

③ Docteur Jeannel, *op. cit.*, p. 178.

④ 参见古约特（*op. cit*, p. 302-303）和菲奥医生的所有作品。左拉在《娜娜》中写道，“看诊的椅子令她感到痛苦且羞耻”（La Pléiade, p. 1315）。罗普斯以激烈的方式谈到了这种使用窥器的理念。

⑤ Docteur H. Mireur, *La prostitution à Marseille*, p. 244.

比，体检给妓女带来的伤害更大。

可惜，由于不同地区的情况极为不同，我们难以对妓女体检的过程进行综合描述。19 世纪 80 年代末期，巴黎和南特的私娼每半个月体检一次；多数大城市的卖淫规制要求私娼每周体检一次，如马赛、波尔多、里昂、里尔、亚眠、贝桑松、兰斯[①]、布雷斯特、雷恩、图卢兹和蒙彼利埃。[②]迪耶普、第戎、昂古莱姆、夏隆、敦刻尔克和拉瓦尔则要求私娼每月体检三次。1904 年，有 322 项条例要求在册妓女体检，其中有 208 条要求妓女每周体检一次，55 条要求每月三次，46 条要求每月两次。[③]那个时期兴起的新卖淫规制也强化了针对妓女的卫生检查。

在巴黎市区和郊区，公娼在妓院里接受检查。每家妓院必
169 须配备检查用的椅子、窥镜、镊子等其他必备工具。每周，风化科会在十五位风化医生中挑选一位来妓院给妓女做例行检查。检查结果会记录在老鸨持有的册子里，生病的妓女将被送到圣拉扎尔诊所的就诊室；一旦妓女感觉不适，老鸨就会把她带去卫生站做检查，新入行的也是一样。据我们所知，老鸨常常试图隐瞒妓女的患病情况。此外，她们更想让城里的医生治疗患病妓女，因为他们不会占用过多的时间。除此之外，行动

---

① Y. Guyot, *op. cit.*, p. 489.

② L. Fiaux, *La police des mœurs…*, 1888, p. 184 *sq.* 伊夫·古约特对 1882 年的调查表明，这种周期性是最常见的。

③ Hennequin, rapport cité, p. 114.

不便的私娼可以在自己的住处接受风化科医生的治疗。马赛[①]和里尔妓院的妓女也是在住处看诊。

在首都巴黎，除了星期天，每天上午十一点到下午五点之间妓女都可以去卫生站就诊。无论是在册的私娼还是揽客被抓现行的暗娼，都要去那里检查。此外，如果妓女已经在圣拉扎尔诊所接受治疗并且痊愈，她依然要去卫生站接受例行检查。

很久以前，巴黎当局就取消了对妓女体检征收的税款：市政当局本打算利用这笔税款抵消体检的开支，但这种做法招致了批评：征收这种类型的营业税被认为是不道德的。但是在第三共和国初期，许多其他城市的市政当局保留了这种做法，甚至持续了很长时间。1873 年，在布雷斯特市，公娼体检应付税 170
款“高达14400法郎”，[②]这引起老鸨们无休止的抱怨。在马赛，税收多少与“公娼的举止、穿着、所属妓院的级别”[③]成正比，或与“私娼举止的奢侈程度”[④]成正比。私娼可以通过陈述理由来申请改变“类别”。按类别划分，私娼的体检价格分为三种，分别为 1 法郎、2 法郎或 3 法郎。1904 年，[⑤]168 条涉及体检问题的市政条例中，仍然有 86 条要求征税。在另外的 82 个城市

① Docteur H. Mireur, *La prostitution à Marseille*, p. 243.

② Rapport du service de santé, Arch. dépt. Finistère, série M, non classé.

③ Docteur H. Mireur, *La prostitution à Marseille*, p. 246.

④ 同上。

⑤ 引用亨内金报告（p. 116 *sq.*）。在一些城市，如格勒诺布尔，部分住院费用也由妓院老鸨支付。在奥尔良，妓女在治疗期间每天必须支付 2 法郎（H. Hayem, art. cit., p. 260）。

中，一些城市已全面实施免费体检，另一些则允许贫穷的妓女免费进行体检。亨内金认为卫生检查往往构成市政当局的收益来源，但自从 1879 年法国国务委员会宣布体检税非法后，市政预算中就不再包含这项税收了。

第三共和国初期，波尔多、鲁昂[1]和里昂建立了一套对大量在册妓女进行自动分类的精细制度。这一制度为希望免费接受检查的妓女预留了专门的体检时间，其他妓女则必须缴纳税款。有钱的妓女很乐意接受这个制度，避免与其他妓女乱糟糟地混在一起。

171　巴黎的卫生站最初位于小香十字街，1843 年搬到了钟角堤岸的警察局院内，紧挨着拘留所、警察局和风化科。里昂也有类似的集中组织，[2]这正是卖淫规制主义者最希望看到的。马赛 1821 年开设的卫生站[3]位于监狱街，与拘留所共用一室。在拉瓦尔，卫生站紧靠监狱，“构成了一个特殊机构”。[4]

1888 年，给妓女做体检的巴黎医生均由警察局挑选，这也符合卖淫规制计划。负责体检的医生团队由一名主治医生领导，他负责团队管理以及对非在册妓女进行检查。在马赛，省长会从市长呈上的名单中挑选体检医生团队的成员。

巴黎卫生站的运作遭受了猛烈的舆论批评。卫生站作为卖

---

① Arch. dépt. Seine-Inférieure, 4 M P 4564.

② 参见上文第 49 页。

③ Docteur H. Mireur, *La prostitution à Marseille*, p. 100 *sq*.

④ Y. Guyot, *op. cit.*, annexes, p. 523.

淫规制的中心机构，一直以来备受争议。[①] 确实，卫生站有很多做法都招致了批评，比如检查速度过快：克莱克医生称，[②] 一位医生 24 小时内能检查 400 名妓女，他自己也夸下海口称每 30 秒就能检查一人。[③] 早在第二帝国时期，卡利尔 [④] 就曾指出，172
医生平均每小时可以检查 52 名患者。

直到 1887 年，巴黎妓女每两次体检中就会有一次只做“小检查”，也就是说，与里昂或马赛不同，巴黎卫生站做小检查时不再用窥镜，因为卫生站里就连最基本的卫生标准都无法达到，人们常常谴责没洗干净的窥镜会传染疾病。[⑤] 为了实现快速检查，人们开发了一些特殊装置，比如波尔多卫生站的让内尔医生制作了一把巧妙的椅子，检查不同体型的妓女无须调整尺寸，她们还可以穿着衣服，尤其是不用摘帽子。[⑥] 在巴黎，自 1871 年警察局发生大火之后，卫生站就弃用了德尼的椅子床，改用窥镜桌，里尔妓女称之为“跷跷板”。[⑦] 这一项创新不仅见证了社会观念的变化，也说明人们对无礼检查的容忍度越来越低。

---

① 参见：L. Fiaux, rapport cité au conseil municipal de Paris, p. 417 或 E. Richard, *op. cit.*, p. 124。

② L. Fiaux, *ibid.*

③ Y. Guyot, *op. cit.*, p. 294.

④ 转引自：Guyot, *op. cit.*, p. 293。

⑤ Y. Guyot, *op. cit.*, p. 295 et Pr. A. Fournier, *passim*.

⑥ 妓女非常喜欢这种配饰，因为法规通常禁止她们在卖淫拉客时穿戴配饰。

⑦ Docteur Patoit, art. cit., p. 425.

在巴黎和马赛，医生要在限定的短时间内检查外阴、阴道、子宫颈、阴唇和阴腔内部。为了减小患病妓女在就诊前洗澡或化妆给检查结果带来的影响，卫生站延长了妓女的候诊时
173 间。不言而喻，尽管实施了这种预防措施，医生依然难以诊断“粉饰过的”性病患者，仍有大量疾病难以检出。

体检病例和各类资料的档案系统日臻完善。第三共和国成立之初的大量档案——确切地说有八份——清楚地表明，医学并不是建立档案系统的唯一动机。卫生站有一份以每个在册妓女的名字命名的“个人卡片”，上面记载了她的历次体检日期；这有助于定位失踪人员。此外，主治医生办公室也保存着个人“数据统计表”；借助这些文件，主治医生可以定期总结妓女的体检情况。

卫生站会为患病妓女制作一个“标签牌”，随妓女一起被送往圣拉扎尔诊所，贴在床脚处。卫生站会保留一张标有名字的“观察卡”，上面注明了每个阶段的病情。这份文件使梅毒患者成为特别监视的对象。当一名私娼想进入妓院，或一名公娼想去其他妓院工作时，卫生站会给她重新做一次体检。检查结果记录在“健康或转移记录”上，由卫生站转交给行政部门。此外，还有一个“特别延期记录册”，上面记录了所有诊断结果不确定并等待重新检测的妓女信息。

此外，每名私娼都持有一张卡片，上面有她必须履行的体检和行政义务，她必须在任何必要的时候出示此卡。最后，在

妓院内进行的健康检查的结果不仅要转录在老鸨的记录册上，174
还要记录在特殊档案里。

里昂卫生站在组织上与巴黎和马赛略有不同，[①]但至少在1878年以前，它的体检程序几乎同样精细复杂。风化警察参与体检过程，并开发了一套复杂的符号系统（代币、信件），帮助医生了解每一个受检妓女的确切状态和过往病例。

以上种种都显示了性病学统计工作的庞大规模。然而，由于卖淫规制最终失败，以及在册妓女和非在册妓女之间不断流动，这些工作均付之东流。[②]不管工作人员多么努力，卖淫业网络的网孔仍旧太松。不过，卫生检查至少能帮助行政部门监测在册妓女“失踪”之前的身体情况。

关于在册妓女和被逮捕的非在册妓女发病率的统计结果并非完全无用。人们可以借助这些数据观察疾病的季节性变化和年度变化，甚至可以大致了解妓女染上梅毒的年龄。[③]卫生站
的医生和圣拉扎尔诊所的医生均指出了年轻妓女的高发病率，175
除此之外，两方的调查结果并不一致。马赛的中央特派员迪泽[④]指出，1875—1876年在册的214名年轻妓女中，有112名

① 参见：docteur Garin, *op. cit*。

② 科利乌（Corlieu）医生的作品《巴黎卖淫业》（*La prostitution à Paris*, p. 100 *sq.*）对这方面的研究有一定的进展意义。

③ 我们所说的梅毒化是指梅毒的出现，而非奥齐亚斯-图伦内（Auzias-Turenne）举例提到的故意感染。

④ Arch. dépt. Bouches-du-Rhône, M 6 336.

患病，有些15岁或16岁的妓女已经接受过多次治疗。麦罗医生对135名妓女进行了研究，并于1884年得出结论："每名妓女都是在从业头几年染上梅毒"，[①]当然，他研究的案例中也有几个例外。与麦罗医生相比，朱利安医生[②]后来做的调查更为严谨。他的研究对象涵盖了首次去圣拉扎尔诊所就诊的上千名妓女，包括177名在册妓女和823名暗娼，这些患病的暗娼是被抓来的，治愈后都成为在册妓女。

我们还注意到，20岁以下的妓女尤其容易感染性病（651例淋病、421例梅毒和36例软下疳）。朱利安医生指出，19岁是妓女致命的一年，紧接着是18岁和20岁。

朱利安医生的调查结果与同一时期巴泰勒米教授[③]得到的结果有很大不同。不过，巴泰勒米的研究仅限于梅毒患者，其调查方法似乎也缺乏一定的严谨性。巴泰勒米对153名妓女进行了调查，发现在她们开始卖淫的第一年中，有28.7%的妓女染上梅毒，41.1%在此后1—3年染病，20.2%在3—5年染病，7.8%在5—10年染病，仅有1.9%在超过10年后才染病。因此，巴泰勒米教授机械地如此描绘妓女的生平：16岁半时失身，19岁半开始卖淫，23岁感染梅毒，到27岁或28岁将不

① Docteur Maireau, *Syphilis et prostituées*…, p. 78.

② «Les vénériennes de Saint-Lazare», *Revue de médecine légale*, 1900, p. 81 *sq*.

③ 巴泰勒米教授得到的结果值得怀疑（art. cit., *Revue de médecine légale*..., 1900）。根据巴泰勒米教授的说法，妓女染上梅毒的时间比一般性病患者还要晚！（关于这个方面，参见：Edmond Fournier, cités p. 389。）

176

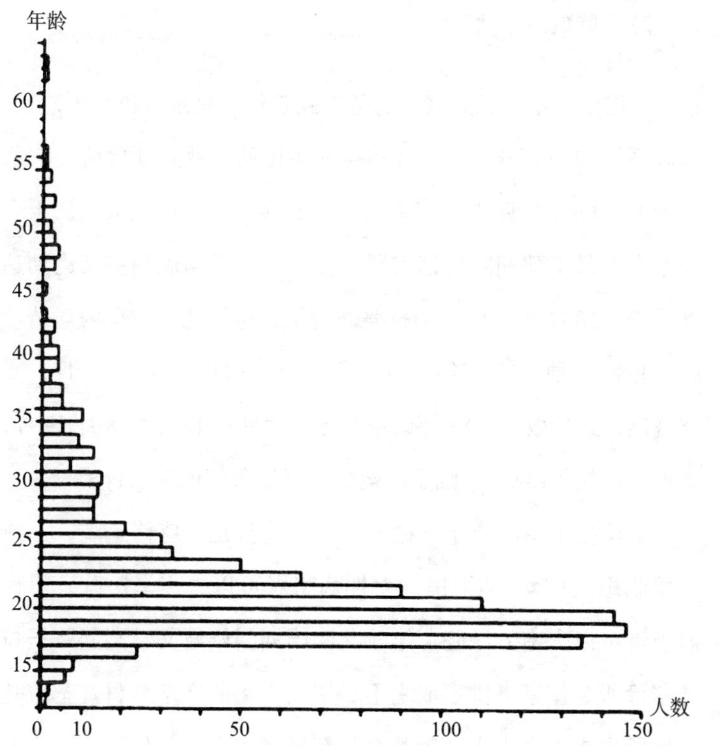


**1890—1900 年，初次在圣拉扎尔诊所就诊的 1000 名性病患者的年龄分布（据朱利安医生）**

再传染病菌。乐皮勒尔（Le Pileur）医生[①]于 1909 年发表的观 177
察结果在一定程度上证实了朱利安医生的结论：他在圣拉扎尔诊所治疗了五千名性病患者，其中 28.7% 未满 18 岁，63% 未满 21 岁。

① *Bulletin de la Société française de prophylaxie sanitaire et morale*, 1909, p. 127.

### 2）“监狱治疗法”[①]

在巴黎，治疗患病妓女的圣拉扎尔诊所只是圣拉扎尔监狱-医院系统的一部分。要研究圣拉扎尔诊所，就必须要研究它所处的大环境。巴朗-杜夏特莱提倡的这种监狱与医院共生的组合关系在七月王朝期间付诸实践，在当时，卖淫规制主义运动达到顶峰。1834 年，市议会投票通过了在圣拉扎尔监狱内建造诊所的拨款计划，1836 年 2 月诊所落成。1843 年 7 月 11 日，卖淫规制正式生效，1888 年改革废止。而就在 1875 年 8 月 29 日，维护圣拉扎尔监狱-医院系统运行的规制条例依然出台了。

圣拉扎尔诊所位于圣德尼郊区，前身是一座修道院，诊所只接收患病妓女。“平民”女性病患者可以去卢辛医院，男性病患者可以去南方医院。第三共和国期间娼妓文学兴起，圣拉扎尔诊所为作家提供了取之不尽用之不竭的文学素材。圣拉扎
178 尔诊所也成为废规主义者甚至是新规制主义者与传统规制主义者争议的核心。众说纷纭的评论导致我们难以客观描绘圣拉扎尔诊所：无论是马克西姆·杜·坎普关于圣拉扎尔诊所的理想画作，还是伊夫·古约特[②]基于 1877 年到访圣拉扎尔诊所时对其进行的阴暗描述，都只是各派争论之下产生的作品。唯一可

---

① 此为朗莱特（Langlet）医生于 1905 年 7 月 30 日在《东北医学和科学联合会期刊》（*Union médicale et scientifique du Nord-Est*）发表的文章标题。

② *Op. cit.*, p. 310 *sq.* 伊夫·古约特在他提出的时间表中，似乎混淆了囚犯和病人。

以肯定的是，圣拉扎尔诊所的治疗水平远低于巴黎大医院。

圣拉扎尔诊所的患者分住在宿舍里，总共有400张床。宿舍里用带猫眼的隔板做了隔断，相邻的隔断之间有20张床。玛丽-约瑟修女可以透过猫眼实施有效监督，理论上讲，猫眼可以防止夜间的放纵。在册妓女住在二楼，非在册妓女住在三楼和四楼。未成年妓女单独治疗。患者到达圣拉扎尔诊所后要换上统一的服装并戴上白帽子，方便人们认出她们。诊所不会强迫妓女工作。舆论谴责诊所的劣质食物，不过说实话，普通医院的餐食也好不到哪儿去。[①] 此外，诊所的用餐时间与监狱类似。1875年11月29日颁发的条例规定，“第二类诊疗所（即妓女的诊疗所）分发餐食的时间是：早餐六点半，晚餐深夜一点十五分，夜宵凌晨四点”。这样的用餐时间引起了废规主义者的强烈谴责。

圣拉扎尔监狱-医院系统里的妓女如同囚犯一般，在诊疗 179
所接受治疗的妓女也不例外。只有当主治医生认为患病妓女可以治愈，并且卫生站医生反复来访检查确认后，妓女才有可能离开圣拉扎尔。另外，患病妓女几乎完全与外界隔离；只有每周二和周五的中午十二点到下午两点之间，妓女可以在修女的监督下在“有栅栏的会客厅”里会客，这是为了防止皮条客在会客厅招募妓女。诊疗所为防止皮条客在治疗期间与妓女保持

① 相关细节参见：docteur Reuss, *op. cit.*, p. 336 *sq.*。

联系，对书信往来也进行了严格管制。诊疗所的病人每天有两个小时的散步时间；为了防止不同类别的妓女互相接触，在册妓女的散步时间为上午十点到十一点和下午三点到四点，非在册的染病妓女为上午十一点到十二点和下午四点到五点。

圣拉扎尔诊所用汞或碘化钾治疗梅毒，[1] 治疗时间非常不充分，治疗的有效性也备受争议。伯恩维尔教授在1880年向市议会提交的报告中指出了诊疗所恶劣的卫生环境，在其提交报告十年后，诊疗所才陆续安装了洗脸盆和坐浴盆。在此之前，患者无法单独洗浴。伊夫·古约特在参观圣拉扎尔诊所后写
180 道："没有浴缸，没有水槽。共用注射器加速传染病的扩散；没有毛巾，没有纸巾……"[2]

据罗伊斯医生的统计，[3] 在册妓女的平均治疗时长为6周，非在册妓女为3个月。伊夫·古约特[4] 以及其后的科利乌[5] 梳理了警察局的备注，其中记载了1879年梅毒患者的住院治疗时长：

—— 27名妓女超过3个月；

—— 88名妓女2—3个月；

—— 127名妓女1—2个月；

---

① Corlieu, *op. cit.*, p. 63. 各医院的治疗方法各不相同；参见古约特的调查结果，以及敦刻尔克、瓦朗西纳和圣康坦的调查细节。

② *Op. cit.*, p. 312.

③ *Op. cit.*, p. 338.

④ *Op. cit.*, p. 312.

⑤ *Op. cit.*, p. 69.

—— 77 名妓女 20—29 天；

—— 123 名妓女 10—19 天。

由此可见，圣拉扎尔诊所梅毒患者的平均治疗时间低于 30 天。而在洛尔辛医院[①]，根据年份的不同，治疗时间在 58 天到 65 天之间。废规主义者多次指出，圣拉扎尔诊所的梅毒患者只是做了简单的“清洗”就出院了。

各大城市都为患病妓女设置了特殊治疗部，状况大体相同。里昂于 1878 年颁布省级法令，强迫卫生部履行治疗妓女的职责，在此之前，妓女均被送往安提奎尔特殊区，那里只有一百张病床，[②] 平均治疗时长仅为 21 天或 22 天。[③] 理论上，马 181
赛的卖淫规制极其严厉，要求圣母玛利亚医院圣马格德莱诊所里的患病妓女穿着灰色粗布制服，从事体力劳动。不过，这条规定在 1882 年米瑞医生发表著作[④]时就被废止了。治疗妓女的特殊病区包括一间配有 29 个床位的房间[⑤]、一个食堂和一个庭院，完全隔离于其他病区。外省的治疗部与巴黎圣拉扎尔诊所一样，管控妓女通信，限制两小时散步时间；扰乱秩序的妓女会受到一系列惩罚，比如停止派发葡萄酒，只能吃面包和

① Docteur Corlieu, *op. cit.*, p. 70.

② Docteur Garin, *op. cit.*, p. 40. 1888 年，即改革后，菲奥提到 244 张性病女患者床位和 92 张性病男患者床位（*La police des mœurs*, 1888, p. 760）。

③ Docteur Garin, *op. cit.*, p. 31.

④ Docteur H. Mireur, *La prostitution à Marseille*, p. 313.

⑤ Docteur L. Fiaux, *La police des mœurs*, 1888, p. 760.

喝水，被关押在牢房内。如果妓女反抗，政府可以借助警力镇压。1871—1881 年，妓女患者每年平均住院时长在 23 天（1881 年）到 35 天（1878 年）之间。[①] 此外，城市并不设置专门治疗“平民”性病患者的特殊诊所。

据朗德医生记载，[②] 第三共和国初期，波尔多所有“性方面感染、患有子宫疾病”的患者，即使不是严格意义上的性病患者，都被打发到圣安德鲁医院的‘洗碗槽’和厕所附近。1887 年前后，波尔多计划给城内的性病患者修建一个特殊治疗部，并要求建筑师预留一批地下囚室。

182 在大多数中型城市，治疗性病仍沿用古老的方式[③]：妓女与放荡的女性患者混合在一起，卖淫规制默许对她们实施惩罚。南锡市的案例具有重要参考意义。南锡市患性病的妓女长期在条件恶劣的救济之家接受治疗。[④] 直到 1914 年，她们才被转移到希波利特-马林格医院，也就是原圣心修道院。救济之家的楼面是灰色，采光极差，面向街道而建，与真正的监狱无二，进门处的防护网进一步加强了这种感觉。建筑物没有外窗，只

---

① Docteur H. Mireur, *La prostitution à Marseille*, p. 319.

② 转引自：le Docteur L. Fiaux, *La police des mœurs*, t. I, p. 434。

③ 在巴黎，卢辛医院的地牢一直得以保留，直到富尼耶教授将其废除（L. Fiaux, *La police des mœurs*, 1888, p. 776）。而古约特的调查显示，1882 年，鲁昂和巴伦西亚橙的女性病患者受到了较好的治疗。第一次治疗的平均时长为 42 天（Y. Guyot, *op. cit.*, annexes, p. 492-493 et 544）。

④ Professeur Louis Spillmann et J. Benech, *Du refuge à la Maison de Secours*, 1914.

靠一个天井采光，这个天井就是病患的内院，天井的一侧连着一排牢房；每间牢房都装有坚硬的大门，里面只有一张固定在墙上的木制床铺，阳光隐约从装有防护网的小窗口透进来。

在救济之家，患有性病的妓女聚集在“日间活动室”或光线不足且通风不良的工坊里，做缝纫或刺绣的活计。所谓的休息场所实际上是一个狭窄阴暗的内院，四周都是高墙，没有任何阳光。救济之家内设有一个礼拜堂，病人只能待在教堂的廊 183
台里。只能容纳 60 名病人的宿舍通常会塞进 100 名甚至 120 名病人。[①]

直到 1880 年，南锡医学院才在救济之家开设皮肤病和梅毒的临床部。在此之前，救济之家完全由省长负责，省长直接任命负责人。妓女的就诊条件非常差，包扎室的恶劣环境就是一个很好的佐证，[②]而包扎室是在册妓女每周接受检查的地方。

救济之家的妓女认为自己被禁闭在“砖头房”里，她们的反抗之举自然是情理之中。1904 年，妓女暴力破坏了救济之家的内院，警方不得不介入，多名妓女因此入狱。1914 年，斯皮尔曼教授在谈论救济之家的后期生存状况时写道：“各地都有躁动而暴力的妓女策划小型暴乱。政府派风化部警员逮捕反抗妓女，将她们收监或关进纪律室。”[③]1913 年，两名被关进纪律

---

① 据艾蒂安医生，1882—1885 年妓院内平均梅毒患者人数上升至 122 人（*Études sur la prostitution*, Nancy, 1901, p. 14）。

② Docteur L. Spillmann, *L'évolution de la lutte contre la syphilis*, p. 2-3.

③ 同上书，第 5 页。

室的妓女在一夜之间将室内全部砸坏，她们“砸了窗户，撕破床垫和毯子，用叉子划损了木制品，拆开墙壁的石膏，卸下窗
184 户”。[1]1914 年，妓女需要转移到新医院，政府部署了大量警力负责押送，这也不足为奇了。

南锡市妓女的就医情况看上去平平无奇，但体现了地方医院治疗性病女患者的普遍情况。1887 年，伯恩维尔教授在期刊《医学进步》上发表了关于治疗性病女患者的调查论文，揭露了现实残酷的一面，引起了极大争论。[2]

在圣艾蒂安市，主宫医院设有一个很小的性病治疗科；“一楼有一间铺着瓷砖的房间，来得晚的人就打地铺，房间朝着大雪堆积的监狱前院。”[3] 房间门关不严，室内和外面一样冷；桌子和长凳都跛了。那一年，愤怒的妓女患者用“疏通厕所管道的铁棒”[4] 打破了一扇门和一扇窗户。她们逃出后先是去了“拉特拉斯，最后到达里夫德比耶”。类似的逃跑事件频繁发生，尤其是在狂欢节和复活节期间。同年，里昂安提卡医院的妓女患者也进行了抗议，主要是抗议被剥夺了喝葡萄酒的权利以及一部分斋戒的权利；[5] 然而，她们没有逃跑，而是在大厅里打砸

---

① Docteur L. Spillmann, *L'évolution de la lutte contre la syphilis*, p. 5.

② Professeur Bourneville, «Quelques notes sur l'hospitalisation des vénériens de province», *Le Progrès médical*, 1887. 尽管这份资料在期刊中引发了反教权论战，但仍然说明了很多问题；关于这一方面，请参阅 1887 年 3 月《医疗省报》上的指控。

③ *Loire médicale*, 1887, n° 4, p. 103.

④ 同上。

⑤ *La Province médicale*, n° 13, 26 mars 1887, p. 208.

破坏，总共造成了近四百法郎的损失。

妓女患者策划暴乱成为一种传统。在1830年和1848年，[①] 185
巴黎圣拉扎尔诊所的患病妓女在民众的支持下发动过两次暴动。性病医院接二连三的暴动直到第一次世界大战前夕才得以平息。市政当局惧于公众舆论，不敢大力镇压，连最基本的人权措施都从未出台。

1887年，伯恩维尔教授在对法国东部地区的医院展开调查时描述道，在蒂耶里堡，为数不多的女性病患者在“年老色衰的妓女房间”里接受治疗；最初是想把她们安置在精神病院旁边的“小棚屋”里（这个细节很有意义）；“小棚屋”远离其他病区，位于修女称为“坟地”（尸检室）的上方。[②] 埃佩尔奈的主宫医院将女性病患者与其他患者隔离开。在巴尔勒杜克，治疗女性病患者的房间是医院屋顶正下方的阁楼，窗户“因为装了网眼很密的防护网”难以透光，门上装有锁和螺栓，“旁边是必不可少的地牢”。[③] 孚日圣迪耶的军用和民用医院将女性病患者隔离在上锁的防护栏内。埃佩尔奈的圣莫里斯医院采取非常严厉的隔离措施：医院内院的墙壁上安装了防护栏。女性
病患者连床都没有，只睡简易的床垫，还被频繁关进与厕所相 186
邻的牢房。贝尔福的民用医院分配了12个床位给女性病患者。

① M. Perrot, «1848, révolution et prisons», *Annales historiques de la Révolution française*, juill. -sept., 1977, p. 321.

② Docteur Bourneville, *art. cit.*, 1887, 1re partie, p. 431.

③ 同上。

伯恩维尔教授写道："家具損坏，没有水槽，没有注射设备，空气不足，装有防护栏和铁丝网，不一而足。"[1] 在戈瑞，病患住的房间相对干净，但窗户上了锁。法国东部地区的其他医院始终拒绝接收女性病患者。因此，肖蒙的患者被送往贝桑松，奥布河畔巴尔的患者被送往特鲁瓦医院，卢埃维尔的患者被警察送往南锡的救济之家。

这类情况不只出现在东部地区：1881 年，在布雷斯特，患病妓女仍然被锁在病房里，无法与外界交流。[2] 在迪南，患有性病或仅仅是患有阴道炎的妓女被当作囚犯对待，而不是当作病人治疗。第二帝国期间，沙托贡蒂耶医院的修女拒绝接收妓女患者。人们通常将患病女性关押在拉瓦尔监狱的收容所里进行治疗。[3] 在布洛涅市，则视情况而定：患有性病的"普通女性"和非在册妓女可以得到人性化的治疗。患有性病的"在册妓女"则被关进一个装了"防护网"[4] 的单独病房。

187 一位曾在奥尔良医院工作过的住院医生描述了奥尔良性病女患者病房的恶劣情况[5]：病房位于阁楼和屋顶层，房间里只有几张床、一条沿着墙的木板和几只跛脚的椅子；门被上了锁，患者每天只能去花园散步一小时。有时牢房也会派上用场；几

① Art. cité, 1887, 2$^{e}$ partie, p. 53.

② 分娩课程主任的报告（Enquête de 1902. Arch. dépt. Finistère, non classé）。

③ Docteur H. Homo, *op. cit*., p. 27.

④ 维亚托尔（Viator）医生致伯恩维尔（Bourneville）教授的信（*Progrès médical*, 1887, 2$^{e}$ partie, p. 52）。

⑤ *Le progrès médical*, 1887, 2$^{e}$ partie, p. 69.

年前，性病患者连葡萄酒都不准喝。奥尔良医院不仅接收妓女，每年还要接待百余名患者。1886年，里尔的圣索维尔医院设置了一间名为“梅毒妓女市政服务”的科室。1902年，帕托尔医生写道，“这个科室类似于监狱或监狱医务室”[①]；妓女处在极其严格的监管下，在康复前不得离开医院；[②]1882年，蒙彼利埃的女性病患者仍然被禁止喝葡萄酒。[③]1902年，兰斯的主治医师朗格勒借鉴新卖淫规制主义着手进行改良，在此之前，在册妓女都集中在爱尔维休特殊病区进行治疗，病区的“窗户装了防护网，双层门装了牢固的门锁”。朗格勒医生在写给医院管理员维特医生的公开信中说道，这里“没有访客，没有工作，没有书籍”，[④]其实就是牢房。维特医生则责备朗格勒在医院的公区里接诊性病女患者。1887年，在克莱蒙费朗，“强壮的看守人”负责看守性病女患者的科室。“那里没有院子，没 188
有走廊，没有室内散步场……床单上染上了那不勒斯软膏，月底才会换洗……比邻科室的房间是‘矫正室’”。[⑤]1904年，卡斯泰勒诺达里、圣康坦和朗格勒的市政法规仍然规定患病妓女必须待在监狱里接受治疗。[⑥]

患病妓女遭受严苛关押的例子数不胜数。即使废规运动爆

① Docteur Patoir, art. cité, p. 424.

② Docteur Reuss, *op. cit.*, p. 414.

③ Y. Guyot. *op. cit.*, Annexes, p. 488.

④ Docteur Langlet, art. cité, p. 154.

⑤ *Le Progrès médical*, 1887, 1re partie, p. 232.

⑥ Hennequin, rapport cité, p. 115.

发，即使新卖淫规制呼吁治疗人性化，政府在主流舆论的支持和部分医院的默许下，仍然对性病患者采用监禁和惩罚的治疗方式。当时流行的文学主题总将性病与死亡联系在一起，这也在一定程度上加强了当局的态度。

自19世纪80年代，大多数医疗机构人员开始意识到一种不平衡：一方面在册妓女的体检条件得到改进，另一方面许多地方对性病依然存在偏见。新卖淫规制运动试图修正这种失调，但并不成功。为了推动染病妓女的卫生检查工作，为了使公众认可对染病妓女采取的隔离措施，新卖淫规制倡导更加人性化的治疗。

诚然，仍有许多小城市对性病患者采取老旧的治疗方法，
189 但不容忽视的是，巴黎等几个大城市的卖淫规制跟上了时代的步伐。巴朗-杜夏特莱开启了一个时代，此后，各地风化警察和卫生部门之间的联系变得更加紧密，按监狱模式建立的专科医院和特殊科室不断增加——这些封闭式机构（如圣拉扎尔诊所）实施七月王朝卖淫规制主义者倡导的隔离制度。拥护制度的医生包括卫生站的医生（如让内尔、霍莫、加林、马蒂诺、孔门格）和负责治疗女性病患者的医生（如朱利安、巴泰勒米、布特、皮勒尔、科利乌），他们的作品无一不强调“监狱治疗法”的重要性。然而，这批拥护者在梅毒学研究领域的作用几乎为零。事实上，推动梅毒学研究工作的几乎全是治疗“普通”性病患者的医生（如里科尔、莫里亚克、富尼耶）。

“强制性医院”治疗水平低劣的根源是卖淫规制。规制规定负责体检的医生需要与负责道德管制的警察紧密联系，这就导致了被委任的医生专业能力不强的情况，这类医生总是倾向于将病人视为罪犯。久而久之，封闭的模式和严苛的规定削弱了治疗效果，阻碍了疾病的治愈；此外，医疗科学的发展也进一步证实“监狱治疗法”无法彻底治愈感染梅毒的妓女。严酷的治疗和关押反而会导致性病女患者隐瞒自己的疾病。废规主 190
义者便是用以上实例证明规制主义下卫生检查的失败。

## 4. 监狱

### 1）理论基础

卖淫与流浪和乞讨不同，不构成犯罪。《刑法》第 334 条只是把卖淫定成妨害风化罪[1]；因此，妓女既不能由普通警察法庭审判，也不能由初审法院审判。但是，当她们违反外省的市政法规或巴黎和里昂警察局的法规时，政府常常对她们处以罚款或实施惩戒性拘留。这些不怎么合法的举措[2]成为废规主义者指控卖淫规制的主要论据之一，也成为新卖淫规制者推广

① 其定义在 19 世纪发生了演变。

② 参见：Vivien, *Études administratives*, t. II, p. 216-219, Batbie, *Traité de droit public et administratif*. Faustin-Hélie, *Théorie du code pénal*, t. III, p. 104。

新条例的理由。废规主义者和新卖淫规制者都要求立法机构介入，将妓女纳入普通法的约束范畴。卖淫规制倡导者没有回避这场争论。1872—1882 年这十年间，废规主义和新卖淫规制对警察局的抨击日益增加，卖淫规制倡导者用一系列法律论据反击对手。下文将做简单回顾。

191 第三共和国社会革命政府期间，勒库尔主管警察局第一分部，他倾尽精力对付批评者。批评者主要指控立法机关的沉默。自旧制度以来，立法机关一直不加干预，以避免认可卖淫之嫌。第一共和国第四年雪月 17 日（公元 1796 年 1 月 7 日），督政府向五百人组成的理事会递交了勒贝尔公文，要求议事会立法，建议将卖淫定为一种罪行，建立专门的妓女诉讼程序，并对她们进行惩戒。议事会组建了包括迪布瓦-克朗塞和图尼埃在内的委员会，讨论立法程序的可行性，但委员会未能成功界定妓女，最终拒绝起草这种不符合司法形式的程序。第一共和国第五年芽月 7 日（公元 1797 年 3 月 27 日），班卡尔要求五百人理事会设立一个新的委员会，专管妓院、赌场和剧院。这个提议在众议院引起了轩然大波。杜莫拉德议员认为相关的警察管理条例已经存在，因此这类议题不值得提交到议会探讨，他要求继续实施警察条例，这个提议以绝大多数票获得通过。[1] 此后，议会再未就此问题立法；[2]1877 年 5 月 8 日，参议院在一项议程中

---

① *Le Monsieur*, n° 192, 12 germinal an V.

② 参见下文第 585 页及以下。

提出，“在这方面立法”是错误的，要慎之又慎。

《刑法》第484条规定，在《刑法》未管辖的所有事项上，法院和法庭应遵守相关的特殊条例。卖淫规制主义者认为这一条赋予了政府对卖淫问题的管理权。[①]巴黎的卖淫规制者援引 192
了旧制度的法令以证明现行做法的正当性，特别是1778年警察总监勒努瓦的法令以及1780年11月8日的第十四条法令。在整个19世纪，中央政府允许市长对卖淫进行监管。[②]1884年的市政法以及《刑法》第471条惩戒法令巩固了这一立场。

卖淫规制拥护者认为卖淫是街头生意，与维持公共场所的秩序和风化有关。因此，政府有义务对妓女进行监督。拥护者认为，[③]诉诸普通的司法程序是不切实际的，法院将被卖淫相关的案件所淹没，判决将迟迟无法下达，卫生领域的行动将受到严重阻碍。因此，政府可以充当司法机构的角色，不做宣判或定罪，而是施加惩罚。

19世纪，一些法学家试图证明政府干预卖淫的合法性。最高法院总检察长迪潘[④]于1859年写道：“卖淫是一种交易行为，

① 参见莱昂·雷诺（Léon Renault）于1872年3月28日在巴黎市议会的诉讼，1876年11月30日沃伊辛的诉讼，以及1879年4月28日诺丁在风化警察委员会的诉讼。这也是罗伊斯医生引用的作品中提出的论点。

② 参见1884年法律之前的通告（Beugnot, 1814; Argout, 1833; Delangle, 1859）。

③ 参见：docteur Reuss. *op. cit.*, p. 353。

④ 莱昂·雷诺于1872年3月28日采用的论点，以及C. J. 勒库尔在《巴黎卖淫业》中采用的论点（*La prostitution à Paris...*, p. 40）。

193 行使卖淫权利的人应当被置于法律赋予的警察酌处权之下。”[①] 警察对妓女实施监管，就像对军人实施处罚或对越境旅客实施搜查一样，不能算是侵犯个人自由。“这些措施是合法的，因为它们是必然结果”；[②] 这些措施“只是警察的手段”；而且，这些措施“是政府依法行使酌处权的结果，警方可在宪法的保障下自由行使这项权力”。[③]

还有一种理论认为，妓女去政府注册卖淫，就代表两者之间存在一种实际的契约，意味着当局惩戒妓女是合法行为。[④] 然而，《民法》并不承认这种契约，因为它违背了道德。

随着新卖淫规制主义的发展，拥护政府权力的一方强调有必要对卖淫进行卫生管控。他们认为，旅行者抵达港口时需要隔离，因此，当局也有必要拘禁性病女患者，并惩罚不去体检的妓女。在他们看来，卖淫是危害健康的行业，必须遵守卫生条例。一些卖淫规制提倡者甚至要求管制染病男性，因为按照
194 逻辑，嫖客也应该体检，男性病患者也应该被隔离。

政府的拥护者还引用了最高上诉法院法令来证明卖淫制度的合理性。[⑤] 然而，尽管有大量舆论声音，立法机构在卖淫问

① 由以下著作详细引用：Léo Taxil, *La prostitution contemporaine*, p. 397。

② 同上。

③ 同上。

④ 例如参见：Georges Martin, *Bulletin municipal de la ville de Paris*, 8 février 1883, compte rendu de la séance du 25 janvier。

⑤ 我们不打算细究这些文本，参考菲奥的《风化警察……》，此书中有一长串相关列举（*La police des mœurs...*, t. I, p. 59）。

题上始终保持沉默，这种沉默一直延续到20世纪。立法者发现自己陷入两难境地：要么依法认可妓女和卖淫的存在并施加控制；要么天真地认定性交易是违法行为，然而性行为的存在使卖淫不可避免。这种立法上的沉默为政府的管控留下了空间。即使没有立法支撑，卖淫规制仍赋予警察关押妓女的权力。

### 2）追捕和打压妓女

巴黎风化科属于警察总局第一分局第二办公室。1881年之前，负责作风问题的65名警员统称为风化检查员，他们组建了一个风化特别行动组。1881年，一次反对警察局的运动导
致[①]警察局长安德修解散了这个小组，[②]组内警员被调到安全部； 195
废规主义者认为这次改组意义不大：表面看起来警察局解散了风化组，实际上是赋予安全部警员和寄宿旅馆检查员干涉风化问题的权力，加强了卖淫监管。

为了管控妓女，巴黎警察先后实施了1843年11月16日颁布的卖淫规制条例和1878年10月15日颁布的条例，两个条例大同小异。[③]根据规定，警察必须每天检查妓院，确保妓院良好的秩序，确保老鸨没有接待高中生、未满18岁的未成

---

① 参见下文第415页及以下。

② 遵照1881年3月9日的法令。

③ 以及1883年10月25日关于驻派警察的法令第10条。

年人和穿制服的军人，确保妓女外出时打扮得体，确保她们遵守规定的作息表。妓女体检时，警察需要陪同负责检查的医生。废规主义者指责检查员和警察没有一视同仁，故意放过一等妓院，而且，如果有的妓院老鸨足够圆滑世故，妓女足够殷勤顺从，他们就对妓院造成的混乱视而不见。

警察的重点监控对象是站街女，主要监督她们是否遵守1842年9月1日颁布的规定。警察要确保站街女定时体检，外出时不做招摇的发型，不在公路上搔首弄姿，不集体揽客，没有醉酒，遵守禁令规定的活动范围和时间，并且没有搭上皮条
196 客。警察还要确保站街女不会几个人合住在寄宿旅馆的同一个房间里。一旦警察要求她们离开或要逮捕她们时，她们不得有任何反抗。

针对站街女的禁令数不胜数，一些合理的私下揽客行为很容易被认定为在公共道路搔首弄姿，以至站街女被禁止出入的区域范围非常广泛。这些可怜的卖淫者不得不服从警察的滥用执法权行为。为了逃避警察大量且随意的逮捕，站街女不得不选择“失踪”。

风化组检查员和安全服务处警员先后组织了多次行动，追铺失踪妓女和暗娼，主要范围包括林荫大道（圣德尼大道、泊松涅尔大道）、外部大道①和妓女经常光顾的舞厅门口，有时，

---

① Guyot, *op. cit.*, p. 131.

巴黎警察也会在酒店里发动逮捕行动。左拉在《娜娜》中关于混乱逮捕行动的几页描述广为人知。这些行动使妓女感到恐慌，激起了舆论的谴责。卡梅卡萨斯将这些逮捕行动称作“净化行动”。即使是在光天化日之下进行，即使警察局表示会注意分寸，这些行动总会有严重的失误，激起废规主义者的愤慨。[①]然而必须指出的是，警察通常是应当地居民，尤其是应当地商人的要求组织逮捕行动。

在外省，各地警方管控妓女的力度有所不同，但组织形式 197
大同小异。里昂和郊区市镇[②]的风化科与巴黎一样，都是由省秘书长负责。1878 年中央市政厅重建，这种上下级结构也没有发生改变。其他大城市，如布雷斯特[③]、波尔多和马赛的风化科则是由中央特派员负责，在这些城市，风化警察组建了市政警察特勤。[④]警员的工作内容都差不多：他们的首要工作是监督妓女体检中发生的违规行为。

在巴黎，每个在册妓女平均每年都要被逮捕或拘留多次。在册妓女将圣拉扎尔的监狱和拘留所称为她们的“战场”[⑤]，将那里看作日常活动场所的一部分。古约特估计，1880 年，每名妓女平均被逮捕过两次。[⑥]事实上，有些妓女享有行政保护特

---

① 参见下文第 411 页及以下。
② Docteur Reuss. *op. cit.*, p. 418.
③ 同上书，第 407 页。
④ Docteur H. Mireur, *La prostitution à Marseille*, chapitre III.
⑤ Docteur Reuss, *op. cit.*, p. 377.
⑥ *Op. cit.*, p. 145.

权，从不担心被捕，其他人则隔三岔五被捕，每天唯一令其烦扰的就是逃避警察。不言而喻，站街女遭受到的惩罚要比公娼多得多。

第 165 页的图表清楚地显示出打击妓女的局势与政治局势密切相关。1856—1871 年，在帝国时期和国防政府期间，被逮捕的妓女数量相对稳定，平均每年六千到七千人。1872—
198 1877 年，镇压强度加剧。在勒库尔的指导下，警察局第一分局按照梯也尔及其继任者的策略，对工人运动[①]和各种形式的犯罪实施严密的监督。巴黎公社失败后的第一周起，镇压行动加剧。1871 年 6 月 3 日到 1872 年 1 月 1 日，警方逮捕了 6007 名妓女（3072 名在册妓女和 2935 名册外妓女），这个数字比 1860—1870 年的平均数高了两倍。一方面，警察大量抓捕妓女，另一方面，当局给予妓院倾斜性宽容政策，两种方法齐头并进，成功阻止了巴黎妓院的数量在未来几年内下降。[②]

共和国的胜利，废规运动的兴起，个人自由的呼吁，反警察局运动，勒库尔、吉戈特和内政部长马赫赛尔的先后辞职，安德里厄任内政部长，这些都导致被逮捕和被惩罚的妓女人数大幅减少。[③]这种相对温和的局势自 1881 年持续到 1884 年。

① 参见：M. Perrot, *Les ouvriers en grève*, t. I, p. 182。

② 参见下文第 211 页。在时间顺序上与整个国家的保守派和天主教徒的反攻相一致的运动。

③ 我们可以发现对工人的镇压情况的减少；参见：M. Perrot, *op. cit.*, t. I, p. 182。

但是从 1885 年开始，在卡梅斯卡塞和格拉格农的领导下，警局对妓女的镇压再次加剧，马瑟指出，针对偏僻地区贫穷妓女的压制尤其强烈。[1] 镇压加剧的原因有三个：废规运动江河日下、新卖淫规制主义兴起、性病引起大范围恐慌。除了警方，司法层面对卖淫的打击也越发强烈。各种偏离正道的行为都遭 199
受日渐严密的管制，妓女成为首当其冲的受害者。

在某些外省城镇，镇压同样严厉，例如 1881 年 1 月 1 日至 8 月 1 日期间，兰斯一共有 753 份警察鉴定报告控告在册妓女有罪，原因包括：不按时体检、晚十点后外出、频繁出入某些禁止区域或在皮条客陪同下散步。[2]1883 年 11 月 1 日至 1884 年 11 月 1 日，里尔的警察简易法庭根据风化警察的起诉，对妓女实行过 2744 次判决；一旦被定罪，妓女最少要承受 13000 法郎罚款，4830 天监禁，以及每人 3000 天人身自由限制。[3]

1902 年，一份调查报告披露了巨大的镇压规模。在这之后，人们开始深刻反省镇压管制的合理性。报告显示：自 1876 年以来，马赛市对在册妓女的定罪判决有 143 起，其中 100 起因“私下揽客”，30 起因侮辱警察，13 起因偷窃。发给妓女的违警通知书共计 22256 份：19541 人（88%）因未参加体检，1714 人（7%）因在公共道路揽客，494 人（2.2%）因出入咖

① *Op. cit.*, p. 295.

② Y. Guyot, *op. cit.*, Annexes, p. 491.

③ Rapport du commissaire central, 1884. Arch. dépt. du Nord, M 201.

啡馆，420 人（1.8%）因在门口或窗边揽客，66 人（0.3%）因
200 在公共场所卖淫，21 人（0.1%）因违反妓院内部规定。[①]警察简易法庭依据这些违警通知对妓女提出诉讼，并判处 1—5 法郎的罚金，再犯会判处一天监禁，这一天的监禁不包括长达 48—72 小时的行政拘留。在调查前的五年内，共有 21943 名在册妓女曾被市政拘留所拘留过。[②]

土伦的管控同样严厉。1897—1901 年，针对在册妓女的违章通知书共计 14322 份，820 份针对公娼，13502 份针对私娼，其中 5266 人被判入狱。此外，还有 163 起案件控诉妓女抢劫、殴打、伤人、妨害风化、侮辱警察、使用伪造文书、酗酒和非法入侵。与此同时，针对老鸨的违警通知书共计 556 份，其中有 241 人被判入狱；最后，针对老鸨提出的法律诉讼共计 51 起。[③]

我们很难得知外省城镇的管控情况是否与巴黎相同。[④]不过，在巴黎公社运动之后，一些地区的镇压明显加强。许多市
201 政都在 1872 年新增了卖淫规制条例。[⑤]这一年，马赛市长吉诺特加大了打击力度；他想让妓女重回妓院，鉴于很多妓院已

---

① Arch. dépt. Bouches-du-Rhône, M 6 4817A.

② 然而，讨论 21943 名妓女是不恰当的，因为许多妓女已经被拘留数次。

③ Arch. dépt. Var, 8 M 52.

④ 只有对保存在档案部 Y 系列入狱登记名单进行系统分析能够进行区分。

⑤ L. Fiaux, *La police des mœurs*, t. II, p. 217（奥夫弗雷特先生对议会外委员会的说明）.

经倒闭，他计划增加妓院数量，以阻止妓院的衰落。他还要求在马赛设立“特殊妓院，囊括监狱、工作间以及医院的功能”。[①]1875年，中央特派员迪泽采纳并实施了吉诺特的提议。迪泽还建议给妓女设立“道德感化监狱系统”。[②]所有这些尝试貌似取得了成功，至少是短暂的成功。[③]

### 3）挤满了妓女的监狱

在巴黎，夜间被捕的在册妓女和被抓现行的册外妓女都会被带到附近的拘留所过夜，第二天才被带到警察局的拘留所。如果在白天被捕，她们会直接被带到大钟滨河路的警察局。被捕妓女在警察局的拘留所[④]里等待接受风化科副主任的审问，
在此之前，她们与被判处少于四天监禁的妓女关在一起。册外 202
妓女被关押在单间牢房。每天有150—200名在册妓女在一名修女的监督下挤在一个大厅里。[⑤]她们不能洗漱，但皮条客可以把她们脱掉的裙子带回家，以免弄皱，[⑥]还可以给她们带去内衣、紧身衣和睡裙。晚上人们会给妓女分发床垫，她们“一个

① Arch. dépt. Bouches-du-Rhône, M 6 1747.

② Arch. dépt. Bouches-du-Rhône, M 6 3336.

③ 参见上文第60页。中央特派员于1877年强调了妓女在自己老窝中被监禁的进展（Arch. dépt. Bouches-du-Rhône, M 6 4816）。

④ 有关拘留所的准确描述可参见：docteur Reuss, *op. cit.*, p. 374; Yves Guyot, *op. cit.*, p. 136 *sq.*; Cte d'Haussonville, art. cité, p. 900 *sq.*。

⑤ 参见：rapport Guyot, au conseil municipal, 19 octobre 1880。

⑥ Coffignon, *op. cit.*, p. 246.

挨一个挤在角落里睡觉”。[1]

马赛的拘留所很潮湿，50 平米大，装有防护门，通过两扇铁窗采光；换气系统是近几年才有的，1876 年才首次使用换气系统。[2] 角落有一个“小厕所间”，对面有一个洗脸盆，洗脸盆旁边有个用来挂衣服的长架子，妓女体检之前可以在那里洗漱。15—20 名妓女挤在一个小房间里，派发的食物只有面包和水，不过，妓女可以委托皮条客去她们的住处拿衣服、棉被或食物。

与巴黎的拘留所一样，妓女在马赛的拘留所里也不遵守任何规矩，她们大笑，大叫，打牌，[3] 分享口粮，在墙上画淫秽
203 涂鸦，或搞同性恋。[4] 这种无管控的混乱状态完全与监狱管理的设想背道而驰，令奥森维尔伯爵和米瑞医生感到震惊。作为卖淫规制主义的拥护者，米瑞医生反对取消针对妓女的行政拘留，支持强制妓女劳作且保持安静，他的观念就是后来的奥本体系。

1902 年以前，土伦拘留所与上文描述的马赛拘留所非常相似。不同的是，被关押的妓女与外界完全隔绝。“拘留所中午给一份汤，晚上给一份蔬菜和面包，水可以任意饮用。”[5] 房间

---

① Cte d’Haussonville, «*Le combat contre le vice*», p. 809.

② 据迪泽专员（Arch. dépt. Bouches-du-Rhône, M 6 3336）。

③ Coffignon, *op. cit.*, p. 248.

④ Docteur H. Mireur, *La prostitution à Marseille*, p. 204 *sq*.

⑤ Rapport du commissaire central, 24 mars 1902.

每二十四小时通风一次。拘留所不得提供葡萄酒、烟草以及任何含酒精的饮料。

巴黎与马赛一样，直到 1878 年前，只有审讯专员才有权
判处在册妓女刑罚。[①] 随着吉戈特条例的出台，妓女有权就处
决结果向委员会提出上诉，该委员会是在卖淫规制框架下设立
的专业委员会，上文已经讲过该委员会在妓女注册时所起的作
用。委员会审讯专员负责审核判决结果，之后递交警察局第
一司司长核准，最后才交由警察官实施。说实话，向委员会上
诉这种渠道仅在理论上可行，大多数情况下，委员只会认可或
加重专员最初提出的判决。1880—1886 年，委员会维持原判
114 次，加重判决 4 次，只有 48 次减轻判决。[②]1903 年，第二 204
分局局长格雷库尔就此问题写道："妓女从不申述，因为她们
知道反正判决总会通过，而且她们也清楚并不是每次有罪都会
被罚。"[③]

在巴黎，对妓女的拘禁时长理论上不得超过 15 天，通常是 6—8 天。但是，拒捕或辱警的在册妓女可能会被拘留 1—3 个月。此外，如果被拘的妓女生病了，去医院治疗的时间也包含在刑期内。

在外省，通常由市长根据中央特派员的建议判处被捕妓女

---

① 马克西姆·杜·坎普（*op. cit.*, p. 439 *sq.*）对审判妓女的描述令人惊讶。

② Docteur Reuss, *op. cit.*, p. 373.

③ 转引自：L. Fiaux。

的行政拘留期。有时候，比如1902年在里尔和马赛，警察简易法庭会参与审判妓女，司法机关也会参与判决，尽管这是违反法规的。

在巴黎，被判拘留四天以上的妓女均被送往圣拉扎尔监狱第二分所，这是一个专门关押妓女的地方。在监狱里，妓女需履行与普通犯人相同的义务，但与普通犯人是严格分开的；这些妓女与未成年人的待遇类似，后者被关押于特殊制度管理下的第三分所，也与普通犯人分开。受罚妓女的牢房从来没有供
205 暖，[①] 每日两餐，分别在上午8点45和下午3点，每天发放两次700克的面包和一碗蔬菜粥，[②] 每周派发一块牛肉；饮料只有水和监狱特制的可可饮品。[③] 与普通囚犯不同，她们不能住单人牢房。

在册妓女在拘留期间需佩戴黑色软帽，但如果刑期不超过一个月，则不强制要求穿黑蓝色条纹的羊毛连衣裙囚服。妓女在关押期间每周只有一件换洗衣衫，生理期也一样。她们每天要去潮湿的车间工作11个小时，手工缝制厚重的帆布袋。修女在旁边一边监工，一边读一些道德教化的书籍和小说。犯事妓女和染病妓女一样，通信受到监控，只能在装了铁窗的会客室与访客交谈。

---

① E. Richard, *op. cit.*, p. 135 et L. Fiaux, rapport cité, p. 389 *sq*.

② Docteur Reuss, *op. cit.*, p. 376.

③ 的确，她们可以用一半的收入，每天在餐厅喝两次饮料，或是咖啡，或是牛奶，或是酒（同上）。

玛丽·约瑟夫教会组织的修女对待妓女要比对待其他女犯人更加严厉。[①] 妓女不得进入正规会客室，[②] 不得接受外面送来的衣服或食物。1875 年颁布的卖淫规制条例废除了妓院老鸨给妓女送衣服和食物的旧习。[③] 被罚妓女在休息时间禁止自行找 206
活赚钱。如果妓女对修女不服从、无礼或拒绝工作，将因违纪受到惩罚：轻则禁止进入食堂或会客室，重则“关进禁闭室，只能吃干面包，穿紧身衣”。[④] 这就是为什么被捕妓女常常以小偷小摸的行径认罪，因为这样就可以和小偷关在一起。[⑤]

1874 年，约瑟芬·巴特勒（Joséphine Butler）来访圣拉扎尔监狱，1878 年，塞纳省议员也来到圣拉扎尔访问。从此，监狱系统展开了针对圣拉扎尔的一系列辩论。废规主义者发起了反圣拉扎尔的激烈运动，并强烈谴责玛丽·约瑟夫教会的修女。废规主义者的努力推进了 1887—1890 年 [⑥] 的小幅度改革。1887 年，内政部正式收管圣拉扎尔监狱。

上文提到外省城镇也广泛施行针对妓女的行政拘留。1887 年，鲁昂监禁的妓女太多，监狱里的牢房都住不下了。1884—1886 年三年间，该市有 185—290 名在册妓女。而监狱管理局

---

① Y. 古约特和 E. 瑞秋看法相同。参见：Y. Guyot et E. Richard, *op. cit*。

② E. Richard, *op. cit.*, p. 136.

③ Maxime Du Camp, *op. cit.*, p. 444.

④ 1875 年卖淫规制。

⑤ E. Richard, *op. cit.*, p. 137. E. 理查德的灵感来源于卡罗琳·德·巴劳 1886 年在伦敦举行的废规运动大会所做的报告。

⑥ 关于 20 世纪圣拉扎尔监狱问题，参见下文第 601 页。

的记录显示，波恩-诺维尔监狱有4037起妓女案件，关押总天数达到36853天，这还不包括因未支付法院费用或罚款而判处的8572天强制监禁。同一时期，鲁昂在册妓女的被罚金额高
207 达73775法郎，但妓女的支付总额仅达819法郎，她们宁愿被监禁，也不愿支付罚款。[①]

在里昂，若妓女的刑罚期在3—21天之内，她们就会被关在圣保罗惩教改所。[②]马赛1878年颁布的卖淫规制条例规定，受罚妓女应关进拘留所或普雷桑提女子监狱。1904年，[③]新卖淫规制主义兴起，但仍有96项市政条例规定逮捕未体检妓女，其中27项条例没有明确拘留时限。有43座城市使用拘留所或审讯室关押妓女，8座城市使用市政监狱，11座城市使用守卫处，7座城市使用关押室。因此，在69个地区，行政拘留、刑事关押和控诉关押之间存在混淆。只有15个城市取消了对妓女的监禁刑罚，被罚妓女将被送往收容所、医院、卫生站、治疗中心或庇护所。

*

卖淫规制主义是社会发展的产物。当时整个社会的趋势就是排斥、边缘化和监禁所有不合常规的人群以及控制非法主义扩散。人们之所以将妓女和乞丐或流浪汉区别对待，是因为卖

---

① 1887年2月18日省长报告（Arch. dépt. Seine-Inférieure, 4 M P 4565）。

② Docteur Reuss, *op. cit.*, p. 419.

③ Hennequin, rapport cité, p. 123.

淫业具有社会功能，妓院的建立是有必要的。显然，卖淫规制
的产生源于统治阶级对工人阶级威胁的焦虑，这种威胁包括人 208
身威胁和道德威胁。卖淫规制在理论上具有普适性，然而实际
上只有平民受到了严格控制。

卖淫规制主义很快走向国际。19世纪上半叶，巴黎首先发起卖淫规制运动，当时卖淫规制被其他国家称为“法式制度”，随后，越来越多的国家开始效仿这一制度。1876年，废规运动在法国爆发，卖淫规制在其他国家依旧坚挺，并未受到严重质疑。巴黎公社运动失败后，巴黎和马赛的卖淫规制空前加强。军队、警察以及大部分医学界人士对卖淫规制表示热烈拥护。随着玛德琳教派的兴起，教会对卖淫规制也表示接受。督政府时期以来，立法机构一直默许卖淫规制。

卖淫规制最终走向了失败，这已是不争的事实。第二帝国时期的作家卡利尔整理了关于卖淫规制失败的佐证。此外，1870—1880年的大量文学作品也隐射了法国社会对暗娼扩散的焦虑与恐慌。卖淫规制最忠实的捍卫者也不得不承认卖淫规制运动正在走向失败。在旧卖淫规制走向末路的同时，大量有关梅毒的文学作品却反映了实施新卖淫规制的必要性。新卖淫规制的兴起也为警察镇压妓女提供了终极理由。

在第一部分中，我们强调了卖淫规制的逻辑，并跟踪研究了在卖淫规制实行期间被封闭管理的在册妓女。在接下来的第二部分，我们将追溯规制失败的原因和存在的争议。

# 第二部分

# 从人身监禁到行为监督

# 第一章　卖淫规制工程的失败 211
# 以及人们对被诱惑的渴望

## 1. 妓院的衰落

### 1）数量衰减

七月王朝初期，巴黎妓院的数量达到顶峰，随后逐年减少。从 1856 年起，公娼数量随之减少。下降趋势在第二帝国第二个十年间有所放缓，于 1881 年再次加速，这对塞纳河省的妓院造成严重影响。很多大城市的妓院数量从 1856 年开始减少，1877—1878 年以及 1885 年后开始迅速减少。马赛、里昂、波尔多和南特的妓院数量减少尤其明显（见边码第 213 页图表）[①]。1876 年里昂有 23 家妓院，1888 年仅有 6 家。[②] 在勒阿 212

① 图表的绘制参考了菲奥的两部著作尤其是第二部：*Les maisons de tolérance...*, p. 343 *sq.*; *La. police des mœurs*, t. II, p. 907-908。作者撰写的报告使用了亨内金汇编的文件。

② 帕托尔医生在文章中强调了妓院的衰减（1902, p. 379）；但他指出，妓院数量的减少伴随着留存妓院之间人员的快速流动；里尔的妓院中“每年会来往 200—220 名妓女”。

弗尔，妓院的数量从1870年的34家减少到1890年的12家。早在1874年，布雷斯特副省长就指出妓院数量正在减少。[①]妓院数量在减少，与此同时，城市聚集区的人口反而在增加。妓院危机最先在法国大城市爆发，发展迅猛，最终遍及全欧洲乃至全世界。[②]

但是，除了九个主要城市，[③]全国其他地区并没有出现妓院和妓女数量减少的现象。中型城市的妓院总数较晚才开始减少。1876—1886年，中型城市妓院数量仅从731所减少至717所，几乎可以忽略不计。1886—1901年，中型城市妓院数量的减少幅度也不大。20世纪初，中型城市中仍有632家妓院在运营。表9显示了作为样本的五个省份中妓院数量演变的两个特点：妓院数量总体在下降，但地区差异较大。

从第二帝国开始，[④]专家一直在研究妓院衰退的原因，但始终没有发现关键原因。奥斯曼城市改造计划摧毁了许多大城市"热门"地区的老旧妓院，西岱岛和卢浮宫附近的妓院也遭到根除。城市的急剧扩张使传统的妓院不再符合郊区顾客的需求。顾客需求的分散导致红灯区失灵。为了适应新的客户热点分布，更多的卖淫场所应运而生，这些场所通常是寄宿旅馆或

① Rapport au préfet. Arch. dépt. Finistère. Série M (non classé).

② 例如，它影响了比利时和俄罗斯帝国的大城市。

③ 即里昂、波尔多、鲁昂、图卢兹、雷恩、亚眠、利摩日、第戎和布尔日。

④ 参见：Carlier, *op. cit.*, p. 146 *sq.*。

**妓院数量减少趋势图** 213

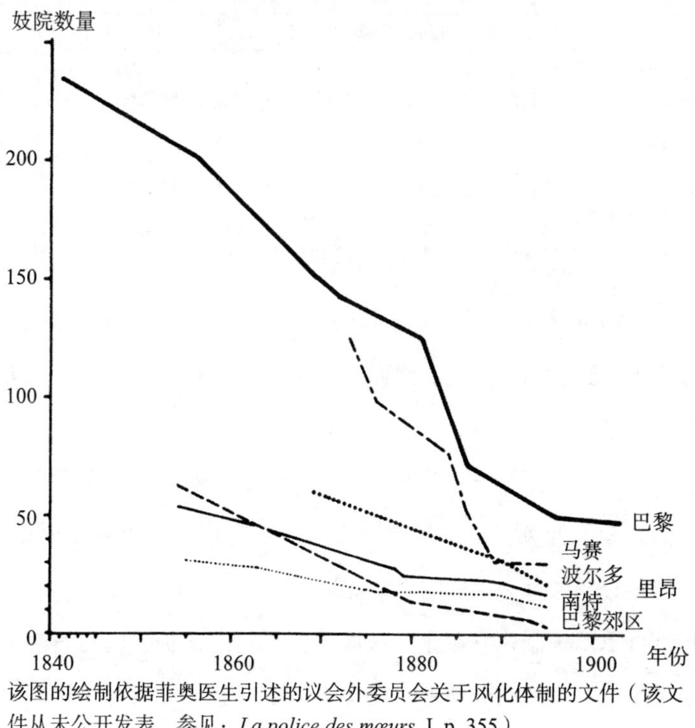


该图的绘制依据菲奥医生引述的议会外委员会关于风化体制的文件（该文件从未公开发表，参见：*La police des mœurs*, I, p. 355）。

暗娼馆。

一些经济因素也对妓院不利。第二帝国时期，妓院价格飙升以及楼栋业主要求的不断增加都提高了购买妓院资产的风险。中小型妓院陆续倒闭。开一家暗娼馆或把妓院改装成一家寄宿酒店的风险要小得多，并且不需要那么大的投资。此外，管理一家向私娼开放的寄宿酒店的账目要比管理一家妓院的账目简单得多。

214 **表 9　作为样本的五省妓院数量的演变** [1]

| | 1856 年 | 1866 年 | 1876 年 | 1886 年 | 1896 年 | 1901 年 |
|---|---|---|---|---|---|---|
| 菲尼斯太尔 | 14 | 17 | 15 | 20 | 21 | 12 |
| 塞纳-瓦兹 | 18 | 21 | 21 | 19 | 17 | 13 |
| 下查伦特 | 12 | 15 | 17 | 18 | 20 | 19 |
| 埃罗 | 27 | 33 | 39 | 43 | 20 | 9 |
| 默尔特-摩泽尔 | 18 | 14 | 16 | 18 | 20 | 19 |
| 总计 | **89** | **100** | **108** | **118** | **98** | **72** |

1880 年之前，无论是“快餐”妓院、幽会馆还是夜总会，
215 都从未遇到过招聘问题。然而，1880 年后，妓院老鸨在招人方面开始遇到一些困难。[2] 她们不得不频繁求助于不断抬高“货物（妓女）”价格的皮条客。妓院老鸨缺人催生了贩卖女性人口的现象。此外，由于妓院缺人，妓女有机会提出更多要求，老鸨很难能像过去一样完全掌控她们。

自卖淫规制建立以来，妓院得到了行政保护，巴黎妓院还受到警察总局的周到照顾。1876 年起，市议会激进分子不断攻击警察总局，后者很难再像过去那样公开支持妓院。警察总局担心丑闻和媒体炒作，批准开设妓院时格外小心谨慎。一些外省市政（尽管数量很少）也不愿颁发新的开设许可。萨林、蓬塔尔利耶、库尔布瓦和亚眠的市政府甚至暂时或完全禁止市内

---

① 表格使用了 1902 年调查提供的数据。但是请注意，有关布雷斯特和蒙彼利埃的情况与 1879 年的调查或菲奥医生的陈述不一致。或许是妓院的定义含糊不清导致了这些差异。

② H. Hayem, art. cité, p. 260-261.

开设妓院。简而言之，影响妓院开设的因素包括反巴黎警察专制的运动、公众对人权敏感性的提升、对城市尊严的关注与发展，以及反马尔萨斯思潮的兴起。

以上种种都是间接原因。妓院衰退的根本原因是性需求的 216
改变。[①]妓院倒闭是因为大部分顾客流失。在大城市，特别是在巴黎，大批移民已部分融入当地社会，受小资产阶级价值观和行为方式的影响，移民对待性的态度也发生了变化。在他们眼中，妓院只是满足生理需求的“精液下水道”，不再具有吸引力。另一方面，越来越多的顾客渴望被诱惑。暗娼对平民阶层和小资产阶级的诱惑力日益增强，裸露、华丽又俗气的公娼馆则令他们生厌。暗娼和新兴卖淫行为[②]威胁着各个级别的妓院。外省议员埃里亚特·埃切帕里并没有夸大其词：“外省妓院正在自行消亡：与小酒馆店员、女仆和佣人关系紧密的游商是妓院最后的客人，而这些人也不再去了。”[③]

公众舆论越来越不认可对妓女实施隔离和拘禁。毋庸置疑，女权主义的发展影响了舆论的走向。在崇尚勤劳致富的社
会，[④]人们对拉皮条的包容度越来越低，风化科收到无数针对皮 217
条客的投诉。[⑤]越来越多的房东请愿，认为妓院会导致所处楼

---

① 参见下文第 358 页及以下。

② 参见下文第 311 页及以下。

③ 转引自：L. Fiaux, *La police des mœurs*..., t. II, p. 213。

④ 参见菲奥医生在这方面做的思考：L. Fiaux, *La prostitution cloîtrée*, p. 86。

⑤ 参见：Arch. préfect. de police. B A 1689 和 Arch. dépt. Bouchesdu-Rhône, M 6 6574。

栋的房屋贬值。卡利尔写道，第二帝国末期，妓院周围空无一人。而在复辟时期，妓院受到周围许多小商人的青睐，周边商贩依靠妓院吸引人群、赚钱发财。[①]社区居民和商家对妓院态度的转变反映了公众不再支持妓院。

1880 年 7 月 17 日投票通过的法案加快了妓院的衰落。该法案允许酒精零售的自由贸易，这使酒吧的拉皮条业务迅速增加。许多酒商[②]在后院设了小黑屋，暗娼（有些是酒馆服务员，有些不是）可以在里面卖淫。有时，妓女会独自或合伙开一家小酒馆以招徕客户。

19 世纪末，接待普通百姓或小资产阶级的妓院已经无处立足，至少在巴黎是这样。妓院若不想倒闭，只能变得更专业或进行改造。莱昂-约瑟夫·马尔布拉克是位于拉沙佩勒大街 106 号一所妓院的龟头，1893 年，他向警察局写信反映郊区妓院的困难。他写道：“我在各个方面受到暗娼的侵害，可以说，这里
218 除了我以外，人人都在卖淫。街头妓女一直在我门前揽客，从早到晚都不停歇……所有人，不管来自外省还是国外，在进入妓院前都会被骚扰、拉扯、恳求上百次，她们跟客人说不要去那里，那里太贵了，会有人偷你东西，会打你，这一类的话。”[③]据他说，位于 104 号的旅馆招募了 15—20 名妓女，还不算在

---

① *Op. cit.*, p. 147. 我们在国家档案馆编号为 F 7 9304-5 的文件中发现了关于这一方面的有价值的资料。

② 参见下文第 269 页及以下。

③ Arch. préfect. de police. B A 1689.

一楼酒馆后屋卖淫的妓女，皮条客常常进出那里。114—116 号的旅馆也是卖淫场所。简言之，“她们就是长期驻扎在果园前面的四季商人”。[①] 最后，妓院龟头请求州长组织一次听证会，让他有机会讲述经营的困难。他在信中用朴素的语言复述了卖淫规制的重要性：“我们中的很多人是家庭中的好父亲、诚实的商人、勤勤恳恳的纳税人，如果能稍微得到一点支持，我们就会为警察、道德和良好风化提供真正的帮助。近十年来，我不幸地把积蓄全部花在了这份事业上，我用无私和勇气捍卫着它，我学习了真正的道德风化，我认为，警局的领导应该接见我和众位诚实、有道德感的同行，听听我们对改革卖淫规制的看法。”[②]

这种不满并不是个例。1876 年 4 月 26 日，马赛各妓院老
鸨以公共道德的名义签署了一份请愿书，反对私娼和暗娼拉 219
客。[③]1903 年，圣尼科拉德波尔一家妓院的龟头处境特别困难，他的妓院陷入危机，但他无法对妓院进行改造，因为妓院是按照政府“当时的要求设计的”。[④] 按照要求，妓院不得在朝向公路的一侧安装大门，妓院内部的布局也有特定的要求。1881 年，他的妓院开张，从此每年都会定期向慈善机构支付两百法郎，再加上执照费[⑤]，赚来的钱还不够生活。[⑥] 他再三抱怨妓女

① Arch. préfect. de police. B A 1689.

② 同上。

③ Arch. dépt. Bouches-du-Rhône, M 6 3336.

④ Arch. dépt. Meurthe-et-Moselle, 4 M 135.

⑤ 这是不合法的。

⑥ Arch. dépt. Meurthe-et-Moselle, 4 M 135.

陆续离开他的妓院去做咖啡馆服务员或暗娼。他呼吁警方对这种现象进行“严厉”镇压，并要求将企图离开妓院的妓女驱逐出市。此外，妓院经营者还批评体检过于严苛。南锡的经营者曾联名向省长请愿，指控维涅龙医生毁了妓院的生意。[①]

妓院遭遇了危机，但依然有新妓院开张，尤其是在南方。不过这些妓院大多经营困难，妓院衰落的趋势不可逆转。1901
220 年，在拉塞恩开业的一家妓院可谓是最典型的失败案例。这家妓院开在城外，位于“通风区”[②]，是按照最现代的卫生法规建造的；里面的妓女都受过教育；妓院内部规章也确保了妓女的“福利”[③]得到保障；卫生监管部门也没有发现任何疾病案例。但这所具备所有优势的妓院仍然经营不善。这个例子证明，理想妓院只是乌托邦。[④]

### 2）从封闭型妓院到开放型妓院

一些妓院老鸨懂得如何顺应新的趋势，她们将部分妓院转变为“快餐”妓院或幽会馆。公娼馆的相对开放已不再是秘密，它标志着卖淫规制的最终失败。嫖客送妓女礼物的行为越来越普遍；[⑤]许多妓院的妓女在经济上比老鸨更独立，她们还

① Arch. dépt. Meurthe-et-Moselle, 4 M 134.

② Arch. dépt. Var, 8 M 52.

③ 同上。

④ 许多作品确保了这种乌托邦的持久性，特别是以下作品：Cdt Charles Richard, *La prostitution devant le philosophe*, 1881。

⑤ Regnault, «De l’évolution de la prostitution», *La France médicale*, 1892, p. 565.

能轻易进出妓院。至少在巴黎，给妓院窗户上锁的做法逐渐被废除。

以小资产阶级为主要客户群的妓院老鸨希望招募到更多的“寄宿妓女”，也就是可以自由进出的妓女，她们的生活费用由顾客承担，妓女只需向老鸨支付一些房租就可以。公娼馆打破 221
原本的封闭体系，成为“快餐”妓院。为了拉回不满的顾客，巴黎老鸨会将妓女送到外面大街上或夜总门口拉客，[①]甚至会将妓女出租给妓院外的“淫乱聚会”。萨林斯的妓院老鸨会让妓女陪同小资产阶级顾客参加“裸体舞会”，[②]有时甚至让她们去陪午后聚会的中学生。圣尼科拉德波尔一所妓院的龟头为了维持生意，也会把妓女送去城里“陪宿”。[③]

一旦知道嫖客有新的欲望，老鸨就会使用各种伎俩吸引他们。因此，一些公娼馆越来越像暗娼馆，为了制造气氛，妓院还要求客户假装偷偷摸摸地进馆。[④]菲奥医生提道，有些妓院甚至会伪装成时装店，老鸨会让妓女装扮成学徒工给客人提供服务，而这些自称是未成年少女的女学徒实际上都是在警察总部登记过的职业妓女。

渐渐地，封闭型妓院变成了一种官方允许的幽会馆。妓院老鸨除了做传统的本职工作外，还安排客人与附近的女工幽

① 保罗·迪布瓦在巴黎市议会成立的委员会面前的证言。

② A. Champon, art. cité.

③ Arch. dépt. Meurthe-et-Moselle, 4 M 135.

④ L. Fiaux, *Les maisons de tolérances...*, p. 256.

会。资产阶级通奸的发展也为此提供了新的客源。许多出轨的
222 女性也已经意识到，封闭式妓院比小酒馆的夹层房间或大酒店的客房更安全。因此，一些妓院老鸨对妓院进行了部分改造，另一些老鸨则把情侣安排在隔壁的公寓里，为这种“偷情”建立了真正的妓院分店。[①]

马赛红灯区内妓院的变化清晰地反映了这种开放趋势，并证明了这一进程是不可逆的。不过，这种演变不能归因于附近酒馆或夜总会造成的竞争，因为附近根本就没有这些场所。马赛的嫖客大部分是水手，他们仍然坚持去妓院找在册妓女，不像其他地方的嫖客容易被册外妓女吸引。而且，在马赛红灯区内，几乎没有来自暗娼馆的竞争。马赛政府依然支持公娼馆，警察的地位依旧很高，警察的权威还未被媒体舆论削弱。简而言之，这里的传统支持封闭式妓院的存在。然而事实上，随着老鸨、妓女和嫖客之间达成共识，马赛红灯区的这些传统也彻底发生了改变。妓女的自由进出逐渐取代传统寄宿，封闭式妓院也变成了流动型妓院。

勒尼奥医生的作品精准地描述了这一进程。1873 年，封闭性妓院仅有 125 家，1889 年仅剩 31 家，1897 年 12 家。大多
223 数妓院老鸨都要求将封闭式妓院改造成“开放式妓院”或“自由式妓院”，这有点像红灯区内经官方许可设立的寄宿酒店。

① L. Fiaux, *Les maisons de tolérances...*, p. 230.

那里的妓女都有自己的账户：她们想出去的时候就可以出去，并且可以直接从嫖客那里拿到接客的费用。妓女只需向老鸨支付房间费用即可。1890 年左右的物价是每天 2.5—5 法郎，根据勒尼奥医生的说法，妓女每天最多可以存下 15 或 20 法郎，星期日甚至可以存下 30—35 法郎。[①] 当然，妓女必须支付服装费和体检费，而且，付不起房租的妓女可能会被老鸨赶出门去。

“开放式妓院”的老鸨不必再费心招募妓女或是从中间人手里买妓女，也不再需要担心服装或体检问题，妓院账目大大简化，不需要太多资金就能开一家妓院，也不需要有前厅和休息室，而且获得的收益往往比过去更多。在“开放式妓院”，妓女自己想办法吸引客人，她们会站在酒馆的门前或楼梯上，老鸨还省下了陪媪的费用，因为在马赛，政府允许老鸨在封闭式妓院门口监视妓女。[②] 至于嫖客，他们也很高兴可以先挑选好妓女再进妓院。

贝济埃市卖淫结构的早期演变比其他任何城市都更好地证
实了妓院开放的好处。但是，贝济埃市的情况是独一无二的，224
该市的卖淫规模也是独一无二的。20 世纪初，封闭式妓院从城里消失了很长时间，而 1861 年颁布的涉及管理妓院的卖淫规范条例也已过时。在贝济埃，行政当局认为装修完备的妓院

① Docteur Regnault, art. cité, p. 547.

② 参见莫泊桑的《港口》中对保留区街道的生动描述。

是“合规的风化场所”，[①] 但是“不受卖淫规制条例管辖”。“住在里面领取定额薪资的妓女可以自由离开，去接待她们想接待的人”，[②] 因此，这里所说的既不是妓院也不是所谓的流动妓院。“房客和房东只是营业税和间接税的缴纳者，没有任何市政条例要求关闭这类机构。”[③]

### 3）从公娼馆到淫乱场所

尽管存在妓院危机，但封闭式妓院仍然存在，尤其是在市中心。事实上，这场危机并没有波及大型妓院，这类妓院一直存在，但不再按照卖淫规制的规划运营。按照卖淫规制者的设想，封闭式妓院本不应该以奢侈为目的，只需单纯地满足人们的性需求。至 19 世纪末期，封闭式妓院虽然依旧存在，但已
225 经成为真正的淫乱场所和堕落的殿堂，它为贵族或资产阶级提供服务，主要客户包括外国人和渴求高级色情的人群。

简而言之，几乎只有大型妓院可以生存下来，甚至还能继续发展，旅店和寄宿酒店无法与之抗衡，因为运营一家大型妓院需要大量的资金和专业管理人员。1903 年，巴黎仍然保留 47 家妓院，其中 18 家是一等妓院，价值 20 万—30 万法郎。[④]

这些妓院装潢豪华、家具完备，客人的消费金额自然也

① Rapport du sous-préfet au préfet, 4 juillet 1907, Arch. dépt. Hérault, 62 M 8.

② 同上。

③ 同上。

④ Meunier. Annexes au rapport de M. Hennequin, rapport, p. 421 *sq*.

居高不下。19世纪末期，大型妓院狂热痴迷于豪华装修。在1878年、1889年特别是1900年的三次世博会期间，许多妓院老鸨都想要翻新她们的妓院。本书并不打算对妓院进行充满诗意的描绘，但莫尼埃报告中对几家妓院栩栩如生的描述值得我们借鉴："瑞士的岩石被做成奇妙的洞穴和楼梯，这种岩石是这所（位于沙巴奈街的）妓院的一个奇特之处和神秘之处。宏伟而精美的楼体，墙面和天花板上无处不在的镜子，柔软厚实的地毯铺满了每个房间，挂毯和耀眼的电灯随处可见，在这个爱神的殿堂里，女士们赤裸着身体，散发着香水味。"[①]M街妓院的底层……有一座"非常豪华的希腊神庙"，[②]那里有歌剧院的 226
布景、东方天堂的景观、路易十五风格的沙龙以及卡里普索洞穴的场景，到处都是"让人如痴如醉的奇幻场景"，令客人感到新奇无比——但菲奥医生指责说这些装饰会导致"性催眠"和"大脑紊乱"。[③]

大型妓院想方设法在设备上做出改进，以满足当时人们需要的"堕落状态"。的确，漫长的时间、反复的实践以及高级色情业在资产阶级内部的传播和工业化，都催生了新装备的大量出现，由此产生的偷窥设备也日渐完善。菲奥医生在1892年写道，四十年前，人们只是用曲轴在隔板或火橱柜上钻小孔

① Meunier, rapport cité, p. 424.

② 同上。

③ L. Fiaux, *La police des mœurs*, t. I, p. 214.

偷窥。“今天……人们巧妙地在门上挂上门帘，在墙上贴上画有简陋装饰画的帷幔，或者在隔板中塞进一些管子，有的人在管子里装上放大镜，有的人则装上听筒，这样偷窥者就能在旁边的小房间里同步看到和听到隔壁屋的情况。为了方便顾客偷窥，妓院还会配上舒适的椅子和小夜灯等。”① 这些装备都是为了方便顾客偷窥。“人们付钱坐那种座位就像付钱听交响乐一样。”②

一等妓院还增加了表演和活色生香的色情场景，例如，为
227 了看起来皮肤白皙，妓女会赤身裸体地在黑色天鹅绒地毯上或在挂着黑绸缎的房间里做爱。另外，妓女们还会在电动转盘上摆出各种柔软的造型，③ 有时是一些极尽怪癖的性爱造型，比如妓女安装男具，排便，有时甚至还会有兽交场景。菲奥医生说，④ 有些妓院提供的兽交表演甚至成为该妓院的特色，观看女性和丹麦大型犬性交成为上流圈层的一种时尚，巴黎街区到处

---

① L. Fiaux, *Les maisons de tolérance*…., p. 179.

② 同上书，第 180 页。

③ 在 20 世纪初已经投入使用，参见莱奥·塔西尔在《当代卖淫业》中引用的坎勒回忆录（p. 168 *sq.*）。一些小城市的妓院里也有这种表演，但很快引起了丑闻。1911 年 9 月，圣米歇尔驻军的几名军官在女朋友的陪同下去了一家妓院，让两名妓女“脱掉衣服躺在床垫上，相互做出淫秽动作”，这几个人在妓院里过夜，直到第二天喝完一瓶香槟后才离开（南锡法院总检察长的报告，1911 年 9 月 16 日，国家档案馆 BB 182466）。诉讼法庭法官担心的是军官们的女朋友是否转开了头。

《少女艾丽莎》的原稿中有妓院老鸨鞭打赤裸妓女的情节，但这一段没能出版（参见：R. Ricatte, *op. cit.*, p. 213-215）。

④ L. Fiaux, *Les maisons de tolérance*…, p. 182-183.

都有妓女和纽芬兰犬性交的表演。[①]

大妓院提供“性虐待的全套装备”，[②]特别是鞭子[③]以及一
系列小工具。如今，这些工具在性用品商店中随处可见，只是 228
现在更加精致。性虐待装备的演变也很重要：“带皮革香味的皮鞭、捆绑用的绸绳、一小束荨麻”已经过时了。[④]比利时或德国的厂家为妓院老鸨提供了新材料：蒙达医生发明的吸盘[⑤]、电击器、各类避孕套，还有来自英格兰的假阳具[⑥]以及妓女佩戴人造阴茎所用的笨重装束，这些装备旨在满足“可耻的鸡奸者”[⑦]或上流社会的女同性恋者。老鸨还为客人提供各类壮阳药，例如用磷或斑蝥制作的药物。

最奢华的妓院还会给客人提供色情影片辑，包括来自日本的影片（《女人岛，男人岛》）。在色情摄影艺术中，单人裸体越来越多地出现在群体性交或扮成修士修女嬉闹的画面中。

---

① 警察的报告承认了存在为此目的专门训练的狗。参见警察总局档案部（BA 1689）1893 年 10 月 11 日关于普罗旺斯街 6 号的报告。

布格莱医生在《人的罪恶》（*Les vices du peuple*, Paris, 1888）中详细介绍了兽交的做法。

② L. Fiaux, *Les maisons de tolérance*..., p. 165.

③ Léo Taxil, *op. cit.*, p. 165. 这本书非常详细地描述了妓院里的妓女所做的事情。保罗·穆尼尔引用的报告中详细描述了鞭打的方法（p. 157）。

④ L. Fiaux, *Les maisons de tolérance*..., p. 165. Carlier, *op. cit.*, p. 102. 这两部著作也涉及以下内容：长针、布满大头针的皮带、打结的绳子都沾满了干血。

⑤ L. Fiaux, *Les maisons de tolérance*…, p. 166.

⑥ Léo Taxil, *op. cit.*, p. 167.

⑦ L. Fiaux, *Les maisons de tolérance*…, p. 166.

当然，有专人指导使用所有这些设备，这些人有时也要接
229 受正式培训。菲奥医生指出，公娼通常具有一定的职业责任感，例如，她们会用“蜘蛛手”抚摸顾客，[①] 在技术上超越同行能让她们获得荣誉感。一等妓院会提供口交服务，道德主义者认为口交和鸡奸是所有行为中最可耻的，里科尔教授称口交为“唇部生殖神经癖好”。[②] 莱奥·塔西尔写道，据嫖客转述，有些老鸨聘请了专门的“测试员”来培训妓女的口交技巧。[③] 大妓院的妓女还必须满足客人的特殊要求，例如亲吻肛门（舔肛）、肛交、满足同性恋客人。所有相关记录表明，在第三共和国的前几十年，女同性恋者的需求在上流阶层呈明显的增长势态。1881 年，保罗·迪布瓦医生称沙巴奈妓院的特色就是为女同性恋者提供特殊服务。[④] 一些大妓院的老鸨在招聘妓女时会要求她们“也要服务女客”。

不言而喻，群体性交、纵酒宴饮尤其是“四人群交”在大妓院里并不新鲜。妓院为这些活动准备了专门的房间，里面有两张床、两把长椅、两间盥洗室和大镜子。妓女经常需要按照顾客的要求乔装成各种女子，因为嫖客常常在被仰慕之人拒绝后，把妓女当作替代品来满足占有欲。在某些妓院，[⑤] 为了满足

① Léo Taxil, *op. cit.*, p. 166.

② 转引自：L. Fiaux, *Les maisons de tolérance*…, p. 162。

③ Léo Taxil, *op. cit.*, p. 165.

④ Docteur Paul Dubois, déposition citée.

⑤ Léo Taxil, *op. cit.*, p. 171.

客人的幻想，妓女会打扮成新娘、修女或督政府时期“穿着时 230
髦的妇女”。妓女的服饰风格通常与妓院的装饰保持一致。

卖淫规制不允许妓院接待男同性恋者，但一些豪华妓院还是会接待他们。老鸨只需派几名妓女陪同男同性恋顾客去专供“四人群交”的房间就行了，在那里他们可以自由嬉闹。如果客人需要服务，老鸨会找愿意肛交的熟人去陪客。

这里就不再一一赘述嫖客对妓女提出的各种要求，这也不是本书的目的。[1] 上述这些活动都是金钱与性的交易。在 20 世纪的最后几十年，花样百出的性交易行为蓬勃发展。诚然，早在成为性学家[2] 的研究对象之前，妓院中就已存在虐待、受虐、兽交等各种形式的性交活动了。19 世纪最后几十年就像 20 世纪 70 年代一样，色情图像、光盘、书籍和小器具在全社会发展并传播。无数道德团体倡议立法阻止色情传播，但中小资产阶级内部始终散播着流行于早期贵族的性趣、性幻想和性爱技巧。

显然，这种演变也与艺术和文学运动有关。艺术和文学将 231
情色主题呈现在公众面前，卖淫成为当时小说和绘画的主要题材之一。[3] 象征主义和颓废主义潮流下的文学和绘画展现出一

---

① 参见参考文献中关于生物学行为历史的作品。

② 参见坎勒和卡利尔的陈述。

③ 参见：le mémoire de maîtrise de M. Callu, *Approche critique du phénomène prostitutionnel parisien dans la seconde moitié du XIX^e siècle par le biais d'un ensemble d'images : œuvres de Constantin Guys. Félicien Rops. Gustave Moreau*, Tours, 1977。

种集体神经症：人们一方面难以抗拒女性性行为，另一方面又对女性性行为表现出病态的恐惧。研究者将这些行为视作“变态”，并进行了分类：萨谢尔-马索克（Sacher-Masoch）为传统变态行为进行了命名，[1] 克拉夫特-埃宾（Krafft-Ebing）则制作了一份详细的性行为图表。[2] 在整个欧洲，同性恋都受到严厉审判。里科尔（Ricord）、夏尔科（Charcot）、马格南（Magnan）、保尔（Ball）和韦斯特法尔（Westphal）都认为同性恋是一种病理现象，并进行了专门研究，那时的癔病研究也突飞猛进。简言之，“性学”正在西方兴起。[3] 资产阶级家庭的丈夫不能或许也不愿对妻子提出过分的情色要求，于是他们成为大妓院的服务对象。大妓院色情行业的繁荣与众多小妓院的危机形成鲜明对比，这难道不令人惊讶吗？

在中小型城市，妓院数量相对稳定。大环境同样促进了卖淫业的变化。早在第三共和国初期，霍莫医生就指出了嫖客性
232 行为的演变。沙托贡蒂耶妓院里上了年纪的妓女首先发觉了嫖客行为的改变。以前，很多妓女不愿为顾客口交，她们会要求与从事口交的妓女“分灶吃饭”。[4] 但是现在光顾妓院的年轻人以“反自然的方式寻乐子，要求口交是最常见的”，[5] 并且，嫖

---

① 关于这一方面，参见：G. Deleuze, *Présentation de Sacher-Masoch : le froid et le cruel*, 1973。

② Krafft-Ebing, *Psychopathia sexualis*.

③ Michel Foucault, *La volonté de savoir*, p. 69-99.

④ Docteur Homo, *op. cit.*, p. 70.

⑤ 同上书，第 69 页。

客尤其热衷于观看女同性恋表演。该类型的妓院在小城市里通常只有一家。在 19 世纪的最后几十年，这种妓院充分发挥了莫泊桑在《戴丽叶春楼》中提到的“圈子”作用。在这里，人们可以学到巴黎的时尚和情色。嫖客第一次用留声机听流行音乐，旁边睡着的妓女穿着轻便睡衣模仿巴黎模特，嫖客还可以在精致的电灯下翻阅淫秽杂志或相册。妓院成为一个消遣、寻求新鲜感、为枯涩婚姻寻求精神补偿的地方。在那里，当地的小资产阶级和妓女群体之间正在生成一种新的社交形式，这种新型社交形式在某种程度上增强了人们的肉欲与情感。

然而，上面讲述的演变似乎导致了矛盾的结果。二等妓院妓女的处境有所改善的同时，大妓院妓女的处境却逐渐恶化。
图罗在 1904 年写道:“妓院的优雅程度越高，妓女的处境就越 233
恶劣。”[1] 嫖客常常会感到厌倦，为了满足他们的新口味，妓院需要增加投资。因此，在资金的巨大压力下，大妓院老鸨会给妓女安排前所未有的工作量。巴黎市议会[2]、议会外委员会和菲奥医生的调查都得出了这一结果。

1904 年，巴黎大妓院的妓女从中午工作到凌晨三点，第一声铃响起就得到达客厅，做好接客的准备。这些妓女每人每天必须接待的客户数量呈明显的上升趋势。“陪睡的小屋”一如既往的不卫生。1904 年，在 47 名妓女中，仍有 45 人被要求寄

① H. Turot, *Le prolétariat de l'amour*, p. 181.

② 由图罗发表。

宿在妓院内。

因此，在19世纪下半叶，并不是所有妓院都在衰落。但不管怎样，妓院的演变都证明了卖淫规制的失败。建立规制的本意是将婚外性行为限制在封闭的妓院之内，由政府密切监督，以免演变成荒淫无忌、违背自然、违背法律的行为。然而，这种封闭计划在众多妓院都经历了失败。一方面受到寄宿酒店的竞争，另一方面人们的感受日益受到重视，妓院不得不逐渐开放并进行部分改造才能维持生存。一部分比较低级的妓院被改造成“快餐”妓院，其他妓院则被改造成幽会馆。

234 卖淫规制倡导的监视行动也以失败告终。20世纪末是大妓院发展的巅峰，而之所以只有奢华的大妓院才能继续蓬勃发展，是因为大型妓院并不只是简单地集中资源，它还满足了嫖客日益增长的对各种复杂色情活动的需求。巴朗-杜夏特莱和卖淫规制主义者认为妓院是一个发泄场所，事实上远非如此：妓院成为了实验室，从中衍生出新的性需求。埃塞因特斯提出假设：若让一个年轻工人在大妓院里免费享受各种色情服务，此后余生他将对日常性行为感到沮丧无趣。[①]

以上阐述的双重演变对应着需求的双重转变：整个社会渴望受到诱惑的新需求，以及少数特权阶层对各种复杂色情活动的实践需求。19世纪70—80年代，妓院的衰落已随处可见，

① J. K. Huysmans, *À rebours*, coll. 10-18, 1975, p. 136-140.

反妓院的废规运动才刚刚开始。反妓院的言论似乎只是一种迟来的反馈，只是略微滞后地解释了整个时代的感受性运动和性交易需求的本质。性交易是当时社会发展的主要因素之一，需要深入思考。不过在讨论这个问题之前，我们先来阐述卖淫规制失败的其他原因。

## 2. 传统暗娼形式的外延和变化 235

自卖淫规制实行以来，政府就区分了公娼和暗娼，宣称要不断地追捕暗娼，直到将其彻底消灭。不过老实说，自第二帝国中期以来，“暗娼”一词几乎已经失去了原本的含义。[①] 在巴黎和外省的大城市，暗娼会站在寄宿酒馆和小酒店门口搔首弄姿、公开揽客。所以，区分她们的最佳名称并非“公娼”和“暗娼”，而是“在册”和“册外”。册外妓女一直有被捕的风险，一旦被捕，她就会被政府登记在卖淫名单中。

暗娼及其背后的拉皮条形式多种多样，难以具体描述。我们首先需要定义卖淫。关于卖淫的含义，研究卖淫问题的专家并没有达成共识。利特认为，有猥亵行为的妇女都是妓女，或者说，“每一个道德败坏的妇女”都是妓女；许多学者没有明确区分女性的性自由、放荡和卖淫，巴朗-杜夏特莱则认为这

① Carlier, *op. cit.*, p. 20 *sq.*

些是女性堕落的不同阶段。1888 年，罗伊斯医生再次将放荡等
236 同于卖淫，认为卖淫是荒淫的大众形态。[1] 同理，还有两种用语的概念也一直模糊不清："半上流社会的女人"和"交际花"。这两种用语的词义演变很能说明问题：它们最初[2] 是指一些女性变成了自由身（寡妇、分居或是外国人），但处于社会边缘，人们不清楚她们的婚姻状态，简言之，这些女性与普通女性和忠贞的妻子不是一类人，她们有些有丑闻，有些是爱钱的交际花，有些委身给喜欢的人但是并不卖身。[3] 很快，从帝国衰落时起，[4] 或许更早，[5]"半上流社会"逐渐指代"各种各样的风流韵事"，由此产生了首批幽会馆，"交际花"也因此指代高级妓女。

一些学者认为，判断卖淫的标准就是看性行为是否**以赚钱为目的**。因此，这些学者也将被包养的女子归为妓女。同时，在他们看来，委身于慷慨情人的女人也是妓女，被想要升迁的丈夫当作礼物献给上级的女人也是妓女。

但是，大多数专家对于判断卖淫的标准有四个考量：1）习惯和名声[6]；2）女性把卖淫当作职业，并从中赚取生活所需；3）丧失选择权；妓女要将自己交给任何提出要求的人；4）由于服

① *Op. cit.*, p. 164.

② 参见：A. Dumas fils. Théâtre complet, t. I, préfaces inédites。

③ 参见：Coffignon, *op. cit.*, p. 142。

④ 同上书，第 143 页。

⑤ A. Dumas fils, préfaces inédites.

⑥ 对霍莫医生来说是这样（*op. cit.*, p. 52）。

务了太多客人而丧失性愉悦与性满足。 237

1890 年，巴黎市政委员会报告员理查德[①]和卫生站医生 L. 布特[②]采用这四个考量标准，将某些女性排除在妓女群体之外，例如风流女子（交际花）和被包养的女子（尤其当她们还有工作时），再如间歇性卖淫的女子（想增加收入而在周日卖淫的女工或者为了偿还商家的催账而卖身的小资产阶级女性）。[③]

自由主义者和新卖淫规制支持者都可以接受这种标准。事实上，他们只把有传染病风险的女性看作妓女，也就是那些不挑选客户、大量接客卖淫的女性。这种标准是定量调查中最常用的一种标准。毋庸置疑，这种标准倾向于弱化资产阶级卖淫的比重甚至将其排除，同时高估了平民卖淫的相对数量，这些都是我们应该考虑在内的。

在册妓女的概念无须过多讨论，"在册妓女"就是指在政府名册上登记过的妓女。而"册外妓女"或"暗娼"的含义则 238
因人而异。在某种程度上，"暗娼"指逃避卖淫规制的女性，也就是未被正式边缘化的妓女。因此，未在册妓女的形象实际上非常模糊。我们无法像定义在册妓女那样清晰地定义册外妓

① 他认为妓女是从事"性相关职业和行业"的女性，也即"任何为了金钱报酬委身他人且没有其他经济来源，与多人保持短暂关系的女性"（*op. cit.*, p. 43-44）。

② Docteur L. Butte, «Syphilis et prostitution», 1890.

③ 霍莫医生提倡妓女注册，并从其卖淫研究中排除了被包养并被视为"假妻子"的女子（*op. cit.*, p. 52）。

女。暗娼隐藏在“忠贞女性”群体中，时不时出现。相比在册妓女，她们独立营业，并且出没于社会各界。因此，我们很难在社会金字塔中给她们定位。未在册妓女在不同的社会群体中不断流动，加大了分析难度，使一切试图给册外妓女分类的努力都付诸东流。卡利尔在第二帝国末期就指出了这种流动性，随着时代的发展以及城镇化进程，这种流动性日益增强。左拉创作《娜娜》的意图之一，就是让读者感受到妓女所处的卖淫圈充斥着这种从下至上又自上而下的持续流动，不是吗？换言之，专家之所以如此恐惧暗娼，[1] 正是因为她们外表看起来跟其他女性一样，与社会各界产生接触，由此增加了道德侵蚀和传染病的风险。

上述内容很好地解释了企图研究暗娼的医生为何都以相对
239 失败而告终，比如深受巴郎-杜其勒方法影响的马蒂诺医生和孔门格医生。

试图统计暗娼数量的学者常常对计算得出的巨大数字感到怀疑，这一点也是可以理解的。有时，他们提出的数字仅仅来自他们的想象，来自一种近乎神经质的恐惧。让我们判断一下：F. 卡利尔 [2] 估计巴黎的册外妓女有 1.4 万—1.7 万人，马克西姆·杜·坎普 [3] 则大胆推测，册外妓女人数在巴黎公社失败

① 参见上文第 53 页及以下。

② 由 E. 理查德的计算得出（*op.cit.*, p. 60），根据 F. 卡利尔在《公共卫生纪事》（*Annales d'hygiène publique*）丛书中发表的《暗娼的统计研究》（Étude statistique sur la prostitution clandestine, 1871）（第 36 卷，第 302 页）中提出的方法。

③ 参见上文第 53 页。

之后增至12万。在马克西姆·杜·坎普之后，勒库尔[1]提出册外妓女总数有3万，这是1870—1880年十年间普遍认同的数据，他的对手古约特以及后来的菲奥医生[2]都采纳了这一数据。1881年，警察局第二分局局长库埃在市政委员会上宣布，巴黎册外妓女的人数为4万，[3]德斯佩雷斯医生在内政部的帮助下统计出册外妓女有2.3万人。[4]几年后，安全部提出册外妓女人数为5万，[5]而拉萨尔估计1892年巴黎妓女的总人数应该为10万。[6]

理查德在研究报告中得出不同结论：他排除了被包养的女 240
性和从资产阶级情人手里获取补贴的年轻女仆或女裁缝，认为只有1万—1.1万名册外妓女将卖淫作为真正的职业。[7]

1890—1900年，册外妓女人数的估值有了明显增长。警察局局长勒平认为20世纪初的册外妓女总人数有6万—8万；[8]图罗在提交给市议会的报告中做出的估计比较保守，他认为巴黎有2万名册外妓女。的确，“册外妓女”的定义不同，数据结果

---

① C. J. Lecour, *La prostitution à Paris et à Londres*…, p. 120. 请注意，作者把在册妓女也计入总数。

② Docteur L. Fiaux, *Rapport au nom de la commission spéciale*…, p. 378.

③ 对市议会组成的委员会第二次会议的声明（p. 25）。

④ *Op. cit.*, p. 9.

⑤ 转引自：E. Richard, *op. cit.*, p. 58。

⑥ Lassar, *Die Prostitution zu Paris, Ein Bericht*, 1892.

⑦ *Op. cit.*, p. 60. 同年，米荣报告在巴黎有妓女2.4万人，斯特龙贝格有2万人（转引自：le docteur P. E. Morhardt, *Les maladies vénériennes et la réglementation de la prostitution*, p. 113-114）。

⑧ Docteur Lutaud, «La prostitution patentée…», *Journal de médecine de Paris*, juin 1903, p. 229.

也会不同。因此，勒平于 1905 年在卫生与道德预防协会中重新提出这个问题，宣称在巴黎所有的册外妓女中，只有 6000 人或 7000 人在街上拉客，并且往往被当成了在册妓女。除了在册妓女和册外妓女，还有“间歇性”卖淫者（淡季时的轻佻少女、没有工作的女佣、失业的女工）、常去幽会馆的已婚妇女或被包养的出轨女性。[①] 同样，皮勒尔医生估计 1908 年的巴黎只有 1.2 万—1.5 万名册外妓女，但这其中不包括被包养的女子。[②]

241　有人会说，我们不是知道巴黎风化科每年逮捕的册外妓女的人数吗？（见边码第 165 页图表）然而，图中人数增幅的波动不大，更多是反映了镇压的程度，而不是暗娼的规模。

无论如何，巴黎册外妓女的数量远超在册妓女。即使保守估计，这一点也是毋庸置疑的。无数在册妓女“失踪”，[③] 这难道不是证明卖淫规制失败的最有力证据吗？

法国其他地区对册外妓女的调查也显示出同样的不确定性。德斯普雷斯[④] 根据巴黎的数值推算出全国共有 18061 名册外妓女，其中不包括被包养的女子，因为他认为她们不是妓女。德斯普雷斯根据地区的行政职能以及面积大小做出以下划分：省会城市有册外妓女 12585 人（其中里昂 5000 人，波尔多 2000 人，马赛 420 人），市级城市 3096 人，县级城市 1697

① *Bull. de la Soc. fr. de prophylaxie sanit. et morale*, 1905, p. 189.

② *Bull. de la Soc. fr. de prophylaxie sanit. et morale*, 1908, p. 9.

③ 参见上文第 75 页。

④ *Op. cit.*, p. 9；关于这项调查的条件，参见上文第 77 页。

人，其他社区 585 人。

遗憾的是，负责处理调查结果的行政人员没有采用德斯普雷斯的标准。否则，无法解释管理人员如何统计出富瓦有 105 名暗娼，特鲁瓦 400 名，布尔日、佩皮尼昂、贝桑松、奥尔良各 150 名，尼姆 485 名，埃尔比夫 200 名，科德贝克 90 名，里尔只有 100 名（豪蒙 40 名），雷恩 50 名，亚眠 25 名，凡尔 242
赛 10 名，坎佩尔 6 名，尤其是马赛只有 420 名，而据米瑞医生估计马赛暗娼的数量为 4000 人或 5000 人，这可信吗？[①]

确实，不同地区在调查暗娼时采用的方法不同，态度也不同。总的来说，各地调查结果都体现了暗娼在制造业城市（里昂、利摩日、特鲁瓦、诺曼底的纺织城）、中南部主要城市（尼姆、蒙彼利埃、贝济耶、佩皮尼昂）以及巴黎和波尔多等地蓬勃发展的趋势。而在在册妓女人数众多的港口城市（布雷斯特、马赛、土伦），暗娼现象似乎得到了控制。德斯普雷斯统计了在册妓女和册外妓女的总数，结果显示，卖淫现象在大城市以及南部阿基坦地区、普罗旺斯地区，尤其是朗格多克地区的主要城市非常普遍。

---

① Docteur Mireur, *La prostitution à Marseille*, p. 217. 伊夫・居伊特要求调查的 16 个城市的估计值更加不确定，实际上对于回答 1881 年关于册外妓女人数的问题几乎没有任何用处。需要指出的是，在这方面有一半的市政府认为无法计算出暗娼数量。

亨利・海耶姆在 1903 年的报告中表示，马赛有 2000 名册外妓女，南锡 1500 名，格勒诺布尔 150—200 名（p. 254 et 256）。1907 年，E. 埃米特（E. Hermite）医生估计该市有 1000—1200 名妓女（*Prostitution et réglementation sanitaire de la police des mœurs à Grenoble*, p. 9）。

不同的结果都是在不同的框架中得出的。借助这些结果，
243 我们起码可以在整体上估计暗娼这一难以把握的现象的规模，并了解哪些地区的暗娼人数已经达到了最大值。

所有证据表明，从第二次帝国初期到19世纪末，各省的暗娼人数都有所增加。我们比较了1879年与1902年的抽样调查结果，发现这一结论是正确的。尽管缺乏有效的数据，但否认增长这一事实是不科学的。在巴黎和外省，暗娼人数增长、公娼人数减少以及新式卖淫行为（下文中会具体分析）的出现恰好同步。然而，或许是由于反暗娼的激烈运动引起了公众对卖淫业的关注，[①]学者终于逐渐意识到他们以前忽视了暗娼现象，高估了卖淫业。

我们难以把握暗娼的数量，但仍有必要描述暗娼结构。马蒂诺医生写道："暗娼是一种组织，虽然没有正式的规则，但它是按照既定秩序运作的。"[②]正是这种秩序和拉皮条的形式决定了暗娼的结构，我们试图通过社会各阶层各种各样的卖淫行为来辨别这个结构。

244 **1）半上流社会的女子，交际花，出入剧院的女子以及夜间餐厅女服务员**

接下来我们将讨论作为帝国节日[③]传统的高级卖淫。关于

① 这是E. 理查德的观点（*op. cit.*, p. 64）。

② Docteur Martineau, *La prostitution clandestine*, p. 4.

③ 帝国节日是第二帝国拿破仑三世时期举行的大型舞会。——译者

它的文学作品有很多，感兴趣的读者可以参考脚注列出的文献。[①]高级卖淫遍布整个卖淫业，为了更好地了解高娼，我们首先需要明白这些交际花身上的共同点。

交际花几乎全部为册外妓女，尽管也有一部分在册。[②]无论交际花的背景和过去如何，警察很少烦扰她。她所依靠的男性会替她解决这些烦恼。

这类女性都独自工作，她们根据自己的时间安排在家接客，或是住在公寓里（这是最常见的情况），或是住在特殊酒店里（她们之中最富有的一部分人）。

她们的客人无一例外都是有钱人，[③]外国贵族、金融业或工 245
业的大资产阶级、巴黎“轻佻的资产阶级”[④]或外省富翁以及研究妓女衰落的专家。高等交际花可以自己选择客人，因此她们认为自己是自愿献身的。有时她们只钟爱一个情人，但这种情

---

① 我们可以在下列作品中看到生动的细节描述：卡列尔《第二帝国》第一部分第二章；德尔沃（Delvau）作品全集；关于后一个时期，参见马瑟作品（*op. cit., passim*）和科菲尼翁作品（*op. cit.*, p. 122 *sq.*）；安德里厄（Andrieux）的《警察局长回忆录》（*Souvenirs d'un préfet de police*）；高隆的《爱情的产业》（*Les industries de l'amour*），维尔玛特的《路边揽客和妓院》（p. 143 *sq.*）。在小说中，还有皮埃尔·德·拉诺（Pierre de Lano）的《交际花》（*Courtisane*）有趣的前言和小仲马的《克莱门梭事件》（*l'Affaire Clemenceau*）。《克莱门梭事件》中的女主角伊萨是一位半上流社会的女性，她瞒着丈夫从事卖淫。

② 让内尔和莱奥·塔西尔引用了勒库尔所著的《巴黎卖淫业》中的众多事例（p. 211）。

③ 在皮埃尔·德·拉诺的小说里，贝尔特·德·皮埃尔-泰拉德的情人阿德里安·达尔布瓦是内政部议会主席。

④ 意即阿德琳·道马尔德的表达（thèse citée, p. 272）。

况很少。大多数情况下，她们与某些在册的私娼一样，轮流伺候合伙包养她们的情人。交际花从不自己揽客，用当时流行的话来说就是“拉客”。她们和咖啡馆、消夜餐厅里的姑娘甚至是“高级妓女”做同样的事情：跟合心意的顾客在布洛涅森林里散步，挑逗他们，向他们提供“勃起”[1]服务，也就是卖淫服务。

当然，这些交际花只在大城市活动，尤其是巴黎和里昂，[2]还有温泉或海边度假胜地。她们只出入巴黎市中心的高级场所，在那里花情人的钱，以高额消费维持自己的地位。

高级妓女通常是被包装出来的。有专门的皮条客负责塑造
246 她们，这类人通常很贪婪，有时就是她们自己的母亲。事实上，经过一个世纪的发展，这种拉皮条形式已经发生了变化。通过比较两部作品的拉皮条活动我们可以看出这种变化：《交际花盛衰记》中的交际花艾丝苔与左拉《娜娜》中的“特里康”。最初，提供“包装”服务的主要是女服装商，甚至是街区的洗衣妇。她们给路边看上的漂亮姑娘、气质姑娘，或者只是看上去放荡的姑娘提供豪华的衣饰。有时，这些衣饰并不属于女服装商和洗衣妇，而是属于她们的顾客，所以她们常常要求收取高额的租金作为回报。此外，女服装商还会为自己包装的妓女提供典押放贷、高利贷和代理服务。

① Léo Taxil, *op. cit.*, p. 210 *sq.*

② Docteur Reuss, *op. cit.*, p. 422.

在 19 世纪的最后几十年里，这些女服装商虽然没有完全消失，但已经失去了过去的重要地位，或许是因为她们已经拿不出包装一个交际花所需的巨额资金。同一时期，供应商尤其是地毯商的作用日渐突出。他们把合心意的交际花安顿在住所里，有的是他们自己购买的房产，有的是租的，但是都装修得很豪华，家具齐全。他们除了向交际花收取高昂的租金，还要求她们分期购买屋内的家具和陈设。如果交际花在还清欠款前已经资不抵债，她通常会偷偷搬家，悄悄失踪。这样一来，地毯商明明已经出售掉房间里的部分家具，却可以趁机再安排一名新的交际花住进来。一些供货商也用同样的办法，等到交际花身负重债时，这些供货商就可以完全控制住她们了。

女淫媒的业务范围也在逐渐扩大，她们当中的一些人拥有 247
广泛的客户网络，比如特里康，她掌握了龙骧区的高级交际花。在中间人（通常是女服装商）的帮助之下，女淫媒招募和包装的女子不是一两个，而是一群。她们为此要投入大量资金，但也收益不菲。到 19 世纪末，一些知名的女淫媒最终变成幽会馆的老鸨。[①] 总之，高级的拉皮条活动成为一种真正的商业活动，经过一个世纪的发展，这种产业逐渐体系化、集中化，并随着资产阶级内部风流行为的扩散和妓院的衰落而利润飞涨。

---

① 参见下文第 322 页及以下。左拉在《欲》中描述的西多尼·卢贡的活动刚好说明了这一转变。

在这一过程中，交际花沦为纯粹的工具，她们的财富转瞬即逝，有利于这一“产业”[①]的发展，同样有利于商人，比如妓院业主。这些商人是不断更新的风流场最大的受益者。交际花远不是真正的“获益者”，她们养肥了淫媒或地毯商，供养着心爱的情人或同性爱人。交际花的悲惨结局不仅仅是一个文学题材这么简单。亚历克西笔下的交际花露西·佩莱格林在弥留
248 之际的悲惨命运便是这类女子命运的缩影。[②]不过，在没有任何定量研究的情况下，下这样的结论还是需要保持谨慎。

上述讨论并没有呈现出风流场的多样化，但这里的确是一个名副其实的大熔炉。在这个熔炉里，有没落的贵族女子或落魄的资产阶级女子，也有暴发户家的女儿。皮埃尔·德·拉诺指出，风流场上的交际花反常的多样化对资产阶级产生了诱惑，甚至令他们迷惑：“她们可能是任何人，无聊的女领主、不受爱慕的资产阶级女子、被蔑视的女演员、机灵的农妇……她们是永远无法破解的谜团，令男人既着迷又害怕。[③]

“半上流社会”的新定义表明，其顶层包括丧失社会地位或本来就没有社会地位的女子、身陷丑闻的女子、离异女子[④]、

① 高隆作品的标题很好的描绘了这一“产业”。

② P. Alexis, *La fin de Lucie Pellegrin*.

③ Pierre de Lano, *op. cit.*, préface, p. VII. 交际花层层分级的现象奠定了文学上的成功。交际花就像狮身人面像，是一个难以破解的谜团，同时散发着愉快和冷漠，象征着女性的矛盾。此外，正如保罗·德·圣-维克多指出的（转引自：H. Mitterand, *Nana*, La Pléiade, p. 1689），对于资产阶级来说，交际花阶层是意料之外的阶层，人们把它看成偶然事件。

④ 当然是在 1884 年之后。

分居或被情人抛弃的女子、快活的寡妇以及富有的外国女子（政府会在适当的时机将她们驱逐出境①），还有埃米尔·奥吉尔（Émile Augier）提到的靠做交际花赚钱买心仪衣饰的“贫穷的时髦女郎”，最后还包括被包装且已获得成功的女子。她
们大多数人似乎并非普通百姓出身，②而是出身于“平民资产阶 249
级”③——在这一点上左拉就错了。这些姑娘有一定的文化水平，但仍不足以获得一份体面的工作。还有一些失意的艺术人士为生活所迫做交际花，以维持基本生活。

这类半上流社会的女子早就出现在文学作品和连载小说中，她们在第二帝国时期依次被称作洛莱特④、时髦女郎和轻佻女子，后来被称作“小美人”，最后在第三共和国时期被称为“高级妓女”。帕瓦、布朗诗·单蒂格尼和安娜·德利翁⑤等女主人公既放荡又奇妙的命运深入人心。左拉从这个圈子取材，创作了《娜娜》，并声称它描绘了交际花的生活。福楼拜也很了解交际花，经常在书信集中描写她们。此外，交际花还为许多艺术家的画作提供了灵感。⑥

---

① 罗伊斯医生提供了这方面的统计数据（*op. cit.*, p. 371）。罗讷河口省档案部出于道德原因收集了一系列相关的驱逐记录（M 6 2458）。

② 这也是罗伊斯医生的观点（*op. cit.*, p. 169 *sq.*）。

③ 阿德琳·达玛德从这个意义上再次理解它（thèse cité, p. 250）。

④ 正如龚古尔兄弟所写的《洛莱特》（*La lorette*）。

⑤ 乔安娜·理查森（Joanna Richardson）的《法国十九世纪的半上流社会》（*Le demi-monde au XIX$^{e}$ siècle en France*）和《交际花》（*Les courtisanes*, 1968）中有大量图像资料。

⑥ 早期是加瓦尼（Gavarni）、道米尔（Daumier）、格兰维尔（Granville），然后斯托普（Stop）、格雷文（Grévin）。

高级妓女要么住在维利耶尔大街、星光大道或特罗卡德罗大道的酒店里，要么住在玛德莱娜教堂或圣乔治广场附近的公寓里。她们有众多仆人服侍，这些仆人由她们的直系亲属管理。她们的生活既奢侈又安逸，大部分时间都用来梳妆打扮。下午四点左右，她们会盛装打扮去布洛涅森林看比赛或是参加展会的开幕式，以丰富谈资。晚上她们的主要活动就是去剧院看戏，尤其是在著名剧目首演的时候，然后去餐馆或是去女性朋友家里。通常，她们会在自己家接待鱼龙混杂的熟客。[①]值得注意的是，这些描述主要针对第二帝国时期的轻佻女子和第三共和国头几十年的高级妓女。在这之后，这类行为变得相对大众化。

毫无疑问，比高级妓女数量更多、更能代表新时期卖淫特点的是夜间餐厅女服务员和咖啡馆女工。通常情况下，她们原本是商店售货员和借着商店的幌子卖淫的妓女。夜间餐厅女服务员也叫“跪着的妓女”，区别于“高高站着的妓女（高级妓
250 女）”，由地毯商安置在舒适的公寓里。她们只在晚上出门，接待完“老朋友”并陪他们吃完晚餐之后，她们会穿着引人注目的衣服去剧院看演出，与酒店主人、服务生甚至是老板合谋策划，[②]在夜间餐厅的特殊房间里与外国富翁或准备“破处”[③]的年

① *Nana*, La Pléiade, p. 1165-1195.

② Macé, *op. cit.*, p. 103 *sq*.

③ Coffignon, *op. cit.*, p. 133. 在左拉的世界里，马克西姆年轻的情妇（《欲》）西尔维娅是这类风流女子的代表。

轻人过夜。

谈到咖啡馆妓女，我们首先想到的是左拉在《撒旦》里的
描述。她们属于风流界的底层，处在低俗的暗娼边缘。咖啡馆 251
妓女与街头妓女不同，在咖啡馆侍应生的帮助下，她主要是想找个人“睡觉”，也就是找“一个可以跟她过夜的人”，[①]跟她在罗切丘亚特街、城堡街、布兰奇街和外环大道区域内租住的房间睡一晚。这个区域内的一些公寓甚至是整栋楼都被租客分隔成家具完备的房间，然后分租给咖啡馆妓女，二房东还会给她们和嫖客提供酒水食物，供他们在晚上享用。天一亮，咖啡馆妓女就到蒙马特高地找皮条客，第二天下午五点钟左右，她就下山去找可以过夜的睡客。

交际花试图“培养”能养活自己的情人，她们当中有一些人总是隐瞒自己的身份。[②]她们自称是水手、出征士兵或外出经商的游商的妻子，有些还会假装成伤心的寡妇，经常在墓地附近晃悠，莫泊桑叫她们“墓碑人”，马瑟叫她们“死者的下等娼妓”，[③]她们是真实存在的，并不是文学纯粹想象出来的人物。

## 2）等客妓女和被包养的女子

这类女性游走于卖淫的边缘，她们与情人的关系类似于 252

① Coffignon, *op. cit.*, p. 127.

② 参见：Léo Taxil, *op. cit.*, p. 211。

③ Macé, *op. cit.*, p. 67.

资产阶级的婚姻模式。“等客妓女”通常也叫作“假妻子”，年轻的资产阶级、艺术家、大学生或雇员会在结婚前和这类妓女过性生活，此外，等客妓女还会与财产不多、无法组建家庭的小资产阶级单身汉在一起，给他们制造“家庭生活”的假象。

“等客妓女”就像是于斯曼笔下的妓女拉马特，常常做一些老绅士的情妇。这群老绅士或是厌倦了妻子的暴躁冷淡，或是嫌弃妻子单调乏味，他们会和“等客妓女”展开婚外情。同样，阿基坦大区东南部资产阶级的大龄单身大学生也喜欢找“等客妓女”。[1]

253 在巴黎，被包养的女子[2]通常是在中心工厂工作的洗衣妇、裁缝、女仆、帽匠或卖花女。由于工资微薄，[3]她们不得不利用自己的魅力贴补家用。车间里的闲聊[4]、对年长女工的效仿、好胜心和嫉妒心很快会促使她们去寻找资产阶级情人，有时她们还暗自希望以后能跟情人结成合法夫妻。

资产阶级男性通常会把包养的女子安置在一个单间或一间

---

① A. Armengaud, *Les populations du Sud-Est aquitain à l'époque contemporaine*, p. 284.

② J. 德波（J. Depauw）在旧政权末期撰写了《18 世纪南特的违法爱情与社会》（Amour illégitime et société à Nantes au XVIII$^{e}$ siècle, *Annales. Économies. Sociétés. Civilisations*, juill.-oct. 1972, p. 1155-1182）。可惜的是，我们没有在 19 世纪对这一现象做出同样详细的研究。

③ 参见下文第 387 页及以下。

④ 于斯曼（Huysmans）在《马特》（*Marthe*）和《瓦塔德姐妹》（*Les sœurs Vatard*）的精彩描写。

普通的公寓里，[1]有时会给她们买衣服首饰，支付她们外出和娱乐的开销。甚至有时绅士会包养一个已婚女人，并连同她的丈夫一起包养。前警察局参谋长路易·普伊巴罗指出，“巴黎有很多单身老人居住在普通的房屋里”，[2]三个人一起过日子。

在重要的工业城市中，资产阶级男性的情妇大多是制造业的年轻女工。自复辟时期起，这类情况还发生在吕格莱的别针制造厂[3]、里昂的丝织厂[4]、里尔的纺织厂[5]以及瓦朗西纳的花边厂[6]。有时是工厂老板，大部分情况下是工头和其他小领导，拿工作来要挟漂亮女工。女工在每届工人大会上以及后来的工会大会上，都坚持不懈地要求停止这种“性骚扰”。[7]各地的女工都遭受到同样的骚扰，例如鲁贝地区在家修补织品的缝补女
工，[8]还有利摩日的瓷器厂女工，[9]如果她们不小心打破了瓷器又 254
无法赔偿，就不得不委身于老板，当她们希望被雇用时，也要委身于工头。1905年，利摩日女工联名指控两名工头性骚扰，

① 这是几个月来马特的情况，西普里安（《瓦塔德姐妹》）对赛琳娜就要刻薄多了。

② L. Puibaraud, *Les malfaiteurs de profession*, p. 112.

③ J. Vidalenc, *Le département de l'Eure sous la Restauration*, p. 494.

④ Docteur Reuss, *op. cit.*, p. 423.

⑤ 同上书，第416页。

⑥ Rapport du commissaire spécial, 12 novembre 1885. Arch. dépt. du Nord, M 201/13. 1885年，《晨报》为此刊发了一篇文章。

⑦ 参见下文第440页。

⑧ Yves Guyot, *op. cit.*, annexes, p. 552.

⑨ A. Corbin, *Archaïsme et modernité en Limousin…*, t. I, p. 113.

女工的强烈抗议在这座城市引发了一场革命，并激起瓷器之都“搜捕色狼”的街头行动。[①]

上述性爱关系，甚至是准家庭关系，有助于理解卖淫形式的变革。用莫里斯·巴雷斯的话说，这些跨越阶级的性关系会使双方产生挫败感，并导致“无法挽救的误解”。[②]资产阶级青年通过包养无产阶级的女儿和妻子，对无产阶级获得更私密的了解；他的第一次性经历可能是跟一个年轻漂亮但没有文化的女工发生的，而他很快就会对她产生厌倦。[③]显然，建立在金钱之上的情侣关系难以维系，从本质上说，这种结合只会使年轻男子逐渐把贫穷女性看作享乐工具。慢慢地，这种性关系会阻碍真正的夫妻交流，制约真正的夫妻关系的发展。最终，这种基于诱惑行为的两性模式会导致婚姻破灭。资产阶级家庭的父母对此感到担忧，这种担忧在一定程度上解
255 释了他们为何常常对儿子的年轻情妇怀有莫名的敌意。阿尔封斯·都德（Alphonse Daudet）也是出于这种担忧撰写了《萨福》（*Sapho*）。都德称这是献给他儿子的书，他认为这本书可以给年轻人上一课。

对被包养的女子来说，这种跨越了社会阶层的接触只会造

① G. Désiré-Vuillemin, «Une grève révolutionnaire : les porcelainiers de Limoges en avril 1905», *Annales du Midi*, janv.-mars 1971, p. 54 *sq*.

② Maurice Barrès, *Les déracinés*, éd. 1965, p. 110. 巴尔扎克已经指出，在巴黎，“恶性让富人和穷人永远联结起来”（*Splendeurs et misères des courtisanes*, p. 826）。

③ 这里表现的是于斯曼作品里主人公的态度。

成巨大的情感困扰。通常情况下，年轻的情妇只有一位心上人，这个人跟她同阶层，有时是夺走她贞操的人。不过，她有时也会跟两个不同阶层的男人发生性关系，并由此产生撕裂感。[1]她的资产阶级情人表现出的疏远态度和无礼只会引发她对资产阶级男性的敌意，这种敌意常常夹杂着一种忧伤情绪。当她之后跟一名年轻工人结婚组建家庭时，这种情绪将带来不良影响。

随着某些阶层单身人士数量的增加，婚外性行为的需求也随之增加，导致了卖淫行为的演变。自帝国末期，沙托贡蒂耶的年轻人就有包养女性的习惯，[2]鲁贝和图尔宽的资产阶级青年会在里尔找情妇，[3]当地地主的儿子会在贝济埃找情妇。在巴黎，婚外性行为的需求非常大，[4]无论是被包养的女子还是交际花，她们常常拥有多个情人。在马赛也是如此，她们当中有些人还组建了名副其实的情人会所。[5]

在新环境中，卖淫的界定变得模糊，妓女的形象不再清 256
晰，划分不同类别妓女的隔阂也随之消失了。“轻佻的年轻女工消失了，她们融入了册外妓女群体，”[6]卡利尔对此表示遗憾，

---

① 于斯曼和夏尔-路易·菲利普的作品中都提到平民妇女游走在多个情人之间，其性生活也因此而分裂。

② Docteur Homo, *op. cit.*, p. 179.

③ Docteur Reuss, *op. cit.*, p. 413.

④ 参见下文第 259 页，关于“幽会馆”的内容。

⑤ Docteur H. Mireur, *La prostitution à Marseille*, p. 216.

⑥ *Op. cit.*, p. 21.

并补充说，以前人们理解的那种被包养的女子也正在消失。男性享乐的需求激增，卖淫和被包养女子之间的界线变得模糊，年轻女子在经历一系列难以察觉的过渡后，更容易堕落成为妓女。因此，在讨论暗娼时，仅仅参照针对暗娼的专门研究是远远不够的。为了更加合乎逻辑地剖析 19 世纪的性行为，我们将分析一些相关联的、至关重要的基本行为。

### 3）暗娼

这部分将探讨自古以来广泛存在的暗娼。首先，暗娼包括在路边揽客的小酒馆妓女，以及出没于幌子商店和咖啡馆的妓女。有些暗娼曾经是在册妓女和失踪妓女。暗娼和站街女之间
257 长期以来相互渗透，这表明两者具有社会相似性。她们之间最大的区别在于淫媒结构的不同。

a）街头妓女、寄宿酒馆妓女和业余妓女

街头妓女的主要工作是招客或拉客。第三共和国时期和 20 世纪初，“街头拉客”[①]已经不再流行，妓女的“流动性”比过去更高。[②]随着妓院在城市空间的分散，街头妓女的活动范围也在扩大。她们先是在城中心背街的区域拉客，然后在郊区的林荫大道拉客，逐渐占据了整个城市。至少在巴黎，她们按照非常复杂的路线没完没了地揽客。街头妓女在郊区

① Coffignon, *op. cit.*, p. 109 *sq.*

② E. Richard, *op. cit.*, p. 63.

居住，在市中心接客，活动范围相当大，像熔岩一般四处流动。左拉笔下的妓女吵吵闹闹地从布雷达街区走到大剧院街区，[①]夏尔-路易·菲利普也在《蒙帕纳斯的布布》中对妓女布朗诗的流动路线做了详细描述。[②]熙熙攘攘的人群与哨兵般的妓女形成对比，她们站在冬夜的路灯下一动不动，排成一列等客。在热尔韦眼中，她们就像是在为巴黎放哨，在提防一个假想的敌人。[③]

不同的时间段内，巴黎“肉体工作者”的卖淫场所也有所 258
不同。白天和夜晚妓女在不同的地方卖淫，因而我们难以描绘一个固定的路线。凌晨两点左右，妓女开始出现在中央菜市场[④]和威尼斯街，这个街区是巴黎市中心低价妓女卖淫的区域。她们在菜农的手推车附近四处游荡，开价 0.5 法郎或 1 法郎，[⑤]“并且可以接受任何支付方式，甚至包括实物支付：卷心菜、胡萝卜、各类蔬菜，然后她们再转手卖给邻近街道的饭店老板”。[⑥]从天亮到中午这段时间，这些“拉客的妓女”逐渐散去，中央菜市场再一次热闹起来，到处都有餐馆老板、管家或仆人前来采购。

---

① *Nana*, La Pléiade, p. 1312.

② Charles-Louis Philippe, *Bubu de Montparnasse*, Le Livre de poche, p. 107-109.

③ Gervaise, *L'Assommoir*, La Pléiade, p. 771.

④ Coffignon, *op. cit.*, p. 110 *sq*.

⑤ Macé, *op. cit.*, p. 58.

⑥ Coffignon. *op. cit.*, p. 111.

“巴黎妓女下午一点才开始营业。”[①]太阳落山后，拉维莱特、梅尼尔蒙特、贝勒维尔、圣欧恩、克利希和东郊的妓女才出来走动。大多数情况下，下午工作的妓女都是家庭妇女，这也是为什么她们从来不在自己生活的社区拉客。不同于夜间卖淫，白天卖淫的地点一直比较明确。主要热门地点有：（1）从维维安娜街到里奇利厄街连通证券交易所和巴黎王宫区的小街
259 和小巷子；（2）塞巴斯托波尔大道和通向卢浮宫和巴黎王宫区的小街，特别是里沃利街的拱廊，妓女在那里招揽外省人、外国人，还有一些巴黎人趁妻子逛百货公司的空隙在那里召妓嫖娼；[②]（3）巴士底狱街区和与共和广场连通的大街（伏尔泰大道、理查德·里诺瓦大道）；（4）当然，还有从水塔到玛德莱娜教堂的几条大街，这几条大街连通了三大市场，还有火车东站、北站和圣拉扎尔站的广场，以及滑冰场、拍卖行和赛马场。[③]

到了晚上，满大街都是妓女。成百上千的妓女在人行道上不知疲倦地行走，没有具体的卖淫地址。然而，某些路线和地点因卖淫密度极高而引人注目。我们从巴黎外围开始列举：（1）在城市周边的防御工事外围，“下等娼妓”和“军妓”露天卖淫（一般是在气候好的季节）至少能赚二十苏和 品脱啤酒，[④]她们还在布洛涅森林和文森特森林，尤其是圣摩尔营地附近卖

① Coffignon, *op. cit.*, p. 112.

② 同上书，第 115 页。

③ Martineau, *op. cit.*, p. 81.

④ Virmaître, *Trottoirs et lupanars*, p. 139.

淫；（2）自第二帝国以来，香榭丽舍大街也成为妓女夜间拉客的重要地带；（3）环城大道一带，从泊松涅尔街到玛德莱娜街；（4）大道附近，尤其是巴黎歌剧院附近的大道，那里是高档妓女出没的地带，天冷时更多；全景廊街是高级卖淫最活跃的地方，所以，左拉把这里作为《娜娜》中女主人公卖淫活动的中心是有道理的。在这里，警察暴力逮捕了艾本夫人，引发了妓 260
女对警察局的大规模抗议。其他高档卖淫活动区域还包括乔夫罗伊大道、佛得角大道和歌剧院大道。（5）夜间卖淫的传统街区包括一向吸引外国人的巴黎王宫区、夏特莱广场（雷尼路、昆坎波瓦路）、波纳诺维尔街区、附近的圣德尼门和圣马丁、孚日广场、巴士底广场及其周围，以及塞纳河附近拉丁区北边的街道和塞纳河附近（哈佩路、圣雅克路、圣塞韦林路、加兰德路），这些地方已经变成最低端卖淫的夜间活动区域；（6）最后是大型的公共花园：卢森堡花园、植物园以及自 1871 年以来的杜伊勒里宫花园。上述卖淫区域的划分符合警察逮捕的册外妓女街区分布情况。[1]

在这些卖淫区域中，有一些固定场所：火车站、公共汽车站和综合型剧院。煎饼磨坊、巴黎赌场、巴黎花园、布利勒、爱丽舍-蒙马特，尤其是牧羊女娱乐场里面的“底层走廊，也叫小牛肉市场，一直是妓女聚集的大集市”。[2] 除此之外，还有

① D’après le docteur O. Commenge, *op. cit.*, p. 123.

② Virmaître, *Trottoirs et lupanars*, p. 151. 莫泊桑在《漂亮朋友》中也有提及。

舞厅，尤其是郊区的平民舞厅，市中心的年轻人在那里学坏、堕落，这对正直的人来说是令人震惊的丑闻场所，[①] 是年轻妓女的摇篮。

261 巴黎的情况[②]表明，卖淫场所与公共场所之间不存在任何重合的说法不免有些夸张，类似的还有路易·谢瓦利埃所谓的犯罪场所与公共场所之间没有任何重合的说法。值得庆幸的是，随着一个世纪的变化，卖淫和犯罪都在逐渐脱离公共场所。“公共场所”，或者说“资产阶级场所”中只存在一些核心卖淫团伙。[③]

卖淫场所与宴庆场所之间的联系虽然不是很密切，但更为明显：当宴庆场所逐渐转移到市中心的中产阶级街区（从杜伊勒里宫到战神广场），妓女就会占领这些地区。

妓女从郊区的高地下迁至巴黎首都的中心，人们将这种迁移视为一种威胁，因为它与 1871 年人民大众以革命的名义涌入巴黎的性质相同。在革命场所中，巴士底狱“无疑是一个焦点，革命就是从这里展开的”，[④] 人们在这里坚决反对凡尔赛宫

---

① Carlier, *op. cit*., p. 23; 尤其参见：le Cte d'Haussonville, «L'enfance à Paris», *Revue des Deux-Mondes*, 15 juin 1878, p. 898。

② 鉴于上述情况和妓院的位置。

③ 鲁日里（J. Rougerie）在其著作《巴黎人民，大众空间和革命空间研究：巴黎，1870—1871》（*Recherche sur le Paris populaire. Espace populaire et espace révolutionnaire : Paris 1870-1871*）中强调，大众空间的主流属于“警察空间”或“废弃空间”。

④ J. Rougerie, art. cité, p. 82.

里的王室。在卖淫场所中，巴士底狱也是性交易高频场所。不
过，我们不能急于下结论说卖淫场所覆盖了革命场所。妓女向 262
市中心流动更多是体现了无产阶级的屈从，而不是任何颠覆企
图，[①] 她们只是跟随着劳动力流动而已。

最后，与 J. P. 艾伦定义的“饮食场所”一样，巴黎的“卖淫场所”是前所未有的。[②]J. 盖拉德 [③] 和 J. 鲁日里认为，“公共场所”的特点是反奥斯曼城市运动。相比“公共场所”，“卖淫场所”更加固化。[④] 但随着城市的开放和妓女流动性的增加，“卖淫场所”也日益扩大，卖淫行为在整个社会得以蔓延。

在外省的大城市中，册外妓女并不那么分散。在里昂，她们集中在金头公园和附近的街道上。在马赛，她们集中在贝尔松塞大道、红灯区之外以及梅朗巷一带。在鲁昂，布林格林和库尔斯大道是妓女的主要卖淫场所。[⑤]1902 年，鲁贝和图尔宽尚未设立卖淫规制，所以妓女们更喜欢居住在这两个城市，然后去里尔的圣索维尔街区和埃塔克街附近卖淫，“临近夜晚时她们坐火车过去，早上再乘另一趟火车离开”。[⑥]

不同类别的妓女面对不同形象的顾客，揽客技巧也不同：

---

① 除非人们认为放荡是群众抗议的基本形式。

② J. P. Aron, *Le mangeur au XIXe siècle*.

③ J. Gaillard, *Paris, la ville*. *Passim*.

④ 比如说在中央菜市场区和博堡区长期存在着“大众卖淫”或“性虐待式卖淫”。

⑤ Virmaître, *op. cit*., p. 140.

⑥ Docteur Patoir, art. cité, p. 421.

263 妓女跟嫖客搭话时，最常用的说辞是“你要让我发大财吗？”有些妓女还敢扯住绅士的袖子纠缠他，被拒绝时甚至会破口辱骂。据莱昂·布洛伊，在巴黎被围攻期间，正是由于这种街头妓女大喊大叫，险些让人们拿石头砸向巴贝尔·多尔维利。[①]妓女与一帮专门帮忙揽客的车夫合作，越来越多的妓女在马车、汽车或出租车上揽客。[②]相比之下，妓女站在窗户边拉客的现象比以前少了，[③]究其原因，自然是妓女流动性的增加。但是，有些房屋的窗户朝向非常好，仍然是妓女拉客的好地方。据马瑟，普罗旺斯街或安顿大街有几套公寓每月租金高达一千法郎，就是因为房间窗户的朝向好。在这一带，“最小的窗户每天都能赚 30—100 法郎”。[④]窗边会有一些明显的卖淫标志：丝带、花、鸟笼或灯，方便在晚上向顾客指示“妓女所在的位置”。[⑤]

册外妓女的卖淫场所正是站街女经常使用的寄宿酒馆房
264 间。孔门格认为，1896年，[⑥]巴黎有一万家寄宿旅馆或饭店在从

---

① Léon Bloy, «Barbey d’Aurevilly, espion prussien», *Sueurs de sang*. 另请参见维尔马特所引作品中提到的妓女所说的辱骂言辞的种类（p. 139）。

② Coffignon, *op. cit.*, p. 119. 科菲尼翁提到了在公交车站揽客。

③ 详述福楼拜的观点：“在外省，窗户取代了剧院和步道”（*Madame Bovary*, éd. Garnier p. 130），埃德加德·皮克（Edgard Pich）写道：“卖淫与窗户紧密联系起来……窗户可以说是妓院和人行道的替代品。”«Littératures et cadres sociaux: l’antiféminisme sous le Second Empire», *Mythes et représentations de la femme*, p. 182, note 7）

④ Macé, *op. cit.*, p. 78.

⑤ Macé, *op. cit.*, p. 78.

⑥ *Op. cit.*, p. 502.

事这类活动。大部分门店要么开在市中心，要么反向为之，开在最偏僻的地方。[①]妓女很少居住在自己拉客的旅馆，她们通常只是在旅馆里卖淫，一大早上再回到郊区的旅馆房间。有些妓女也会把所住旅馆的老板和常住客变成自己的嫖客。房费一般是 2 法郎或 3 法郎，但是，根据嫖客的举止，房费可能在 25 分到 20 法郎之间浮动。[②]妓女和房东是一伙的，警察突然搜查时，房东还会给妓女通风报信。[③]显然，这些地方的妓女不会追求提升性技巧，[④]对她们而言，要紧的只是接客数量。

这种卖淫形式在外省很普遍，在里昂最为常见。[⑤]在里昂，册外妓女相对来说要筛选自己的客人。1876 年中央特派员报告称，[⑥]在马赛，皮条客让手下的暗娼住在寄宿旅馆，每四到九人一间房，每个妓女至少要付 3 法郎房费。她们每天在穿衣打扮和食物上花费近 10 法郎，还得付给皮条客 10 法郎。所以，妓 265
女必须平均每晚赚到 23 法郎才够生活。

b）幌子商店数量增加

早在 19 世纪初期，巴黎王宫区的时装店和内衣店就已经

---

① Coffignon, *op. cit.*, p. 79.

② Docteur Reuss, *op. cit.*, p. 203.

③ 左拉在《娜娜》中提到过警察对寄宿旅馆的某次突袭（La Pléiade, p. 1320）。

④ 这就是为什么在巴贝尔 · 多尔维利的短篇小说《女人的复仇》中，当主人公知道了塞拉 · 莱昂公爵夫人的本事后，感到惊讶。

⑤ Docteur Reuss, *op. cit.*, p. 422.

⑥ Arch. dépt. Bouches-du-Rhône, M 6 3336.

被店铺老板娘改造成淫窝。随后，越来越多的商店加入改造。1870—1880年，主要是手套店、衣领店、领带店和烟草店进行改造。[1]到19世纪末，已经远远不止这些店铺。该领域专家维尔马特写道：警察重点监督手套店，因此，用手套店做“暗娼馆”逐渐变成“过时的把戏”，[2]更多的暗娼馆藏在巴黎中心的唱片行、照相馆、葡萄酒和香槟酒商店[3]、香水店、书店，尤其是那些有后厅、夹层和地下室的性用品店内，可以方便女售货员进行卖淫。维尔马特称，巴黎的幌子商店有三百多家，议会外委员会的报告员也指出，1904年，这种新型拉客模式发展迅速。当时，许多“按摩馆”或洗浴场所[4]也朝着这个方向
266 转变，其中有一些变成了名副其实的幽会馆。[5]可以说那时候巴黎的任何一家商店都曾想过转型成暗娼馆。外省也存在这种现象，但各个城市的发展有所不同。这种幌子商店在里昂很少见，在波尔多则有很多。[6]

19世纪末期，随着情节性强的大众文学和后浪漫主义运动的兴起，零售商贩与卖淫之间的关系成为通俗文学的热门题材。这类题材主要描写来往于巴黎市中心和香榭丽舍大街的流

---

① 关于这个方面，参见：Carlier, *op. cit.*, p. 36, Martineau, *op. cit.*, p. 82, Coffignon, *op. cit.*, p. 80 *sq*.。

② *Op. cit.*, p. 114.

③ Docteur Reuss, *op. cit.*, p. 184.

④ 参见：Regnault, *L'évolution de la prostitution*, p. 114。

⑤ 关于马赛的情况，参见下文第336页及以下。

⑥ Docteur Reuss, *op. cit.*, p. 424 et 404.

动女商贩，主人公大多是卖花女，常常是女同性恋者。[①]专门为年幼乞丐发声的乔治·贝里（Georges Berry）在1892年的议会上提及了这一现象。同年，图卢兹[②]政府关闭了拉法耶特大街八家花亭中的四家，这些店已经变成了名副其实的帮妓女拉客的地方，由女淫媒把持，她们派十二三岁的年幼妓女去客人家“送花”。

我们回到幌子商店，每家店都藏了两三个妓女，由老板娘养活，她们不用付老板娘寄宿费，但需要和老板娘分享客人的嫖费。据马蒂诺，[③]二流幌子商店通常由两名女性共同经营，收 267
益二人均分。这些内衣店或时装店最初的常客基本上都是富有的老绅士。上班的时候，年轻女服务员会在商店后间里殷勤地接待他们，如若受到顾客的宠爱，她们的举止便会轻佻放肆起来。如今的客人包括“体面的”绅士，大咖啡馆或夜间餐馆做生意的掮客、猎头、服务生将这些绅士招揽进店，甚至还有专门为外国客人准备的翻译。[④]

顾客去幌子商店收银处结账时，店家会明确告知他，要是加点费用的话，还可以为他提供另一种商品。很少有妓女在幌子商店常驻，用这一行的术语来说，妓女经常会“跳槽”。“跳槽”的妓女由专门的代理人负责轮调。代理人通常是在家拉皮

---

① Martineau, *op. cit.*, p. 97 et Coffignon, *op. cit.*, p. 312.

② Arch. dépt. Haute-Garonne, M 284.

③ *Op. cit.*, p. 83.

④ Virmaître, *op. cit.*, p. 115.

条的女人，她们伪装成推销员，假装卖利口酒或艺术品，[①]她们甚至会伪装成做慈善的妇女，[②]溜进公寓，随时准备招募遇到的或是在工厂门口等到的年轻姑娘。幌子商店的妓女很快就能摸清资产阶级男人的习性，她们中很多人也会去夜间餐厅和咖啡馆卖淫。

据我们所知，最不体面的一种卖淫是厕所卖淫。许多妓女
268 在马赛市的厕所里卖淫。这类厕所都有一名女性负责经营，经营者雇用一两名妓女，她们除了打扫厕所外，还必须满足客人的要求。1911 年 4 月 3 日，警察监视了马赛港口码头的厕所，其经营者是一名来自科西嘉岛的 66 岁的寡妇。警员发现两名妓女与一位男士一起进入厕所，过了十或十五分钟才出来。其中一名妓女是一位 41 岁的已婚妇女，曾在奥德省做裁缝，她已经在这个厕所为老鸨工作了两年。另一名是一位 46 岁的寡妇，来自里昂，住在附近一家寄宿酒馆里。她说："十年来，我在厕所做清洁女工，没有工资，我供男人们享乐，满足他们一切要求。每次接客我可以赚取 1 法郎，和老鸨平分。"[③]

市长先是禁止厕所老鸨雇用 40 岁以下的女性，[④]又于 1902 年决定关闭大多数这类厕所。不过该禁令最终遭遇滑铁卢，最

---

① Docteur O. Commenge, *op. cit.*, p. 62. 然而值得注意的是，作者往往夸大了这些淫媒对资产阶级家庭隐私构成的威胁。

② Virmaître, *op. cit.*, p. 67.

③ Arch. dépt. Bouches-du-Rhône, M 6 6570（1）。雷诺医生在作品《卖淫的演变》中已经提及过公共厕所里的卖淫现象（p. 113）。

④ Arch. dépt. Bouches-du-Rhône, M 6 4817[A].

高法院认为这项市政法令是非法的。[1]1911 年，马赛打击暗娼，正式将这类厕所定性为“卖淫场所”，大部分厕所不得不暂时关闭。

c）小酒馆皮条客业务飞速发展 269

一系列禁令的废除使酒水零售业走向了贸易自由化。1880 年 7 月 17 日，颁布于 1851 年 12 月 29 日的限制酒水零售的法令被废除；1882 年，颁布于 1852 年的禁令措施也被废除。禁令接二连三的废除使酒水零售店数量大幅增长，与此同时，也引发了零售商之间的激烈竞争。因此，许多酒水零售商决定雇用暗娼吸引顾客，以拉动酒水的销售。在巴黎街区，特别是在中央菜市场，[2] 酒水零售店数量激增。这些零售店只要不是位于底层或者紧靠旅馆，就会专门配一间接客的屋子，而不再像以前那样只是准备一间小黑屋。[3] 需要指出的是，暗娼频繁出入的酒水零售店和设有酒水区的妓院是两种不同的业态，尽管它们都开在平民生活的街区，但是我们应当加以区分。

每家酒水零售店雇有两个妓女，通常都很年轻，[4] 一般情

---

① Arch. dépt. Bouches-du-Rhône, M 6 6573.

② J. 亚尤安克（J. Le Yaouanq）注意到在巴黎第四区也有类似的演变进程。

③ 维涅龙医生对南锡的商店后间进行了准确的描述，有时前厅和后屋之间只用一席帘子隔开。他写道：“我们已经看到了，那些幽暗房间里的光都是从前厅透进来的。大家都知道里面发生的事，人们很容易就能听到，也能看到。”（*La prostitution clandestine à Nancy*, p. 25）在这里，他们开始担心性行为不再是夫妻房间的隐晦之事，而是蔓延到公众的眼前，变得显而易见。

④ 据费威力艾教授，在南锡，感染梅毒的咖啡馆女佣有五分之三年龄不到 21 岁（转引自：le docteur Vigneron, *op. cit.*, p. 62）。

270 况下，她们都会帮老板招待顾客。为了防止顾客厌倦，她们停留在同一家店的时间平均不会超过三个月。酒商给她们提供饭食，她们没有薪水，每天还必须支付 3—5 法郎不等的膳食费。土伦的佣金相对便宜，在 1902 年土伦严厉镇压暗娼之前，咖啡馆的女佣妓女（有时一家店有数十名妓女）都由老板免费提供饭食，妓女每天支付给老板的膳食费约为 1 法郎。[①]1901 年，波雅克市一家咖啡馆的服务生玛丽 . R 每次接客都要交给老板 1 法郎或 2 法郎，即便如此，她在八天内仍然存了将近 60 法郎[②]。

在巴黎，皮条客通常在酒水店活动，他们在那里收取拉客的佣金、打牌，也因此成为酒商老板的常客。到了晚上，妓女接客结束后，皮条客会和妓女碰头，并交给酒商一份“夜间补贴”。有时，暗娼在酒水店接客，但并不住在店里。要是酒商老板愿意的话，她们会经常去店里，顺便带嫖客一路，这样还可以帮酒水店增加客户，老板一般对此都很欢迎。

这类酒水店的嫖客主要是平民百姓，包括工人和士兵。比
271 起妓院的妓女，他们更喜欢跟那些他们以为是女服务员的妓女保持关系，这样会让他们觉得自己有吸引力。当然，更是因为这里的妓女索求不高，她们通常只要 1 法郎或 2 法郎的嫖费。

在一些地区，酒水零售店的卖淫活动比巴黎更为普遍，这

① Arch. dépt. Var 8 M 52.

② Arch. nat. BB18 2198.

很容易理解，因为这种卖淫的对象是广大普通民众。顾客可以利用闲暇时间嫖妓，去的地方甚至就是以前经常光顾的场所。这种卖淫在北方尤其普遍，众所周知，大众小酒馆对北方社交活动非常重要。[①] 从 1880 年开始，啤酒的销量成倍增长，也是从那时起，为了提升竞争力，酒商不得不从周边乡村招徕妓女。[②] 很快，几大啤酒生产商和酒水零售产业链的掌控者意识到了这样做的好处，开始有系统地鼓励暗娼的发展，他们也因此成为性交易产业的最大受益者。

在里尔，有些在册妓女为了注销登记会和酒水零售商合伙，表面开店，暗地里继续从事卖淫。[③]1881 年，鲁贝警方报告说，市内有 74 个小酒馆“近乎公开地提供接客服务”。[④] 另外，在三公里之外，蒙特卢的比利时村庄“有四十多家小酒 272
馆，每家都有两名、三名或四名妓女公开卖淫”。[⑤] 中央特派员要求市长下令禁止酒商雇用女服务员。1886 年，《晨报》（*Le Matin*）提倡在瓦朗西纳市组织一场反对小酒馆皮条客业务的运动。[⑥]

---

① 参见：Pierre Pierrard, *La vie ouvrière à Lille sous le Second Empire*, p. 281-289。

② Professeur H. Leloir, «La syphilis et les cabarets dans la région du Nord; les brasseurs», *Journal des connaissances médicales*, nov. 1887, p. 371-372.

③ H. Hayem, art. cité, p. 252.

④ Y. Guyot, *op. cit.*, annexes, p. 551.

⑤ 同上。

⑥ Arch. dépt. Nord. M 201.

1904年，亨利·哈耶姆在监狱总会的赞助下发起了一项调查，调查结果有助于了解这种现象：在格勒诺布尔，50—60家不三不四的咖啡馆里有150—200名暗娼；港口也有很多类似场所，例如瑟堡和马赛。这些城市的市政当局首次意识到这一问题后，甚至委曲求全，用立法的方式规范卖酒与卖淫的关系，[①] 允许每家酒水零售店收容一名在册妓女，妓女每天支付酒商4—12法郎不等的租金，一般平均是8—10法郎；在布雷斯特，不三不四的咖啡馆有五十多家，在里昂则有无数家。[②] 据埃蒂安医生，南锡有一百多家小酒馆是淫窝。[③] 在圣马洛，1912年有16个小酒馆老板因指使未成年服务员卖淫而被判刑。[④] 在小城镇也有这种现象发生，伯杰雷特指出，在小城市阿尔布瓦，[⑤] 因卖淫活动兴起，酒水场所的卫生环境极其糟糕。

273 然而，又是在贝济埃市，酒水零售商与性交易之间这种含糊的联系最为显著。贝济埃市形成了一种新型卖淫结构，中央特派员在1900年7月2日提交省长的报告中指出了这一结构的复杂性。市内除了装修明显的卖淫场所，[⑥] 还有“25家咖啡馆，每家由三名女性共同经营：一个老板娘和两个非合伙管理

① H. Hayem, art. cité, p. 253.

② Reuss, *op. cit.*, p. 424.

③ Professeur G. Étienne, *Études sur la prostitution*, p. 13.

④ Arch. nat. BB$^{18}$ 2498.

⑤ Docteur Bergeret, art. cité, *passim*.

⑥ Rapport du commissaire central au préfet, Arch. dépt. Hérault, 62 M6.

人，管理人从事卖淫并定期体检；30 家咖啡馆由一个老板娘和一个合伙的管理人经营，这个合伙人也需要定期体检；另外 20 家咖啡馆由一两名女性经营，这些女性也卖淫但拒绝体检，政府也不能强迫她们。"①

1880 年之后，风化警察显得越发无用，因为小酒馆老板已受到法律保护，他们是市场竞争中最高级别的卖淫业代理商。对于经常找妓女的平民阶层来说，小酒馆中的皮条客业务无疑是非常合适的新型暗娼。但是，面对居民区不满情绪的高涨，②
大多数市长选择模仿勒阿弗尔的市长，禁止咖啡馆雇用女服务 274
员，自己的家庭成员除外。这条规定在不同城市的执行力度各不相同。例如在拉罗谢尔，③一些酒水零售商为逃避政策，与女服务员结成虚假的合伙关系；另一些酒商则将女服务员安置在后室。尽管如此，对各个城市的总体研究表明，20 世纪初期，市政的打击在一定程度上遏制了这种暗娼现象的蔓延。

---

① Rapport du commissaire central au préfet, Arch. dépt. Hérault, 62 M6.

② 巴斯蒂德-波尔多居民提供的一个有关此种不满的例子很能说明问题（Arch. dépt. Hérault, 4 M 337）。当地居民投诉了梯也尔大街的五家咖啡馆，经过数次调查后，中央特派员于 1881 年 7 月 10 日写信给省长："我们有时看到一名客人亲吻女服务员。甚至还有一次，一个女仆亲吻一个年轻人。另外，发现一个消费者让咖啡馆里一个女孩坐在他腿上，另一名顾客则把她拉进怀里。有时，女佣们登上坐满年轻人的敞篷汽车，一起抽着烟。我们经常听到一些俗语，常常都是些淫秽的话。"一名 26 岁的批发商说，他父亲已经不准他 13 岁的继妹去拜访朋友，因为她们一定会经过这些咖啡馆。女士们不再去图书馆，因为图书馆附近都是这些不三不四的咖啡馆。

③ Arch. dépt. Charente-Inférieure, M 415, rapport du commissaire central, 1er juillet 1903.

d）乡村地区的卖淫

传统暗娼形式还包括最下等的流浪妓女。与其他类型的妓女不同，在整个19世纪下半叶，这类妓女的数量并没有激增。然而，由于性需求的本质变化，这种低等形式的卖淫结构也经历了深刻的变革。

**“军妓”，传说与现实**

有关“下等娼妓”或“军妓”的回忆录[①]都呈现出一种偏见：她们瘦弱，丑陋，“肮脏，衣着褴褛，头发散乱”，大多已超过35或40岁；她们通常是随军团驻扎，被爱人抛弃后不得
275 不住在简陋的小屋里，有时住在窝棚里；她们索要的嫖费相当低廉，两个、四个或六个苏，[②]甚至是一大块军用面包都行；她们接客的地点或是在空地上，用一块毯子遮住，或是在一片小树林中，甚至也可以在建筑工地或旧城墙上接客。大多数“下等娼妓”都是用“手”卖淫，也就是说，她们只是为顾客手交，因为顾客十分嫌恶她们，不想与她们真正发生关系。

我们不禁想到莱昂·布洛伊在《泥泞》中描写的“下等娼妓”，一个死于肺痨的可怜女孩，孔利营地的士兵叫她“墓碑”，她“为了赚50分法郎接了12个客人”，[③]后来被一个举动太过粗

---

① 参见：le docteur Reuss, *op. cit.*, p. 277。

② 据首席医生德布瑞和罗德勒少校，一些妓女向贝尔福要塞的士兵卖淫，要五个苏，有时甚至只要两个或四个苏（*Bull. soc. fr. de médecine militaire*, 1909, n° 7 et 8）。

③ Léon Bloy, «La Boue», *Sueurs de sang*, coll. Folio, p. 128.

暴的“来自蓬拉贝或孔卡尔诺的粗壮男人压得”窒息而死。[①]

然而，我们不得不承认，生动的文学作品中塑造的人物形象在很大程度上都是想象出来的。当代社会学家难以通过文学人物精确地统计逃脱当局管控的暗娼活动。历史学家有幸掌握一些重要资料，就是政府从 1896 年开始让警察监视图勒附近 276
乡村的档案。[②]我们将对这份资料进行系统分析，以便更好地了解“军妓”。[③]分析结果表明，“军妓”的现实形象与当时的文学描述大不相同。

1896 年，军队和省政府担心性病在图勒驻军团内蔓延，很快决定调查乡村地区的卖淫活动，这类妓女的卖淫对象是驻扎在多马尔坦莱图、伯爵森林（东热尔曼镇）、正义镇、玛德莱娜以及巴拉克蒙斯（埃克鲁韦镇）的士兵。据调查，除了图勒的 80 名妓女外，还有 12 名“女佣兼妓女”以及 8 名与父母同住的年轻女孩与驻军中的许多士兵发生性关系。在省长的催促下，市长们借助图勒警方的帮助，利用军事部的补贴建立规章，规定从即日起，酒水店女服务员停止从事卖淫，并特别禁止“女服务员与平民或军人跳舞，或坐在军人腿上，一旦

---

① Léon Bloy, «La Boue», *Sueurs de sang*, coll. Folio, p. 128. 另请参见罗伯特·穆西尔（Robert Musil）的小说《没素质的男人》（*L'Homme sans qualités*）中穆斯布鲁克谋杀下等娼妓的惊人举动。

② 虽然其他驻军周围也有类似的打击卖淫的流程，但不像图勒一样，有充足的文件资料记载。自 1889 年起，在布雷斯特附近建立了一个跨城市健康监视系统（Enquête de 1902. Arch. dépt. Finistère, non classé）。

③ Arch. dépt. Meurthe-et-Moselle, 4 M 135.

被抓到，就立刻登记为在册妓女”，新招聘的女服务生需要出示“生活正直且道德良好”的证明，不服从规定的老板，其店
277 铺将被关闭。[①]有一定知名度的妓女宁愿离开乡镇，也不愿意被带去体检。在“8名有家庭的妓女”中，有2人去了南锡，6人受到警告后假装回归规矩的家庭生活。从那时起，严格意义上的“军妓”就消失了。

据1903年第二季度至1909年6月30日的记录，[②]三个镇一共逮捕了153名妓女，这些妓女都遭到一次或多次逮捕。记录显示，“军妓”应该都是来自附近村庄的年轻女子。有一半年龄在21岁以下，超过四分之三的人初次被捕时不到25岁（77%）。在所有人中，只有12人已婚（7.8%），1人是寡妇，2人离异。被捕后决定继续卖淫的女子将被登记为在册妓女，这意味着她们必须放弃暗娼活动。因此，在被捕的153名妓女中，只有11人（7.2%）企图重回军营附近卖淫。图勒军营旁的“军妓”实际上都是初入卖淫业，做暗娼只是暂时的。被捕后，她们要么恢复正常生活，要么正式登记为在册妓女并迁往城市定居。

公娼馆的妓女大都来自远方，而大多数被捕暗娼来自乡下，其出生地多在默尔特–摩泽尔省或邻近省份。在当地人看

---

① 泰尔·G是一个老板，曾强迫19岁的女服务员卖淫，为了吸引顾客，他晚上让她爬上酒吧的桌子，撩起裙子，让士兵们对她进行淫秽的触摸。作为交换，G常派她去教堂接受圣餐。

② 153名妓女总共被逮捕了177次。

来，大量军营的驻扎是导致附近年轻人道德败坏的原因。1900
年，多玛汀发生了一起丑闻，人们发现镇上有许多女孩都发生 278
过性关系，而她们的父母毫不知情，甚至没有怀疑过女儿有任何不当的行为，调查专员认为这是“小村庄极大的不幸”。[①]

一些军妓来自特鲁瓦、南锡、巴黎或其他远方省份，通常，她们的情人因征兵被派往图勒的军营，她们为了追随自己的情人，来到图勒。为了生存，她们也向其他士兵提供性服务。有些妓女还会成为铁路工人或防御工事建设工人的姘妇。

与大城市的暗娼不同，这些乡村地区的“军妓”在卖淫之前很少从事过其他职业。在被调查的妓女中，有 8 人做过酒馆女佣，1 人做过女仆，1 人做过白日女工，5 人曾经是工人。除此之外，还有几个图勒的妓女在好时节被驻军吸引而来，有 4 名音乐咖啡厅歌手也曾和军官们生活过一段时间。

图勒地区的“军妓”有时住在一间租给附近农民的小房间里，有时住在葡萄园中建的小屋，有时住在木屋里，甚至住在马厩或废弃的小屋里，有些与工人一起住在食堂或停在牧场上
的拖车中。[②]有两个妓女想搭伙在村子的主要街区找一间住所， 279
她们不仅向士兵卖淫，也向附近的年轻人提供性服务。1896 年之后，住在酒水店的妓女变少了，因为政府加强了对酒水零售

① Rapport du commissaire, Arch. dépt. Meurthe-et-Moselle, 4 M 135.

② 直到 1904 年 8 月，拖车都停在第 156 和 160 军团附近的牧场上。在政府的压力下，牧场所有者不得接受拖车停在其土地上。

店的监视，因而酒商无法再在店里安置妓女。

军妓很少直接在营房门口揽客。有些妓女更喜欢有独立岗位的士兵，她们在射击场（4人）、饲料场（2人）、火药库（3人）、棒球场（3人）、桥路工程学校（1人）、自助洗衣店（4人）、屠宰场（2人）或军用浴室（1人）附近拉客；还有一些妓女于傍晚时分在莱茵河的马恩（8人）或巴林海岸（1人）沿途招揽返回的士兵。不同的妓女有不同的习惯。

早在卖淫规制出台前，酒水店里的暗娼就广泛存在，但1896年政府对酒吧实施管控后，这种暗娼被其他更易扩散的卖淫形式所取代。比如，妓女开始在露天场所、牧场、运河岸边[①]、窝棚或茅屋中卖淫，有些人则在自己家里卖淫。

乡村军营里暗娼的性病率非常高。每个季度，被政府勒令体检的军妓中有三分之一甚至有一半染有性病。一年中不同时节的卖淫强度也有所不同：好天气和预备役士兵的到来会激起军妓卖淫的热潮，甚至还会吸引邻近城镇的在册妓女。有时，警察逮捕暗娼时，当地士兵会毫不犹豫地声称旁边的女子是自
280 己的妻子，这在一定程度上阻碍了警方对卖淫活动的监督。

**乡村的“游荡女”**

乡村中到处都是“在集市或市场上闲逛的女子”，比如

① 卢西安娜·查韦斯，19岁，于1908年被捕，她说她在“一家拖船公司的马厩中睡觉”，在运河两岸卖淫。在1906年3月被捕时，年仅20岁的路易丝·B还在想办法接触正义镇第39大炮兵团和运河两岸的人。她将嫖客“带到勒巴斯磨坊花园中的高层小屋”。

游娼，她们在草地或树林的角落里卖身给农民。1903年，在滨海夏朗德省，一群住在流动篷车里的女歌手也从事卖淫活动。歌团的负责人实际上就是皮条客，篷车就是流动妓院："妓女在篷车里接待路过的嫖客时，皮条客就在篷车外揽客。"[①] 维涅龙医生认为，这种卖淫形式在东部也很普遍，尤其是狂欢节期间，射击场或变戏法行家的展台旁，"通常会站着一个年轻女孩，有时她会直接揽客，上前邀请路人晚上跟她幽会"。[②]

1900年，埃罗卫生理事会成员抱怨说，这些村庄与城市一样，已经被卖淫业侵蚀，他们把矛头指向趁节庆机会雇用妓女的酒商老板。[③]1903年，在卡斯蒂隆拉巴泰尔，有三间餐厅和一间咖啡店在狂欢节期间临时变成卖淫场所。为了准备下一场集会，"皮条客到处旅行，以便招募集会所需的妓女"。[④]

在收割草料或庄稼的时节，菲尼斯太尔省水手的妻子们有 281
时会趁丈夫不在家去周围的乡村卖淫。[⑤] 伯杰雷特医生写道："不管在什么时候，我在阿尔布瓦从来没有见过有任何女性在完全自由的情况下独立卖淫。"[⑥] 副省长说，马雷内斯地区的贫

---

① Arch. dépt. Charente-Inférieure, 6 M 415.

② Docteur Vigneron, *op. cit.*, p. 56.

③ Arch. dépt. Hérault, 62 M8.

④ Arch. dépt. Gironde, 4 M 337.

⑤ Rapport du sous-préfet de Brest au préfet, 4 octobre 1876. Arch. dépt. Finistère, série M, non classé.

⑥ Docteur Bergeret, art. cité, p. 343.

穷女性就是靠此增加收入。[①]小旅馆通常开在偏僻但位于十字路口的地方，吸引了大量掮客、车夫，尤其是修筑运河工程或修筑铁路的流动工人，那里成为了暗娼的巢穴。在弗龙蒂尼昂，一间位于佩拉德小村庄运河沿岸的酒吧成为附近妓女的聚集地。[②]1903 年，有一家开在距离博尔默五六公里的旅馆，因为常有意大利工人光顾，也逐渐成为暗娼馆。[③]

游娼也会跑到村庄卖淫。1903 年，在瓦尔地区，省级政府对当地村庄进行了彻底的调查。调查结果显示："在 28 个人口低于五千的乡镇中，" 有 55 家咖啡馆 "是暗娼馆"，[④]其中 26 家的经营者是咖啡馆老板本人，他们让女服务员在大堂旁边的
282 小隔间里卖淫；22 家由妓女经营，她们有时会利用店里的女服务员或附近的妓女，附近的妓女会在特定的日子、特定的时间到店里给老鸨招来的客人提供服务；还有 8 家由多个妓女联合经营。省长开始担忧 "卖淫逐渐变成游走式的活动"。[⑤]妓女们 "随着顾客的需求流动，趁着节庆、集会或工人发工资的日子，[⑥]从一个乡镇涌向另一个乡镇"。卖淫规制主义者设想的固定式卖淫宣告失败，原始的卖淫方式开始复兴。

---

① Rapport du sous-préfet de Marennes, 11 avril 1902. Arch. dépt. Charente-Inférieure, 6 M 415.

② Arch. dépt. Hérault, 62 M8。反映 1902 年调查的表格。

③ Arch. dépt. Var, 8 M 52.

④ 这项调查的结果见：Arch. dépt. Var, 8 M 52。

⑤ 同上。

⑥ 同上。

然而必须承认，除了南方的地中海地区、阿基坦地区、营房附近或含矿盆地外，也许卖淫并没有在农村广泛传播，上文提到的例子并不能代表全国。在小村庄或村落里，卖淫的自发发展并非常态。[①] 拉迪尔医生研究了农村地区的卖淫，并分析了其规模难以扩大的原因，他写道，农民不会付钱给同类人，[②] 在乡村这个环境下，女服务员根本没有机会卖身，想卖淫的女孩都移居到了城市；农民通常在赶集的日子或者在婚宴结束后 283
才去找妓女，因为这样他才能匿名在人群中召妓。拉迪尔医生补充说："乡下人对性交的需求并不强烈。"[③] 他认为，"辛苦劳作的田间少女很少会对肉欲有渴望"。[④] 不过，这种观念几乎没有任何科学价值，这仅仅是资产阶级对农民的看法，表明资产阶级想要颂扬农村人的道德。但是，我们也不得不承认，想要算出有多少农村人去找城市妓女是不可能的。[⑤]

### 矿区卖淫的兴起和镇压：以布利埃地区为例

矿区老板有一套详细的劳动力管理策略：有些矿工是从外

---

① 有这么一个例子，两名妓女，分别是 18 岁和 21 岁，其中一人是守寡的白班女工，居住在吉伦特省康特纳克的马图村，一帮年轻人常去她们的住所嫖娼（Rapport de la gendarmerie de Cantenac. Arch. dépt. Gironde, 4 M337）。

② *Op. cit.*, p. 15。雷诺医生表达了同样的观点（*L'évolution de la prostitution*, p. 89）。

③ 同上书，第 17 页。

④ 同上书，第 15 页。

⑤ 根据 1907 年 11 月 23 日一桩针对妓女骗钱提出的控诉，我们获悉，住在布夫龙的已婚农业工人夏尔定期去图勒与 28 岁的妓女塞丽娜"做他的床边生意"（Arch. dépt. Meurthe-et-Moselle, M 134）。

地挑选来的，有些矿工是当地招聘的，矿区老板安排他们住在矿区，以便监督他们的工作时间和娱乐时间。[①]但是这套策略遇到一个问题，就是需要不断辞退不服从老板安排的工人，并不断招募新人。结果，矿区呈现两极分化，一边是矿区老板居住的花园区，一边是充斥着不道德、病态和暴力的聚集区。矿
284 区老板所住的区域卫生优良、道德良好。与之形成鲜明对比的是临时住所、酒馆和卖淫中心的混乱。这一反差侧面体现了，矿产公司的策略。

布利埃盆地是这种两极分化的典型例子。紧靠德国和卢森堡的地理特点加剧了这种混乱，卖淫业在边境地带持续发展，边缘人群的道德日渐败坏，最终引起了政府的关注。

1908年，[②]矿区暗娼有三种来源：一、暗娼包括325名咖啡馆或餐厅女佣和200名老板（总共400名老板）的姘妇，她们是卢森堡人、比利时人、德国人或意大利人，由外国就业办事处派遣至此，极少数来自南锡；二、在为工人提供住房的800名已婚妇女中，有许多人卖身给自己的租户；三、有许多父母让女儿卖淫。

大部分妓女的顾客都是来矿区工作的意大利单身汉。1911年，在布利埃的10881名工人中，只有3500名与家人一起在

---

① 参见：Lion Murard et Patrick Zylberman, *op. cit.*。

② 根据布里艾盆地专员所述（7 juillet 1908, Arch. dépt. Meurthe-et-Moselle, M 134）。

花园区定居，大约4000人住在工人宿舍。至于其他人，他们通常不愿意住在公司建造的单身公寓，而是住在私人餐馆里。矿区盆地大约有220家这种餐馆，这些极其简陋的建筑“由旧木板搭建，覆盖着油毡，空隙被沙丁鱼罐头填满”。[1]餐馆经营 285
者通常是意大利人。

在靠近边境的地区，如热夫、奥梅库尔和蒙托瓦斯海岸沿线地区，这类低级餐馆约有四十家。据警方称，每个星期六晚上，肆无忌惮的放荡景象会在这些地方公然上演。大量的舞会[2]与花园区的朴素道德形成鲜明对比。一些专业“舞女”赶来为舞会热场，促进了当地妓女数量的增加。

意大利单身汉经常十几个人合租一间小屋，一起吃饭，“有一名妇女既给他们做饭，也做家务，想来她们同时做两份工作也很轻松”。[3]讲述这些事情的采矿工程师指出：“这种特殊的合伙方式出乎意料的稳定，与单独交易比起来，合伙人之间没有什么多余的纷争。合伙人自行排除口味比较特殊、影响团体利益的成员。每周日，经常看到他们手挽手散步，女服务员在他们中间，走在最前面的一人还会演奏手风琴。”[4]

据警察和工程师的说法，矿区的性病发病率非常高。专员

① 在侦探小说中，抨击低俗舞会也是一个取之不尽的题材。

② 同上。

③ 矿业工程师的报告（5 juillet 1912, Arch. dépt. Meurthe-et-Moselle, M 134）。

④ 同上。

286 估计，有 38% 的单身工人患有淋病或梅毒。假如患者的整个家庭都受到感染，患者就更不会去治疗。斯皮尔曼教授提到一名还没来月经初潮的年轻女仆，她被老板娘强迫在五到六周内向“五十多人”卖淫。[①] 在性病患者服务处，她那已病变的外阴令人作呕。

这些不受监管的放荡、酗酒和暴力聚集区的发展引起了当地舆论、矿区老板和政府官员的注意。一开始，人们尝试用一种封闭且受监控的卖淫代替这种泛滥且不受控制的卖淫。1908年，斯皮尔曼教授要求在矿区开设一两家妓院，[②] 但是尝试失败了，比如开在奥梅库尔的妓院就遭遇了经营困难。采矿工程师写道，这是因为“意大利工人热情且有些天真，他们不喜欢唾手可得的乐趣，更喜欢私通和冒险”。[③]

同年，《东部共和报》在名为“论放荡、鲜血、酒精”的专栏中发起了一场充满仇外情绪的论战，谴责意大利工人的可耻行径。在报社主席拉布-莱耶的支持下，《东部共和报》组建了反对拐卖妇女为娼的协会，并向政府发出了警告。1910 年，政府下令对“矿区的卫生状况”展开调查。1912 年

287 8 月，省长应内政部长的要求成立委员会，负责研究“布里

① Professeur Spillmann, «À propos de la prophylaxie des maladies vénérienne. L'état sanitaire dans la bassin de Briey», *Revue médicale de l'Est*, 1908, p. 77.

② 同上书，第 91 页。

③ 采矿工程师，引用报告同前。

埃[①]矿区居民的卫生状况”。

在冶金业委员会的帮助下，政府决定在整个矿区内组织体检服务，并快速推进检查。1913 年布里埃副省长写道，“在三个月内，我们就能对盆地内的妓女建立起最有效的监视”，[②]除了四个特殊的镇以外，风化科在任何地方都能行使职能。此外，政府也对舞会进行了严格监督，禁止“舞女”的出现。

布里埃的政策清晰地表明，“一战”前政府以卫生的名义加强了对卖淫业的打击。[③]

#### 4）皮条客的多张面孔

通常，世俗将皮条客视为卖淫业最大的甚至是唯一的受益者，这样的描述过于夸张了。大部分皮条生意受益于多样的拉客方式，而不仅仅是招募无产阶级妓女。皮条客“阿尔丰斯”是著名情节剧的主角，他的确是从女人的“锅里”榨取大部分利润，这种人物在现实中是存在的。然而，是否正是因为关于
皮条客的传言四处纷纷，才在某种程度上蒙蔽了资产阶级的判 288

① 布里埃是法国大东部大区默尔特-摩泽尔省的一个旧市镇，也是该省原副省会。——译者

② Arch. dépt. Meurthe-et-Moselle, 4 M134。当时，大约有 127 名妓女登记在册，35 人在约乌夫，23 人在奥梅库尔，18 人在雅尔尼，1 人在瓦勒鲁瓦，8 人在蒂屈埃尼厄，4 人在芒谢于莱，2 人在特里约，20 余人在皮恩纳斯，3 人在蒙邦维莱尔，9 人在维勒吕普，4 人在蒂镇，3 人在克鲁斯内斯，2 人在隆格拉维尔，1 人在隆维，3 人在雷翁。

③ 参见下文第 605 页及以下。

断，让他们无法意识到卖淫真正获益者的存在呢？皮条客代表了卖淫和犯罪之间的联系，因此更容易被当成替罪羊。19世纪末，无产阶级暴力运动逐渐减少，皮条客可能是工人阶级对资产阶级造成身体威胁的最后一种形式。马克思主义者对“流氓无产阶级”的敌视，以及社会主义者对懒惰和伤风败俗的敌视，加固了有关皮条客的传言，甚至夸大了皮条客在现实中的重要性，同时掩盖了真正的淫媒生意。要知道，立法机构虽然拒绝在卖淫业方面立法，但皮条客并未逃脱法律制裁，事实上，底层皮条客以及寄宿酒馆的老板才是唯一遭到法律打击的群体，而受法律保护的是真正的淫媒。1903年4月3日通过了关于加强1885年5月27日打压皮条客法律的投票，从此在1904—1906年三年间，有1154名皮条客被送交塞纳省检察官办公室，其中573人被判有罪。①

我们在尝试粗略描述皮条客的形象之前，有必要先区分“心上人”、“靠妓女养活的人”和皮条客。前两者只是满足了妓女希望被关爱的需求，当然，妓女可能会送他们很多礼物，但不会完全落入他们的控制，也不会期望得到他们的任何保
289 护；因此，在19世纪上半叶，妓院中的妓女会指定一个比其他任何人都更使她中意的“心上人”，不过这种选“心上人”的做法并未持续很久。②酒馆妓女的“心上人”通常是大学生、

① Arch. nat. $BB^{18}$ 2363.

② 少女艾丽莎的“心上人”是一名士兵，正是因为他表现出过分粗鲁的热情，导致艾丽莎杀死了他。

艺术家或资产阶级青年。被包养的女子也经常会把自己的感情托付给一名同阶层的年轻男子，[①]但是严格来说，这个同阶层的男子不会是皮条客。

罗伊斯描述的“靠妓女养活的人”[②]不具有真正皮条客的全部职能，但他们是与皮条客最相似的一类人。这类人（也可能是女性[③]）的生活来源是交际花、夜间餐厅女服务员和咖啡馆女服务员。妓女并不需要他帮助拉客，他也不会粗鲁地控制她们。罗伊斯医生还说道，[④]有些年轻记者、律师、医生或作家每月可以从情妇那里得到600—800法郎的生活费。

皮条客以长期控制一个或多个妓女为生。当嫖客对妓女过分粗鲁时，皮条客随时准备干预。他会给自己的“饭碗”放哨，以防风化警察突袭检查。如遇警察搜捕，他会把妓女拉进怀里[⑤]或是拖住警察以便妓女逃跑。皮条客会告诉妓女她需要 290
光顾的旅馆或酒馆。必要时，他会帮助她练习盗窃和勒索。

简而言之，皮条客是妓女的引路人，通常也是训练她做妓女的人，有时还是夺走她贞操的人。最后，也是最重要的一点，皮条客是妓女真正的情人，是跟她同居的人。妓女在工作中遇到的冷淡可以在这个男人给她的快乐中得到补偿。[⑥]

---

① 《瓦塔德姐妹》中的赛琳娜就是这种情况。

② *Op. cit.*, p. 78.

③ 亚历克西斯的短篇小说《露西·佩莱格里德的结局》正是这种情况。

④ *Op. cit.*, p. 75-76.

⑤ L. Puibaraud, *Les malfaiteurs de profession*, p. 97.

⑥ 关于这个方面，参见：Charles-Louis Philippe, *Bubu de Montparnasse*, p. 28。

皮条客从妓女那里骗取大部分收入，每天都找她“借钱”，敢于反抗或赚得少的妓女会被他殴打或关禁闭。议员保罗·穆尼尔在呈交议会外委员会的报告中，以街头工作者工会的名义列举了妓女“钓大鱼”必去的几条街。[①] 人们普遍认为，妓女与皮条客的关系在本质上就是施虐–受虐狂关系。但是，这种论断有夸大的成分，我们应当考虑妓女与皮条客所处的社会阶层，在他们的阶层，同居双方表达感情的方式不同于资产阶级。

现存的一些文字材料常常展现妓女对皮条客的深情，这些文字材料包括《法院公报》刊登的妓女陈述、在医务室或医院[②] 住院或被监禁的妓女的信件，以及与妓女来往的人手中的
291 一些信件片段。同样，当妓女被隔离时，皮条客对他的“饭碗”表现关切，而不仅仅是希望她们在康复后继续帮自己赚钱。在《蒙帕纳斯的布布》一书中，夏尔–路易斯·菲利普生动地描述了蒙帕纳斯的布布对妓女贝尔特暧昧而粗鲁的爱。不过，这只是一部文学作品，不能作为真实资料来参考。

没有什么比文身更能证明妓女对皮条客的感情之深。当然，有些文身图案只是专业作品，也就是说，是从文身集中选

① Paul Meunier, rapport cité, p. 173. Tarif des gonzesses du rade. 可以在莫贝尔广场的皮条客中找到这份报告。

② 参见：R. Ricane, *La genèse de la fille Elisa*, p. 172 *sq.*。作者使用了一些在社区被拆毁后城内一家妓院找到的信件。

出来的。有些妓女文身是因为自己喜欢，有些是因为同行文了所以跟着文。然而，大多数妓女的文身并非专业作品，而是由她们的情人笨拙绘制的，情人同时也会给自己文身。妓女们非常喜欢这些文身，而且分手后很少会去“消除文身”。

妓女身上的业余文身具有十足的符号学意义：首先，脸上
的假美人痣通常意味着身上还有更大的文身。最常见的文身是
在前臂或手臂上文爱人的名字或首字母缩写，名字后面会加
上“一辈子”（pour la vie）或是这三个词的首字母缩写 P. L.
V.，名字前面会加上“我爱……”。这种表示依恋的文身有时
是一朵蝴蝶花、一颗心，偶尔也会是一幅心上人的画像。两只
手交叉放在匕首上的图案则表示愿意忠贞至死。还有一些更加
精细的专业文身图案，如白鸽、带翅膀的爱神或是花盆。图案
有时代表了爱人的职业或是他们服军役的地方，比如，一颗星
星表示情人是前殖民地的军人。总之，文身表达了女孩对在远 292
方服军役的爱人的忠贞之情。只文一只鸟表示心爱的人长期
不在。

妓女若想清楚地表明已经跟情人分手，就会在身体上文一颗被箭刺穿的破裂的心。当妓女有了一个新情人，还会在箭头刺心的文身下方或是另一只手臂上文一个新的文身，表明自己有了新的心上人。如果分手带给她们强烈的痛苦，她们会在箭头穿心的文身旁加一些图案，表明自己渴望报复或是想要借酒消愁：被抛弃的妓女通常会文一个墓碑或酒瓶。如果她们难以

忘怀去世的爱人，就会文一个叠放的十字架，或是简单地在心形图案上文一朵盛开的蝴蝶花。

勒布隆医生和卢卡斯医生临摹了圣拉扎尔诊所妓女的文身，[①]这些图案是他们可以找到的最动人的资料，揭示了妓女对皮条客或者“心上人”的深厚感情和强烈的爱意。文身过程是否可以被认为是施虐-受虐关系已不再重要。文身上很少有淫秽的文字。这些女性对她们所依赖的男人怀有既强烈又纯粹的爱慕之情，她们用一些单纯幼稚的符号表达“多愁善感”和无
293 法磨灭的情感。妓女通过文身表达了自己的奉献和忠诚，以及对救赎的希望。这些文身比任何事物都更能说明19世纪末的卖淫情况。

皮条客有多副面孔。几乎所有关于皮条客的描述都表明皮条客的形象发生了变化。早期，人们往往将皮条客描述成守门的大力士，[②]多年后，这种形象逐渐转变成一个装腔作势的年轻人，或是早熟、虚伪、机灵、狡猾[③]、“穿着罩衫、虚弱的小个子”[④]。19世纪末的巴黎皮条客与他们赖以谋生的暗娼一样，在

---

① Albert Leblond et Arthur Lucas, *Du tatouage chez les prostituées*, 1899. 我们从这本书中参考了大量有关文身的细节。

② C. J. Lecour, *La prostitution à Paris*..., p. 207.

③ 所有尝试描述卖淫现象的作者都试图绘制皮条客的形象，特别是卡利尔（*op. cit.*, p. 218-230）；罗伊斯（p. 75-95）；马蒂诺（p. 118）；科菲尼翁（p. 212）；孔门格（p. 91）；马克西姆·杜·坎普（p. 470）；普伊巴罗（p. 90-106）；马瑟（p. 111）和莫尼埃（p. 171）。

④ Docteur Reuss, *op. cit.*, p. 77.

穿着上摈弃了鲜艳的服饰，转而选择黑绸鸭舌帽和浅色格子喇叭裤，他们开始像普通人一样打扮。有些常去市中心咖啡馆的皮条客顶多会继续戴亮色领带、情妇送的戒指或是黄色手套。[①] 另一方面，皮条客还保留着给自己起外号的习惯，我们知道的外号有战胜者、公牛、蒙鲁日帕夏和格林内尔霸王。

当时的社会学家倾向于将皮条客归类并进行物种学研究，他们把皮条客当作一个“物种”以做进一步区分：

• “妓院的皮条客”，指已成为妓女情人的皮条客，这类皮
条客正在消失。但是，1902 年的凡尔赛卖淫业里依然有这种 294
人，他们仍然会把情妇送到城中的妓院卖淫；[②]

• “可耻的皮条客”，通常指工作努力的工人，他在空余时间供养一名情妇，等她年老后通常会跟她结婚；[③]

• “已婚的皮条客”，指自 1852 年 7 月 9 日法令通过后，与自己的“饭碗”结婚以逃避流放的皮条客，或者与妓女结婚并感到满意的丈夫；

• “在栅栏后游荡的皮条客”，指不仅监视自己的妓女，还会抢劫过路人的皮条客。这种人在格勒内尔、拉维莱特、贝勒维尔、梅尼尔蒙特以及市中心的巴黎中央菜市场和莫贝尔广场附近都很常见。我们也可以把“无赖”归为这类人——据警方

① Coffignon. *op. cit.*, p. 214.

② Arch. dépt. Seine-et-Oise, 6 M 7.

③ Carlier, *op. cit.*, p. 218.

称，1875 年马赛有上千名无赖。[①]1903 年里尔中央特派员写信给省长称，埃塔克斯大街每晚都有人被抢劫，受害妓女担心自己的声誉，通常拒绝起诉；警察只掌握到个别受害人的信息，“就是那些因为自卫被痛打一顿，最后瘫在地上的人”；[②]

• 巴黎市中心咖啡馆里的皮条客，也即半上流社会女子的“推广者”，这类皮条客自称是女性美发师、集市推销员[③]、咖啡馆驻唱歌手[④]或赛马注册经纪人。关于这些“推广者”，例如杀
295 死情妇的普拉多或普兰兹尼，[⑤]孔门格医生[⑥]把他们描述为“金褐色皮肤、头发油亮、戴着耀眼的戒指的外国阔佬”；

• 还有从事同性恋卖淫、为年轻男妓拉客的皮条客，这里我们不做论述。

不管怎么说，[⑦]第一次世界大战之前我们没有发现真正的皮条客工会，[⑧]最多是相熟已久的皮条客之间存在一种团结之情。闲散的下午，他们聚集在台球桌或纸牌桌周围，或者只是在人行道上漫无目的地散步。[⑨]资历深的皮条客会训练新入行的年轻人，年轻的皮条客在实践中学习，从 15 岁开始做“望

---

① Arch. dépt. Bouches-du-Rhône, 6 M 3336.

② Arch. dépt. Nord, M 201/15.

③ Coffignon, *op. cit.*, p. 215.

④ Commenge, *op. cit.*, p. 93.

⑤ Puibaraud, *op. cit.*, p. 115.

⑥ *Op. cit.*, p. 94.

⑦ 1884 年 3 月 15 日发布的《妇女法》声称巴黎有一个皮条客联合会。

⑧ 这也是马蒂诺的观点（*op. cit.*, p. 121）。

⑨ 参见《蒙帕纳斯的布布》的布布和大儒勒（p. 64）。

风”的工作。[①] 在马赛，当多名妓女在同一条街上揽客时，她们的皮条客会一起行动，“分散在揽客区域的四周放哨”。[②] 如果警察逮捕了一名妓女，他们会集合起来，协助他们的“饭碗”逃跑。在马赛，也有两个皮条客合作让同一个妓女卖淫的 296
情况。[③]

除了 1889 年关于滨海塞纳省的一项调查以外，没有任何其他定量分析可以帮助我们描述皮条客团伙的整体特征。第二帝国末期，卡利尔曾系统地研究过被指控拉皮条罪的人。[④] 六年之内在巴黎被捕的 695 名皮条客或涉嫌拉皮条的人中，有 371 人（53%）是巴黎本地人，324 人（47%）是外省人或外国人。我们可以看到，巴黎人在皮条客中的占比要比在册妓女和册外妓女中的占比高得多。被捕的皮条客通常都是惯犯：330（47.4%）人已服刑 575 次，其中 275 次（服刑人数 95 人）因打架、伤人或拒捕，262 次（服刑人数 91 人）因小偷小摸或背信罪，38 次（服刑人数 31 人）因携带武器、夜袭或暴力抢劫。这一时期，巴黎的皮条客属于高犯罪率群体，许多提案建议把他们送往殖民地。1896 年，孔门格指出，过去二十年中已有一百多名皮条客被判死刑或终身苦役。[⑤]

---

① 参考费迪南德在 L. F. 席琳（L. F. Céline）的《死缓》（*Mort à crédit*）中扮演的角色。

② Rapport du commissaire Dietze, Arch. dépt. Bouches-du-Rhône, M 6 3336.

③ 同上。

④ *Op. cit.*, p. 226-227.

⑤ *Op. cit.*, p. 94.

1889年，鲁昂被捕的皮条客中有47人“完全依靠妻子或
297 情妇的卖淫收入生活”，[①]而这些人都声称自己另有职业：17人声称是工匠或手工业工人，8人是短工，7人是游商或小商贩，6人是歌手、作曲人或街头音乐家，2人是商人，2人是咖啡馆服务员，2人是商店雇员，2人是水手。其中有9人已因偷盗、打架和伤人服刑18次。

总的来说，真正的皮条客都比较年轻。卡利尔总结说，他们大都18岁左右，没有人超过50岁。鲁昂皮条客的年龄分布也证实了卡利尔的论断（参见边码第304页图表）。警察局档案中有几份关于“皮条客”群体的行为报告，不过警方与新闻界、舆论一样，总是把青年群体犯罪和皮条客的行动混为一谈。1902年，警察抓捕了一群由五十多名男孩女孩组成的团伙，并将该团伙定性为皮条客，因为这群人每周一晚上从舞会出来后，就会登上从杜伊勒利宫到叙雷讷的船，制造暴力事件或“淫乱”事件。根据警方笔录，他们在每周一下午五点左右从皮托港上船，“接着攻击船只，把妇女和儿童赶出座位，砸碎设备，唱下流歌曲，威胁要杀死抗议的旅行者，然后打碎电灯，在黑暗中行淫乱之事”。[②]警察组织了伏击和突袭，逮捕了
298 “35名皮条客，其中大多数是15—19岁的年轻人”。[③]这就是

① Rapport de préfet au procureur général, Arch, dépt. Seine-Inférieure, 4 MP 4565.

② Rapport du 9 décembre 1902 Arch. préfect. de police, BA 1689.

③ 同上。

为什么媒体[①]呼吁警察对这类皮条客进行管控，因为他们实际上都是处在社会边缘的年轻人。

1902 年 10 月 28 日晚发生了一起极具启示性的案件。[②]当天晚上九点半，在博伊尔街和比达索亚街角，二十余名被警察定性为皮条客的人发生争吵后刀枪相见。这场斗殴中有两人受伤：一名 19 岁的屋顶工人和一名 23 岁的洗煤厂工人。警察当场逮捕了一名 21 岁的“切割工”和一名 18 岁的短工。凌晨一点钟，警方发动突然袭击，抓住了窝点在梅尼孟丹街 4 号的一帮皮条客，并逮捕了六名在前一晚斗殴的人，其中包括一名 18 岁的屋顶工人、一名 19 岁的工人、一名 17 岁的玻璃切割工、一名 20 岁的“切割工”、一名 17 岁的木匠和一名 24 岁的模型工。除了最后这个模型工是 24 岁，其他皮条客都非常年轻，且都从事某项职业，这种情况从惯犯法令施行之日就存在了。

最重要的问题是，皮条客的规模到底有多大？这个领域的研究随机性极大；比如在巴黎，就有两个极端的估值。1891 年，《时代报》在一项针对皮条客的调查中认为，皮条客的数量为五万名。然而，警察总局的专家[③]认为皮条客的人数不超 299
过一万，警察给出的数据无疑是最接近现实情况的。不得不承

① 参见：«Exploits de souteneurs», *L'Humanité*, 25 octobre 1906。

② Arch. préfect. de police, BA 1689.

③ Commenge, *op. cit.*, p. 100.

认，要想绘制出皮条客人数的变化图是完全不可能实现的。

### 5）册外妓女人类学研究的困境

受统计数据所限，描绘册外妓女的形象要比描绘在册妓女困难得多。暗娼并没有什么区别于其他人的特征，因而很容易逃脱社会学家与警方的调查。暗娼的信息不在风化科的资料里，也不在妓院老鸨的记录册里，同样不在监狱拘留记录里，唯一可以参考的资料就是针对女性病患者开放的医院所记录的观察结果，以及有关册外妓女拘捕和体检的文件。这些文件之所以存在，也是因为暗娼在被捕后加入了在册妓女的阵营。在这里我们有必要说明一点：这些资料并不涉及交际花，我们进行定量调查的对象只是街头妓女。

表面看来，这些调查的结果似乎没有多大意义，因为这些调查显示的都是最终登记为在册妓女的暗娼，或是“失踪”成为暗娼的在册妓女。我们也很清楚，暗娼只不过是妓女变成正
300 式妓女之前的实习期或“必须经历的初期阶段”。[①] 小说人物少女艾丽莎直接进入妓院的情况在现实中很少发生。于斯曼笔下拉玛尔特多舛的命运更符合实际情况。然而，我们仍有必要研究暗娼和在册妓女的相似性，因为两者的特征并不是完全重合的，我们可以从一些细微的差别里辨别出两者的不同。

---

① Docteur Homo, *op. cit.*, p. 51.

相关医学文献表明，[①] 暗娼的原生家庭乍一看与在册妓女没
什么不同。1872—1882 年，马赛警察释放了 1000 名册外妓 301
女，[②] 其中只有 112 人是私生女；孔门格 [③] 研究了 2368 名患病
的册外妓女的原生家庭，其中只有 184 人是私生女。但是，无
父无母的孤儿和失去一位父母的妓女超过了半数。已释放的马
赛册外妓女中，27.1% 在被捕时是无父无母的孤儿，16.6% 失
去父亲，15.3% 失去母亲，7.3% 出生时不知道父母是谁。[④] 孔
门格研究的巴黎册外妓女中，692 人（29%）是孤儿，811 人
（34%）失去父亲，456 人（19%）失去母亲。

暗娼一般从附近城镇迁移而来，而在册妓女一般来自偏远地区。孔门格在著作中提到，巴黎有 34% 的暗娼来自塞纳河，

① 为此，我们整理了马蒂诺医生关于卢辛女性病患者的著作、孔门格医生的著作（他为警察总局诊所医生确诊染病的册外妓女建立了上万份档案），以及米瑞医生关于马赛册外妓女的调查。我们还整理了艾提安医生，尤其是维涅龙医生关于南锡册外妓女的作品，以及更久远的著作，即我们已经引用过的霍莫医生关于沙托贡蒂耶妓女的作品。前三位作者完成的作品量最多，但很可惜他们使用的研究样本不同。可以确定的最具科学性的是马蒂诺医生的作品，因为卢辛的作品没有探讨任何在册妓女的问题，而且他研究的医院正是地下妓女的“专用场所”，因此他的研究只涉及相关患者，不能很好地代表整体。米瑞医生的作品可用于比较被送交风化办公室的妓女、已注册的妓女（参见第 88 页及以下）和被释放的妓女，但是，不言而喻，被释放的妓女并不能代表全体地下妓女。至于孔门格医生选取的样本（被拘捕并确诊患病的册外妓女），其中大部分妓女选择立马注册，也有小部分继续做地下妓女。

② Docteur Mireur, *La prostitution à Marseille*, p. 221，以及在后续段落中给出的细节。

③ *Op. cit.*, p. 42，以及后续内容（p. 302-379）。

④ 总的来说，这一结果得到了迪泽专员关于 1875 年和 1876 年被捕的未成年妓女的报告的证实（Arch. dépt. Bouches-du-Rhône, M 6 3367）。

6% 来自塞纳-马恩省或塞纳-瓦兹省，其余的则来自南部和北部。来自南方地区的人数很少，而来自布列塔尼西部和北方的人非常多，这个比例常年保持稳定。总的来说，来自巴黎东部区域和巴黎郊区的人数最多，按人数从多到少排列分别是：11 区（伏尔泰大道和理查德·里奥尼尔大道），18 区（蒙马特、克利格南库尔、固特道儿），20 区（贝勒维尔、梅尼尔蒙特、夏隆），19 区（维也特）和 10 区（圣殿郊区、圣德尼和圣马丁盖茨）。

302 布雷斯特的大多数册外妓女都来自城市；来自马赛城镇的暗娼比例高于在册妓女（26.2%）。城市中的册外妓女大部分来自罗讷河口和邻近省份的市镇，此外，外国妓女（占 22%）的数量也不少。1875 年时，勒阿弗尔警察拘捕了 103 名册外妓女，其中 22 名来自城市，26 名来自滨海塞纳省其他市镇，16 名来自相邻的省份卡尔瓦多斯。[①]

我们将马赛风化科拘捕又释放的册外妓女的年龄分布与在册妓女相比较，可以看出册外妓女的年龄分布呈现两极化趋势，要么是很年轻的女孩，要么是年龄较大的女性。这很容易理解，此处不再赘述。有些暗娼六十多岁仍然在卖淫。1875 年阿弗尔被捕的 103 名暗娼的年龄分布同样呈现两极化趋势（参见右页图表）。

---

① Rapport du chef du service des mœur. Arch. dépt. Seine-Inférieure, 4 MP 4 565.

303

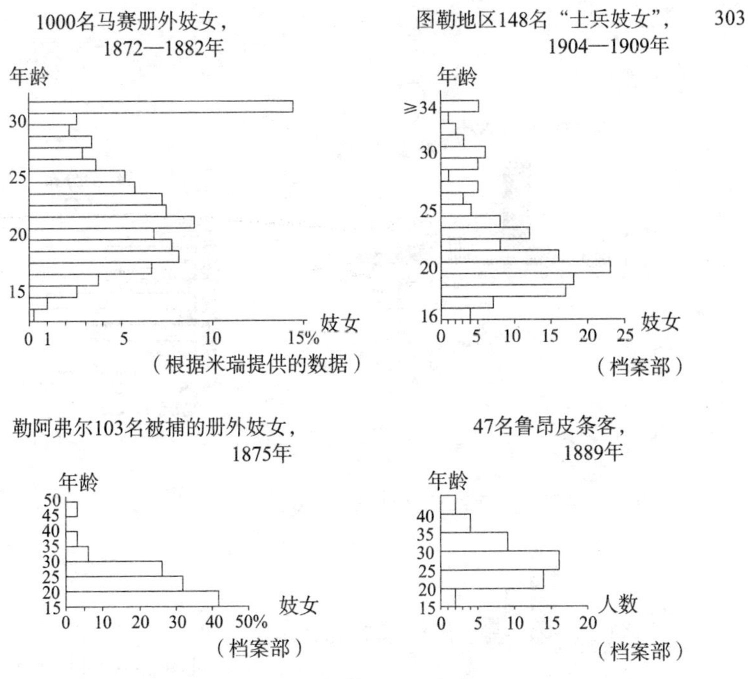


**暗娼和皮条客年轻化（按年龄分布）**

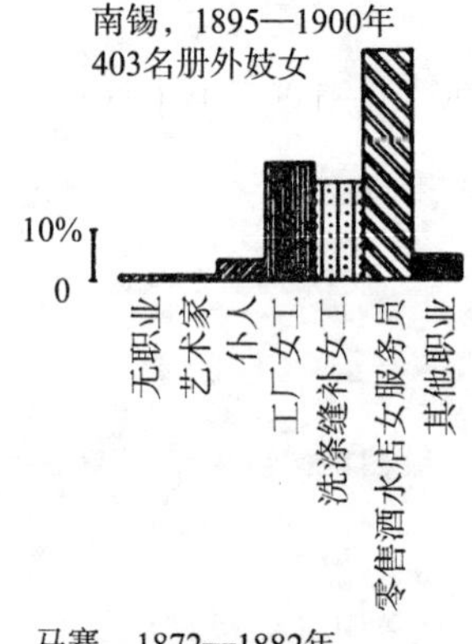


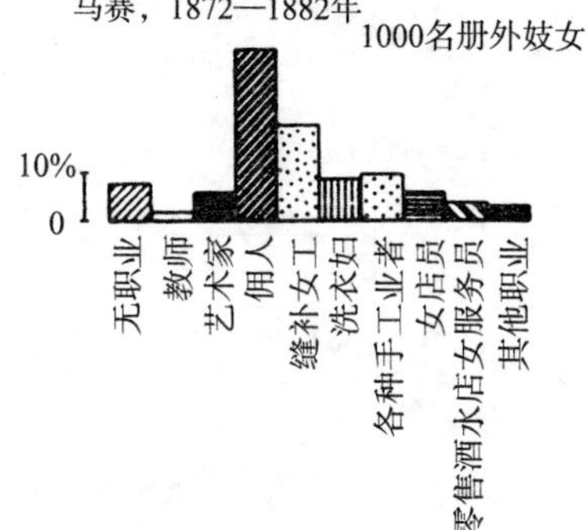


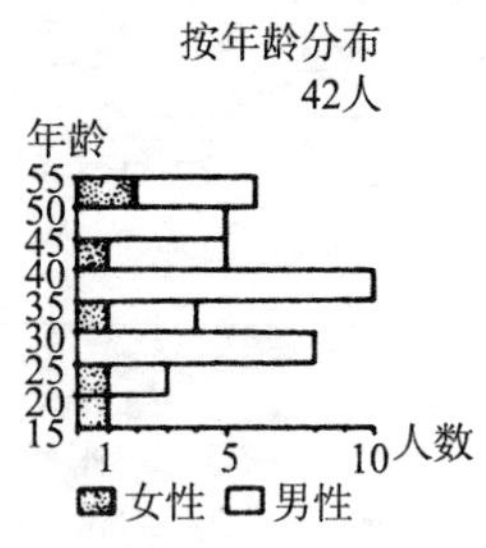


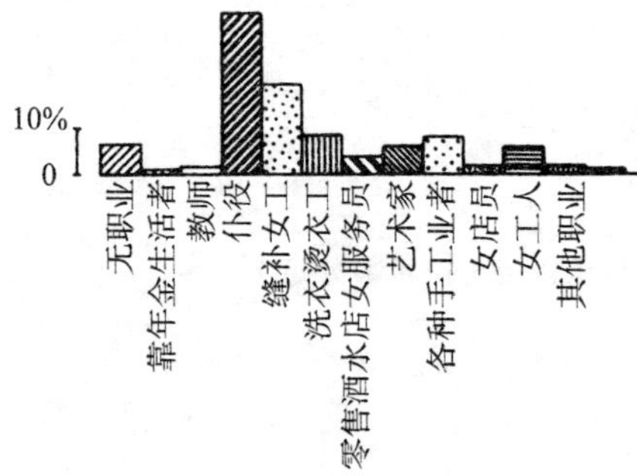


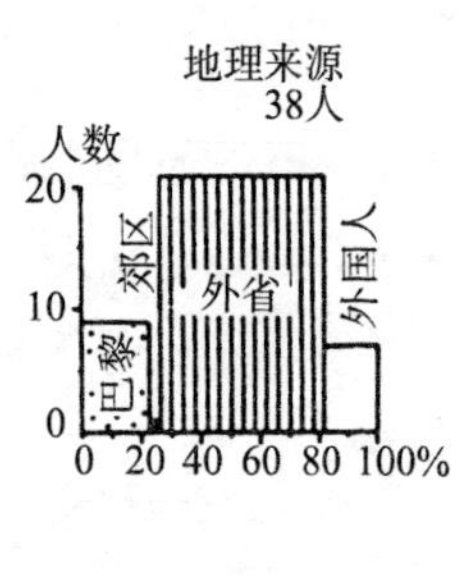


**下方左图：册外妓女声称自己从事的职业（数据由维涅龙医生、米瑞医生、孔门格医生提供）**

**下方右图：巴黎的“中间人-供应人”，1902 年（警察总局档案部）**

305

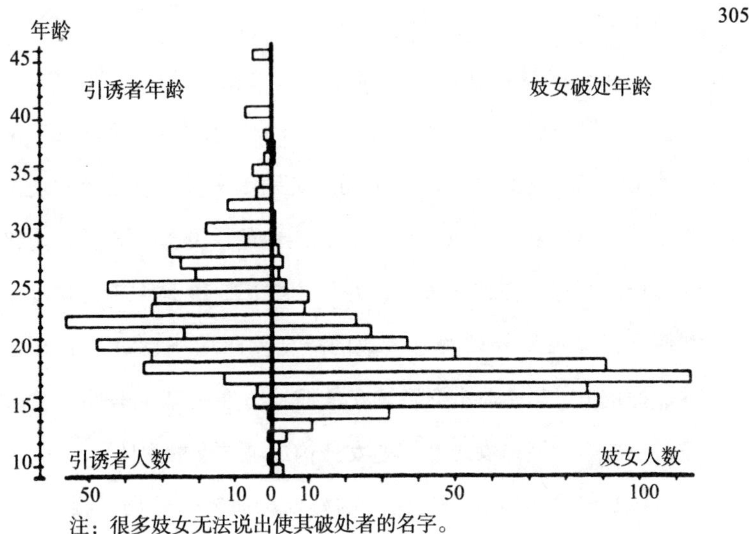


注：很多妓女无法说出使其破处者的名字。

**在卢辛，马蒂诺医生治疗的患病妓女（出院后她们通常成为暗娼）的破处年龄（据本人陈述）**

马赛册外妓女声称所从事的职业（参见边码第304页图表）与在册妓女登记时申报的职业差不多，大部分是工厂女工、仆人、厨娘、女仆、商店女店员和酒水零售店女服务员。米瑞医生调查了1000名册外妓女的职业，列出一份清单，其中56人是歌剧演员或戏剧演员，12人是语言教师或钢琴教师，还有5人是小学老师。

307 费福里埃教授在南锡救济之家帮助过的225名性病女患者，[①]以及1895—1900年在救济之家被治愈的403名妓女[②]都是暗娼，与马赛册外妓女属于同一类别。尽管南锡已经实现工业化，但工厂女工只占暗娼总数相当小的一部分。相反，南锡的咖啡馆女佣所占比例很大，并持续增长，19世纪末，咖啡馆女佣已经接近册外妓女总人数的一半。1878—1887年，在巴黎被捕的6342名册外染病妓女的职业分布清楚地表明，女裁缝、洗衣妇、熨烫女工尤其是女仆构成了妓女的主体。

马蒂诺医生以在卢辛治疗的妓女为研究对象做了报告，[③]报告结果展示了日后成为暗娼的人是如何失贞的（参见边码第305页和306页图表）。马蒂诺医生提供的数据还揭示了其他现象：它不仅揭示了普通人民阶层青少年的性行为，还从社会学角度勾勒出了诱拐女性的社会网络。这项调查还为研究婚姻关

① Professeur G. Étienne, *op. cit.*, p. 13.

② Docteur Vigneron, *op. cit.*, p. 20.

③ *Op. cit.*, p. 42-66.

306

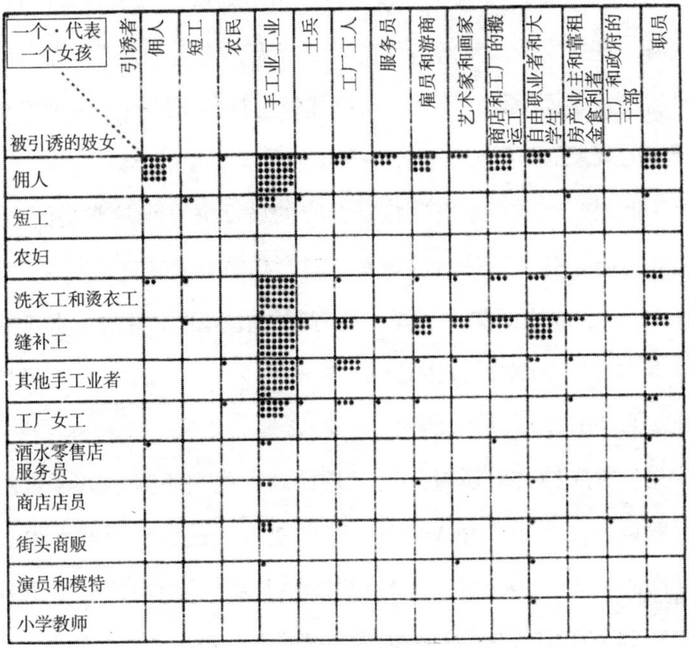

一个·代表一个女孩

| 被引诱的妓女 \ 引诱者 | 佣人 | 短工 | 农民 | 手工业工业 | 士兵 | 工厂工人 | 服务员 | 雇员和游商 | 艺术家和画家 | 商店和工厂的搬运工 | 自由职业者和大学生 | 房产业主和靠租金食利者 | 工厂和政府的干部 | 职员 |
|---|---|---|---|---|---|---|---|---|---|---|---|---|---|---|
| 佣人 | | | | | | | | | | | | | | |
| 短工 | | | | | | | | | | | | | | |
| 农妇 | | | | | | | | | | | | | | |
| 洗衣工和烫衣工 | | | | | | | | | | | | | | |
| 缝补工 | | | | | | | | | | | | | | |
| 其他手工业者 | | | | | | | | | | | | | | |
| 工厂女工 | | | | | | | | | | | | | | |
| 酒水零售店服务员 | | | | | | | | | | | | | | |
| 商店店员 | | | | | | | | | | | | | | |
| 街头商贩 | | | | | | | | | | | | | | |
| 演员和模特 | | | | | | | | | | | | | | |
| 小学教师 | | | | | | | | | | | | | | |

经引诱成为暗娼的妓女（马蒂诺医生提供）

系和非法生育的人口学家提供了资料。当然，有人可能会反对马蒂诺医生，认为他的研究工作不够严谨，所选的样本也不具备整体代表性。而且，即使被访问的患者提供了真实的失贞年龄，有些妓女的确在夺取她们贞洁的人的年龄和职业方面提供了错误的信息，因为这些妓女自己也不知道对方的真实信息。还有一些妓女为了辩解自己的卖淫行为、美化过去或掩盖一场
308 卑劣的往事而撒谎。不过，马蒂诺医生这种试图量化一种完全模糊的现象的研究方法，是一种既独特又有趣的尝试。

据观察，在卢辛医院接受治疗的妓女失贞年龄普遍偏小，这一点与圣拉扎尔诊所的妓女一样。几乎全部患者（78%）都在 15—21 岁之间失去贞操，还有很大比例的患者的失贞年龄早于 16 岁（21%）。大部分在 17—18 岁失贞，22 岁以后仍是处女的是少数人。

众所周知，引诱者，也就是使妓女失去贞操的人，年龄一般偏大。少数人在 18 岁以下（5.2%），因此，使妓女失去贞操的人很少是与她们同年龄段的青少年。绝大部分引诱者（73.5%）在 18—28 岁之间，22 岁的人数最多。在这些人中，中年男性尤其是老绅士只占很小的一部分。30 岁以上的只占 10.4%，40 岁以上的只占 2.7%。

如果以失贞女孩的职业为参照点，可以归纳出三种类别的诱惑者：

a）女仆的引诱者。女仆失身于各类职业人员，因此，这

类女性的诱惑者类别最广。女仆、厨娘和贴身女佣可以接触
各行各业的人，比如她们的老板、男佣人、工匠、商店的供
货人和雇员，所以，使她们失贞的人的职业种类相当分散。
b）熨烫女工、烫衣女工和洗衣妇则相反，她们的引诱者大部 309
分都是同阶层的男性，也就是工匠（66%）。在工厂和手工作
坊工作的其他女孩也属于同样的情况，只有缝补女工除外。c）
对缝补女工，尤其是女裁缝的研究结果显得非常特别。她们
之中没有任何人失身于男佣人，而除男佣人外，所有职业的
男性都曾引诱过她们。自由职业者和大学生（17%）占有相
当大的比例。

关于引诱者的研究结果显示，不同阶层的男性都试图通过婚外情获得性满足。但是我们发现了一个奇特的现象：从一开始，士兵就不在这份引诱者的列表上，这个现象的原因现在尚不明确。卢辛医院大部分女性病患者都失贞于工匠和手工作坊的工人。他们引诱各行各业的女性，其范围之广与他们本阶层女性极弱的吸引力形成鲜明对比。

在服务业中，男女的行为差距更大。不过，服务业的情况
恰好与手工业的情况相反。男性家庭佣工的吸引力在社会上非
常有限。一共有 21 名妓女失身于男佣，其中 17 名妓女原本是
女佣。绝大多数自由职业者和进入社会的大学生都会选择缝补
女工和女仆，他们很少会想要引诱车间或工厂的女工。商店雇 310
员和游商的做法相同，这种模仿行为也表现出一种社会野心。

商店和工厂的老板也会引诱缝补女工和女佣，引诱女佣的占大多数。

这段简短的描述足以显示出婚前或婚外性关系网的多样性。每天的朝夕相处是性行为发生的决定性原因，正因如此，男女才会在他们的办公室、工厂或资产阶级内部小圈子发生性行为。性行为发生的圈子固然单一，但欲望和引诱的过程却很复杂。[①]

孔门格说过，“今天我们可能过分夸大了学校教育对妓女道德的影响”，这一点我非常认可。孔门格于 1878—1887 年访问了一万名册外染病妓女，其中只有 16% 是文盲，显然，妓女的教育水平符合平均水平。不过，1882 年在马赛被逮捕又被释放的妓女中有 42.3% 是文盲，这个文盲比例已经超过了地区平均水平。

总而言之，无论是被风化警察逮捕的暗娼，还是在性病医
311 院治愈的册外妓女，她们的情况看似多样，实际上与在册妓女登记时的情况非常相似。这并不奇怪。暗娼充其量只是比在册妓女更好地融入了她们所处的城市环境，她们通常比在册妓女在城市扎根更深，几乎一直有一份工作，受教育水平也比同行高。

---

① 还应指出的是，第二帝国末期，在贡蒂埃城堡接受霍莫医生（*op. cit.*, p. 57）访问的 11 名地下妓女中，有 1 人声称自己在 12 岁失去童贞，另外 1 人在 13 岁，4 人临近 14 岁，2 人临近 15 岁，1 人临近 16 岁，1 人 17 岁，最后还有一人在 19 岁时保持贞操并结婚。

## 3. 新式卖淫行为

本节将探讨19世纪最后30年法国卖淫史上的一个重要现象，也就是性交易的发展方向问题。从事性交易的有这么一类女性，她们不是高级交际花，不在卖淫规制的管控内，没有被警察追捕，[①] 即使染上性病也不会被视为妓女，医务人员也不会报告她们的妓女身份。我们认为，这类女性所从事的性交易活动不能称为“暗娼”。这类妓女与我们提到过的册外妓女不同，并没有生活在警察的纠缠中。尽管她们有时会有一个情人，却很少受皮条客支配。相反，她们是新式皮条生意的受害者，这种皮条生意由真实的商业公司作掩护，掌控着一批女性，形成网络，其影响力足以解释20世纪头几年里拐良为娼的文学题 312
材蓬勃发展的原因。最后也是最重要的是关于新式卖淫行为的定义。所有这些新式卖淫行为都表明，妓女想要给嫖客一种她被引诱的印象——她不再像传统妓女那样，如动物一般只知道性交，对所有交易照单全收。

### 1）啤酒女

自1876年卖淫问题被提上日程，每年的舆论运动几乎都

① 警察还是会追捕那些来自幽会馆的妓女。对于这类新型妓女，只有当她们使警察感到不安时，警察才会谨慎地采取行动。

会要求关闭“女仆啤酒馆”，[①]因为啤酒馆女服务员的性病发病率非常高。这类啤酒馆出现于第二帝国时期，1867年巴黎举办了世界博览会，自此以后，啤酒馆就开始用女服务员代替男服务员。[②]1880年7月17日颁布的法令解除了对酒商的禁令，促使这类啤酒馆及其女服务员数量激增。直到1888年2月24日警察局长莱昂·布尔乔瓦推出卖淫规制条例，才抑止了这一增速。

“女仆啤酒馆”开在巴黎中心地区，客流量最大的几乎都开在塞纳河左岸的拉丁区。通常，这些啤酒馆都是由几个富有
313 的出资人合伙经营。妓院的淫媒主要是老鸨，而这些“女仆啤酒馆”的主要淫媒是男性皮条客。

**表10　巴黎城内“女仆啤酒馆”数量的增长**[③]

| | 啤酒馆数量 | 女服务员人数 |
|---|---|---|
| 1872年 | 40 | 125 |
| 1879年 | 130 | 582 |
| 1882年 | 181 | 881 |
| 1888年 | 203 | 1100 |
| 1893年 | 202 | 1170 |

啤酒馆的招牌别具一格且带有暗示性。最有名的几家店名

---

① 例如：Barthélemy et Devillez, «Syphilis et alcool. Les inviteuses», *France médicale*, 1882, p. 302 *sq.*。

② 实际上，这些酒馆是1860年在巴黎发展起来的“下等小酒馆”的后继，但1861年9月19日警察局长博伊特尔下达的法令导致了它的彻底衰落（C. J. Lecour, *La prostitution à Paris*..., p. 226）。

③ Macé (*op. cit.*, p. 127); Virmaître (*Trottoirs et lupanars*..., p. 273).

是：流氓头子啤酒馆、保姆啤酒馆、最后的子弹啤酒馆、后宫啤酒馆和地狱啤酒馆。[①] 嘉年华期间，啤酒馆老板会组织精彩的车马列队，向看热闹的人群宣传店铺特色。

啤酒馆里为消费者提供服务的“女服务员”都是殷勤的漂亮姑娘，她们穿着短裙制服，通常会照戏剧里的样子，打扮成农妇、安达卢西亚人、意大利人或苏格兰人。[②]“女服务员”守在她要招待的顾客桌旁，陪顾客喝酒，激励顾客消费。她还会应顾客要求陪他们去附近的旅馆睡觉，这些旅馆的老板一般都与啤酒馆经营者保持良好关系。有时“女服务员”会在啤酒馆 314
后厅的房间里卖淫，这些房间一般装修华丽，类似维纳斯洞窟的风格，[③] 不过这种情况很少发生，毕竟这是额外服务。

除塞纳河右岸的某些啤酒馆外，其他地方的酒馆老板都会给店里的啤酒女提供食宿，她们要缴纳“服务费”，不过这个费用相当低，比如，塞纳河左岸的啤酒女每天只需交 50 分至 1 法郎。除此之外，啤酒女还要交一笔杂费，这个费用根据她们服务餐桌的位置会有所不同。另外，啤酒馆老板会根据啤酒女接客的质量和数量收取相应比例的费用。他还可以收取各类罚款，主要是啤酒女打碎餐具的罚款。最后，“女服务员”还要

① Docteur Reuss, *op. cit*., p. 196.

② Macé, *op. cit*., p. 136.

③ 19 世纪后三分之一时期的洞穴风格在抒情艺术、象征主义建筑以及情色寺庙装饰中发挥着重要作用，值得系统研究。洞穴是宗教情感的核心，以卢尔德石窟为模型的多种多样的建筑设计就证明了这一点。

支付自己的服装费和客人的火柴费用。[1] 据马蒂诺医生，在某些啤酒馆里，她们甚至还要给男服务员一笔小费。[2] 尽管如此，马瑟认为啤酒女每天仍然可以赚 5—20 法郎。[3]

为了避免啤酒女频繁“跳槽”，啤酒馆老板会定期置换女服务员服饰并更改室内装修。[4] 所以，啤酒女不同于其他类别的妓女，她们很少跳槽，可以建立忠实的客户群。此外，老板
315 还会把最好的“女服务员”安置在附近的公寓里，以方便她们卖淫。啤酒女的工作时间不像妓院妓女一样有强制性，一般是下午三点至午夜。其他时间，啤酒馆只要求个别女孩工作，比如专门雇上白班的啤酒女。

“女仆啤酒馆”的主要顾客是年轻人：高中生、大学生、艺术家、年轻的雇员或百货商店职员在热闹的气氛里聚集在一起。拉丁区的啤酒馆里还有年轻的知识分子。过去在君主立宪制时期在校青年聚集在一起的情景眼下又重现了，不过如今是发生在“女仆啤酒馆”，而不再是在剧院里。毫无疑问，“女仆啤酒馆”使志趣相投的年轻人聚在一起，并促进了外省青年融入巴黎社会。学生甚至用“恶作剧”的方式表达对“女服务员”的喜爱。不过这些举动导致了一个后果：1883 年 4 月，道德协会组织会议要求关闭“女仆啤酒馆”。会议期间，有 500

① Macé, *op. cit.*, p. 141.

② Docteur Martineau, *op. cit.*, p. 81.

③ Macé, *op. cit.*, p. 142.

④ Coffignon, *op. cit.*, p. 101.

名参会者提出反对，并大声呼吁人们承认这些啤酒馆是对公众有益的。[①] 啤酒女美丽、年轻以及始终在同一家店工作的稳定性使顾客可以与她们建立情感关系。每个人都有希望成为女服务员的“心上人”，而不用担心皮条客跟他们竞争。

于斯曼讽刺了这种变相卖淫，以及年轻人自愿上当受骗的 316
天真。[②] 与于斯曼相反，上了年纪的巴雷斯回想起青年时代的“女仆啤酒馆”时则带着一丝怀念。随着城市低收入女性人数的减少，“毕业的无产阶级”[③] 越发难以找到女伴，这些啤酒馆为他们提供了建立恋爱关系的机会。拉卡多的情妇莱欧蒂娜就是啤酒女，这个“富有怜悯心”[④] 的啤酒女陪伴他度过了初夜。即使是严肃的罗赫什帕赫尔也曾在一名巴黎啤酒女的陪伴下度过初夜，他甚至建议斯图雷尔也去找啤酒女。[⑤]《背井离乡者》的作者巴雷斯写道，“这一时期，社区生活就两件事情：购物和啤酒女”，[⑥] 他回忆道，“一群姑娘和学生挤在烟雾缭绕的屋子里……在“青春”这块蛋糕上，煤气、烟雾、醉酒，所有欲望

---

① Macé, *op. cit.*, p. 199.

② Huysmans, *À rebours*, Coll. 10/18, p. 271-274. 对德塞森特而言，这些啤酒馆“满足了整整一代人的精神需求，成为那个时代的缩影”，是“愚蠢的感伤主义”和“实际的残暴”的混合体。“巴黎的年轻人热血澎湃，但又没钱进入高级场所消费娱乐，他们只能接触下等酒馆的女服务员，他们也没法察觉，不论在造型美感、专业态度，还是必要的着装上，啤酒女都比豪华沙龙里的女性低劣很多！”

③ Maurice Barrès, *Les déracinés*, éd. 1965, p. 113.

④ 同上书，第 112 页。

⑤ 同上书，第 108 页。

⑥ 同上书，第 105 页。

都散发着暴力的气息，交替着红色和黑色。”青少年们尖叫着，激动着，一个个伸出双手，张开嘴巴，奔向酒精和淫乱，仿佛一群动物……[1]1883 年，学院街、王子街和奥德翁附近的沃吉拉尔街充斥着无数啤酒馆，自由恋爱的所有细腻情感都在这些
317 啤酒馆中融化了。[2]

与音乐咖啡馆一样，“女仆啤酒馆”也逐渐在外省大城市流行起来。1882 年起，“女仆啤酒馆”开始在里昂、马赛和图卢兹出现。亨利·哈耶姆的调查显示，卡昂、第戎、格勒诺布尔、里尔、奥尔良和鲁贝-图尔宽一带也兴起了“女仆啤酒馆”；[3]安地比斯的市长则迫于舆论压力取缔了这类啤酒馆。[4]“女仆啤酒馆”的大量增加自然而然地引起咖啡馆老板和服务员的敌视；1885 年，贝亚德街的咖啡馆老板和服务员向图卢兹市长发起请愿；[5]就在前一年，马赛发生了咖啡馆服务员袭击啤酒馆女服务员的事件。[6]

在港口城市，主要是布雷斯特、土伦和马赛，一些啤酒女在公寓内开鸦片烟馆。[7]掌玺大臣为此深感担忧，于 1913 年决定调查卖淫与毒品的联系。在布雷斯特、洛里昂和雷恩，鸦片

---

① Maurice Barrès, *Les déracinés*, éd. 1965, p. 73-74.

② 同上书，第 107 页。

③ H. Hayem, art. cité, p. 252.

④ O. Commenge, *op. cit.*, p. 57.

⑤ Arch. dépt. Haute-Garonne, M 446.

⑥ Arch. dépt. Bouches-du-Rhône, M 6 2329.

⑦ Enquête de 1902, Arch. dépt. Var, 8 M 52.

烟馆的常客主要是海军或殖民地军官，还有个别经常出入啤酒馆的年轻人。[1]在马赛，人们在这类啤酒馆的附属店铺里吸鸦片。在土伦，吸毒最为普遍，烟馆“完全开放，甚至装修豪华”。[2] 318

### 2）“街角音乐咖啡馆”的女服务员和“拐卖女歌手为娼”事件

“街角音乐咖啡馆女佣”现象主要出现在外省。1870—1880 年，有音乐表演的下等咖啡馆在外省大量涌现。随后，不只是在城市，不管多小的地方都有一家或多家“街角音乐咖啡馆”。[3]佩里格有 8 家，奥约纳克斯有 7 家，德拉吉尼昂和埃夫勒有 6 家，门德有 5 家，共计 388 家。“下等咖啡馆”与街角音乐咖啡馆的本质一样，不过档次更低，比如 1895 年在龙威和古莱古沿途经营的 6 家音乐咖啡馆。[4]夏季，朗格多克或普罗旺斯的一些村庄会举办抒情音乐会，庆祝守神日或斗牛节。“街角音乐咖啡馆”和“下等咖啡馆”总共雇用了数千名女性。根据店铺规模，每家店会招募 5—20 名女歌手。同一时期，这种形式的音乐咖啡馆也开始在国外流行起来，尤其是在荷兰和俄国。

“街角音乐咖啡馆”是以抒情艺术为幌子的卖淫机构。

---

① Arch. nat. BB18 2488.

② 同上书。

③ 参见此著作中的图片：André Ibels, *La traite des chanteuses*, p. 128 *sq.*。

④ Arch. dépt. Meurthe-et-Moselle, M 134.

1906年，面对猖狂的性交易，安德里·伊贝尔斯（André Ibels）在《晨报》发起了反对“拐卖歌手为娼”的激烈运动。事实上，顾客可以根据喜好，跟任何一位女歌手喝上一杯，并
319 在演出结束后带她去常客休息室或专用隔间里“用餐”。资产阶级男性非常欢迎这种形式的卖淫，外省城镇的商店老板也很喜欢。相比较而言，“下下等咖啡馆”主要在平民阶层中揽客。[①]不得不说，“街角音乐咖啡馆”里的音乐氛围和欢乐气氛具有一定的吸引力，此外，与驻唱女歌手建立关系能使男性的虚荣心得到极大满足，有些女歌手也会因为能取悦常客而感到自豪。

音乐咖啡馆与啤酒馆不同，老板不是直接从雇用的女服务员手里抽取卖淫的收入。[②]他们主要是靠提升店内饮品的销量以及鼓动顾客豪赌来赚钱。为达到目的，他需要找既漂亮又善解人意的姑娘为咖啡馆招徕顾客。“街角音乐咖啡馆”通常属于富有的赞助商，老板只是经营者而已。伊贝尔斯在研究中举了一个北方大酿酒商的例子，这个人拥有三十多家这一类型的店铺。[③]

---

① 应该指出，至少在某些地区，合唱艺术或抒情艺术确实对工人具有巨大的吸引力。参见皮埃拉（p. 296-299., p. 296-299）关于北方的内容，以及阿兰·科尔班（*op. cit.*, t. I, p. 412-417）关于利穆赞的情况。

② 当然，这取决于地区情况和习惯。在北部和东北部，“下下等咖啡馆”的老板通常直接从女服务员的工作收入中抽成。J. B. D在朗威开过两家音乐咖啡馆。根据1895年的一份报告，他直接向客户收费，并把“歌手接客收入的一部分据为己有”（Arch. dépt. Meurthe-et-Moselle, M 134）。

③ *Op. cit.*, p. 78.

音乐咖啡馆招募年轻女性的网络相对简单；老板通过中间 320
人，也就是“歌手经纪人”进行招募。这些经纪人通常住在巴黎的共和街区、塞巴斯托波尔大道或圣德尼和圣马丁门附近。他们不必遵守职业介绍所的规定，而是利用诱人的广告吸引想做歌手的年轻女孩。他们以试唱为幌子把女孩们送到交通枢纽地带进行贩卖，例如阿维尼翁或图卢兹。实际上，许多“歌手经纪人”招募的“夜宵服务员”比真正的歌手还要多。

一旦到达目的地，被招募的姑娘就要签署一份条款明确的合同，老板可以利用合同牢牢控制她。通常，合同规定歌手必须要唱歌，并且在咖啡馆住宿，尤其是要与提出要求的顾客“共进晚餐”，直到早晨两点甚至五点钟才能休息。合同很少规定薪资数额，一般会注明女孩们可以得到摇彩的奖品和保留顾客支付的小费。[①] 更过分的是，许多合同规定女孩必须支付食宿费、服装费甚至使用乐谱的资料费。如果没有完成规定的工作，她们还要缴纳罚款。有时她们必须陪客人一起玩。老板想解雇她们时，只需要告发她们是册外妓女就行了。 321

1890 年，歌手工会联盟迅猛发展，组织了反对“拐卖女歌手为娼”的运动，不过工会在短短三年后便解散了。1903 年，联盟重组，两千多名成员被纳入法国总工会，他们在劳工联合

---

① 参考亚伯·赫曼特（Abel Hermant）的《米塞利骑士》(*Le cavalier Miserey*, 1886, p. 379-383），该书提供了关于摇彩与小费以及鲁昂“下等音乐咖啡馆”气氛的描述。

会的帮助下重新展开斗争。单在1905年，工会就张贴了5000张告示揭露音乐咖啡馆的丑闻。① 工会还多次给市长写公开信，尤其是在1906年，安德里·伊贝尔将自己的调查结果递交给克莱蒙索和内政部副书记阿尔伯特·萨劳特，他还得到了参议员贝朗热的支持，要知道贝朗热可是一名不屈不挠反对淫媒谋利者的斗士。1906年12月6日，政府颁布通告，禁止音乐咖啡厅女歌手在演出期间索要小费、“在台上搔首弄姿”、“在演出期间与观众接触”，② 并且禁止音乐咖啡厅经理给女歌手提供食宿或要求她们在店内陪客人吃晚餐。与此同时，150名市长共同签署了一系列法令，旨在打击侵犯女歌手的行为。

然而，这场运动的结果不尽如人意。市政当局采取的措施以及政府通告都没有得到有效实施，不出几个月就被人遗忘了。作词家、作曲家和音乐发行商协会一直拒绝参与该运动，
322 而音乐咖啡馆的老板们是掌握选票的重要人群，背后有市政当局的资助。因此，市政当局不会打击音乐咖啡馆，更不会正式承认这些店是卖淫机构。最重要的是，面对需求旺盛的顾客，要求“音乐咖啡馆”的经营者不去抓住客源是强人所难。

### 3）幽会馆

不能将幽会馆与传统的公娼馆或“快餐”旅馆混为一谈。

---

① Rapport de Louis Comte, *La répression de la traite des Blanches. Compte rendu du 3$^{e}$ congrès international tenu à Paris*, 1906, p. 226 *sq*.

② *La répression de la traite des Blanches, congrès de Madrid…*, 1912, p. 145.

幽会馆的发展、完善以及后来在 1900—1910 年得到的官方认可，揭示出卖淫方式的演变以及资产阶级的性行为。

严格来讲，幽会馆并不是新生事物：长期以来，“贫穷的时髦女子”和太过怯懦不敢追求心仪女性的绅士[①]都会求助这类具有皮条客性质的机构，让这类机构负责给他们安排约会。在某种程度上，幽会馆是由 19 世纪上半叶的“群交式妓院”演变而来的，正如“群交式妓院”是从“快餐妓院”演变而来。1885 年前后，巴黎具有代表性的几家“幽会馆”都聚集在杜普霍特街、拉沃西耶街和水塔街。[②]1885 年到 19 世纪末，传统的公娼馆数量下降，同时，狭义上的幽会馆数量激增。警察总局不得不为幽会馆出台专门的规制条例。接下来，我们将试图勾 323
勒巴黎的幽会馆在规制出台之前的状态。然后我们将以马赛为例，分析 20 世纪前十年外省主要城市的幽会馆的运作方式。[③]

原则上，巴黎幽会馆不为妓女提供寄宿。幽会馆的名字清晰地指明了它的功能，就是为富有的客人和实际愿意卖身却假装成资产阶级良家妇女（她们会装成女演员、已婚妇女、寡妇或离异女子）的女性安排约会。根据警察总局的说法，幽会馆里的女性其实都是在册妓女，她们只是假装成资产阶级良家妇女，甚至假装成外国公主。在一些二流幽会馆中，老鸨也会雇

---

① Docteur Martineau, *op. cit.*, p. 86.

② Docteur Reuss, *op. cit.*, p. 192. 安德烈作品第 2 卷第五十九章“杜普特街事件”记载了杜普霍特街一家妓院的丑闻。

③ 巴黎和外省的幽会馆在扩张方面存在一定的时间间隔。

一批常用妓女，要求她们遵守严格的时刻表，[①]甚至要求她们在自己的陪同下用午餐，或留在店内用晚餐。但是，幽会馆里的妓女可以保留拒绝自己不喜欢的客人的权利。

在幽会馆，男女之间的约会同样伴随着诱惑，但不是明面上用钱引诱：幽会馆会为男性顾客指定一名女性，顾客也可以
324 看相册简介自己选一名，若想要得到她的陪同，他需要付钱给老鸨。大型幽会馆绝不是淫乱殿堂，人们来这里只是为了幽会别人的妻子，简而言之，这是一种**高端付费通奸场所**。从欲望的层面来看，它反映了城市资产阶级很大一部分女性性行为的变化。如果不是通奸行为日渐频繁，[②]这类机构也不可能发展得如此壮大、如此迅速。从男性性行为层面来看，付费嫖娼吸引力的增加与男性的处女情结密不可分，对处女的渴望也成为这一时期性行为的特点。[③]在这两个层面上，激起欲望的都是人们对打破禁忌的渴求。

与公娼馆不同，幽会馆通常只在所处的楼栋里占一到两间套房，而且不会有任何引起过路人和访客好奇心的特殊标志。这些套房都位于市中心的富人区，通常紧挨着大商场，前来赴约的女性可以在午后去逛商场，不会太引人注目。

1888 年时，幽会馆数量还很少，可能只有十几家，但到了

---

① L. Fiaux, *La police des mœurs*…, t. I, p. 219.

② L. Fiaux, *La femme, le mariage et le divorce*, 1880.

③ 参见下文第 593—594 页。

20世纪初，就已经达到两百家左右了。[1]根据警方官方统计，1904年有114家幽会馆：二等的83家，一等的31家。[2]但根 325
据图罗的统计，1904年只有73家幽会馆，里面共有313名“寄宿妓女”。[3]不过很显然，他只计算了二等幽会馆，也就是被视为寄宿妓院并被专职警察监督的妓院。[4]

幽会公寓的装修和家具豪华而不浮夸，这是为了营造出资产阶级式的洁净与舒适感，重现家庭的私密感。通常，客厅和隔壁房间都配有昂贵的家具，墙壁或壁炉架上摆着艺术品，全方位体现出体面家庭的形象，以求满足对传统妓院的粗俗豪奢感到厌烦的绅士。当然，幽会馆里肯定不会出现下等妓院用于揽客的酒水区，安排约会的客厅也与头等妓院的会客厅完全不同。幽会馆里的妓女通常着下午茶装扮，简约且精致，营造出一种半上流社会下午五点钟的下午茶气氛，她们“不说粗话，一口最标准的上流社会口音”。[5]有时，一位女士会弹钢琴，给一旁唱歌的朋友伴奏。当然，某些幽会馆会提供特别项目，比如让妓女展示裸体，[6]还有些幽会馆会提供“变态”性行为，比如鞭打，[7]但这些

① Virmaître, *Trottoirs et lupanars*, p. 101; p. 89 *sq*. 作者列举了巴黎的幽会馆，并提供了地址。

② L. Fiaux, *La police des mœurs*…, t. I, p. 218.

③ *Le prolétariat de l'amour*, p. 175.

④ 参见下文第598页。

⑤ L. Fiaux, *La police des mœurs*…, t. I, p. 219.

⑥ Meunier, rapport cité, p. 436.

⑦ 同上书，第445页。这正是《死缓》中库希尔·德·佩莱雷斯经常光顾的那种店。

326 都是少数，不具有代表性。我们可以认为幽会馆通过一步步扩张，逐渐取代了一等妓院的地位。

约会从下午开始，一般到晚上七点结束，[①] 有些场所关门较晚，会营业到晚上十一点或零点，但是“从没有妓女通宵接客”。[②]

幽会馆的收费自然要比传统妓院高很多，不同类别的店收取的价格也不同。1900 年，勒潘省长草拟了一份关于巴黎幽会馆的条例，他将这种场所分为两类：收费 40 法郎以下的是一类，其他金额的是一类。在最贵的幽会馆里，例如 1903 年开在星形街区、阿尔塞纳·侯赛耶故居、普罗旺斯大街、波尔多路的幽会馆，[③] 常客都是最高级别的证券交易人员，收费近乎天价，按照 1903 年的收费，最低价是 60—100 法郎，[④] 通常价格是 500 法郎，其中 250 法郎是给“安排者”的。然而，据菲奥医生，有些上流阶层的女子“只有在得到几张千元钞票时才接受预约”。[⑤] 相反，在一些二等妓院，也就是 1900 年以后统称的“在册妓院”，[⑥] 妓女的卖身价有时为 5 法郎，她们躺在沙发上，一边玩牌（或是阅读连载小说），一边等男士上门。这里
327 的氛围跟街区妓院十分相似，不免有些庸俗。

---

① Meunier, rapport cité, p. 437.

② L. Fiaux, *La police des mœurs*..., t. I, p. 219.

③ Meunier, rapport cité, p. 448.

④ L. Fiaux, *La police des mœurs*..., t. I, p. 221.

⑤ 同上书。

⑥ 参见下文第 598 页。

接下来我们将讨论幽会馆的运作方式和受益方。幽会馆的负责人是老鸨，她是旧式大规模皮条生意的主要继承人。通常，幽会馆老鸨看起来是一名体面的女性，她会盛装接待来访的客人。她掌控着一张生意网络，里面有负责招募妓女的人、经纪人和中间人，这些人可以帮忙安排幽会。这里需要再次强调，这类机构招募的女子有时可能是甚至经常是在册妓女。卡利尔把她们中的大部分称为“没有充分得到丈夫或情人照顾的女性”。[1]资料显示，这些女性通常是职员或小商贩的妻子。[2]有时候，帮她们拉皮条的人正是她们的丈夫，他们是完全知情而且同意的。左拉在《娜娜》中就描写过这样一对拉皮条夫妇。福楼拜过世前也写了多部小说描写这种夫妻拉皮条的现象，这种现象在资产阶级阶层蓬勃发展。[3]19世纪末，这种现象也在小资产阶级中间扩散开来。

去幽会馆工作的妓女还有经济拮据的寡妇或是没有嫁妆的姑娘，她们去幽会馆是为了赚取嫁妆，以匹配一个社会地位高的夫婿。老鸨会给这类女性安排可靠的情人，包月或包年。[4] 328
最后还要提到假处女交易，这可是幽会馆的专长，这一点在后面的论述中还会再次提及。总之，根据维尔马特的研究，这些

---

① *Op. cit.*, p. 32.

② Coffignon, *op. cit.*, p. 154.

③ Marie-Jeanne Dury, *Flaubert et ses projets inédits*. 关于这个方面，参见：Jean-Paul Sartre, *L'idiot de la famille,* t. III, p. 627 *sq*.。

④ Turot, *op. cit.*, p. 185.

来源各异的女性分为两类："今日推荐"和"临时工"。①

在幽会馆工作的女子起初大多是良家妇女，招募人用相当狡猾的方法吸引她们进入这个行当。她们都是通过熟人介绍，消息来自信任的朋友，或是带孩子在公园散步时认识的妇女；期望抽成的中间人给她们的一些工作暗示；偶然在商店中听到一些故事；来自理发店、美甲店甚至是在家中听女仆说起的亲身经历；兜售堕胎药的草药师的建议。②有时老鸨会直接派中间人来找她们，这个中间人通常以送货为借口上门，然后借机向她们吹嘘情人的种种优点，还会提前支付给她们赴约的费用，这对她们来说是一种较大的诱惑。普遍来说，拉客现象和幽会馆的存在可能会破坏社会道德，使人堕落。当时很多文学作品记录了这一点：小说女主角雷内·萨卡德参加了一次晚会，她透过夜间餐馆特殊隔间的窗户看到大道上的妓女在拉客，因而受到极大的震撼，眼前的景象促使这名女子在这个隔间里进行了第一次卖淫。同样，西多妮·鲁贡在幽会馆房间内
329 卖身给一个年轻职员，这也是她唯一一次卖淫。以上说明卖淫场所通过卖淫模式向资产阶级女性施加了巨大的吸引力。③小格兰杰男爵夫人也是受到了类似诱惑。她曾长时间观察一名在窗边揽客的妓女，发现妓女单次接客的时间大概是12—20分

① *Op. cit.*, p. 81.

② Coffignon, *op. cit.*, p. 159.

③ Zola, *La curée*; G. de Maupassant, *Le signe*.

钟。随后男爵夫人心中升起了一种不可抗拒的欲望，使她想要与这名妓女竞争。这样一种游戏心理使她最终以两个金路易的价格卖身给一名年轻的金发男子，她邀请他上楼去她的房间，直到丑闻曝光，她才将他打发走。

在一流幽会馆里，女性自己给自己定价，如果定价过高，就无法找到客人，不得不降价。当时的文学作品和调查报告经常讲述滑稽的奇闻逸事[①]、意想不到的相遇和荒唐可笑的冒险，而幽会馆就是这类故事上演的场所。这些故事当中或许有许多夸张的成分，但最重要的是，它们表明了当时的人们对资产阶级家庭的嘲讽。除了文学作品，当时的戏剧也体现了这种迹象。[②]

光顾幽会馆的男士基本上都是有关系或者受到邀请才能进去。有钱人和想找人陪伴的男士会在家里收到邀请卡，受邀参观时装店或是光临聊天室，参观画展或珠宝展，参加语言课堂或参观 × 夫人的东方装饰展。[③]幽会馆通常在报纸上发小广告 330
进行宣传，它们的广告虽然不像公娼馆或公司的广告那么引人注目，但也是清楚明白的。

前安保局局长戈伦写道，幽会馆的顾客通常是已婚男子，他们想发展婚外关系，但又不想去妓院，不想浪费时间在培养

① 相关例证参见：André Couvreur, *Les Mancenilles*。

② 相关主题取之不尽，此处不再展开描述。

③ L. Fiaux, *La police des mœurs*…, t. I, p. 219, et Meunier, rapport cité.

感情和琐事上。他们通常只会花一个月、半个月甚至一星期或一小时来维持一段关系，简直可以说是在跑接力。[①] 有时，一小时的会面时间会被延长成真正的“姘居”。幽会馆的某些嫖客甚至会和妓女结婚，卖淫变成了合法关系，卖淫行为发生了转变。幽会馆的客户群体还包括来往巴黎的外国富翁。有些幽会馆的特色就是接待外国富翁，为他们组织社交活动，提供相互认识的机会。

许多书籍对这些场所有过生动描述，我们不打算一一提及，建议读者去阅读有关巴黎幽会馆的参考书籍。我们只提一个例子，这个例子引自 1888 年的参考资料，警察总局第一分局局长马瑟[②] 认为这份早期资料体现了寡妇弗雷蒂勒经营的幽会馆的运作情况。这名寡妇为妓院的所有卖淫活动都留了档，
331 当警察闯进她经营的场所时，发现了成千上万份文件。马瑟审阅了这些文件，并做了一份简短却极其珍贵的总结。

寡妇弗雷蒂勒简直是一位社会学家，尽管她本人没有这方面的意识。她按照社会地位和可承受的价格对客户做了分类；还在名册上登记了幽会者的名字。她的男性客户群体从事的行业有：“赛马会、陆军、海军、司法机构、金融业、重工业。”

这家妓院的皮条客来自各行各业。[③] 通过归类，我们可以

---

① Goron, *Les industries de l'amour*, p. 18.

② *Op. cit.*, p. 229-244.

③ *Op. cit.*, p. 236.

看出皮条客生意网的范围之广，下线数量之大：男裁缝和女裁缝、帽匠、缝补工、浆洗女工、服装商人、音乐老师、声乐老师和舞蹈老师、钢琴调音师、职业介绍所和婚姻介绍所主管、戏剧家、商人、摄影师、用纸牌算命的女子、牙医、美发师、修脚师、美甲师、脱毛师、女教师、马车夫以及咖啡馆、餐馆和旅馆侍应生……简而言之，在巴黎中心，资产阶级的妻子是所有妓院中间人包围和引诱的重点对象，他们极力想从促成的性交易中提取佣金，增加自己的收入。通过浏览寡妇弗雷蒂勒的书信，我们还发现帮妓院招募女性的中间人无处不在：“温泉城、海滨浴场、波西米亚森林”。[①]幽会馆的收益鲜为人知，但有时数额惊人。穆尼尔举了一个二流幽会馆的例子，那里的嫖 332
费不到 10 法郎，但老鸨一年的收益高达 7 万法郎。[②]

根据以上描述，幽会馆乍一看似乎是巴黎特有的现象，它的繁荣和扩张仿佛暗示了特大城市对卖淫的匿名需求。此外，尽管我们所用资料中有一部分统计数据，但其中确实还存在一些本质问题。同时代的警察、政府官员、医生或普通人见证了幽会馆的兴起，但当小说家和戏剧作家都热衷将之作为素材的时候，对这种妓院兴起的描述是否有所夸张呢？在外省大城市，这一进程是以何种方法和形式发展的呢？出入幽会馆的女性大部分都是妓女吗？还是说她们是身不由己的已婚妇女？这

① *Op. cit.*, p. 237.

② Rapport cité, p. 439. L. Fiaux, *La police des mœurs*…, t. I, p. 220.

些问题都需要借助第一手资料才能验证。

幸运的是，罗讷河口档案馆馆藏丰富，文献涉及1909—1913年被马赛省政府定性为“卖淫场所”的公寓和建筑。[①]这批文献中共有48份极为详尽的文件，其中包含多份警方报
333 告——警方曾连续数周对这类场所进行严密监控，之后再去“搜查”，采集能证明这是一家妓院的证据。我们详细分析了这些资料，发现其中36份涉及幽会馆。[②]当然，基于这些资料做出的概述并不能取代先前的整体描述，而且没有任何内容可以证明马赛的情况具有全国代表性，要知道马赛许多卖淫场所都有其独特之处。不过，这些文件至少可以让我们知道，认为于20世纪初兴起的幽会馆只是巴黎特有的现象，这种先入为主的观点并非事实。我们还可以利用这些文件详细分析幽会馆在外省大城市的存在形式。

马赛全城共有36家幽会馆，由32名老鸨经营。[③]传统封闭式妓院开设的位置被限定在两个专门区域内，幽会馆则完全

---

① 这些文件都存放在罗讷河口档案馆，归档于M 6 6570（1和2）系列。下文所有引用内容都是这些文件中的节选，不再重复文件编号。在《小普罗旺斯报》和《全马赛报》发起的新闻运动之后，省长决定实行1907年7月8日的法令，其中第九款禁止“经营妓院”，第二十款禁止妓女出入“暗娼馆”。推行这项政策的时期，刚好是第一次世界大战前夕的加紧镇压时期。

② 剩下的文件中，有一份关于一家像其他被许可的场所一样公开经营的地下妓院，另一份关于马赛郊区一家咖啡餐吧，还有一份关于娱乐场所（参见第268页），九份关于地下妓院，即提供暗娼的小酒馆。通常，这些场所会占用其所在的整栋建筑。

③ 其中有四人在同一时期开过两家同类场所。

不同，它们开在25条不同的街道上。[①] 老鸨一般都是租户[②]：警 334
方已证实其中17人属于这种情况，其他人也很容易证实，因为地方政府的决议都是直接下达给房东的。

按规定，幽会馆不能占用所在建筑的整栋楼，只能占用其中一间套房，但是，幽会馆有时也会占用不同楼层的房间，36家幽会馆中有11家就是这种情况。幽会馆所在的建筑通常都很气派，与老鸨马塞尔五世夫人同住在大树街9号的租户们分别是报社老板、年金收益人、舞蹈教师和成衣店主。通常正是这些体面租户的举报引起了调查幽会馆的诉讼程序，其中有些举报信的详细程度令人吃惊，它们比其他任何信件都更能证明人们对幽会馆普遍怀有的恐惧。人们担心家庭隐私被性自由的景象或言语破坏。一名28岁的剪刀商举报了住在他楼下的S女士，因为他经常听到“床晃动”的声音，他补充道：“时时刻刻都能听到这种声响，她的客人多时，我几乎能听出来过多少客人。”

马赛的幽会馆绝不会开在楼栋的底层或地下层，大多数是 335
在三层，也有不少在二层，有时也会在四层，但很少在五层。它们与那些好人家的房子一样，远离门卫房和保姆房，是一栋建筑中最尊贵、最豪华的套房。一个套房里有三个房间，[③] 一般

① 我们可以列举出，其中有四条属于帕维庸街道，三条属于穆塞街道，两条属于塞纳克街道（圣-费雷欧勒街和共和街）。

② 其中有一人甚至是次承租客。

③ 我们得知36间套房中13套的构成，6套有5个房间，3套有4个房间，其他分别有3个、6个、7个和8个房间。

情况下是五间：三间卧室、一个客厅，还有一个客厅或一个餐厅。幽会馆内部家具的位置、大小、构成和布局与中等资产阶级家庭一样，这跟公娼馆的模式大不相同。

在已知婚姻状态的23名老鸨中，只有6人是单身，2人和情人同居，另外4人以前是在册妓女，近期才注销妓女身份。经营幽会馆的老鸨大多是寡妇（23人中至少有6人）或是跟丈夫分居、独自居住的已婚妇女，调查时很少有老鸨是人妻，只有一人例外（该名老鸨还是公寓的租户）。为了更容易逃过警方调查，23名老鸨中有13人用假名，其中8人从幽会馆妓女名单中选取了一个名字，5人另取了假名。

336 幽会馆老鸨的平均年龄略高于公娼馆老鸨，[①] 至于她们的出生日期，22人中只有7人小于35岁，11人大于40岁，年龄最大的71岁。另一方面，她们的出生地也相当分散：17人中，3人出生于马赛，2人出生于巴黎，2人来自国外（西班牙、意大利），1人来自阿尔及利亚，其他人出生于其他省份。[②]

幽会馆大都由一名老鸨经营，只有两家除外，其中一家的老鸨在母亲的帮助下共同经营，另一家的老鸨与自己的嫂子合作。32名老鸨中，有10人假装在从事某项职业活动：4人将妓院伪装成按摩馆，2人将妓院伪装成女士发型店，1人自称开

---

① 确实，我们对妓院老鸨的研究是针对获得准许开妓院的女性展开的（参见上文第123页），而此处相反，这些机构被政府要求关闭。

② 来自北方地区、兰德斯、阿里日、下比利牛斯、上阿尔卑斯和科西嘉。

的是女帽店，另 1 人自称是裁缝店，还有 1 人自称开的是服装店，招募的是花边女工和香烟女贩。20 世纪初，马赛的幽会馆都是幌子商店，警察搜查时也难以找到任何实际证据证明她们在从事不正当活动。[①]

警察的详细描述还表明了幽会馆人员组成的复杂性。从广 337
义上讲，幽会馆里的妓女有四种类型：

• 第一种是未成年少女。很多幽会馆专门提供未成年少女卖淫服务。老鸨玛丽·B 女士，又名爱乐维儿，唆使 11 岁的宝琳娜·T 卖淫——后者是在圣路易球场卖《激进报》时被一个朋友招募去做妓女的。宝琳娜·T 告诉警察："从那天起，我每天十一点到十二点半，还有晚上五点到七点去那位女士的店里，她会给我 2.5—5 法郎。"她只给客人手淫和口交，"只有一个客人完全占有了我，让我受了不少罪"。老鸨马蒂尔德·S 女士，又名"提提娜·拉帕什"，她让十四五岁的女孩去卖淫。其中一个女孩连续三个月每天都去老鸨店里，得到了接客收入的一半，金额可达 10、20 或 30 法郎，她的朋友，也就是介绍她去妓院的路易赛特会向她索要一半收入。路易赛特本人也只有 15 岁，是老鸨提提娜的管家，她也帮老鸨路易斯·M 女士招募未成年少女。在这类未成年妓女中，有人是被自己的母亲送去卖淫的，一名 35 岁的妇女让她 13 岁的女儿定期出去卖身。不过大部分未成年妓女都是商店雇员。

① 还要补充，有两名经营者声称自己是靠年金生活者。

• 大多数情况下，幽会馆的人员部分或全部由在册妓女或“公认的暗娼”组成。这些人要么来自贫民妓院，要么是高等交际花出身。这也符合警察的论断，即“幽会馆”里所谓的
338 已婚妇女其实就是为了迎合嫖客新口味的妓女。比如，幽会馆的老鸨安娜·O、安娜·N、C夫人、I女士和萝丝·G就曾在普里瓦斯（1896—1901）、阿雅克肖（1907—1909）和马赛（1909—1912）经营过公娼馆。

• 有些幽会馆老鸨[①]会雇用失业女性、女短工或女工人，这些人已经迈进卖淫的门槛，在没有遇到皮条客的情况下，她们可能会进入妓院，也可能会听天由命地在街头拉客。

• 但可以肯定的是，已婚妇女卖淫已经不是秘密，有些不是已婚妇女的妓女也喜欢对外声称自己是已婚妇女。有些一流幽会馆的老鸨会给小资产阶级、中产阶级女性以及商店雇员的妻子安排幽会。此外，这类场所还会雇用商店女雇员，以及自称是歌手和话剧配角的女孩。[②]

有些婚外恋是在店外结成的，马赛幽会馆的老鸨也帮偷情男女安排几个小时的亲密幽会，有些老鸨甚至专做这种生意。可惜的是，警方的其他档案往往详细冗长，在这方面却守口如瓶。

虽然我们已经人为地对幽会馆的人员做了分类，但在很多

---

① 我们所分析文件中的四个人就属于这种情况。

② 这些女孩的出场被列在五家幽会馆中。

情况下，老鸨会安排不同类型的妓女住在一起，并让她们同时接客，这增加了研究的难度。幽会馆有时还会接待夫妇，在册妓女和“已婚妇女”——不管是真已婚还是假已婚——有时也会混在一起。在阿丽玛 · B 经营的幽会馆，未成年妓女早上营 339
业，成年妓女下午营业。在 C 女士经营的幽会馆，“已婚妇女”在大厅接客，其他人在厨房接客。幽会馆里的妓女穿着像城里人，出入时戴帽子，不会不戴帽子就外出。客人与妓女在客厅或厨房交谈，有时还会喝点利口酒或香槟。幽会馆完全没有大妓院里裸露的兽性和安静的氛围。不过，公娼馆模式的影响力非常强，幽会馆的老鸨难免受到影响。有时候老鸨也会让姑娘们在屋里穿着浴袍，但这仅仅是例外。[①]

马赛的 36 家幽会馆都是白天营业，只有两家除外：其中一家只在晚上开门，另一家白天晚上都接客。另外还有两家只在早上开门。警员长期监视了 12 家幽会馆，[②] 根据警局的报告，我们可以总结出幽会馆客流量最大的时段。整体来看，客流量最大的时段在下午四点到六点之间，并不是世俗偏见认为的 340
“五点到七点”。下午三点到四点以及六点到七点的客流量也比

① 我们研究过的场所内只有一家出现这种情况。

② 警员一般在街上站岗，有时在这些大楼附近，有时就在里面的楼梯间。有些警员具有极高的职业意识，会蹲守在他监视的大楼里，并试图去抓一些男女的现行。首先，X 警员看到一对男女在 S 女士的场所内拥吻，他和一名同事看到那些人脱了衣服，但是他在报告里写道：“我们没有目睹他们的私密关系，因为我们所在的地方看不到床。”这不就是警察坚持不懈监控管制外性行为的最好的例子吗？

较密集。在下午三点前和七点后接客的幽会馆反而是特例。

一直以来，相关文献很少提到嫖客，但这次的警方资料并不是完全没有提及。警方笔下把他们称作“先生”，“先生”可能来自各个社会阶层，有上层和中层资产阶级、路过马赛的贵族[1]、小资产阶级、手工业者和商店经营者，但是没有工人、水手、士兵，只有极少数例外。有的幽会馆似乎只针对某类客人开放，有的则会接待不同阶层的男士。老鸨·B女士、约瑟芬尼·L和玛格丽特·G经营的幽会馆接待“马赛上流社会”的男士。亨利亚特·D经营的幽会馆得到三名总参事、一名区议员、三位市长和一名首席助理政策上的支持，爱丽丝·C得到一名参议员的支持……警察在珍娜·G经营的幽会馆的楼栋站岗，看到有七位“先生”上去，其中一名“佩戴勋章”，还有一名海军军官。赛琳娜·G经营的幽会馆则接待“富商”。

341 嫖客在幽会馆待的时间要比在快餐妓院更长，这很容易理解，因为幽会馆的顾客需要花时间自我介绍、聊天、喝饮料。为了摸清细节，站岗警察计算了36家幽会馆中9家客人停留的平均时长，大约在25分钟到一个半小时之间。[2]其中有一家幽会馆的熟客会跟“今日推荐美女”一起度过整个下午。

我们对十家幽会馆的价格进行了分析，把它们分成两类：

---

① 有些经营者派掮客去下船处纠缠他们。

② 25分钟或半个小时的有三家，45分钟的有三家，一个小时的有两家，一个半小时的有一家。

其中六家价格在 3—5 法郎之间浮动；其他四家，根据嫖客和妓女的情况，价格在 10—30 法郎之间浮动。但无论如何，妓女都能得到一半收入。少数迹象表明，妓女在幽会馆接客的数量要少于公娼馆，平均每天每人接待 2—4 人。因此，幽会馆接待顾客的总量也不多，据警方提供的数据，每天下午有 4—20 名顾客。[①]

老鸨阿丽玛 · B 在旺图勒街开了一家女士美发店，这家店集合了马赛一流幽会馆的所有特征。店里有五个房间，室内装
修豪华。老鸨“让未成年妓女在早上接客”。1913 年的某个下 342
午，警察对其进行了搜查，当时大厅里都是年轻女子：一人在弹钢琴，在剩下其他人中，一人 17 岁，已婚，接客费 9—15 法郎；两人是歌手，年纪分别是 25 岁和 28 岁，她们的接客费要加 10 法郎；另一人 31 岁，在幽会馆已经工作六个月，一周去四次。警察发现一名 33 岁的女士，还发现一位 24 岁的夫人，她声称自己想去理发店却误入了幽会馆。还有一名 22 岁的已婚妇女坚称自己是来找工作做文员的。大厅里有两名嫖客：一人 53 岁，从事保险行业；另一人 51 岁，是一名医生，被老鸨要价 40 法郎。

因此，可以肯定的是，根据警察档案文件记录的实际情况，在 20 世纪初的马赛，在幽会馆内卖淫是一种普遍存在的

① 一家场所下午接待顾客的数量为 4 人，2 家为 7 人，还有 2 家是 15—20 人。

性交易形式。马赛省长对这类场所的性质心知肚明，因此面对其数量的增长，不免心存忧虑，决定竭尽所能阻止其发展。幽会馆有时会同时收容在册妓女、暗娼、已婚妇女和通奸男女，因而可能导致道德败坏。老鸨尽力将不同类别的人群隔开，但仍然不能完全避免他们模仿彼此的言行举止。我们比较了巴黎和马赛的幽会馆，发现在外省的幽会馆中，确为妓女的人占比较大，而在巴黎，确为已婚妇女的所占比例更大，原因是巴黎女士喜欢匿名通奸。

*

幽会馆的兴起表明，19 世纪初颁布的卖淫规制在第三共和
343 国的前几十年就已经彻底失败。即使是平民阶层也不再接受封闭式卖淫。卖淫规制早期衰落的特征相当明显，以至 1880 年后几乎再没有拥护者。然而，卖淫规制的失败不仅源于传统暗娼的扩张，还因为诱惑的需求全方位地渗透了性交易。

这一章节的论述是时候该结尾了。为了概括性行为的变化，我们接下来将试图阐释历史学家关于这一时期经济、社会和心理变化的认识，并将两者结合起来，哪怕只是简单地勾勒一下。接下来我们还将研究卖淫话语，剖析它是如何影响、改变和试图阻止性行为变化的。

# 第二章　性苦难与卖淫供应 345

卖淫规制企图封闭妓女的计划失败，妓女涌上街头，零售酒水馆和奢侈品商店里暗娼的发展，“女性啤酒店”、音乐咖啡馆和幽会馆的创立与发展，这一切无疑说明了卖淫需求的变化。君主立宪制期间，移民大量涌入城市，但传统城市还没有做好迎接的准备。这些移民没有很好地融入社会，需要以最低的价格满足性需求。几十年来，这种低端需求一直在下降，它不仅受到社会动荡的影响，也逐渐被其他需求代替。其他需求是指随着资产阶级日渐扩大而产生的形式丰富的性需求，这种性需求逐渐适应了传承自贵族社交界的需要和形式。在这种环境下，新的阶层逐渐中产阶级化，工人阶级的道德观逐渐融合，性行为全面发展，想要限制性行为变得越来越难。同时，还出现一类新的客户，他们更加渴求色情诱惑和私密关系，单纯的嫖娼已不能缓解他们的失落感。

346 # 1. 初始模式缓慢破灭

## 1）性行为的迁移

这一章的研究对象并不是19世纪上半叶的卖淫需求，我们将尝试勾勒这一时期的卖淫模式，以便更好地理解卖淫模式的衰落。巴黎是一个具有代表性的城市。路易·西瓦尔曾指出，对移民群体来说，最难的不是走进城市，而是融入城市生活。[1]1860年左右，涌进法国西部的移民给当地带来了严重的性别失衡，女性尤其是年轻女性的数量相当匮乏。[2]出现了大量的工人姘居[3]、临时关系、未婚生子和被情人抛弃的“未婚妈妈”，以上情况无不说明，农村大家庭在没有传统基础的情况下很难适应城市夫妻家庭。[4]

随着大量农村人口的临时移居，越来越多的无产阶级男性
347 陷入性匮乏状态。这些农村人口（例如我讲过的对性失望的克
勒兹泥瓦匠[5]）蜗居在塞纳河左岸以及巴黎、里昂和圣艾蒂安

① Louis Chevalier, *La formation de la population parisienne au XIX$^e$ siècle.*

② Jeanne Gaillard, *Paris, la ville*, 1852-1870, p. 217 *sq*.

③ 参见：Louis Chevalier, *Classes laborieuses*..., p. 380-392。关于里尔方面，参见：Pierre Pierrard, *op. cit.*, p. 118-124。

④ 关于这些家庭结构的演变，参见：J. L. Flandrin et F. Lebrun, *La vie conjugale sous l'Ancien Régime*。

⑤ A. Corbin, «Migrations temporaires et société rurale au XIX$^e$ siècle: le cas

最贫穷街区的寄宿旅店里。他们一直抱团生活，满脑子想着省钱，想着看情况在好时节或冬天返回家乡。他们被大城市的工人看不起，无法与城里人建立长久关系。进城务工人群的边缘化与 20 世纪移民工人的边缘化相似，正是这种边缘化剥夺了他们在城市中的艳遇机会。

所有这些因素刺激了大众卖淫的发展。在某些阶层中，性行为和卖淫需求逐渐混淆，伴侣性行为和群体性行为之间的界线也跟着消失了，关于这一点，可以参见 1847 年工商局针对巴黎寄宿旅店所做的一系列调查。

然而，资产阶级还没有完全占领城市，他们害怕工人阶级，被普遍边缘化的工人阶级加强了犯罪和卖淫之间的联系，而资产阶级对工人阶级的畏惧心理无形中夸大了这种联系。在这个“排外的”城市，[1] 城里人新设了许多封闭和半封闭的空间
（广场、小巷或两侧植树的步道），资产阶级避免与街上的人混 348
在一起，害怕跟他们接触，剧院大厅的隔间和沙龙里极其细微的等级划分都体现出这种恐惧。

对资产阶级来说，妓女本质上是见不得光的，她们应该被

---

（接上页）du Limousin», *Revue historique* n° 500, sept.-déc. 1971 et *Archaïsme et modernité en Limousin*, t. I, p. 218. 关于临时移民的“不道德”，参见：Abel Chatelain *Les migrants temporaires en France de 1800 à 1911*, p. 1068-1073。 马丁·纳达的回忆录与马斯佩罗和阿歇特的作品几乎同时再版，其中增加了 J. P. 里奥和莫里斯·阿古勒洪的导论。

① J. Gaillard, *op. cit.*, p. 525.

关在巴黎的平民妓院里，或是藏在劣等街区的阴暗小巷里。对资产阶级来说，妓女与其他贫民百姓一样，是一个戴着面具的人，偶尔有一束光突然照亮她们的脸庞。[①]1830年，芒甘省长决定禁止巴黎的妓女去街上，卖淫规制的落实由此达到顶点，这一规制美化了城市的外观，也隐藏了城市表象下的社会关系的本质。

当时，投资多于消费的资产阶级不能把性交易的需求放在明面上。而且，资产阶级很难定量卖淫，这对他们来说一直是一种世俗现象，是巴朗-杜夏特莱试图研究的污秽之地，就像他研究过的垃圾和下水道一样。

### 2）家庭融入问题和家庭隐私关系

引起底层卖淫大规模扩散的结构逐渐变得松散。第二帝国
349 时期的第二个十年是这一进程的关键的十年，[②]正是在这一时期，无产阶级移民逐渐融入城市。这些移民适应城市的过程有多种表现形式。首先，人口状态恢复“正常”。1860年后，移居人流量相对变少。虽然年轻女性仍然匮乏，某些街区、街道

---

① 巴尔扎克在《交际花盛衰记》中写道，郎拉德街和邻近的街道“挤满了奇怪的人，他们不属于任何一个阶层，墙边到处站着半裸的白人女子，人影涌动，人们在墙壁和边走边聊的衣着华丽的过路人之间走动”（La Pléiade, p. 671）。关于这方面，还可以参看《巴黎秘事》中对摩特勒里街的描述，以及后来奥维利·德·巴贝对下城墙街的描述（«La vengeance d’une femme», *Les diaboliques*）。

② 前文所引珍妮·盖拉德作品集就指出了这一点。

的男女分布仍然严重失衡，但性别比例正逐渐达到平衡。不过在很长一段时间里，巷道中、死胡同中、“街头”或小酒馆中，男性仍然占人口的绝大多数。[①]可能我们夸大了这一进程的速度，但毋庸置疑的是，临时移民的行为确实发生了变化：他们拉长了回乡的时间间隔，融入城市较好的人也把妻子带到城里，临时移居逐渐变成了定居，甚至是永久定居。[②]

城市无产阶级逐渐开始模仿夫妻家庭模式和资产阶级私密关系模式。随着乡村家庭模式被摈弃，无产阶级首先经历了一段混乱时期，然后经历了一段性非法时期，最后进入适应阶段。正如J. 盖拉德所说，融入城市首先要融入家庭，“工人们追求家庭生活、夫妻生活和有序生活”。[③]19世纪60年代，巴黎工人阶级融入城市的步伐开始加快。深受实证主义影响的民众文学作品很好地体现并推进了这一现象，儒勒·西蒙（Jules
Simon）的《女工人》（*L'Ouvrière*）就是最好的例子。皮埃 350
尔·皮耶拉德列举了一系列重要的工人运动，比如里尔城市工人的自发运动促进了工人伴侣关系的合法化，以及圣·弗朗西斯·瑞吉协会成员一直致力于推进工人伴侣关系的正常化，并获得成功。[④]19世纪末的工人话语记入且丰富了这种家庭化现

① J. Gaillard. *op. cit.*, p. 220.

② A. Châtelain, *op. cit.*, p. 1069. 本书指出了20世纪后半叶临时移居人群中夫妻忠贞的发展。

③ J. Gaillard. *op. cit.*, p. 221.

④ Pierre Pierrard, thèse citée, p. 119 *sq*.

象。米歇尔·佩罗分析了这一现象并指出，影响工人家庭结构的因素既包括法国农民传统的家庭关系，也包括围绕子女建立的资产阶级夫妻关系。如今，“工人首先是一个家庭的父亲，有妻子和孩子，他对薪资的要求，对教育、工作、实习以及安全的考虑都是基于这一现实情况”。[①]

珍妮·盖拉德指出，随着奥斯曼城市化的发展，“长期贫穷”的问题有所缓和，这也加速了外来人口融入城市。[②]A. 窦马尔[③]和P. 莱昂[④]详细且有信服力的合作研究、伊夫·勒坎[⑤]最
351 新发表的论文以及F. 科达西奥尼[⑥]更为中立的研究都证明，法国几个大城市（大到巴黎、里昂、图卢兹，小到里尔、波尔多）的工人都在19世纪后半叶富裕起来。另外，大城市中某些边缘化人群正在消失，拾荒者[⑦]或巴黎的饮用水搬运工也在跟着消失。

教育进步也加速了外来人口融入城市的步伐。第二帝国末

---

① M. Perrot. «L’éloge de la ménagère dans le discours ouvrier français au XIX$^e$ siècle». *Mythes et représentations de la femme au XIX$^e$ siècle*, p. 110.

② *Op. cit.*, p. 228。

③ A. Daumard, *Les fortunes françaises au XIX$^e$ siècle*, p. 152.

④ P. Léon, *Géographie de la fortune et structures sociales à Lyon au XIX$^e$ siècle*, p. 120-135. 主要是丝绸工人的条件得到改善，尤其是在1870年以后，“逐渐表现出资产阶级化”（p. 127）。

⑤ Yves Lequin, *Les ouvriers de la région lyonnaise (1848-1914)*.

⑥ F. Codaccioni, *De l’inégalité sociale dans une grande ville industrielle. Le drame de Lille de 1850 à 1914*, p. 430.

⑦ Louis Chevalier, *Classes laborieuses…*, p. 461-462.

期，即使是在最落后的地区，城市里的文盲已经少到可以忽略不计了。[①]

弥漫在城市无产阶级内部的暴力行为和违法行为在逐渐减少，犯罪与卖淫之间的关系也随之减弱，与此同时，婚姻模式与家庭隐私观念方面发生了同化。夏尔（Charles）、路易丝（Louise）和理查德·提利（Richard Tilly）强调，无产阶级暴力在 19 世纪下半叶得到全面缓和，[②] 米歇尔·佩罗经过研究衡量，指出“城市暴力正趋于减少，变得不那么分散，不那么随意”。[③] 工业文明强有力的监管能力“征服”了人类的一切本能，其中也包括享乐本能。[④] 犯罪行径也在发生变化，诡计和诈骗取代了野蛮暴力和食物偷窃。[⑤] 在这种新背景下，资产阶级不 352
再像原来那样惧怕私娼或暗娼。

加强民众道德化、减少广为传播的非法性行为非常重要，再怎么强调也不为过。资产阶级逐渐不再将劳动阶级与危险人群混为一谈。人们认为只有无产阶级中受剥削最重的群体才会违法犯罪，福柯认为这一阶层已被完全边缘化了。[⑥] 传统的观

① A. Corbin, «Pour une étude sociologique de la croissance de l’alphabétisation au XIX[e] siècle», *Revue d’histoire économique et sociale*, 1975, I et, d’une portée plus générale, F. Furet et J. Ozouf, *Lire et écrire*.

② *The Rebellions Century, 1830-1930*, p. 78 *sq*.

③ Michelle Perrot, *Les ouvriers en grève*, t. II, p. 586.

④ 同上。

⑤ Michelle Perrot, «Délinquance et système pénitentiaire en France au XIX[e] siècle», *Annales. Économies, Sociétés, Civilisations*, janv.-fév. 1975.

⑥ M. Foucault, *Surveiller et punir*, *passim*.

念正在转变，工人阶级话语呈现出道德化和家庭化的倾向，[1]反而是资产阶级成为堕落的化身，人们指责老板只惦记吃喝、睡觉、奢侈生活，将他们描述为贪恋酒色的享乐主义者。[2]劳作再次站在享乐的对立面，但是这一次是通过工人的话语表达出来的，工人的这种话语奠定了工业文明时代的道德准则。同时，工厂或矿山的工人逐渐适应了大规模生产的要求。[3]

自米歇尔·勒·佩罗的著作发表以来，里奥·穆拉德（Lion Murard）和帕特里克·齐尔伯曼（Patrick Zylberman）
353 进一步系统地介绍了工人道德化进程以及公司为加速这一进程而实施的策略。这两位学者发现，“在1860—1880年左右，居住条件、工作和道德方面同时发生巨大变革”，[4]其主要目的是建立工人家庭，这不过是对劳动者进行“体能训练”的一个新阶段。在19世纪前半叶，企业老板的目标就是产量，这意味着资产阶级的权利话语接受劳动者混杂在一起的拥挤状态。在19世纪后半叶，也就是1860—1880年左右，以“生产流水线化”和“消灭混乱”为目标的大型企业迅速发展，促进了棚户区的形成。棚户区内禁止开设妓院，并执行了一系列道德规范措施。

生产需要工人具备道德素质，因而体能训练和道德教化是

---

① Michelle Perrot, *Les ouvriers en grève*, t. II, p. 624.

② 在利摩日工人当中，这种由诸多幻想滋养的愿景长期存在。

③ 关于矿工的信息，参见：R. Trempé, *Les mineurs de Carmaux*。

④ *Le petit travailleur infatigable*, p. 153.

不可分割的两个方面。为了提高工人的素质，首先需要确保
工人之间的秩序，以及增强工人的**隐私观念**。“人们尝试安排
同一个工人家庭的成员分开居住，以避免一切肢体接触”[①]，从
而建立起一个“性平静”空间，[②]实现了“对性行为的无痛压
制”，[③]同时加强对家庭情感的歌颂，“规定只能在某些具体的封
闭场所谈情说爱”。[④]并努力减少“性行为的次数”，[⑤]使房间变 354
成性行为的唯一发生地，“这就战胜了小酒馆、小咖啡馆和其
他不良场所”。[⑥]因此，人人都有自己的房间和自己的床铺的原
则在工人阶级中得到落实，缓解了资产阶级面对无产阶级拥挤
的贫民窟和大通铺所产生的担忧。

这种隐私空间的建立意味着单身和同居不复存在。“隔离单身者”政策应运而生。[⑦]各个矿业公司（涉及全部企业[⑧]）牵头实施这一政策，并对收容寄宿者和过夜者的工人家庭发起抨击。约束单身者性行为的必要政策就是禁止他们召妓。至于同居行为，不仅受到矿区法令的禁止，还会被神职人员追查。

矿区公司把住在集体宿舍的工人家庭彼此隔开，将他们相

---

① *Le petit travailleur infatigable*, p. 198.

② 同上书，第 259 页。

③ 同上。

④ 同上书，第 202 页。

⑤ 同上。

⑥ 同上。

⑦ 同上。

⑧ Jean Borie, *Le célibataire français*, *passim*.

遇的机会降到最低，从而消除“走廊和楼梯上的色情行为”。[①]这一系列措施摧毁了过去的横向关系，例如解散了促进大众卖淫繁荣的“先生会所”。此外，雇主还试图填满工人工作与休息之间的空隙，比如要求工人在闲暇时间去自己的花园里耕作，这就把舞厅、酒吧和妓院的常客变成了园丁。[②]如此一
355 来，既推行了工人道德化，又创造了适应生产的新兴工人隐私模式。

基于对卖淫规范条例、定性证词、城市规划结构和工人区的扎实分析，我们看到了雇主为工人阶级量身定做的有力方案。上述个例隐约展示了卖淫行为演变的大概走向，然而，这些假设必须得到进一步求证。可惜的是，目前很少有定量历史研究能够反驳或证实这些假设。从19世纪下半叶开始，人口统计学专家得出的结果差异越发突出。[③]考虑到这一点，我们应当避免将雇主的策略与工人的实际行为混为一谈。M. 基耶（M. Gillet）和他的学生发现北方城市中工人同居现象在消失，但这仅仅是19世纪最最末期的现象。1850—1890年，北方地区的同居现象和私生子现象是有所增加的。我们对G. 雅克迈（G. Jacquemet）关于贝尔维尔人口研究所得出的最终结论也持

① Lion Murard, Patrick Zylberman, *op. cit.*, p. 202.

② 同上书，第20页。

③ 从1977年2月5日的法国历史人口学团体的会议上可以看出人口统计学差异的形成，吉列先生、福莱先生和雅克迈先生的参会演讲尤其强调了这一差异性。我们会在下文中提到。

保留态度，因为雅克迈并没有发现1860—1910年同居现象显著减少的情况。说实话，为了弄清这个棘手的问题，我们需要在类型学的框架下分析工人的同居行为。同居行为存在不同的类型：第一种包含“经常性同居”（相当于订婚）——一种可
预期的性行为形式，这就是出现在北方地区的持续稳定的同居， 356
它与结婚没有区别，只是不受法律保护；另一种是不固定的短暂同居，与卖淫活动紧密关联，是唯一的“道德”晴雨表。

不论如何，在我看来，前人的研究在总体上证实了工人阶级的“家庭化”和道德化正在形成。[1]米歇尔·佩罗贴切地将这一时期称为“工人时代”（1880—1936），[2]在“工人时代”，“家庭化”和道德化进程加快了步伐。在这个时期，工人的个人意识得到加强，具体表现在使用行话，采用特定的社交方式，以身为体力劳动者和会使用“D系统”为荣，以及强烈感受到自由是法律赋予的权利。道德化虽然是雇主策略的结果，但有助于加强工人的自豪感。

上述内容说明旧的卖淫结构已经瓦解。概括来说，嫖娼不再是一种必不可少的首选发泄方式，并不是只有被粗暴边缘化的无产阶级男性才会借助嫖娼来满足单纯的性需求。妓女逐

① 家庭化和道德化是同时进行的，这是最近几个月被广泛讨论的主题。参见：Jacques Donzelot, *La police des familles* et *Recherches* n° 28, *Disciplines à domicile*。

② Michelle Perrot, communication au colloque Jean Jaurès, novembre 1976.

渐形成一个团体，自愿被社会边缘化，服务于日益壮大但受到
357 性束缚的资产阶级。妓女的外观随着卖淫功能的改变而改变。这些转变反映出城市社会内部资本主义结构发展到一个新的阶段。

不言而喻，这个过程是非常缓慢的。大城市还有一些无产阶级单身者处于性匮乏状态，而且有时是我们意料之外的城市，比如已经奥斯曼化的巴黎中心。[①] 后来，在无产阶级中形成了一种新型的、受压迫最重的阶层，主要由外国工人组成。由于语言障碍，他们难以适应当地生活，与法国本民族群体分割开来。这个由意大利人、比利时人、欧洲中部犹太人和殖民区工人所引发的工人潮激起了新式底层卖淫的大发展（通常指暗娼），比如贝里盆地。以 1860 年为界，在这之前，平民卖淫业仍然大量存在，但在此之后：

——它不再昌盛，因为它无法满足日益扩大的需求，它不再是人们的谈资，因为它不再是资产阶级害怕的对象；

——此外值得注意的是，无产阶级的品位、需求和卖淫行为本身是随着暴力的缓解而发展起来的，这个过程就是我们刚才提到的无产阶级被资产阶级价值观和家庭模式同化的过程。通过模仿小资产阶级，无产阶级继承了小资产阶级的部分挫折和幻想，也开始要求妓女做出诱惑的样子。

---

① J. Gaillard, *op. cit.*, p. 207.

## 2. 新卖淫需求

### 1）“先生的开支” 358

新需求首先源于资产阶级财富的增加和社会地位的提升。
A. 窦马尔[①]发现，19世纪下半叶，资产阶级商业人士（批发
商、工业家、银行家）迅速暴富，其暴富速度比君主立宪制时
期掌控城市的房地产商和政界资产阶级还要快。这种引领阶级
的转变非常关键。相关学者探讨了所谓的“城市中产阶级”[②]壮
大的方式。尽管这个阶层拥有的财富并不均衡，但总体开始变
得富裕。[③]窦马尔写道，在巴黎，积累财富最多的是中高层的
有产者，[④]财富“由中层向高层流动”。[⑤]小企业、商店和手工作
坊的致富速度并没那么快，职员和下层官员的致富速度则比平
均数更慢。但是，这些阶层仍然得益于社会发展的总体趋势。359
同样受益的还有自由职业者、中层干部以及19世纪末的工程
师。莫里斯·勒维-勒博耶在最近的研究中指出，“一战”前的

---

① A. Daumard, *Les fortunes*..., p. 149 *sq*.

② 在C. 鲍德洛特（C. Baudelot）、R. 埃斯佩蒂（R. Establet）和J. 马莱莫特（J. Malemort）的作品《法国小资产阶级》（*La petite bourgeoisie en France*, p. 29 *sq*.）中有一篇对这一概念提出批判性分析的文章。

③ P. Léon, *op. cit.*, p. 105 *sq*.

④ 转引自：J. Gaillard, *op. cit.*, p. 384。

⑤ 同上。

几十年间工程师队伍快速壮大。[1]这些阶层的消费习惯发生改变，性交易被看作一种新式消费。A. 窦马尔和 P. 莱昂衡量了财富的增长与构成之间的关系：流动资产是增值最快，也就是最容易调动的资产，另外，资产带来的收益能够逐渐超过资产本身。

资产阶级乐于寻找外遇，一方面是由于他们的高流动性，另一方面是由于感情破裂后随之而来的空窗期。导致资产阶级嫖娼需求增加的因素还包括：国际旅游业的发展[2]、大量外国人出现在巴黎和温泉城市、火车旅行[3]、航海、海滩度假[4]、大型朝圣的新浪潮、世博会期间由外省涌入巴黎的大量人流[5]、戏剧巡演、商业代理的密集网络。

360　我们分析了玛格丽特·佩罗特[6]的账簿，发现其丈夫的嫖娼花费占据了重要板块，包括“先生的开支”“布施”和“旅行”。对于管账的妻子来说，把丈夫的荒唐记入账册没什么问题，而这些开支的庞大规模可能恰恰意味着这类消费的快速增

① Maurice Lévy-Leboyer, «Le patronat français a-t-il été malthusien?», *Le Mouvement social*, juill.-sept. 1974, p. 22-28.

② 关于英国游客去法国旅行的情况，参见：Sylvaine Marandon, *L'image de la France dans l'Angleterre victorienne*, p. 145 *sq*.。

③ 莱昂·米拉特正是在火车旅行中感染了梅毒，最终自杀（Michel Corday, *Vénus ou les deux risques*）。

④ 参见《所多玛与蛾摩拉》（*Sodome et Gomorrhe*）中提到的在巴尔贝克附近的诺曼底海岸建造豪华妓院。

⑤ 于斯曼在《两难选择》中讲到外省贵族光顾妓院的现象。

⑥ Marguerite Perrot, *Le mode de vie des familles bourgeoises, 1873-1953.*

长。将国家公债利息的一部分花在男士消遣上，这难道不是外省资产阶级的传统吗？雨果不也是在他的“慈善”账目里记录了付给妓女的费用吗？

### 2）强烈的失望感

日渐壮大且富有的资产阶级中，男性性行为受到多重阻碍，这些阻碍包括但不限于因钱财而履行的结婚义务。[①]就这个话题，西奥多·泽尔丁研究了资产阶级配偶的情感关系，他指出，资产阶级女性近乎理想化的浪漫主义使卖淫业变得更加必要。他写道，这个阶级的女孩对纯洁尤其追崇，这让她们变得难以接近。[②]弗洛伊德很早就发现了维多利亚时代产生的一个人类现象，即人类的性观念有两个“具有互补性的”极端：一个极点是理想状态，另一个极点是堕落状态。[③]让·博里 361
（Jean Borie）指出，当时的男性时而在“妓院里充分享乐”，时而又追求纯洁的“天使般的情感”。让·博里把这种性行为的切换比作“心脏节律”。男性在两头都经历失败后，最终会在麻木的婚姻中寻求出路。

在米什莱之后，对“母亲型”女性的推崇开始兴起，首先鼓吹宣传的是进步派的先锋。《帕斯卡尔医生》（*Le docteur*

① 参见下文第 436 页，“关于卖淫的社会主义话语”。

② Theodore Zeldin, *Ambition, Love and Politics*, p. 291.

③ 参见：*Contributions à la psychologie de l'amour* et développements de Jean Borie sur ce sujet. *Le célibataire français*, p. 47。

*Pascal*）认为，第一批先锋代表就是雨果，然后是左拉。这种对“母亲型”女性的信仰通过医学论著得到加强，[①] 进一步阻碍了夫妻性行为的发展。西奥多·泽尔丁写道：“一旦女性将生育视为性交的目标，性交的乐趣就不复存在了。”[②] 诺艾米·斯科通过研究海伦·格兰德（Hélène Grandjean）和她女儿的举止，得出以下结论：一名母亲的享乐思想被认为是极大的乃至无法想象的丑闻。[③] 让·博里与萨特和福柯都认为这种观念始于 18 世纪。人们不再信仰欲望享乐，因为性享乐已经与传宗接代联系在一起，降级为生殖本能，从此，夫妻性交与生育责任紧密地联系在一起。[④] 无论是实证主义的影响、唯物主义的进步，还是自由思想的发展，都不会从根本上挑战这种婚姻模式。[⑤]
362 在这个领域，儒勒·西蒙的著作非常有参考意义。进步主义者和激进主义者就像天主教徒一样忧心忡忡，极力宣传性交是生育义务而非享乐。

在更广泛的意义上，资产阶级的婚姻观和隐私观所特有的家庭情感逐步加强，他们认为性就是一种无伤害的服从行为。随着这些观念成为社会的共识，情色成为一种特色。在福楼拜的《情感教育》一书中，罗萨内特的成功基于两点：一是妻子

---

① 参见：Yvonne Knibiehler, «Le discours médical sur la femme, constances et ruptures», *Mythes et représentations…*, p. 45。

② *Op. cit.*, p. 291. 作者翻译。

③ Noami Schor, «Le sourire du sphinx», *Mythes et représentations…*, p. 193.

④ *Op. cit.*, p. 65.

⑤ Th. Zeldin, *op. cit.*, p. 299 *sq*.

阿诺克斯夫人的魅力本身，二是家庭的温暖。这种双重性决定了资产阶级年轻人的情感教育。即使罗萨内特不愿与弗雷德里克·莫罗为伍，拒绝过时的贵族色情诱惑，但是始终无法摆脱这种双重性。

一个世纪以来，心理学家[①]一直致力于从科学层面构建“母亲型”女性/妻子的概念。尽管男性口味和欲望在变，人们认为概念也会变，但是直到 1900 年，这一概念仍占主导地位。继加尼埃医生的名作之后，路易·菲奥医生又提出，19 世纪 80 年代女性的性行为展现出以下“实证社会学的原理”：“大多数女性每 20 天或 25 天就会产生生理需求（或亲密需求）。成年健康男性在这方面的需求更频繁。根据不同个体的力量和习惯，需求的频率可能有所不同，但是在海勒（Haller）、特鲁索（Trousseau）以及大部分心理学家看来，男性产生性需求的频率大约是每 3 天到 4 天。”菲奥医生甚至得意地指出：“在性行 363
为中女性处于被动角色，女性较短的性需求周期和较低的性欲望通常会保护男性免受女性的霸权。”他补充道：“我甚至认为，女性之所以对男性要求多，是出于调情心理而非放荡成性，是出于利益而非出于享乐。她们知道了我们的需求，就会提出各种要求把我们强留在她们身边，防止我们不忠。”[②]

---

① 参见：Yvonne Knibiehler, article cité et «La nature féminine au temps du code civil», *Annales. Économies. Sociétés. Civilisations* juill.-août 1976。

② Docteur Louis Fiaux, *La femme, le mariage et le divorce. Étude de physiologie et de sociologie*, p. 112 et 94.

这一观点就是当时关于妇女性行为的最普遍的观点。相关妇科文献，[①] 尤其是对抗不育症的文献再次加固了这个相当片面粗暴的观点。[②] 在奈瑟（Neisser）的研究成果得到推广之前，人们将淋病和尿道炎归因于“欲望过强”。[③] 最著名的学者，如阿尔弗雷德·富尼尔（Alfred Fournier）教授则认为，“特殊刺激”
364 和太过频繁的性行为会产生病理性后果。在这样的心理环境下，女性对性交保持谨慎的态度，有时甚至表现出攻击性。菲奥医生注意到，许多男性被妻子咬伤，因为她们拒绝给配偶口交。[④]

不言而喻，妻子的保守行为会导致丈夫为寻求生理满足而与女仆或妓女发生婚外关系。两性不对等的欲望周期被认为是一种科学事实，这为卖淫业的存在提供了正当性，并导致人们将男性通奸看作“一种发泄行为”。[⑤] 但是不止于此，西奥多·泽尔丁写道，在一夫一妻制的婚姻中，妻子经常拒绝履行配偶义务，丈夫不能与妻子定期发生性行为。[⑥] 此外，月经期

---

① 参见：*Revue de gynécologie*。这些文章都附有关于交媾时应采取的姿势的建议。

② 参见：A. Forel, *La question sexuelle exposée aux adultes cultivés (passim)*。据达西·德·利涅尔，这个时期中性交的平均时长与煮鸡蛋的时长接近，即三四分钟 (*op. cit.*, p. 33)。另一方面，夏尔-路易·菲利普描绘了贝特与皮条客之间的交欢，认为“在睡前嬉闹将近十五分钟对男女双方来说都是有益健康的好事”（*Bubu de Montparnasse*, p. 28）。依据西蒙的报告，当代人的性交时长是十一分钟。

③ Docteur L. Fiaux, *La femme, le mariage et le divorce*, p. 198.

④ 同上书，第 197—198 页。

⑤ 同上书，第 116 页。

⑥ *Op. cit.*, p. 303.

和妊娠期需要节制性行为，哺乳期也很少（也有可能完全没有）发生性行为，再加上女性经常患上生殖疾病，[①] 所有这些都加重了欲望周期的潜在失调，令男性感到受挫。因此，对于所有想要防止妻子意外怀孕的丈夫来说，妓女是不需要中断性交的首选伴侣。

自米什莱之后，人们经常指责神甫对妻子行为产生的影 365
响。聆听忏悔的神甫为忏悔者提供思想指引，因此他成为唯一可以了解女性性生活秘事的男人。不管性行为是否涉及婚外情，神父都要设置重重禁令，这阻碍了夫妻间的享乐。事实上，很多妻子拒绝丈夫的性要求正是出于神甫的建议。某些神甫鼓吹生育之后的夫妻双方要自觉禁欲，建议避免一切可能引起夫妻欲望的行为，并且宣传圣经中玛利亚和约瑟纯洁的夫妻关系。教士承认男性的需求，但并不认同夫妻间的性享乐，他们将性关系描述成一种屈服行为。[②] 这种观念与奥古斯丁学派关于卖淫的观念是完全一致的。女性经常听从神甫的建议，劝说原本拥有自由思想的丈夫皈依宗教，这一做法具有很大风险，会阻碍夫妻间的良好关系。相反，找妓女让丈夫们感受到了左拉笔下的"在妓女身上所能感受到的伴侣情意"。[③] 从这个

---

① 《奥克塔夫·米尔博的女仆日记》中提到一个例子，描绘了丈夫因为这个原因不得不禁欲。

② 参见：T. Zeldin, *op. cit.*, p. 292 *sq.*。我们可以看到本书参考了一些小众作者的作品（多尔兹、达尔帝格、德拜），他们要求认可女性的高潮权。

③ *Nana*, La Pléiade, p. 1223.

角度看，资产阶级频繁的召妓行为体现了他们对所处阶级中身体文化的反抗。[①]

366 ### 3）“性匮乏区”增加

**小资产阶级单身人数的增长**是导致卖淫结构变化的主要原因之一。有几类人的财产并不多，但由于文化、品位、举止和野心，他们被归入小资产阶级或中层资产阶级，这些人逐渐取代了19世纪初的无产阶级单身汉，成为召妓的主要人群。这些单身人群看起来已经在城市扎根，实际上处在社会边缘地位，尤其是在性方面。

第一类人是“公家与私人职员”，包括办公室职员，商店、批发商店或大超市的雇员。他们的人数增长非常快。在这类人群中，还有桑提尔街批发商店，如巴黎市中心服装业和五金制品公司的雇员。这些职员在百货商店中管理着公司最重要的新产品货架。1880年左右商业结构的剧变不仅没有阻碍，反而促进了零售商店数量的增长，商店雇员的人数也随之增加。[②]

A. 窦马尔描述了巴黎小资产阶级的情况（P. 莱昂则描绘了里昂的情况），他指出，在这个阶层中，财富分布的状态就像

---

① 参见：L. Boltanski, *Prime éducation et morale de classe, passim*。

② 参见：J. Le Yaouanq, «La boutique du IV$^e$ arrondissement», communication à l’Institut français d’histoire sociale, 1976。

倒过来的陀螺，尖端朝上。就财富而言，职员们完全属于平民 367
阶层，只有一小撮精英能挣脱出来并渗透到中层资产阶级。此外，即使职员受益于19世纪下半叶的普遍致富趋势，仍然远低于中等水平。①

办公室职员对公司的依附性非常高：通常一进公司就是一辈子。② 莫泊桑的作品常常描绘这样的小职员，库特林（Courteline）也写过这个题材。《死缓》中老费迪南德的悲惨命运让人记忆深刻。职员的性需求无法得到满足，许多人没有足够的财力在年轻时建立家庭，甚至无法“与人同居”。不管怎样，他们都没有足够的收入以资产阶级的方式养家。晚婚和单身是其中大部分人面临的问题。自第二帝国时期，巴黎一直是法国单身和晚婚人数最多的城市。③ 无论是在波尔多④ 还是在首
都巴黎，“单身”和“晚婚”这两个指标的演变都具有重要的 368
参考意义。

19世纪下半叶的无数文学作品描写了公司职员的性匮乏及

---

① P. 莱昂（*op. cit.*, p. 117-118）特别提到了这一类“迅速扩张”的群体：“职员越来越多，成为全球化发展的受害者，他们从中几乎得不到好处。在原始财富层面，他们代表着利益损失的群体。”伊夫 · 莱金的观点（thèse citée, t. I, p. 187 *sq.*）强调了这一阶层的迅速增长。1866—1891年，里昂的职员人数增加了934%。

② 参见：Comte d’Haussonville, «Les non-classées et l’émigration des femmes aux colonies», *Revue des Deux-Mondes*, juin 1898, p. 787 et les évocations romanesques de Charles de Rouvre *(L’Employée, A Deux)*。

③ J. Gaillard, *op. cit.*, p. 221.

④ P. Guillaume, *Bordeaux au XIX$^e$ siècle*.

相对应的缓解措施。年轻职员太穷而无法结婚或安家，但他们的收入足以支付妓女的费用。从福楼拜到莫泊桑，再到夏尔-路易·菲利普，小说家都试图书写职员、店员或艺术家在单身时因缺乏配偶而寻求各类性交易的现象。让·博里指出，“单身文学”出现于1850年，于斯曼是最具代表性的小说作家，他详尽地描绘了遭受性挫败的小资产阶级家庭以及他们的权宜之计。“家庭”问题构成其作品的核心。“家庭”问题和性病问题是书中主人公们萦绕不去的烦恼：安德烈（《安家》[*En ménage*]）在尝试过不同形式的召妓之后，与不忠且冷漠的妻子复婚；西普里安（《瓦塔德姐妹》[*Les sœurs Vatard*]，《安家》）为包养一个年轻女工而破产，最终决心与一个年老的站街女生活在一起；莱昂试图与处在卖淫边缘的马尔特同居，结果以失败告终；还有佛兰丁，《顺水漂流》中的一个早衰的职员，他虽然已经放弃了性生活，但还是与一个花残粉褪的暗娼做了最后一次糟糕的性爱尝试。于斯曼笔下的婚姻本质上是根据故事中的人物角色量身设计的，正如《搁浅》（*En rade*）中明确指出的那样，婚姻是一种权宜之计，是一种确保性舒适的
369 手段。这种非常悲观的思想反映了城市中大部分人遭遇的严重性匮乏。此外，这些文学作品揭示了单身人士由于担心被诱惑而招来“烦恼和恶果”，[①] 转而去召妓的现象。

---

① 参见：J. Borie, *op. cit.*, p. 49。

还有另一类无产阶级的性生活与上文提到的小资产阶级的命运非常接近，就是由外省大学生或学校里的巴黎年轻人构成的无产阶级。也就是说，所有“背井离乡的人”都会部分地变成有文凭的无产阶级。儒勒·瓦莱斯（Jules Vallès）描写了他们的困境，指出他们最终听天由命，成为教师——保罗·格博德则描绘了教师群体的悲惨遭遇。①

这类群体的数量明显增加。女性接受高等教育的不足剥夺了男性大学生获得与自身品位和文化相符的伴侣的机会。如今，我们很难想象当时的男大学生群体在缺乏女大学生伴侣的条件下，如何过性生活。

借助性交易缓解性匮乏是一种传统现象。1799 年，年轻的亨利·贝乐和同学们离开家乡格勒诺布尔，一起在巴黎招下等妓女。②都德笔下的主人公让，则是通过与萨佛同居解决性需求。文学作品描绘的对象总是一批在学习期间包养妓女或是被妓女包养的年轻人。③由于大学生的性生活与性交易错综复杂 370
地联系在一起，违法性行为通常发生在这一阶层。文学作品并没有掩盖这个阶层中存在的性匮乏和性饥渴。保罗·阿莱克西（Paul Alexis）的小说《勒菲维尔老爹的妻子们》（*Les femmes du père Lefèvre*）把外省（埃克斯）大学生的性失望暴露无遗。

① P. Gerbod, *La condition universitaire en France au XIXe siècle.*

② Stendhal, *La vie d'Henri Brulard*, La Pléiade, p. 317, 320 et 322.

③ 例如参见：Huysmans, *Un dilemme*。

书中的勒菲维尔老爹是一名老兵，他从马赛港口招揽了一批“下等娼妓”，带她们坐火车进了城，为年轻人提供妓女，供他们在聚会中恣意放纵。

从广义上说，处于“性匮乏区”① 的人群也包括资产阶级青少年。随着小资产阶级、中产阶级和大资产阶级人数的增长，资产阶级青少年在性匮乏人群中所占的比例也越来越高。平民阶层的年轻人从青少年时期就会与本阶层的姑娘发生性关系，而资产阶级青少年通常是由一个妓女带入门，然后开始参与性交易或者包养妓女。② 在资产阶级圈子里，人们对新婚妻子怀有非常严重的处女情结，直到 19 世纪末期，仍有不少女性拒绝婚前性行为，③ 在乡村地区甚至是明令禁止，这一切都使妓女
371 获益。尽管有风化警察监管青少年召妓，嫖客中仍有大量的高中生。

1872 年 7 月 27 日设立的征兵制对卖淫业产生了复杂的影响。④ 征兵制使驻军城市和战争港口的性需求大量增加。欲望

---

① 弗兰德林（J. L. Flandrin）在《农民的爱情》（*Amours paysannes*, p. 158）中讨论了针对青少年的“性贫民区”。

② 参见上文第 95 页。于斯曼在书中对高中生和街头妓女的故事做了生动描写（*En ménage*, 10/18, p. 168-169）。

③ 此后，资产阶级年轻女性逐渐变得更加开放。参见普雷沃斯特《半处女》（*Les demi-vierges*）、普鲁斯特《追忆似水年华》（多处出现），或是穆席勒有关贵族资产阶级的小说《没有才能的男人》中瓦尔特信任与克莱丽斯的订婚。在法国以外的其他地区，资产阶级漫长的订婚期经常会引起订婚者的神经症，弗洛伊德与玛莎·贝尔纳维斯也经历过。但是正如扎尔丁指出的，这种做法在法国并不普遍，因此可以理解法国年轻人特有的性行为。

④ 参见下文第 375—378 页。

强烈的年轻人在逃离了家庭和乡村对卖淫的严厉控制后，在大城市享受偷偷召妓的快乐。在休息时间，年轻人很容易受到前辈或是军官们的鼓动。在军营，老兵会要求新兵在窑子里"逛一圈"。维涅龙医生[①]认为军营的这条规矩对卖淫业起到重要作用。此外，很多预备役军人会利用13—28天的驻兵期打破婚姻的枷锁。[②]

最后，自1880年，工人阶层当中出现了一种新的现象，阻碍了工人的道德化进程。技术的进步和工业管理形式的兴起致使很大一部分工人失去了技术权威，[③]这种剥夺加速了他们对享乐的渴望。受挫的生产者想要消费，技术资格最高的一类人 372
最容易经历这一心理过程。如果这个假设是正确的，它可以解释工人无产阶级内部新式卖淫行为发展的原因。

资产阶级队伍快速壮大并富裕起来，但他们的性生活屡屡受挫，越来越多的人感到性匮乏，包括数量日益庞大的年轻人以及城市单身汉。以上种种因素导致了一种新的需求，取代了处在城市边缘的无产阶级劳动者的需求。相比以往，新需求的性质完全不同，先前随着边缘人口应运而生的小酒馆卖淫业已无法满足嫖客的需求。随着客户群体的转变，人们对卖淫的态

---

① *Op. cit.*, p. 24.

② 参见前文第276页关于图勒驻军地的描写，以及菲奥医生《风化警察》第二卷第174页兰杜兹（Landouzy）教授的演说。

③ 参见：M. Perrot, colloque Jean Jaurès, communication cité et Y. Lequin, *Les ouvriers de la région lyonnaise*, *passim*。

度和行为也发生了变化。

### 4）欲望形式的转变

自然，欲望形式的变化因社会类别而异，但仍然会表现出某些共性。要抓住这些特点，就必须理解资产阶级家庭隐私关系的性质和资产阶级的性行为，因为这两点贯穿整个社会金字塔的传播链条。

如今的嫖客要求妓女表现出引诱的样子，假装有感情，甚至是爱意，以暗示这段关系有可能延续。大众妓院套路化的消
373 费令人生厌，客人希望妓院提供一些特色服务。色情场所[①]应当重视这一点，否则客人就会不安，产生受挫感，并且因为失望和耻辱感想要快速逃离。[②]

以上感觉揭示出人们容易对任何过于专业的东西产生厌恶，而对属于或声称属于地下的东西产生偏爱。在册妓女必须学会册外妓女的举止，或是表现得像她们。妓院经历衰落的同时，伪装成暗娼的人数却增加了。伪装成幽会馆的卖淫场所应运而生，与此同时兴起了妓女伪装成未成年少女的风潮。在资产阶级学者看来，所有这些现象都证实了暗娼在极速扩张。

嫖客，尤其是热衷享受的资产阶级嫖客，不仅希望与妓女

① 关于这一方面，米歇尔·洛伯特（Miche Lobrot）在《性解放》（*La libération sexuelle, passim*）中区分了生殖和色情。

② 于斯曼在《进退两难》和《搁浅》中写过顾客匆忙逃走的主题。那个时代大多数人还相信“动物做爱后会伤感”的观点。

保持情色关系，还希望能和她们模仿夫妻关系。已婚嫖客想与妓女建立类似夫妻的关系；未婚嫖客想让妓女扮演妻子。因此，被包养的妓女或是有回头客的妓女人数有所增长，19 世纪末幽会馆里的妓女尤其具有吸引力。在幽会馆里，客人认为自己是在付费通奸，有些客人甚至觉得自己拥有了一位通常情况下只敢仰望却不敢追求的上层社会女性。[①] 嫖娼不再是粗鲁的 374
发泄方式，男性花钱嫖娼是为了满足自己的幻想，做不到这一点的妓女根本无法引诱嫖客。

贵族式口味逐渐在大资产阶级、中产阶级以及一些小资产阶级中流行。许多研究表明，贵族式口味侵入了资产阶级的方方面面：J. P. 艾伦分析了贵族美食逐渐渗透资产阶级圈子的方式，[②]J. 盖拉德指出，百货商店使资产阶级接触到当时贵族才能拥有的奢侈服饰。[③] 贵族对女性献殷勤的习惯也一样渗透到资产阶级圈子，只是要比美食晚一些。资产阶级从各方面模范贵族的社交习惯。卖淫业在大型咖啡馆、夜总会和奢侈品商店蓬勃发展。这些新型性行为和享乐行为在一定程度上造就了新的

---

① 这种假装诱惑的要求与让·博利对唐·璜神话的解读并不矛盾（*op. cit.*, p. 52）；妓女的引诱行为已经贬值；幽会馆里的唐·璜是神话学中心理病理学的要素之一。真正的矛盾出现在另一个层面：当相关研究文献剖析生殖本能的满足时，总是指出，嫖客不仅需要满足个体的兽性，还需要获得更多的情感。这是话语和行为之间的差距吗？更简单地说，人们可能会认为，由于婚姻关系，男人在性的两个极端都感到沮丧，与妓女在一起则可以继续他的双重身份以及追求他无法实现的幻想。

② J. P. Aron, *Le mangeur au XIX^e^ siècle*.

③ *Op. cit.*, p. 543.

需求。

此外，这些性需求及其伴随的性行为已经潜移默化地传递
375 到了社会金字塔的底层。商店雇员开始对酒馆女招待感兴趣；工人的兴趣逐渐从平民妓院妓女转向零售酒馆女服务员，这些转变均体现了性需求的演变过程。

士兵的情况更为复杂，值得单独探讨。被招募进军队的士兵需从军七年，当兵因而成为一份真正的职业。士兵们过着独身生活，频繁更换驻扎地，妓院因此成为营房生活不可或缺的补充。军官们本身大多出自小资产阶级，[①] 并不反对逛妓院。[②] 军事人员难以融入社会，只能召妓，从而提升了卖淫业的重要性。此外，在整个 19 世纪，军队的各个等级都支持妓院的存在，因为军方想要解决大量驻军出现在城内时引发的种种问题，包括维护士兵的健康、疏导士兵和军官的欲望、消除性紧张。

公民社会和军营之间存在着某种性焦虑，公娼馆的存在能够避免可能恶化的动乱。简而言之，军妓馆最符合卖淫规制主义的设想，由于士兵在军队的严格管理下拥有非常明显的性挫败，妓院的作用便显得尤为重要。这也难怪等级森严的军队成为卖淫规制体系最忠实且最长久的辩护人。

376 妓院是公民社会和军营之间的纽带，[③] 妓院对于士兵既有吸

① Chalmin, *L'officier français de 1815 à 1870*, p. 145.

② 参见：W. Serman, *Les officiers français, 1848-1870*, p. 1071-1079。

③ 以及为外省驻军军官提供的剧院。

引力也会引起敌意。莱昂·亨尼克（Léon Hennique）的小说《大写字母 7 之事件》（*L'affaire du grand 7*）表现的正是这种矛盾情绪。在这部小说中，妓院龟头杀害了一名士兵，暴怒的驻军屠杀了妓女，洗劫了妓院。小说结尾，作者借指挥官之口说道："这帮游手好闲的蠢货！他们比孩子还要愚蠢！……弄坏了自己的玩具。"同样，普法战争也充分体现了妓院对于军队的重要性。自此，妓院与军队的纠葛构成了自然主义小说的主旋律。

直到 1905 年，国家征兵期和军队服役期逐步缩短，公民士兵代替职业士兵的观念重新出现，士兵的性行为也随之改变。大规模征兵的确促进了卖淫业的兴盛，但也是在这种背景下，士兵的性感官发生了转变。服役时间逐渐缩短帮助士兵融入了平民群体，至少在一定程度上填补了两方之间的鸿沟。士兵性生活边缘化的情况有所减轻，在军营服役的士兵仍然"记得昨日的平民生活"，① 在没有未婚妻陪伴时，他们仍然与家乡的亲人和姑娘保持着密切联系。就近入伍原则和军假的延长加
速了士兵性行为的转变过程。比起第二帝国时期的职业士兵，377
公民士兵更能够意识到什么是真正的性爱关系，他们拥有更丰富的性关系经验，超越了单纯的生殖器抚慰。妓院不再必不可少，嫖娼的体验也令士兵失望。停止召妓逐渐成为士兵的共

① Docteur L. Fiaux, *L'armée et la police des mœurs, biologie sexuelle du soldat*, p. 116.

识，这也是导致低等和中等妓院出现危机的主要原因之一。

20世纪初，军营生活发生改变，士兵的自由度更高，军队加强禁欲教育，[①]优化营房，增加宿舍和图书馆。还有其他因素促进禁欲：大部分军官来自军校，而且大多是贵族，即使妓院老鸨按照惯例为他们保留了最好的房间和最豪华的沙龙，他们仍然抵触和士兵一起去妓院。总而言之，大环境在改变，习俗和习惯也跟着改变。第一次世界大战前夕，等级制度下的军队加强了士兵性行为的道德化建设，加速了改变的进程。

大约在1860—1914年，卖淫业出现了质变而非量变的新
378 需求。资产阶级产生了一种不同以往的社会和精神需求，这种需求刺激了性消费行为。新的需求主要源自资产阶级配偶之间的性压抑造成的挫败感，而这种性压抑是资产阶级为了维持夫妻模式所固有的。自然，新需求以及由此产生的社会经济结构的变化将反过来决定相应服务的发展。新需求催生了更昂贵的性服务，为卖淫业带来了可观的利润增长。既然有这些例证，那么我们可以说卖淫活动总量增加了吗？的确，暗娼有了明显发展，但是公娼却在减少。不过，这样的结论仍然有一定的偶然性，因为在性领域，对现象的评估更多取决于观察者的感知和幻想，而不完全以事实为依据。

---

① A. Corbin, «Le péril vénérien: prophylaxie sanitaire et prophylaxie morale», *L'haleine des faubourgs. Recherches*, n° 29, 1977.

## 3. 供需匹配

妓女服务客人的情感方式在发生改变，卖淫业的人员招募也跟着适应这一新的趋势。从一开始我们就知道，只有当城市发生深层改变时，性服务业的供需才会改变。得益于这种变革，新城市化的框架逐渐形成，占据城市的不仅有资产阶级，还有妓女。卖淫规制主义试图封闭卖淫的计划以失败告终。

### 1)“开放型城市”[①] 和女性景观 379

这是所谓的“城市奥斯曼化”的结果之一，或许也是最明显的结果之一。许多学者研究了巴黎（参见C. M. 莱奥纳尔、J. 盖拉德）、里尔（参见P. 皮埃拉尔）、里昂[②]、波尔多（参见P. 纪约姆）、马赛和图卢兹的城市化进程。尽管存在细微的不同，但总体上各大城市日益壮大的资产阶级几乎[③] 同时占领了所在城市的中心。继复辟时期对封闭区域进行城市化空间扩展之后，城市规划又出现了重大突破，宽阔的街道两旁是宽阔的人行道。大城市中央的商业区纷纷开业，里面开有银行、股份制公司的总部以及百货商店，风行一时的咖啡馆和餐馆的数量也

① J. Gaillard, *op. cit.*, p. 528.

② *Histoire de Lyon et du Lyonnais*, Privat, 1975.

③ 关于里尔。

有所增加。火车站的修建以及等候区域的扩大使城市面貌和市民举止发生改变。街道氛围明显不一样了；人行道经过清理逐渐“道德化”；[①] 燃气照明灯以及至少出现在巴黎的城市护卫队都加强了安全性。左拉在小说《妇女乐园》中生动地描述了市民，尤其是资产阶级市民快速占据城市造成的入侵感。左拉巧妙地比较了奥斯曼城市美化运动开展前后的城市面貌，提到了
380 道路网工程的进展、商业结构的改变以及大众热情点的转变。奥斯曼化究竟是创造了潮流，还是阻挡了不可抗拒的浪潮？我们不得而知。

随着奥斯曼城市美化运动，妓女不再躲躲藏藏。她们寻找光亮，装扮得格外惹眼，抛头露面，在大街上来回走动。城市化运动不仅推动资产阶级涌入城市，成群的妓女也从邻近的高地涌来。里尔[②] 的妓女涌回到被奥斯曼化的市中心，因为那里的资产阶级顾客付费高昂。这种妓女向市中心迁移的行为成为大城市的普遍现象。

19 世纪下半叶，大城市经历了前所未有的发展。城市里越来越多的会展活动在卖淫活动中发挥了重要作用，大商场的橱窗本身就是各类展览的最佳窗口。巴黎成为“盛宴之城”，[③] 妓女走上街头，抛头露面，提供性服务。以上种种就是相关学者

---

① 意思就是命令妓女不得组团、不得停留、让行路人。

② P. Pierrard, *op. cit.*, p. 216.

③ J. Gaillard, *op. cit,* p. 246.

提到的妓女入侵街道的现象。但不确定的是，导致这一现象的原因是否可概括为激增的人数、密集的流动性、日益夸张的卖弄举动。妓女入侵街道带来了社会的喧嚣和混乱，使卖淫规制所做的分区分类付诸东流。风化警察认为，这一切意味着需要采取新的策略了。

道德家认为妓女入侵街道是一件非常危险的事，比人们追求奢侈品还要危险。服务资产阶级的妓女也变成了一种女性景观，她们在高级咖啡馆的露台、酒馆、音乐咖啡馆里和人行道 381
上招摇过市，卖弄风骚。图卢兹-劳特雷克是为资产阶级妓院大厅作画的画家，也为站在灯光下卖弄姿色的妓女画像，这些卖弄风情的妓女使充满挫败感的资产阶级顾客滋生出性幻想。这种方式非常有效，“视觉开始在性诱惑中居于首要地位”。[①]妓女公开现身，供人观赏，这宣告了卖淫规制主义的失败，引起了超卖淫规制主义的焦虑。这种风气在帝国节日时期尤甚。虽然拿破仑三世政权垮台后人们一致谴责这种风气，但已无法阻止妓女涌上街头。

从那时起，风化警察的注意力便集中在**对街道的监管**上，监管的首要目标是保证车辆流通、行人通行、道路通畅。妓女街头拉客成了一件麻烦事。妓女在街头骚扰行人，令注重家庭

① 穆法伯爵对娜娜的身体展示十分着迷，因为在他的阶层中女性不会展示自己的裸体。他和穆法伯爵夫人共同生活了二十年，“从未见过她穿吊袜带的样子”（*Nana*, La Pléiade, p. 1213）。

亲密关系的资产阶级感到困扰。对妓女提出抱怨的几乎都是体面的绅士，他们抗议无法带着家人、女儿或年幼的孩子一起散步。当时的文学作品也反映了人们的心态，人们一方面惧怕在街头拉客的妓女，一方面又压抑自己想接触妓女的欲望。[1]直到第一次世界大战前夕，资产阶级话语的重点都是街头风貌，正如不久前无产阶级话语的重点是暴力和犯罪一样。参与性交易的资产阶级越来越多，性服务业的主要对象几乎都是资产阶级。“道德家”清楚地认识到这对传统伦理造成了冲击，因此，
382 以打击街头犯罪为主要目标的道德团体的数量明显激增。

### 2）性交易的诱惑

这一节我们重新回到性供应变化的问题上来。巴朗-杜夏特莱分析过卖淫的类别。继他之后，理查德·考布分析了革命期间的卖淫类别，[2]雷斯蒂夫·德拉布雷顿[3]和默西尔[4]也提到过卖淫类别，他们的观点与前人的研究并无多少不同之处。该领域的相关学者几乎采用同一方法进行分类。[5]表面上看，卖淫

---

① 关于这一方面，参见《萌芽》中上了年纪的老板 M. 埃讷博对无产阶级性行为的嫉妒看法。这种嫉妒的目光再次出现在《安家》里塞浦路斯工人的性行为上（参阅对猫的独白）。

② Richard Cobb, *La protestation populaire*, p. 220-226.

③ *La Pornographe*.

④ Louis-Sébastien Mercier, *Tableau de Paris*, «Matrones». 作者描写了中介的行动，中介引诱小资产阶级和想要裙子的商店女职员到他们的店里；女舞者、女演员、家庭女教师、青年女工以及洗衣女工此前维持着 18 世纪巴黎的性交易市场的运转。

⑤ 参见上文第 96 页。

类别的确没怎么变化，但是我们不应过分相信这种表象。事实上，资产阶级或中产阶级的生活条件正在发生变化，其性需求的增长也引发了新的供给。

——**雇佣女仆**的家庭模式比以往任何时候都更能成为滋生卖淫的温床。在城市里，女仆的数量大幅增长。在大城市，女仆不被视为家庭成员，只能勉强算是家务事的一部分。资产阶级的隐私观念迫使女佣搬离资产阶级家庭，搬进六楼的仆人 383
房。[①]搬离主人家庭的女仆逃离了主人的家长式控制，引发了人们极大的担忧。《家常事》（*Pot-Bouille*）中对佣人楼梯的描写以及对“阿黛拉的抹布”的描绘都显示出这种担忧。女仆在六楼的房间不再是犯罪与淫荡并存而是偷窃与淫荡共存之处，自儒勒·西蒙的《女工人》出版以来，[②]对六楼女仆房间的抨击成为资产阶级的主旋律。1896 年，孔门格医生就此发表了长篇学术研究。[③]艾薇儿·德·圣克罗伊夫人以萨维奥兹为笔名，专门剖析了这个问题。[④]1912 年，莫林医生从医学的角度提出大量预防性建议，“试图防止六楼女仆散发的淫秽小册子或性病病菌污染整栋公寓”。[⑤]

---

① 女佣通常居住在与主人同一栋楼的六层。——译者

② J. Simon, *L'ouvrière*, p. 228-229.

③ Docteur O. Commenge, *op. cit.*, p. 337-379.

④ Savioz, «La question du sixième», *Relèvement Social. Supplément*, 15 mars 1906.

⑤ Docteur Morin; «Le sixième étage et les jeunes domestiques», *Bull. de la société française de prophylaxie sanitaire et morale*, 1912, p. 139.

女仆之间也存在等级分明的阶层。夫人女伴和卧室女仆往往由于美貌而被选中做这份工作，[1]她们时常和女主人接触，有时也会从男主人口中了解夫妻生活，然后加以模仿。因此，她们有了新的需求并滋生出新的野心。由于这类群体与资产阶
384 级过于接近，[2]资产阶级心中反而会滋生出逃避心理，认为与女仆结婚是降低身份的事情。反倒是住在六楼的女仆，因为与女主人相对隔离，更容易摆脱女主人的监视，也更容易接触男主人。[3]

众所周知，女仆诱惑是当时资产阶级性行为的特征之一。小说中的例子不胜枚举。人们一提到《格米尼·拉瑟》[4]，就会想到书中女仆“致命而神秘的诱惑”；提到左拉的《家常事》，就会想到特鲁博洛；提到奥克塔夫·米尔博（Octave Mirbeau）的《女仆日记》(*Journal d'une femme de chambre*)，就会想到兰莱尔先生。莫泊桑小说《获救者》(*Sauvée*）中的主角也是女仆。其他国家的作家也常以女仆做主题，莱克尔[5]的《犯罪女

① 参见：la servante de Vellini dans *Une vieille maîtresse*。

② 普鲁斯特作品中持续出现的作者与女仆之间的关系难道不是这种相近性的最好的例子吗？

③ 参见维克多·玛格丽特的《卖淫》中拉乌尔·杜梅斯躲避到萝丝的房间。

④ E. et J. de Goncourt, *Germinie Lacerteux*, 1877, p. 53. 通过普特布斯夫人，马塞尔·普鲁斯特清楚地描写了女仆的色情功能（参见：*Sodome et Gomorrhe, passim*）。

⑤ 莱克尔（De Ryckère）的《犯罪女佣》(*La servante criminelle*, p. 293）是有关女仆主题的重要作品。

佣》、易卜生的《群鬼》和托尔斯泰的《复活》都各自体现了女仆的诱惑。当时的性学家就此问题进行专研，代表学者克拉夫特·埃宾[①]做出如下解释：在这个时代，服装的差异使男女之间存在着牢固的屏障，而女仆的围裙会使人想到女性内衣，暗示着轻松的亲密关系。由于资产阶级客户对围裙怀有恋物情结，因而妓女会伪装成女仆上街拉客。

由此我们可以发现，女仆习惯了性自由，沉醉于男主人的亲热和恭维，还经常受到男主人朋友的挑逗，一旦哪天被辞 385
退，女仆的悲惨命运就会降临，她们就会走上卖淫的道路。

——商店和商场女售货员以及饮料零售店女服务员的数量激增，同时，寄宿商店[②]遍地开花。表面上看，政府对商店寄宿的管理条例十分严格，但其实存在极大的放任性。**商场女售货员**与店员一样，不再受老板的道德监督。更有甚者，一些大型商业公司的高管和小领导会威逼利诱女员工卖淫，这种行为是某些工厂工头的一贯做法。左拉的《妇女乐园》描写了“女售货员诱惑”：“商场女售货员被定性为工人阶级，原因在于她们的社会出身和薪资决定的生活条件，她们与富人阶层有日常接触，了解富人的所有特性。”[③]比起女佣，她们的工作更不稳定，更加“处于游离状态”。[④]

① Krafft-Ebing, *Psychopathia sexualis*, p. 223.

② 《妇女乐园》对此有详细描述。

③ F. Parent-Lardeur, *Les demoiselles de magasin*, p. 36-37.

④ 这使大学生和商店女售货员组成的伴侣变得合乎逻辑（F. Parent-Lardeur，*op. cit.*, p. 37）。

许多女售货员试图模仿前来购物的漂亮夫人，对她们来
说，婚姻是一场悲剧，结婚意味着回到原生阶层，成为上流社
会贵夫人的希望会彻底破灭。因此，她们很少有人结婚。此
386 外，百货商店的管理层也不支持女售货员结婚。直到1900
年[①]，百货商店才鼓励员工结婚。[②]女售货员达成野心的步骤分
为两步：先是被有钱人包养，然后从事卖淫业。女售货员的大
多数朋友都有情人，耳濡目染下非常容易受到诱惑，人人都想
被包养。对于这些“逐步接近上层社会的女士”[③]来说，穿衣
打扮的唯一目的就是找到男人包养自己。[④]某些女售货员在商
店的工作甚至都是由资产阶级情夫安排的，因此，“女服饰商”
成为被包养女子的“社交借口”，性交易充分渗透了这个阶层，
全方位刺激了她们的卖淫行为。

——与巴黎女售货员一样，“针线女工”“家居女裁缝”以
及奢侈品女员工的数量都有增加，尤其是在城市中心。人们肤
浅地认为巴黎城市的奥斯曼化会将社会底层群体赶出商业中
心，但事实恰恰相反。大商场的发展为女裁缝提供了大量就业
机会。事实上，大型商店虽然培养了女性顾客的奢侈品位，但
387 同时也唤醒了她们的节俭意识。左拉笔下的马蒂夫人（和她的

① H. Mercillon, *La rémunération des employés*, p. 48, note 3.

② 然而必须承认，与雇员同居通常构成一种真正的夫妻关系。在情人数量增加导致尊重丧失的环境下，确实出现了一股新潮流。《妇女乐园》中的克拉拉就是这样。

③ 参见柜台主管鲍尚先生给左拉（小说筹备稿）的声明。

④ 女售货员杜利特夫人给左拉的声明（同上）。

女儿）和博德莱夫人就是两个截然相反的人物，这显示了该阶级的双重性：马蒂夫人由于冲动消费毁了丈夫的职业生涯，博德莱夫人则更加懂得如何做好生意。大商店在开业之初设置的许多新品柜台曾大获成功，如今这些新品柜台逐渐转变成销售原材料的柜台，顾客在那里买布料再拿去找裁缝。同样，地毯柜台也令地毯商的生意欣欣向荣，众所周知，地毯商在资产阶级的拉皮条业务中作用甚大。

此外，小手工作坊并没有消失，而是在巴黎城内迅速扩张，作坊老板是最希望靠近供应商和客户的群体。小作坊成功的基础源于当时“传统行业中灵活多变的革新”。[①] 让娜·盖拉德认为，小手工作坊并非一成不变，而是紧跟“现代化”潮流。[②]

“老巴黎中长期存在的两极分化”证明了“部分居民对爆发性城市化的抗拒”。[③] 具体表现为：女裁缝、在家劳作的各类女工以及商店女售货员与住在郊区的工人和边缘化人群分开，转而蜗居在城里的住房内。男大学生、商店男雇员和职员与商店女售货员和针线女工共存在大城市中，密集举行的商业活动与节庆活动吸引了资产阶级男士。以上种种表明，在政府引导的卖淫规制外，另一种野生的卖淫关系正在扩张。

众所周知，如果不靠男人补贴，工资是无法满足这些行业 388

① J. Gaillard, *op. cit*, p. 440.

② 同上书，第 439 页。

③ 同上书，第 216 页。

的女工和女售货员的生活需求的。君主立宪制时期以来，儒勒·西蒙①、贝诺斯特②和邦内瓦伊③等多位学者开展了相关的社会调查，调查结果都证实了这一事实。除此之外，工人会议内容以及妓女文学也体现了相同的观点。总的来说，在当时的社会状况下，不依靠男性，女性很难融入城市。④没有男性的帮助，她们甚至连住的地方都找不到。皮科在《社会革新》中写道："干净的寄宿旅馆将她们拒之门外，不带家具的单间又很贵。工作之余，贞洁的姑娘能参与的娱乐活动很少：单身女工不能像男人一样单独出入小酒馆，对她们来说，上街就已经是件危险的事了。"⑤此外，工厂的淡季时间相当长，生意不好的时候淡季会长达四个月，甚至六个半月。总之，这些行业极度依赖经济形势。工业结构具有巨大的脆弱性，越来越多的生产用于出口，一旦外部经济形势出现波动，卖淫活动就密集起
389 来。商店的业务也与经济形势息息相关。让·勒·亚尤安克指出，第四区的零售商店经过1870—1880年的盛况后，遭到了1880—1890年经济危机的冲击，业绩严重下滑。

大城市特有的学徒制也为年轻姑娘进入卖淫业创造了条

① *Op. cit.*, p. 296.

② Charles Benoist, *Les ouvrières de l'aiguille à Paris*, p. 115 *sq*.

③ L. Bonnevay, *Les ouvrières lyonnaises travaillant à domicile. Misères et remèdes*, p. 90.

④ 在《妇女乐园》中，左拉通过德尼丝·宝度这一人物详细展示了这一点。

⑤ *Réforme sociale*, 1901, t. II, p. 57 *sq*., d'après Gonnard, *op. cit*., p. 134.

件。做学徒意味着与家人分开，她们的工作主要是送货，需要在街上来回穿梭，[1] 面对男士的挑唆引诱，她们很难抗拒。

针线女工在与富裕顾客来往期间会滋生出进阶的野心。[2] 针线女工想找到结婚对象很困难，如果条件允许，商店男雇员或职员更想娶“家庭背景好的女孩”，[3] 或是娶老板的女儿。《老埃尔博夫》（*Vieil Elbeuf*）中的经典桥段很有代表性：老埃尔博夫渴望升职，而前任老板的女婿们却接任了领导的职位。因此，女学徒找不到同阶层的男性结婚，就必须找一个可以包养她们的情人，或者，持续或暂时从事卖淫。这就是为什么妓院从手工作坊招揽的妓女比从工厂里招募的妓女多。于斯曼的两部小说《马尔特》和《瓦塔德姐妹》[4] 都反映了相同的现象：无论是在马尔特当学徒的作坊，还是在瓦塔德姐妹工作的作坊，“情人”是女学徒主要的谈资和夸耀的资本。邦内瓦伊则调查了里昂手工作坊的情况：“在一些作坊里，二十多岁还没有情人
的姑娘会像恐怖故事一样令人感到震惊。”[5] 儒勒·西蒙则写道： 390
“有些女学徒的母亲甚至会建议自己的女儿找个情人。”[6] 在这种背景下，新的需求催生出了新的性交易。

---

① 赛琳娜在《死亡信用》中对男性劳动力的精彩描写是真实的。

② 参见马塞尔·普鲁斯特作品中的女裁缝形象。莫莱尔的未婚妻，也就是服装商贩朱皮安的侄女，被正直的资产阶级接纳了（*La prisonnière*）。

③ J. Simon, *op. cit.*, p. 298.

④ J. K. Huysmans, *Marthe, Les sœurs Vatard.*

⑤ Bonnevay, *op. cit.*, p. 90.

⑥ J. Simon, *op. cit.*, p. 145.

——参与新兴卖淫业的不只是女学徒，还有另一群在本质上完全不同的女性：大型百货商店的女顾客。当时的女性越来越沉迷于购买奢侈品，新型商业结构实际上刺激并利用了妇女的购物欲。左拉笔下的“娜娜”就是这类女性的原型，而《妇女乐园》中的丝绸大亨欧克塔孚·穆雷则与娜娜的角色形成了对应。左拉认为，大型百货公司就像是“商业性质的公娼馆”，[①] 欧克塔孚·穆雷这类人就是这种机构的头目。在左拉看来，内衣柜台就像一个巨大的橱柜，很多女人在欲望的驱使下脱掉了自己的内衣。[②] 在社交型城市中，资产阶级主妇开始在光天化日下外出，轻易地与人通奸。她们以逛商店为由与情人幽会，丈夫无法查证她的行踪，所以这样做不会造成名誉损失。她们常去的地方也就变成了偷情的场所。女顾客的诱惑力有多大，她渴望被诱惑的心就有多强，多的是男士愿意为一位
391 体面伴侣的奢侈欲买单。百货商店的繁荣还滋生了上层社会的偷窃癖，[③] 促进了资产阶级尤其是小资产阶级女性卖淫业的兴起。这些女性时刻担忧阶级下滑，为了保住自己的社会地位，她们积极投身于资产阶级卖淫行业。

加入新式卖淫业的还有一类女性，豪森维尔称之为“无阶级女性”，这个女性队伍的扩大得益于女性教育的进步，例如

① *Au Bonheur des Dames*, La Pléiade, p. 681.

② E. Zola, *Au Bonheur des Dames*, p. 500.

③ Michelle Perrot, «Délinquance et système pénitentiaire...», p. 75.《妇女乐园》中波娃夫人这个人物令人记忆犹新。

后来为年轻女孩创立的中等教育。她们是“出身于平民阶层的女性，尤其是年轻女孩，她们努力想提高自己的社会阶层但是没有成功，于是前途未卜，陷入了一种困局，徘徊在已经摆脱的处境和未能达到的处境之间”。[①]家庭女教师、女钢琴老师和女小学教师具有非常强烈的孤独感和道德困扰。19 世纪末以来，为年轻女孩提供的中等教育催生出一个与无产阶级男性毕业者对称的群体，但她们的生活条件仍然相当艰难。她们和女工一样，向往资产阶级，但由于没有家庭背景，只能靠男人进阶。然而，这些“无阶级”女性想要找一个符合预期的丈夫是很困难的。那么，如果幽会馆里的妓女不再是高级妓院的妓女，而是这类女性时，还会令人惊讶吗？

新式卖淫的供需增长并不是线性的。这两种增长体现的 392
只是城市社会结构的演变。[②]上述进程在第二帝国时期可以被观察到甚至被量化：那个时代的特征是市民致富、城市环境改变以及全球化。然而，与人们的认知相反，[③]尽管第三共和国的头十年出现了对卖淫业的悲观主义倾向和道德赎罪的愿景，但从 1871 年到 1914 年，新式卖淫活动却在激增。19 世纪 80 年代的经济危机实际上刺激了卖淫供应，至少刺激了需

① Cte d'Haussonville, «Les non-classées...», p. 779.

② 我们知道，1870 年后的城市社会历史称为热门的研究领域。（参考 J. 勒·亚尤安克、雅克芒［G. Jacquement］以及研究此主题的历史经济学家的学术会议）；很可惜，除纪尧姆（G. Guillaume）关于波尔多的著作之外，对这一主题的好奇探索至今尚未取得成果。

③ 参见：Servais et Laurend, *op. cit.*, p. 209 *sq.*。

求。[1]1896—1913 年，城市消费文化盛行，促进了卖淫业的繁荣。在这个时期，[2]经济以城市需求的增长为基础突飞猛进，最
393 直观的表现就是财富飞速增长。[3]显而易见，这是资产阶级卖淫业的黄金时代。

### 3）逐渐弃用塑身衣

新式卖淫行为的扩散之所以如此明显，是因为社会经济的变革掺杂了一种深刻的悲观情绪。资产阶级的性挫败加深了资产阶级婚姻的裂痕。19 世纪末期，男性公开寻觅情妇，大部分无产阶级逐渐接纳了奠定资产阶级权威的部分价值观，而在资产阶级内部，女性的性行为也开始相对自由化。这种矛盾性的变化增加了我们把控整体现象的难度。

资产阶级婚姻产生裂痕的原因是显而易见的：中小资产阶级人数的增长动摇了原有的性模式，许多性压制因素的影响正在减弱：19 世纪 70 年代，天主教反对性自由的运动以失败告终，宗教活动对资产阶级的影响逐渐减弱，杜班洛普主教在任

---

① 卖淫活动的经济影响其实是复杂的；这种影响要比恩格斯在谈到柏林强调经济危机期间卖淫需求膨胀时更加复杂；实际上我们不应该忽略的是：经济繁荣趋向于增加了需求而不是降低了需求，因此经济繁荣起到重要的刺激作用。

② 这正是这一时期分析经济状况的所有历史学家得出的结论，西米杨（Simiand）已经视其为新的贡德哈提埃夫（Kondratieff）的 A 阶段；关于这一时期增长速度的加快，特别参考马科维奇（T. J. Markovitch）、勒维-勒布瓦耶（M. Levy-Leboyer）和克鲁泽（F. Crouzet）的成果。

③ P. Léon, *op. cit.*, p. 380.

期内也并未有所作为。[1]1848 年法国爆发的“二月革命”[2]所造成的社会动乱反而修复了资产阶级对性的怀疑态度。自由思想的进步、世俗理想的发展、神职人员与政治保守主义过于紧密的结合，都导致了教会控制的衰落。的确，自后特伦托主教运
动以来，教会在性压制方面发挥着重要作用。[3]然而，为年轻 394
女孩提供世俗中等教育的学校与教会中学之间形成了竞争，教会学校迫于竞争压力做出改变，这进一步加快了女性心理状态的演变。

总体来说，保守主义政治的衰落，第三共和国社会革命政府失败，原有的政策方针无法落实，1789 年大革命后衍生出的自由主义蓬勃发展，人们对个人自由的新感悟，都为道德风化的演变营造了有利环境。同样的思路下，激进主义在女权运动中兴起，离婚机制在共和国胜利后得以落实。再加上当局废止了出版审核制度，并于 1881 年允许出版制度的市场化，进一步推动了“两性科学”知识和性自由信息的传播。

还有一个现象很有参考意义：1876—1879 年，也就是共和国取得决定性胜利的时期，小说家和画家通过描绘卖淫业，让性行为不加遮掩地出现在文学作品和艺术作品中。《马尔特》

---

① 参见：C. Marcilhacy, *Le diocèse d'Orléans sous l'épiscopat de Mgr Dupanloup*。

② 1848 年 2 月 22 日，法国“二月革命”爆发，这是一场推翻七月王朝、建立第二共和国的资产阶级革命。——译者

③ 参见：J. Van Ussel, *La répression sexuelle* ou J. Solé, *L'amour en Occident*。

《少女艾丽莎》《娜娜》《露西·佩莱格里德的结局》《羊脂球》等名著陆续出版，同一时期，豪森维尔伯爵在杂志《两个世界》（*Les Deux Mondes*）上发表了一系列关于放荡和恶习的评
395 论文章。通过向大众描绘妓院和“快餐”妓院，于斯曼、爱德蒙·德·龚古尔、左拉和莫泊桑有意无意间取得了政治层面的胜利。要想更好地理解这一点，只需想想审核制让福楼拜和巴贝尔·多尔维利遭受多少麻烦就够了。

卖淫行为不仅在道德秩序上造成了缺口，还导致了其他后果，[①] 我们就不展开讨论了，只略提一二：女权主义进步、通奸现象增加、离婚机制设立和推广、自由恋爱观念深入人心、新马尔萨斯主义运动兴起[②]、女性性解放宣传开始扩散[③] 以及成年人性资讯越发丰富。[④] 关于同性恋和女性特殊性的医学言论逐渐让位于人口减少的言论。生育不再是本能，而是一种责任。[⑤]“男性的感官发生了改变，他们不再对丰盈圆润却呆板

---

① 卖淫主题的兴起确实反映了对堕落和自我毁灭的痴迷，从巴贝尔·多尔维利到于斯曼或是莱昂·布洛伊，许多小说家都受到这种影响。最后，卖淫主题的兴起也有助于加强“撒旦主义的奢侈精神主义”（于斯曼和罗普斯作品相关内容。）

② 关于这一方面，参见：la thèse de F. Ronsin, *Mouvements et courants néomalthusiens en France*, Paris VII, 1974 和 A. Armengaud, *Les Français et Malthus*。

③ 例如玛德琳·佩莱蒂埃的作品，特别是《妇女的性解放》（*L'émancipation sexuelle de la femme*）。

④ 性学家的科普作品取得了很大的成功，如前文引用的弗雷尔的作品。

⑤ 参见：Yvonne Knibiehler, «Le discours médical…», p. 46。

的美人感兴趣，而是逐渐喜欢更加苗条生动，更同质化的美 396
人。”[①] 同时，女性身体的外形和意义也发生了改变。1906 年，女性在普瓦雷（Poiret）的呼吁下抛弃了塑身衣。

历史性学在后来取得了进展，我们抛砖引玉，在本章中识别了城市社会和市民心理演变的主要方面，这些陈述看似简单，却足以解释卖淫结构和卖淫条件等方面发生的变化，而变化的结果就是：卖淫规制工程的失败以及相关卖淫组织的衰落。新的变化自然而然导致了新的卖淫话语，这正是我们接下来要分析的问题。

---

① 参见：Yvonne Knibiehler, «Le discours médical...», p. 41。

397 # 第三章　备受争议的卖淫规制

## 1. 高涨而多样的废规运动：1876—1884 年

关于卖淫的争论从未像这个时期一样激烈。与 1876—1884 年相比，20 世纪初国际社会对卖淫进行的大量调查和思考反而是在一种相当平静的氛围中进行的。1876—1884 年，大规模的社会和政治辩论总是会提到公娼，作为热点的公娼成为一个棘手的问题。激烈的废规运动向四方开战，有关废规的话语不只有一种，而是有很多种。这是一个错综复杂甚至混乱的现象，需要我们用科学的方法进行梳理。历史学家不仅需要书写废规运动的抗争历史，同时还要详述反规制理论产生的原因以及结构化的逻辑。这种同时性使历史学家的研究工作变得更加复杂。

为了方便读者理解，我们不再按照严格的时间顺序来陈
398 述。有两点最重要：一是把废规运动的几次高潮融合进有关卖淫的长期辩论中；二是指出哪些方面体现出卖淫规制的争议

性，用哪些论据和方法可以证实卖淫规制的必然失败。

**1）约瑟芬·巴特勒的征途和废规联盟的开端**

首先对“法式制度”提出质疑的是英国和瑞士的新教人士。1866—1876年，英国、日内瓦和纳沙泰尔出现了一批受到激进女权主义感召的传教士，他们积极宣扬抑制主义和禁淫主义。

英国于1866年、1867年和1869年颁布了一系列《传染病法》（*Contagious Diseases Acts*），允许在个别城市开设受官方监督的公娼馆，卖淫规制体系粗具雏形。自1869年起，这项卖淫规制工程遭到诺丁汉医学界的反对。尤其是1870年1月1日，利物浦中学校长的妻子约瑟芬·巴特勒（Joséphine Butler）在《新闻日报》（*Daily News*）发表了国家淑女联合会的声明，强烈谴责《传染病法》。雨果通过《悲惨世界》表明自己正式加入抗议行列，他列举了反对卖淫规制的几大主题，对随后的 399
废规运动具有重要的借鉴意义。[①] 此后，公谊会教徒在全国范

① 参见莫里斯·阿莱姆（Maurice Allem）出版的《悲惨世界》的“注释和各版修订稿”中的主要文本（La Pléiade, p. 1624-1641）。维克多·雨果放弃了对芳汀卖淫活动的描写，他没有把女主人公描写成一个临时妓女，而说她是失足少女，除了依赖烧酒、嗓音嘶哑、喜怒无常，他没有描述那些妓女的刻板形象。他没有提到卖淫对社会尤其是对资产阶级的威胁，也完全没有提到性病的危害。相反，维克多·雨果叙述了女主人公沦落的过程，对社会做出严厉指控。卖淫只是沦落过程的最后一个阶段，使芳汀从社会的阴影状态变成了幽灵状态。小说无情地揭露了警察的独裁和资产阶级男性的自私自利。《巴黎秘事》中关于妓女和殉道者的纯洁的浪漫主题，可以看成是19世纪末救赎主

围内[①]开展斗争，主张废除《传染病法》；全英范围内起码有三百多个废规联盟出现。3月，《盾牌报》（*The Shield*）成立，该报刊成立的目的是支持废规联盟的诉求，以及协调以废规为目标的英国联盟行动。

四年间，英国女权人士开展的运动仍然局限在英国境内，而且仅限于批评《传染病法》。但是在1874年6月25日，约瑟芬·巴特勒和她的朋友们在纽约的一场会议上联合纳沙泰尔的艾梅·亨伯特（Aimé Humbert）发起了一场具有国际影响力的“废规军征战”。12月，这支新队伍走出了英国。队伍
400 首先到达巴黎，请求与勒库尔会晤，勒库尔亲切地接待了她们。她们参观了令其反感的圣拉扎尔诊所，还与某些愿意帮助她们的新教徒取得了联系。她们获得了多方支持，包括经济学家弗雷德里克·帕西（Frédéric Passy）、特奥多尔·莫诺德

---

（接上页）义的萌芽。这位母亲为了让女儿活下去而卖身，她在尘世间受的折磨使她能在死后进入天堂。“肮脏之地不由自主地变成了圣殿”，“如果人们能看透灵魂，腐烂就会理想化……在杜朗–巴其勒旁，热雷米可能会哭泣”（*Les Misérables*, La Pléiade, «Notes et variantes», p. 1631 et, 1637）。对比冉阿让和芳汀的命运，在讲述玛德莱纳先生梦想的蒙特勒伊时，维克多·雨果营造了一个消除了苦难、卖淫和犯罪的反面社会。沙威景观终结了这种乌托邦式的想法：“一个国家到了罪恶的时候，苦役犯就会变成治安官，妓女就会像伯爵夫人一样养尊处优！但是！一切都要改变了，现在正是时候！”（*Les Misérables*, La Pléiade, p. 307）

① 参见伊夫·古约特作品第二章。对这场运动的记录主要参考了伊夫·古约特作品、约瑟芬·巴特勒《伟大运动的私人回忆》（*Souvenirs personnels d'une grande croisade*）、大陆公报合刊和警察总局档案部保存的警方报告（B A 1689）。

（Théodore Monod）和他的叔叔古斯塔沃·莫诺德（Gustave Monod）医生，以及浸礼会教堂的牧师。此外，维克托·舍尔彻（Victor Schoelcher）、儒勒·西蒙和路易·布兰克（Louis Blanc）也写信鼓励她们。儒勒·法夫雷与她们会面，表明了反对卖淫规制的立场，[①]还写信将她们引荐给许多天主教会人士。行程结束前，儒勒·西蒙夫人还邀请她们参加勒莫尼尔夫人（Mme Lemonnier）举办的女权会议。

在访问完巴黎后，约瑟芬·巴特勒去了里昂和马赛，取得了当地的一些支持，随后去了热那亚，在那里见到了马志尼（Mazzini）的信徒。接着，一队人去了瑞士，在那里联络到了亨伯特夫妇和日内瓦的废规主义者，这些人有组织废规运动的经验，比较突出的是发表过《社会麻风病》（*La lèpre sociale*）的尕斯巴林伯爵夫人（la comtesse de Gasparin）。返回巴黎后，约瑟芬·巴特勒认识了艾米丽·德·摩西尔（Émilie de Morsier），摩西尔和她的丈夫成为新运动中尤为活跃的一支力量。研究卖淫的专家阿曼德·德普雷斯医生也对英国的女权人士表示倾力支持。这支“征军”非常注重团队的私密性，约瑟芬·巴特勒仅限于结识新教徒、意愿强烈的人士以及能够组织 401
大范围运动的团体。这种策略持续了两年，直到伊夫·古约特

① 儒勒·法夫雷（Jules Favre）在去世前又提起这一话题。在为阿尔伯特·德古特（Albert Decourteix）的著作《人身自由与逮捕权》（*La liberté individuelle et le droit d'arrestation*）所写的序言中，他呼吁对风化警察部门进行深入改革。

对风化警察发起猛烈攻击，情况才开始发生变化。

1877年初，约瑟芬·巴特勒在几位主要组织代表的陪同下再次走出英国，这一次她打算发起一场政治运动。[①]她支持巴黎极左势力，反对风化警察，组织了三场仅限资产阶级民众参加的会议。此外，她参加了伊夫·古约特及其朋友在阿拉斯街大厅举办的大会，有两千多人参会。1月30日，约瑟芬和古约特接受“女性工会理事会”的邀请，在佩特勒大厅为区内女裁缝做了演讲。除了在阿拉斯街会议上被极左市议员吸引的激进民众，与会者非常少，这说明运动的影响力其实很有限。约瑟芬·巴特勒言辞激烈，夸大了运动的色彩，这令巴黎人民感到反感。此外，警察对废规运动充满敌意，强行疏散了废规联盟的会议室，联盟首领也因违反1868年法令而被判刑，这一切在一定程度上抑制了人们参加废规运动的意愿。参会者虽然不多，但是来自各个领域：市政委员会和议会的激进派与进步
402 派、新兴女权主义领导人、工人运动的积极分子、牧师、资产阶级，甚至信奉新教的大银行家都表示支持约瑟芬·巴特勒和英国废规联盟的干事，这一事实证明废规组织的影响力虽然有限，但不容忽视，它是未来法国废规联盟理事会的雏形。再补充一点：此次“巴黎会议”为日内瓦大会做了准备工作，并推进了国际废规联盟的成立。

① 这场运动被媒体长期报道。此外，通过警察总局对英国活跃分子行为的监控所做的大量报告，我们可以更好地了解详情。

当时，英国废规联盟的领导层打算为组织引入宗教因素。约瑟芬·巴特勒认为，“法式制度”和基于“法式制度”起草的《传染病法》有两大弊端：它们一方面暗示奴役女性，一方面鼓励男性放纵，这同时对道德和自由造成了损害。要想反对这一制度，联盟领导层需要借助商业信札和“政治圣经”的名义，[1]即《大宪章》《权利请愿书》和《人权法案》所载的“伟大宪法原则”[2]。当代民主和社会主义的发展导致了“对国家的盲目崇拜”[3]以及“法医学的专制”[4]，联盟应当积极与这些趋势做斗争。

约瑟芬·巴特勒呼吁，“公众自由”是人类宝贵的“财富”，[5]人们应该积极维护，“女性自由”更是得之不易。约瑟芬·巴特勒还呼吁人们维护家庭与道德。“废规征军”打击的第二个目标不只是“公娼制”，还包括广义上的放荡行为，即一切婚外性关系。1876年，爱德华·德·普雷桑斯（Édouard
de Pressensé）写道：“我们应该始终追寻恶习的源头，找出它 403
的所有形式和所有窝点，抨击与恶习密切相关的下流文学、淫秽艺术、卑劣戏剧，很多人认为恶习是不可避免的命运，我们要做的就是对抗这种根深蒂固的糟糕观念。”[6]约瑟芬认为，真

① J. Butler, *Souvenirs*…, p. 64.
② 同上，第63页。
③ 同上。
④ 同上，第67页。
⑤ 同上，第65页。
⑥ 同上，第190页。

正的卫生应该是道德化的卫生，她不介意利用强权来巩固美德。她在1882年写道："法律强制性最好的一点就是它可以强迫男女公民尊重自己。"[①]

约瑟芬称她的"废规征军"借鉴了消灭黑人奴隶交易的废奴运动。她是"当代名副其实的底波拉"，[②]她主要的抨击对象是巴黎，这座被她称为"巨型巴比伦"[③]的城市。

向恶习宣战的还有天主教牧师以及与他们并肩作战的朋友，他们齐声反对卖淫规制的原则，拒绝承认青涩年轻人和单身者的婚前性行为是正常做法，拒绝认可婚前性行为是他们
404 的必经之路。[④]牧师还赞美禁欲，宣扬禁欲的好处，这与当时众多医学人士的观念不谋而合。[⑤]废规联盟领导层偏向于强调独身引发的风险和罪恶，路易·索特（Louis Sautter）对联盟的年轻人说道："独身是最可耻的，它不可避免地导致堕落。"[⑥]废规人士认为，放荡和独身还会造成出生率下降和私生子女增

① *Bulletin continental. Revue mensuelle des intérêts de la moralité publique. Fédération britannique et continentale pour l'abolition de la prostitution spécialement envisagée comme institution légale ou tolérée*. 15 décembre 1882.

② *Bulletin continental*, n° 15 juin 1882，巴黎委员会关于提高公众道德的呼吁案文。

③ J. Butler, *op. cit.*, p. 131.

④ "为什么要停留在肉体的需要必须得到满足的想法上呢？"塔古塞尔问。他撰写了第一部关于拐卖白人妇女为娼的作品（*La traite des Blanches*, p. 28）。

⑤ A. Corbin, «Le Péril vénérien au début du siècle, prophylaxie sanitaire et prophylaxie morale», *L'haleine des faubourgs*.

⑥ 治安巡逻警察布里索于1877年1月28日在基督教青年联盟举行的会议上的报告（Arch. Préfect. de police, BA 1689）。

加。总而言之，废规主义话语与天主教人口主义者的担忧不谋而合。

1876年5月，也就是伊夫·古约特发起反对风化警察运动的六个月前，爱德华·德·普雷桑斯在伦敦会议上发表演讲，强烈谴责卖淫规制。他斥责管理卖淫规制的内阁大臣："别忘了是你们助长了放荡，导致了年轻一代堕落，把他们推向乏味、腐朽、过早老龄化的家庭。但是，年轻人总是要成家的，如今，我们应该像结婚率下降的国家和衰败时期的罗马帝国一样，向那些愿意结婚生子的人提供奖励。"[①] 我们绝不能像第二帝国那样一贯地助长年轻人堕落，必须取缔现今被允许的放荡行为。[②]

废规主义提倡禁欲，它既反对官方对在册妓女的奴役，也 405
反对婚外关系。1877年9月17日至22日，日内瓦召开了一场倡导废规主义的大会，参会人员有六七百人，法国极左派议员路易·科代特（Louis Codet）[③] 作为大会代表，带领成立了英国和欧洲大陆废规联盟。禁淫主义者的斗争具有双重意义，会末发表的宣言成为废规运动当之无愧的宪章。宣言不仅体现了废规运动的双重意义，而且展示了运动发起的根本动机，我从中摘选了我认为最能说明问题的段落[④]：

---

① J. Butler, *op. cit.*, p. 186.

② 参见：Caroline de Barrau dans le *Bulletin continental,* n° 12,15 novembre 1876, p. 92。

③ 关于这个人物，参见：A. Corbin, Archaïsme et modernité..., t. II, *passim*。

④ 国会的报告发表在1877年的《大陆公报》（Arch. préfect. de police, DB 410）。

“在性关系中保持自制力是个人和公民健康不可缺少的基础之一……”（卫生部决议一，医学院准则，制定者：阿尔芒·德斯普雷斯医生和古斯塔夫·莫诺德医生）“有些人认为放荡对男性来说是必要的，这是一种不符合道德规范的偏见，国家应当予以制裁。”（决议八，制定者：爱德华·德·普雷桑斯领导的风化科）“男女双方都应该因淫秽行为受到谴责。”（风化科，决议一）“**公共卫生的真正作用是创造一切有利于健康的条件，健康是公共道德不可或缺的一部分**。”（卫生部，决议二）。“妓女在官方进行注册是对自由和普通法的侵犯。”（风化科，决议五）警察应该在街上维护风化（卫生部，决议六）。

406 在卫生部组织的辩论中，德·拉·哈普（Ph. de La Harpe）医生引用了纽曼（Neuwmann）医生的著作《获得健康必需的禁欲》（*De la continence envisagée comme nécessaire à la santé*），指出联盟需向人们宣传“禁欲不仅是一种美德，而且是健康、体能和道德力量的源泉”。他在结语中写道：“关闭妓院吧！废除风化警察，彻底打击卖淫，摧毁它吧！——这就是我想表达的。”[1]

综上所述，我们可以看出废规主义刚出现时各个派别之间也存在分歧：自由派捍卫普通法和个人自由，这一点与法国极左分子的目标完全一致。相比之下，令自由派害怕的是新联盟

① Arch. prefect de police, 410，Figure aussi aux arch. préfect. de police BA 1689.

干部宣传的禁淫主义、净化街道风气以及推行早婚（早婚也是道德团体的预期目标），尤其是对性的压制和禁止婚外关系的决心。

伊夫·古约特、埃米莉（Émilie）和奥古斯特·德·莫西埃（Auguste de Morsier）参加了1880年9月27日至10月4日在热那亚举行的第二次联盟大会，会议决议进一步反映了自由派和激进派第二波运动的影响。会议最重要的内容是倡导限制国家职能和明确对人权的保障。决议重点要求保障个人自由、实行普通法、废除对妓女的注册和行政拘留。压制婚外性行为已不再是联盟的目标。

此时，联盟已在法国打下了牢固的基础。[①]1877年9月， 407
在日内瓦会议上，知名犹太教教士拉比扎多克·卡恩宣布加入联盟。等级森严的天主教仍对加入联盟有所迟疑：尽管杜班洛普主教对埃米莉·德·莫西埃[②]赞美不已，但只有亚森特神父[③]完全支持联盟。联盟于1878年9月24日和25日在巴黎举行第一次年会，这是联盟成员万众期待的时刻。[④]会中，内政部长马赫赛尔接见了联盟秘书长詹姆斯·斯坦斯菲尔德。

---

① 阿德里安·戈里牧师和博雷尔牧师在各省的巡回演讲。参见：*Bulletin continental*, 1878, p. 76。

② J. Butler, *op. cit.*, p. 293.

③ *Bulletin continental*, 1879.

④ 我们在1878年第9页的《大陆公报》上读到："目前，法国是最希望迅速并彻底废除风化警察的国家。该机构与共和国制度并不相容，不仅民主派媒体大力宣称，工人阶级也很快就一致承认了这一点。"

前任警察局局长吉戈特一直拒绝承认 1878 年 11 月[1]成立的废规委员会。相比之下，现任局长安德里厄于 1879 年 6 月 16 日批准了英国和大陆联盟设立法国分会（分会全称“废除卖淫规制协会”）的请求。这个新组织由维克多·舍尔彻担任名誉主席，成员包括激进分子、女权运动的重要人士和新教废规运动的干部群体。分会的部门主席是伊夫·古约特和 H. 查普曼
408 夫人，领导层主要包括玛丽亚·德莱梅斯[2]和埃米莉·德·莫西埃。同年[3]，由玛丽亚·德莱梅斯主管的“改变女性命运协会”的风化科向众议院提交了一份请愿书，要求废除未成年少女卖淫登记制，同时，作为协会成员和伊泽尔省议员的古图里尔向众议院阐述了请愿的内容。

1880 年 4 月，约瑟芬·巴特勒再次访问巴黎，这次访问标志着联盟对法国公众舆论的影响达到了顶峰。当月 10 号，联盟在利维斯街举行了一次会议，大约有两千人参加，其中包括“相当多”的妇女。[4]根据治安警察的报告，“参会人员主要是小资产阶级女性和女工”。[5]不得不说，伊夫·古约特在《灯笼报》（*La Lanterne*）[6]上号召的新运动激起了舆论的关注，巴黎

---

① Y. Guyot, *op. cit.*, p. 425 *sq*.

② 关于玛丽亚和女权主义的主要领导人，参见：Marie-Hélène Zylberberg-Hocquard, *Féminisme et syndicalisme en France avant 1914*, thèse de 3e cycle, Tours, 1973, p. 17 *sq*.。

③ 参见：à ce propos, *Bulletin continental*, 15 avril 1879, p. 29 *sq*.。

④ Arch. préfect. de police, BA 1689.

⑤ 同上。

⑥ 参见下文。

极左势力和联盟的高级官员都出席了会议。值得注意的是，会议演讲的内容表明女权主义开始主导废规运动的方向。

随后，占主导地位的福音派废规人士推进了法国联盟的成立，并开始大范围地与道德团体的行动结合。1875年，约瑟芬·巴特勒途径巴黎时创办了巴黎委员会，附属于法国联盟。委员会旨在恢复公共道德，成员有爱德华·德·普雷桑斯、古
斯塔夫·莫诺德医生和卫斯理教会的牧师。委员会的活动范围 409
越来越大，及至1883年5月，它已经发展成为旨在提高公共道德的法国同盟会。[①]

法国同盟会在法国国内的基础比废规协会扎实得多。截至1883年底，法国同盟会已经召开了多次会议，并在各省设立了八个委员会，特别是在新教占主导地位的地区。然而，在这种情况下，法国同盟会的焦点逐渐从废除卖淫规制转移到整治公共风化——这一转变发生在1891年，在普雷桑斯去世后变得尤其明显。而废规协会在第一次运动爆发后再无大动静。直到1898年，卖淫问题才重新回到协会议程，[②] 为此，协会成立了国际废规委员会[③] 的法国分支机构，并加入了“旨在恢复公共道德”的法国同盟会，以确保信息传播通畅。总而言之，1876—1883年轰轰烈烈的废规潮流在很大程度上要归因于激进主义的

① *Bulletin continental*, 15 juin 1883, p. 70. 有关这个团体行动的目标，参见：F. Ronsin, thèse cité, *passim*。

② 《大陆公报》变薄反映出衰退。

③ 参见下文第576页。

大力支持。

### 2）巴黎极左派引领反对风化警察的运动

巴黎激进派掀起了反对警局的运动，这是全世界争取个人
410 自由和人权斗争的一部分。专制的保守主义政府和后来的机会主义政府对该运动深恶痛绝，积极打压。这场废规运动与约瑟芬·巴特勒的禁淫主义有很大不同，它属于自由主义而不是极端自由主义范畴。此外，这项运动深植于巴黎人民对凡尔赛政府的怨恨，反映了巴黎市民渴望自治的愿望。在与警察局的斗争中，巴黎极左分子首先攻击了风化警察，因为风化科明显是最受争议、最脆弱的部门。

与 19 世纪早期的所有警察和监狱机构一样，风化科从创建初始就遭受到严厉指责。[①]然而，直到第三共和国成立后，极左势力才开始对风化警察的专制正式发起攻击。1872 年，隶属市议会的一个研究警察局行政的委员会以朗克（Ranc）作为代表，呈交了一份著名的谴责风化警察的报告。[②]朗克向省长莱昂·雷诺投诉巴黎风化警察在街头“袭击”妓女的丑闻，并控

---

① 只需提及路易·雷博德 1841 年在杂志《两个世界》中对他的严厉评语就足够了。最近，《时代报》1867 年 11 月 30 日这一期对风化警察的功能提出了严厉批评（参见：Y. Guyot, *op. cit.*, 3e partie, chap. I）。第二帝国时期，布查德在博纳公社里与封闭式卖淫再次展开了地下斗争。1871 年，布查德成为市长，他通过法令取缔了城内经营的妓院，废规主义者将这项措施视为运动的第一个措施（*Bulletin continental*, 1878）。

② Arch. préfect. de police, DB 407.

诉警察局权力过大，只手遮天。朗克请求当局保障个人自由，411
改革圣拉扎尔诊所，极力呼吁投票通过使妓女重归普通法约束的法律。简而言之，朗克的报告总结了极左派运动反对警局的要点。然而，由于当时市议会的大多数成员是温和派，朗克的抗议并没有产生任何实质性效果。

1876 年 11 月，也就是戒严令解除六个月后，伊夫·古约特发出了倡议运动的信号，提出反对警察局第一分局局长勒库尔、沃冉省长以及上级领导杜福尔部长和麦克马洪元帅。[①]伊夫·古约特称，他之所以拿起笔写下倡议，是因为他在里昂的两份报刊（《进步报》和《小里昂人报》）上读到了两名被捕在册妓女自杀的悲剧故事。第一个妓女叫梅拉尼·M，她在反抗风化警察追捕时被一辆公共汽车压断了腿，最后她跳出收押她的马车淹死在罗讷河里。第二个妓女名叫玛丽·D，为了躲避警察对寄宿酒馆的突袭，她从二楼的窗户跳下，受了重伤，几个小时后在医院去世。这两件惨案发生不久之后，女演员卢赛在林荫大道上散步时受到风化警察粗鲁的突袭。

11 月 2 日，伊夫·古约特在《人权报》（*Droits de l'Hom-*
*me*）专栏中愤怒地抨击了风化警察。这篇文章引发了一场影响 412
深远且历时弥久的运动。《人权报》在长达两个月的时间里对风化警察发起了无情的攻击。英国废规人士大力支持《人权

① 勒库尔和伊夫·古约特在各机关刊物中对这场运动做了丰富的描述。

报》（该报刊也为约瑟芬·巴特勒开设了专栏）；左翼和极左媒体趁势煽风点火，最终引发了一场针对警察局的大规模抗议活动。[①]

伊夫·古约特接着在市议会讨伐风化警察。11 月 4 日，他要求市议会在制定警察局的预算时单独处理风化警察的那部分。30 日，唯赞和勒库尔出席了伊夫·古约召开的会议，会上伊夫·古约对风化警察提出了严厉指控。12 月 2 日，市议会决定成立一个专门研究警察局运作情况的委员会。12 月 6 日，麦克马洪在政府的要求下，颁布法令取消了这一决定。接着，市议会又选举出一个新的委员会。政府和巴黎市议会之间宣布开战。

12 月 7 日，伊夫·古约特被轻罪法庭第十一分庭判处罚款和六个月监禁。在审判过程中，他的辩诉集中于辱警的指控，
413 无暇质疑风化警察。次年的头两个月里，约瑟芬·巴特勒和同

① 支持这场运动的媒体包括《事件》（*L'Événement*）、《公共利益》（*Le Bien public*）、《法国》（*La France*）、《高卢人》（*Le Gaulois*）、《自由人》（*L'Homme libre*）、《国家》（*Le National*）、《集会》（*Le Ralliement*）、《呼吁报》（*Le Rappel*）、《世纪》（*Le Siècle*）、《论坛报》（*La Tribune*），以及目前的《法兰西共和国》（*La République française*），还有《埃斯塔费特报》（*L'Estafette*）、《法院公报》（*La Gazette des tribunaux*）、《自由报》（*La Liberté*）、《共和报》（*Le Républicain*）和《革命报》（*La Révolution*）。不要忘记女权主义媒体，特别是《妇女的未来》（*L'Avenir des Femmes*）、《小里昂人报》（*Le Petit Lyonnais*）和《工人论坛》（*La Tribune des Travailleurs*）也参加了运动，还有《圣艾蒂安的共和党人》（*Le Républicain de Saint-Étienne*）和《波尔多的吉伦德》（*La Gironde à Bordeaux*）。莫泊桑在《漂亮朋友》中也提到了这些轰动新闻界的运动。

伴在激进分子的支持下，在巴黎发起运动。1877年4月，伊夫·古约特被判监禁。尽管英国联盟向《人权报》提供了经济援助，伊夫·古约特被判刑还是导致了《人权报》的消失，[①]这场运动的第一幕由此告终。

5月16日之后，警局对废规人士进行了镇压，废规问题不再是头条新闻。然而，从11月开始，共和党赢得了选举的胜利，《灯笼报》（原《激进报》）开启了一场新的辩论。这场辩论持续到12月17日，当日沃冉辞职、吉尔伯特·吉戈特接任，辩论也宣布结束。从1878年10月到1879年7月，一场全新的、更加汹涌的运动激起了公众的热情。[②]共和国取得了胜利。巴黎极左势力的清理工作包括打破警察总局的权力，企图将警局置于市议会的控制之下。不过，极左派并没有得到沃丁顿机会主义政府的全力支持，他们的运动仅仅导致了内政部长马赫赛尔和省长吉戈特下台。

从1878年10月10日起，伊夫·古约特再次提笔撰文，在《灯笼报》上发起对风化警察的新一轮攻击。[③]在过去两年中，他在警察局联络了不少亲信，获得内部资料的他为风化警察建立了一个专门的控诉档案。他匿名发表了一系列文章，例 414
如《前风化警察的自述》《医生的信》，其中最著名的是《年老

① 很快被《激进报》代替，后者于1877年6月销声匿迹。

② 再补充一点：1878年3月22日，马丁·纳德提出倡议要求众议院废除风化警察。

③ 《激进报》消失后由西集蒙德·拉克鲁瓦创办的报纸。

小雇员的信》，这些文章详尽披露了警察的所作所为。警察局长勒库尔在第一次受到攻击后就辞职了。辞职后，勒库尔也曾试图拿起笔杆捍卫自己的名誉，[①]然而，报刊舆论接二连三地发声支持伊夫·古约特。奥古斯汀·B事件——一名女工在工作一天后被风化警察逮捕——引发巴黎媒体的一致抗议。[②]

面对汹涌的抨击，吉戈特省长非常愤怒，他下令对《灯笼报》进行调查，调查结果导致主编被判处三个月监禁和一千法郎的罚款。然而，在1879年1月，马赫赛尔在无数细枝末节的证据下，立场开始动摇，他任命了一个委员会对警察总局的运作情况展开调查。委员会包括参议员舍尔彻和托兰、众议员蒂拉德和布里森、吉戈特省长和图利埃医生。1879年2月16日，这个反对风化警察的委员会宣布解散，理由是无法完成任务。
415 这个事件在众议院中再次引起热议。市议会的极左派在激进派领导人的支持下，将矛头转向警察局的肃清问题，而非废除卖淫规制的问题。例如，克莱芒梭指责马赫赛尔无力解决警察局人员素质低下的问题，并且调查内容又不清不楚，他呼吁为了

---

① C. J. Lecour, *La campagne contre la préfecture de police*, 1881.

② 早在9月25日，甚至在伊夫·古约特之前，弗尔南多·索（Fernand Xau）就在《马赛报》（*La Marseillaise*）上开火了，在埃米尔·德·吉拉尔丁（Émile de Girardin）《法国报》的专栏中，夏尔·劳伦特（Charles Laurent）紧随其后。接着，报道奥古斯丁·B逮捕事件的作者奥雷利安·斯科尔（Aurélien Scholl）在《埃斯塔菲特报》《提醒报》和《伏尔泰报》发表文章，披露警察局的问题，并且导致了吕西安警长被停职。然而，《时代报》《小巴黎人报》（*Le Petit Parisien*）和《十九世纪报》（*Le XIX$^{e}$ siècle*）继续支持警察局。

共和党的利益重组警局。另一方面，甘贝塔和他的朋友们已经脱离斗争一段时间了。1879 年 4 月 14 日，在法国《共和报》的专栏中，朗克严厉批评了《灯笼报》反对风化警察的运动。最后，马赫赛尔部长被控财政贪污，而议会又弹劾了马赫赛尔提交的信任案，随后马赫赛尔卸任，吉戈特省长跟着下台。议会主席沃丁顿和新内政部长勒佩尔任命安德里厄接任省长职务。第二阶段的斗争以《灯笼报》失败和吉戈特省长下台而告终。

1879 年 6 月到 1881 年春天，新的斗争又开始了，这次是反对安德里厄省长。辩论再次超出了市议会的范围，在众议院造成了分歧。1879 年 6 月 22 日，伯纳福斯先生和他的侄女相继被捕，24 日，18 岁的法国剧院寄宿人员伯纳奇小姐被捕。伊夫 · 古约特在《灯笼报》专栏中为这两起逮捕事件发声。安德里厄省长在回忆录中以局外人的姿态讲述了这些事件跌宕起伏的经过：安德里厄称自己扛住了报社的要挟，拒绝屈服；6 月 28 日，他下令控制《灯笼报》。1879 年 7 月 1 日，众议院宣布支持安德里厄省长的逮捕令。多亏了甘贝塔的帮助，安德里厄才得到众议院的支持，甘贝塔认为对卖淫进行管制没有什 416
么不妥，卖淫规制不过是一个疏导方案而已。次月，《灯笼报》主编再次被判有罪。

1879 年，伊夫 · 古约特通过市议会内部选举重新进入市议会，与安德里厄省长之间的关系变得越发紧张。不同于前任，安德里厄省长拒绝出席议会设立的调查委员会会议。1879 年 1 月 27 日，委员会在更新换代后终于开始运转。[①] 此外，1880 年 12 月 28 日，市议会通过了伊夫·古约特和莱恩桑关于废除风化警队的建议。1881 年 3 月 29 日，艾本夫人在帕诺拉马巷等待孩子时被捕，这一事件点燃了导火索。4 月 10 日，帕斯卡·杜普拉特（Pascal Duprat）就此事向政府提出质询。安德里厄凭借他的机智，依靠甘贝塔以及机会派领导层的帮助，不仅取得了多数人的支持，也获得了议员们的好感。7 月 18 日，艾本夫人要求对同是议会成员的警察长官提起诉讼。特设委员会就艾本夫人的要求展开了讨论，但结果还是以 324 票对 91 票否决了这一提案。在支持废规运动的媒体看来，[②] 安德里厄获胜是因为他迎合了大多数人支持中央集权的情绪。众议院对废
417 规主义的敌意与各省议员对中央的敌意相互助长。

政府认为安德里厄的问题很棘手，因为安德里厄与市议会的关系仍然很紧张，再加上左翼媒体不断暗示他卷入了一桩道德丑闻。[③] 因此，儒勒·费里（Jules Ferry）和内政部长康斯坦斯（Constans）毫不迟疑地批准了安德里厄递交的辞呈。安德里厄称自己递交辞呈是因为政府并未有效推进将警察局并入内

① 该委员会的时间流程很复杂；根据菲奥医生的报告，它于 1876 年 12 月 11 日选举产生，并于 1878 年 12 月 14 日换届，1879 年 1 月 27 日开始工作，1880 年 2 月 23 日暂停工作，1883 年 1 月 6 日恢复工作，并于同年 4 月 5 日结束。

② *Bulletin continental*, 15 juin 1881.

③ 安德里厄在《警察局回忆录》中做了解释（第 2 卷，第五十九章）。

政部的计划。虽然伊夫·古约特发起的反风化警察运动再次失败，但警察局的支持率有所下降。

斗争的最后阶段变成了议会极左派和安德里厄继任者之间无休止的游击战。1884年，激进派在市政选举中获胜，导致议会拒绝了警察局的预算决议。1882年12月26日，塞纳省总理事会通过了一项支持废规主义的决议。[①]1883年10月，瓦尔德克-卢梭提出将警察局并入内政部，或许是由于反对意见太多，该计划第二次遭遇滑铁卢。[②]然而值得一提的是，风化警察并没有因为此起彼伏的废规运动而停止逮捕妓女，在此期间被捕妓女的数量空前。显然，一些迄今不愿放弃斗争的媒体仍在支 418
持废规运动，[③]但公众对这个长期以来反复讨论的话题已经感到厌倦了。

这些年来，废规主义运动史上有两个重大事件：第一件是1882年伊夫·古约特《卖淫业》的出版；第二件发生于1883年3月29日和4月16日，市议会委员会通过了菲奥医生起草的呼吁取缔风化警察的报告。该报告被纳入新委员会档案，新委员会由议会直接设立，名为卫生委员会，目的是更全面地研究巴黎的卫生问题。七年后，新委员会提交了研究报告，该报告的结论与菲奥医生报告的结论略有不同，具体可参见报告员

① *Bulletin continental*, 15 juin 1883.

② P. Sorlin, *Waldeck-Rousseau*, p. 321.

③ 因此，《费加罗报》（1881年10月6日）和朱丽叶特·亚当的《新小说评论》（1881年9月1日）在这方面占有一席之地。

理查德的著作《巴黎卖淫业》，[①] 该书为新卖淫规制主义提供了丰富的灵感。

波荡起伏的废规运动并没有朝着英国和大陆联盟成员预想的禁欲方向发展。围绕废规运动衍生的废规主义话语与禁淫主义话语存在很大的不同。

虽然官方卫生管控机构的医生根据实践社会学方法调查的结果创造了卖淫规制主义，但自由派的废规主义完全不是由此形成的。换句话说，废规主义与警方行政干部的经验毫无瓜葛。伊夫·古约特的主要著作比较能说明问题。首先，他的著作与巴朗-杜夏特莱的著作完全相反，尽管古约特也提供了统
419 计数据，但实际上他对卖淫行业知之甚少，他不仅没有进行过个人调查，也没有刷新对妓女的刻板印象。废规自由主义的理论家包括不时参与政治活动的记者、有一定知名度的律师、哲学家和道德家，他们认为自己是在与保守制度做斗争，这种斗争以政治和道德理想为名义进行，目标远远超出了卖淫管制的范围。[②]

废规运动的主要目标不是废除卖淫，而是解除对妓女的监禁，摧毁不符合普通法、制造了边缘化阶层的整个制度。因此，废规话语主要是对卖淫规制主义进行批判性分析，更具体地说，是对促成其成功的机构——妓院进行批判性分析。

---

① E. Richard, *La prostitution à Paris*, 1890.

② 但菲奥医生是一个例外，他是这种废规主义的捍卫者之一。

废规人士援引了许多原则来证明废规运动是合法的，他们声称废除风化警察是为了尊重个人自由，保护普通法，保障在法律面前人人平等。简而言之，他们引用了 1789 年法国大革命的伟大思想和《人权宣言》。伊夫·古约特是首位使用非常现代的术语分析卖淫阶层遭受社会排斥和边缘化方式的学者，他的研究对象包括妓女、妓女代理人、老鸨以及周遭人群。

反对废规运动的人士称废规主义是一种极端自由主义，这
不符合事实。废规人士并不提倡婚外性行为，更不赞成享乐。420
伊夫·古约特[①]认为性欲望先于青春期出现，至少是同时出现，但是他并不认同青少年拥有性放纵的权利。与菲奥医生一样，他大力谴责婚前性行为，认为反对婚前性行为是展开一切讨论的前提。[②]自由派废规人士憎恶同性恋和“变态”，认为这些人的危害远超最狂热的卖淫规制拥护者。伊夫·古约特的斗争是在实现性秩序和捍卫婚姻与家庭的范围内展开的。解放女性的意义在于使她们成为一个妻子，帮助她们重新变得“忠贞”。菲奥医生认为妓院应该受到谴责，因为它有许多坏处，比如导致工人脱离了婚姻。[③]新卖淫规制拥护者大力宣扬国家人口增长的好处；同样，自由派废规人士也强烈反对新马尔萨斯主义。两派都提倡婚姻和家庭，他们的分歧主要在于手段的选

① *Op. cit.*, p. 452.

② 尽管对赫伯特·斯宾塞的一些引用证明了后者与性自由和不道德的区别。

③ L. Fiaux, *Les maisons de tolérance...*, p. 320.

择：两派都希望限制性混乱和控制放荡行为，但自由派废规人士认为控制只会加强混乱。

自由派废规人士反对国家干预[1]个体的性关系，因此，与禁淫主义者不同，他们允许在不触怒舆论的情况下放开对私人
421 卖淫的管制。伊夫·古约特在谴责放荡和禁欲主义的同时，认为女性有权自由支配自己的身体和利用自己的美貌，就像男性可以自由使用自己的大脑和手臂一样。[2]个人责任感的提升、自我掌控[3]、自我管理都是教育进步带给性秩序的胜利。自由主义的应用和个人道德的进步足以保证社会道德。因此，自由派废规人士认为不必将法律和道德混为一谈。法律的作用不是说教。

自由派废规主义反映了一种基于“性压制”的实证乐观主义，卖淫规制拥护者则持相反观念，他们认为诉诸卖淫业是获得性生活的一种不可或缺的方法。伊夫·古约特和菲奥医生一样，深信文明的发展、文化和卫生的进步以及历史的意义都会使性关系有所节制。[4]废规主义实际上是一种与捍卫普通法相关的道德反思，其理论基础可以参见勒努维埃及其门生 F. 皮龙的著作。在《哲学、政治、科学和文学评论》中，勒努维埃和

---

① 参见：Y. Guyot, *op. cit.*, p. 420-I, 459。

② 参见：Y. Guyot, *op. cit.*, p. 473。

③ L. Fiaux, *ibid.*, p. 326 et *La police des mœurs*…, t. II, p. 865.

④ Y. Guyot, *op. cit.*, p. 438.

皮龙以自然道德的名义论证了废规主义的合理性。[①]

支撑废规主义的几个论点引起了舆论辩论，比如废规主义
认为男女责任平等，所以菲奥医生建议对亲子关系进行法律溯 422
源，[②] 再比如废规主义认为性病传播有罪。另一方面，一旦犯罪人类学认定了卖淫是先天的，自由派废规主义者就会高调宣称卖淫将可能复兴，而不会深入分析卖淫现象的社会原因。

废规主义者捍卫个人自由，但也承认个人自由会带来新的威胁，这体现了废规言论的现代性。与英国的禁淫主义者一样，废规主义者意图**防止个人受警察**，特别是**医生**“**新迫害思想**”的**打压**。[③] 因此，废规主义者是法国首批揭露滥用医药权力的人士。他们认为强迫女性进行医学体检是“医疗强奸”，[④] 并发表了长篇论述来陈述医学界强迫女性体检的案例，这也从侧面证明了医学界在这一问题上长期存在疑虑。强迫女性体检实际上是一个禁忌话题，涉及对性的打压，医学界最终是以“贞洁”之名，用强制手段对女性进行体检。伊夫·古约特自 1882 年就专注于揭发警察和医生。他披露，警察和医生作为

① 参见：les articles de Pillon dans *La Critique philosophique, politique, scientifique et littéraire*, 23 novembre 1876, 14 mars 1878 et surtout de Renouvier lui-même, 6 mai 1882。

② 这个热门话题在当时的资产阶级当中引起了恐慌（参见：Huysmans, *Un dilemme*）。

③ Y. Guyot, *op. cit.*, p. 41, p. 455. 伊夫·古约特对正在调查的卫生学家说：“把房屋打扫好，把厕所打扫干净……我拒绝你操控我，我拒绝成为你的实验品。”

④ 同上书，第 302—303 页。见上文。

既得利益者，利用各种借口（如尊重宗教和道德、保障公众安宁、保证公共健康）来维护现有制度，而该制度不过是维护警
423 方的利益、情报以及专横行径的制度罢了。[①]众多优秀的废规主义文献也清晰地揭露了医学话语在性规制方面的先入为主和伪科学性质。

废规主义话语的主要内容就是对巴黎风化警察所代表的卖淫规制进行批判性分析。我们接下来将探析批评分析的方式。废规人士主要谴责风化科对个人构成了威胁。极少有在册妓女能够从风化科注销登记，后者实际上是一台把临时妓女变成终生妓女的行政机器。卖淫规制为女性规定了一条路线，引导被包养的女子成为在册妓女，然后进入妓院，直到最后一刻，成为妓女的女性才发现自己已置身社会之外。这种边缘化使另一个本身也被边缘化的群体，即与妓女命运紧密相连的风化警察得以对她们滥用权力。[②]风化警察和妓女同样背负耻辱，他们经常醉醺醺的，在动粗欲望和复仇心理的驱使下成为妓院的常客，以为可以对妓女为所欲为。他们经常与老鸨勾结敲诈妓女，更糟糕的是，他们的存在意味着皮条客的存在，而皮条客也是卖淫规制的产物。伊夫·古约特认为，皮条客是妓女和警察之间不可或缺的中间人。

① 因此，菲奥谴责警察监视知名女演员的做法（*Rapport à la commission...*, p. 384）。

② Y. Guyot, *op. cit.*, p. 107. Rapport Fiaux, p. 373 *sq*.

警察专断地将在册妓女视为永久囚犯，大城市中日常发生 424
的“逮捕女性”[①]、突袭和抽查寄宿酒馆构成了废规文献的主旋律。这类丑闻为废规运动的各个阶段奠定了基调。老鸨也是卖淫规制中的重要人物，是警察关押妓女不可缺少的帮手。妓院老鸨是卖淫规制的实践者，她们不断增加寄宿妓女的债务，阻止后者获得自由。

卖淫规制造成个人自由丧失，是**非法的**：“行政拘留”的存在使妓女不受普通法的管辖。与卖淫规制提倡者不同，废规人士要求把卖淫问题放在法律范围内加以讨论。废规人士不断驳斥卖淫规制属于法外之地，这些论点得到了著名法学家[②]和最高上诉法院众多判决的支持。我们可以从相关判决案中看出，最高法院认定警察逮捕妓女的行为不仅是违法的，而且是一种针对妓女的私刑，最高法院还谴责卖淫监管机构篡夺真正的司法职能。根据刑法，卖淫不是一种罪行，因为一旦承认卖淫是犯罪，就不得不承认它牵涉犯罪的双方。此外，在巴黎和大城
市，未成年少女注册成为妓女的现象[③]普遍存在，严重侵犯了 425
《刑法》中有关儿童保护的条款。妓院老鸨也纵容未成年人嫖娼，她们在警察的暗中协助下接待年轻人进入妓院召妓。

随意非法关押妇女已成为警察的“专长”，这种行为不仅

---

① Y. Guyot, *op. cit*., p 123 *sq*.; L. Fiaux, *Rapport*, p. 380.

② 上述参考资料见上文第 152 页。这些意见经常被引用，参见菲奥的报告（p. 391）。Y. Guyot, *op. cit*., p. 231.

③ Y. Guyot, *op. cit*., p. 267-268.

不道德也不具法律效力，它的泛滥显然表明了规制的失败，相关机构应当进行反思和纠错。妓院成为一个不道德的场所，它完全不是一个发生正常性行为的受法规监管的发泄场所，而实际上变成一个“先集中后分散的极端性罪恶中心”，[1]因为嫖客常常要求妓女配合他们做一些妻子不愿意做的性行为。[2]卖淫规制也是不道德的，因为它是妓女从良几乎不可逾越的障碍。妓女每天在妓院里醒来，都“感觉头上压着整个社会体制，从代表资本主义的老鸨，到代表社会力量的警察，再到对她们来说相当于拷问者的狱卒医生”。[3]用米瑞的话来说，妓女是“牺牲了人格”[4]的奴隶。古约特斥责卖淫规制主义者不断给公众洗脑，强行将卖淫的概念与医院、死亡、地狱联系在一起，简言之，就是与犯罪和惩罚联系在一起。古约特还指出，卖淫规制
426 者认为妓女致富过上体面生活是极大的丑闻，因此规制机构非但没有像他们宣称的那样致力于帮助失足女孩从良，反而加固了本质上不利于从良的制度。[5]

基于对卖淫规制的批判性反思，一些自由派废规人士——

---

① *Les maisons de tolérance*…, p. 321.

② Y. Guyot, *op. cit.*, p. 215.

③ 同上书，第 215 页。

④ 同上书，第 222 页。

⑤ 在另一种完全不同的意识形态的启发下，巴贝·奥维利嘲讽了道德家，认为他们想“像扶起倒在地上的花盆一样把倒下的女人扶起来”（«La vengeance d'une femme», *Les diaboliques*, La Pléiade, p. 256）。在他看来，只有牧师才能从这样的堕落中恢复过来。巴贝·奥维利认为从道德层面来看，妇女绝望的信念是无可挽回的，因而监禁是正当的。

主要是路易·菲奥——修正了人们对妓女的偏见：他们首先指出人们不应该质疑妓女拥有羞耻感、宗教虔诚和母爱，还强调说虽然妓女“令人失望”①、懒惰、道德堕落，但她们有进取心和职业责任感。

废规主义者还指出，卖淫规制者之所以不断加强卫生管控，是因为他们在这个领域做得一塌糊涂。首先，妓女的体检流程进行得太快，②无法可靠地检测出风疹或梅毒；更糟糕的是诊所成为一个染病的地方；最后，短暂的治疗无法彻底治愈性病。卖淫规制下的监狱式诊所实际上是罪恶的综合体，结合了监禁、强奸和无效治疗。警察局里负责委任的医务人员通常是劣等医生，他们的治疗手段非常过时。众所周知，修女对病人 427
非常严厉，她们把病人称为“我们的女人”，就像风化警察一样，认为妓女是她们的物品。修女无法摒弃妓女赎罪的观念，认为性病患者接受治疗是对肉体享乐的赎罪。为了证明卖淫规制在健康卫生管理上的失败，伊夫·古约特论证了《传染病法》的有效性，并对照了暗娼和在册妓女的发病率。③古约特采用的研究方法并不严格，但他对卖淫规制体系内的医生提供的统计数据进行了合理批评。

基于对卖淫规制的层层剖析，废规人士提出了改革建议。1883 年市议会委员会讨论了这些建议，提交了总结报告。综合

---

① L. Fiaux, *Les maisons de tolérance...*, p. 282.

② Y. Guyot, *op. cit.*, p. 294 *sq.* et rapport du docteur L. Fiaux, p. 417 *sq.*

③ 参见：l’ouvrage cité d’Y. Guyot, p. 334 *sq.*。

废规人士提出的种种理由，委员会要求取缔风化科，废除公娼馆，解除对妓女的监禁。“现在只有自营妓女”，她们归普通法管辖，如果违反法律或警察命令，她们会被送交普通法院。

委员会认为，为了确保“公共道德得到尊重”，应当在卖淫领域进行立法。这样一来，当局打击卖淫就有了法律依据。新法律应加重对未成年娼妓的处罚，将未成年人的年龄扩展到18岁，打压违法恶习[①]（同性恋和“变态”行为），尤其应该对
428 高声揽客或动手拉扯定罪（比如强行在公共街道上拉客）。就警察而言，他们的职能是尽力驱散成群的妓女。

在健康领域，委员会呼吁废除监狱式医院，比如一些专门为性病患者开设的机构。根据妓女本人的意愿，她们可以选择去综合医院接受治疗。此后，性病患者不再被视为“一种神秘的怪物，必须单独研究、单独治疗，用单独的语言指称”。[②]梅毒尤其不应该被区别对待，梅毒是万千疾病中的一种，它甚至不如其他一些疾病严重。委员会呼吁政府加强门诊咨询，为有需要的病人提供免费援助和药物。最后，委员会大多数成员认为，女性教育的进步以及为促进妇女就业而采取的一些措施足以减少甚至消除卖淫。

废规人士巧妙的分析揭示了卖淫规制的预设和动机，证明这个制度是非法的。他们的论证可能并不十分恰当，但证明了

---

① L. Fiaux, *Les maisons de tolérance*..., p. 325.

② L. Fiaux, rapport au conseil municipal, p. 436.

卖淫规制的无效性。有了理论支撑，废规人士乐观地认为他们能够解决卖淫现象不断发展的问题。尽管有评论认为卖淫规制的基础是工业文明的社会结构和性别结构，但废规仍然是绝大多数人的意见，这种趋势至少持续到第一次世界大战前夕。废
规主义大步向前，宣称要把法国大革命的原则贯彻到还未受益 429
的最底层人民当中。

### 3）女权组织和工人复兴运动的废规主义

我们找到一些零散的资料，发现女权主义的倡导者和工人运动的积极分子参与了废规运动。事实上，他们也有点随波逐流。女权组织和工人组织应废规联盟的要求，有时甚至是在该联盟的资助下参与了这场运动，跟随极左派反对警察局。此外，一般来说，这些组织都是初次参与激进运动。他们的关注点更多放在社会现象上，因此他们试图使废规主义者的思想朝着这个方向发展。

旨在废除公娼的法国废规协会中有许多女权运动领导人，活跃分子有玛丽亚·德莱梅斯、埃米莉·德·莫西埃和卡罗琳·德·巴劳。1876 年 11 月 15 日，废规运动刚刚起步，《妇女报》创始人之一阿尔贝·凯斯就发出了一份反对妓院的请愿书。他要求关闭妓院，取缔风化警察，立法禁止在公共道路上挑逗拉客的行为，增设诊所，重新将妓女纳入普通法，同时向妓女提供免费的、世俗的义务教育，设立新的女性劳动法。这

430 份请愿书被涉事参议员驳回。[①]

1876年工人大会之后，在约瑟芬·巴特勒的鼓励下，旨在改善妇女状况的民主联盟成立，创立该联盟属于废规联盟的行动之一，由玛丽亚·德莱梅斯担任主席。1878年9月，在巴黎举行的国际废规联盟第一次会议上，《妇女权利报》编辑莱昂·里奇发表了充满激进女权主义色彩的讲话。1882年，在雨果的支持下，莱昂·里奇成立法国妇女权利联盟，要求废除公娼。

废规主张现已成为女权主义的主旋律，也没有分化出其他任何新的论点。[②]因此，我们可以得出结论：1898—1901年，废规运动在法国重新兴起，并迅速得到所有女性组织的支持。[③]1900年，在巴黎召开的两届国际女权主义大会一致投票决定废除所有以道德名义执行的例外措施。1901年，除朱尔斯·齐格弗里德夫人外，法国全国妇女理事会成员全数加入了废规联盟。任何一个女权团体在建立时，都在纲领中指出要为
431 废规和实现两性道德平等而斗争。[④]所有女权主义杂志和报纸，

---

① C. J. Lecour, *La campagne contre la préfecture de police*, p. 435.

② M. H. Zylberberg-Hocquard, *op. cit.*, p. 6.

③ 参见：Savioz, *La serve, une iniquité sociale* et «le mouvement féministe français et la réglementation de la prostitution», rapport de Mme J. Hudry-Menos. Congrès de Londres, 1898 in *Le Relèvement social. Supplément*, 1[er] septembre 1898。

④ 参见：l'action de Mme Potonié-Pierre à la *Solidarité des Femmes* de Maria Pognon (*Ligue française pour le droit des femmes*), de Mme Griess-Traut (*Société pour l'amélioration du sort de la femme*), de Mme Schmhl (*L'Avant-Courrière*) et de Mme Vincent (*L'Égalité*)。

如《前线》《基督教女权主义》和《妇女报》都公开反对风化警察。“从女权主义的一端到另一端，意见保持一致。”[①]

废规主义的第一次示威也受益于工人运动代表的积极参与。1877 年初，拉乌特小姐在“巴黎会议”上向资产阶级参会人员描述了巴黎女工的悲惨处境。[②] 新联盟成立时，她在日内瓦大会上再次陈述了这个主题。最早的几次工人大会对废规运动起到推波助澜的作用，因为初期的工人运动在一定程度上受到实证主义和激进意识形态的影响，对废规问题给予了最大的重视。[③]

在废规运动开始之前，工人组织就已经在 1876 年的巴黎大会上谴责过卖淫。1878 年 1 月 28 日至 2 月 8 日，工人大会在里昂召开，大会对工人情况做了全面反思，并再次详细讨论了卖淫问题。在讨论过程中，工人表现出对性行为的焦虑。工
人认为学监、店员和工头的嫖娼行为会使工人家庭的名誉受到 432
威胁。萨罗门以公共道德的名义要求工会取代职业介绍所。里昂的妇女代表卡拉兹女士详细分析了工业中心女工道德败坏的原因。她为女工的无知和贫穷感到痛心，同时谴责了卖淫规制管控下的卖淫，她总结说：“我们所有的斗争都必须朝着这个目

① Savioz, *La serve*…, p. 10.

② Arch. préfect. de police, DB 1689.

③ 对女性问题的重视在随后的团体会议中日益降低，1888 年以后，只有女性工作问题引起关注，但几乎总是与儿童的问题放在一堆，共同处理（参见：M. Perrot: «L’éloge de la ménagère», p. 107）。

标努力：通过废除妓院和各种形式的公娼来净化城市。”[①] 兰斯的一名代表则批评卖淫监管工作中的混乱和由此造成的无序。工业中心治理流浪和道德问题委员会的报告员马兰沃向国会提交了有关风化警察的报告，最终得到国会的投票通过。国会宣布风化科是不道德、非法、无用和无效的机构，应当予以废除。1879 年，马赛召开了“不朽大会”，路易丝·塔尔特夫在会上指控是男性的偏见和行为把女性拖进卖淫的深渊。[②] 一年后，勒阿弗尔大会讨论了风化警察的问题，会上废规联盟成员奥古斯特·德穆林斯对此发表了评论。妇女委员会对规制机构表示强烈谴责。自 1879 年以来，反对卖淫规制的声音开始与社会主义运动接轨。

433 废规运动一路走来轰轰烈烈，形式极其多样化，取得了以下重要成果：首先，它提高了公众对卖淫问题的意识：1876—1884 年，媒体、文学和造型艺术都把卖淫作为一个主要创作题材。废规话语得以形成，并在法律、健康和道德层面提供了重要论据。伊夫·古约特的著作成为反对巴朗-杜夏特莱观点的参考文献。

官方也不能置身事外，多个政府机构不得不参与讨论，政策负责人不得不表态：1883 年和 1884 年，市议会委员会批准了菲奥的报告，驳回了风化警察的预算，废规运动赢得一次无

---

① 言论引自：*Bulletin continental*, 1878。

② Christine Dufrancastel, «Hubertine Auclert et la question des femmes à l'immortel congrès», *Mythes et représentations*..., p. 135.

可置疑的成功。相反，1878 年和 1881 年，机会派当道的众议院以多数投票否决了巴黎极左翼运动。面对不明朗的局势，激进分子，甚至像克莱蒙梭这样的领导人也拒绝太早做出承诺。

总的来说，废规运动取得的实质性成绩并不多。废规运动过去二十年后，菲奥医生才承认废规议题几乎没有引起外省市政府的兴趣。废规运动对巴黎大区的确产生了影响，比如吉戈特省长于 1878 年取消了巴黎的卖淫规制，再比如安德里厄取缔了风化警队，但被废规主义论点吸引的外省市政府很少。不过，废规举措也在迅速拟订之中：1878 年，布尔热斯市市长禁止妓院关押妓女，并要求在所有妓院张贴文书。同年，废规主义者成功阻止了贝莱一家妓院的开张。1880 年 7 月 15 日，尚
贝里的废规主义者出于同样的目的，举行了一次妇女示威活 434
动，并获得了成功。然而，没有一个地方当局敢于禁止官方允许的卖淫。从 1884 年到 1900 年，只有四个地方政府有所举措：1891 年，亚眠市市长、参议员弗雷德里克·珀蒂下令关闭妓院；但是在 1895 年新市长当选的第二天，妓院又重新开张了。[①]1893 年，库尔贝维亚成为第一个明确废除法规管制下卖淫的城市。1897 年 4 月 28 日，详述了 36 年间的丑闻后，萨林斯市市长尚彭通过一项至今仍被废规主义者视作范本的法令，关闭一家于 1861 年在市内开设的妓院。最后，在 1900 年 6 月，蓬塔利埃市拒绝批准在本市开设妓院。以上就是废规运动在外

① 然而，他拒绝在他的城市开设新的妓院。

省取得的略显单薄的成果。舆论虽然受到了震动，但并没有被说服，请愿书的相对失败在这方面很能说明问题。[①]不过，废规运动的激烈程度足以激发立法人员的思考，并促使他们起草逻辑严密且令人信服的新卖淫规制。

废规运动由两派观点不同的人士主导前行：一方面，信仰道德的福音派禁淫主义者主张性压制，另一方面，无神论者主张性自由，两派的共存削弱了废规运动的影响力。然而，这两派人士并不像看起来那样完全不搭界：伊夫·古约特的作品不是献题约瑟芬·巴特勒了吗？这两派人士都一致批评对女性的
435 奴役，主张捍卫个人权利，废除公娼，拥护个人主义，支持个人的道德发展，主张消除祸害。关于卖淫的起源问题，双方都像卖淫规制提倡者一样在一定程度上考虑到贫穷和工资不足的因素（即考虑到社会秩序），但他们几乎都没有朝这方向进行分析。他们鲜少论述卖淫起源的社会因素，也没有反思卖淫功能的问题。

此外，自由派废规主义者在深深依恋个人性自由的同时，也渴望含蓄可以战胜冲动，希望将压迫内化。这就是为什么废规主义者常常含糊不清，因为他们既传递了解放被奴役女性的信息，又传递了压迫的信息，比如要求个人进行自我审查以遵守性秩序。福音主义、实证主义和康德式道德的巧妙结合构成

---

① 1870—1879 年，英国共有 9 667 份请愿书，包括 2 150 941 个签名，要求废除《法案》（Y. Guyot，*op. cit.*, p. 437）。

了时代的特征，导致了资产阶级青年的“道德化”，为第一次世界大战前夕的民族主义抬头做好了准备。[①]

## 2. “资本主义的后宫”[②]和“穷人欲望的发泄地”[③] 436

### 1）关于卖淫的社会主义话语

在本节中，我将简略梳理社会主义思想史中有关家庭和性行为的论述。这样一个话题足以写成一部巨著，我打算只研究第三共和国社会党人对卖淫的态度，并分析社会党人在卖淫规制主义和废规主义的分歧中选择的立场。有两点需要强调：第一，不同倾向的社会党人对社会现象有着相似的批判性分析；第二，社会党领导阶层在大选期间弃权了。

乌托邦社会主义的倡导者在性问题上存在分歧，马克思主义的拥护者在性问题上也有些含糊不清，[④]但第三共和国时期

---

① 参见：A. Corbin, «Le péril vénérien au début du siècle…»。

② C. Andler, *Le manifeste communiste de Karl Marx et F. Engels*, p. 151.

③ Charles-Albert, «La prostitution», *Les Temps nouveaux*, 26 nov.-2 déc. 1898.

④ Louis Devance, «Femme, famille, travail et morale sexuelle dans l'idéologie de 1848», *Mythes et représentations*. 本书详细地描述了 19 世纪 30 年代初由于傅立叶思想的传播和昂方丹思想的影响而引发的一场颠覆性道德的企图。作者德万斯证明了女权主义的激进性。另一方面，1848 年显然是“减少社会主义道德观念中的不一致现象”的时期（p. 86）。蒲鲁东、卡贝、尤金 · 妮博伊、珍妮 · 德罗因，甚至是温和团体都受到当时关于女性本性的主流论述的影响。

437 的法国社会党人对卖淫原因和后果所做的分析简单、明确且一致。他们评论最多的是贝贝尔（Bebel）的著作《过去、现在和未来的妇女》（*La femme dans le passé, le présent et l'avenir*），这本书于 1891 年翻译成法文。在法国还有一些或多或少直接参与社会主义斗争的理论家涉足性问题研究。有些学者甚至把性问题视作自己的研究领域，如伯努瓦·马龙①、夏尔·博尼
438 埃②、夏尔·安德勒③以及爱德华·多利安斯④。相比之下，工人

（接上页）波琳·罗兰则转向了家庭主义。几乎只有维克多·亨内金，尤其是儒勒·格雷以及里昂工人阶级是例外。

另一方面，我们知道傅立叶和蒲鲁东这两位理论家之间有很深的分歧，他们的影响力在很大程度上决定了法国社会主义对性问题的态度。前者提倡完全的爱情自由，后者提倡恢复父权和婚姻权力（参见：Louis Devance, *La question de la famille dans la pensée socialiste*..., thèse 3ᵉ cycle, Dijon, 1972），而这两个观点都并非正途。蒲鲁东对卖淫的概念做了详尽的阐述。在他看来，任何有婚外情的女性都是妓女，要求与丈夫寻欢却不对丈夫保持绝对忠诚的妻子也是妓女。确实，除了夫妻间的相互忠诚之外没有免费的爱情。另外，男人的日常交往导致女人——即使是贞洁的女人——也像妓女一样“堕落”，变得“丑陋”（*La pornocratie*, p. 372-374）。

皮埃尔·勒鲁、佩克、维达尔和路易·布兰科接受一夫一妻制，同时要求妇女享有更大的平等和自由选择配偶权。最后，马克思和恩格斯在并未精确定义未来夫妻关系的性质的情况下，分析了资产阶级婚姻的弊端，并认为新的社会组织将纠正这种弊端。

① Benoît Malon, *Le socialisme intégral*, t. I, chap. VII, «L'évolution familiale et le socialisme».

② Charles Bonnier, *La question de la femme*, 1897 (extrait du *Devenir social*).

③ Charles Andler, *Le manifeste communiste de Karl Marx*.

④ Édouard Dolléans, *La police des mœurs* et son compte rendu de la conférence de Bruxelles, *Le mouvement socialiste*, 1902, p. 1784-1791. 另一方面，保罗·拉法格（Paul Lafargue）在《女性问题》（*La question de la femme*, 1904）一书中并未提及这个问题。

大会激进分子发表的言论则非常简单明确，就是谴责一切威胁女工道德的行为。

社会主义者与超卖淫规制主义者的执念不谋而合，他们认为卖淫是一种不断扩大的祸害，是一种日益增长的罪恶，同邪恶一样，与资本主义结构同步发展。多利安斯写道，“阶级组织使卖淫成为生产和财富分配制度的重要组成部分”。[①] 在多利安斯之前，贝贝尔就已提出，“卖淫已成为一种必要的社会制度，就像警察、常备军、教会和雇主一样”，[②] 因为在资本主义制度下，人既是“自然和性的产物，也是社会产物，人是一种矛盾体”。[③]

“没有资产阶级家庭，就不会有卖淫”。[④] 事实上，资本主义制度在资产阶级中创造了真正的“重商主义婚姻”。[⑤] 就其目的、方式和结构而言，资产阶级家庭本身就是一种非正式卖淫，因为它已经在嫁妆、社群、遗产和继承的概念当中被物质化了。按照资产阶级的标准，嫁女的母亲只是个女皮条客。[⑥] 在贝贝尔看来，“婚姻义务”的概念“比卖淫更糟糕”。[⑦] 439

然而，从资本主义的经济结构中衍生出的资产阶级家庭结

① *La police des mœurs*, p. 90.

② *Op. cit.*, p. 129.

③ 同上书，第 120 页。

④ Ch. Andler, *op. cit.*, p. 152.

⑤ B. Malon, *op. cit.*, p. 362.

⑥ 同上书，第 363 页。

⑦ *Op. cit.*, p. 77.

构意味着无产阶级家庭的毁灭。[①]资产阶级男性被灌输晚婚观念，男性由此养成了放荡的习惯，一种“阶级道德”应运而生，例如在性交易中，少女贞操和忠贞的标价尤其高，这足以证明资产阶级内部异常发达的性需求根本无法从本阶级女性那里获得满足。此外，生活在商业婚姻或理性婚姻中的资产阶级男性常常对性生活不满，他们会去召妓，通奸现象由此增多，违反天性的恶习随之增加。[②]“富人阶级选择强强联姻以保持家族实力，他们会从无产阶级中挑选一定数量的姑娘，满足自己的享乐需求。”[③]

作为现代社会的牛头怪，资产阶级会向工厂、车间和商店索取满足自己需求的姑娘。因此，工厂变成了“资本主义的后宫”，雇主象征着威胁无产阶级美德的罪恶体。

资产阶级通过三个步骤增加性服务供应：

440 a）蒲鲁东、佩克或恩格斯[④]齐齐揭露：混乱不堪的车间是道德堕落的场所。车间也是19世纪文学作品里一个频繁出现的背景。[⑤]在车间工作的少女和妇女由于工作时间过长，再加上夜班和艰苦的工作条件（温度、强制管理），容易滋生道德败坏的想法；同时，男工人中的激进分子担心女工人抢了他们

---

① 模型没有描述。

② Bebel, *op. cit.*, p. 79.

③ E. Dolléans, *op. cit.*, p. 90.

④ Ch. Andler, *op. cit.*, p. 150-151.

⑤ 参见上文第22页，关于君主立宪制时期的慈善家。

的饭碗，经常在工会大会上无休止地抱怨女工人。[①] 在社会主义者看来，雇主（尤其是工头），对女工的性骚扰证明工厂和车间与百货商店一样，败坏了女工的道德。

b）女性的工资一向低廉，这不仅降低了生产成本，增加了资本家的利润，而且迫使许多女工卖淫。通过压低工资，“资本家找到了管控卖淫的方法”[②]；资本家通过调整工人的工资和岗位数量获得所需的妓女，以维护资产阶级家庭的尊严和资产阶级少女的名节。工业资本家需要无产阶级姑娘去当妓女，就像需要无产阶级男孩去做炮灰一样。此外，按照经济逻辑，岗位数量与商业繁荣通常成反比，这使资本家在利润下降时能够以更优惠的价格享用无产阶级姑娘。马克思早已论证过棉花危机与英国年轻妓女数量增长之间的关系。 441

c）资本主义助长了无产阶级卖淫，使工人阶级配偶的婚姻关系无法和谐完美。资本家通过阻止无产阶级的性发展来招募卖淫业的人员。工作时间长、远离建筑工地、租金过高、住房条件差、酗酒、生活方式造成的家庭暴力都是工人夫妇和谐相处的障碍。伯努瓦·马龙感叹道：“无产阶级默默无闻勤勤恳恳工作一天后，回到家并不能度过美好的夜晚，他既不能和家人共进晚餐，也无法与妻子共同教育孩子——以上构成正常家庭的亲密纽带无法被无产阶级拥有。”[③] 此外，晚婚、避孕措

① Madeleine Guilbert, *op. cit.*, p. 189 *sq*.

② Ch. Bonnier, *op. cit.*, p. 42.

③ O*p. cit.*, p. 364.

施[①]、禁欲规定的执行也破坏了工人家庭，“非常规性行为”为女工卖淫做好了准备。贫困导致工人生理衰弱，女工中普遍存在的器官疾病和痛经也让她们学会了“非常规”性行为和“假高潮”。[②]贝贝尔认为，女工久坐不动的工作，特别是缝纫机的使用，“促使她们的下腹积压血液，压迫器官的久坐增强了她们的性冲动”，[③]促使她们走向卖淫。

这种由资本主义结构施加、由资产阶级体系调节的卖淫活
442 动日益增加，无产阶级为了阻止这种趋势立即采取补救措施：首先，他们要求减少女工的工作量，这是“工会运动在第一次联合会议上的主要议题之一”。[④]另外，他们要求提高女工的工资并加强车间的道德建设，以消除夜间工作、男女滥交，以及老板或领班对女工的性骚扰。为达成这个诉求，社会主义媒体发起了运动：1905 年，在利摩日，工头的不道德行为引发了一场革命性的罢工，随后，极左派在众议院发表了相关内容的演讲。激进派展开的反卖淫斗争的侧重点是捍卫工人阶级家庭的道德，并非反对工人家庭模式。工人阶级家庭的价值观在许多方面与资产阶级家庭的价值观相似，如婚前的贞操、配偶的忠贞、对母性的赞扬。因此，无产阶级话语里没有提到必须改革

① Bebel, *op. cit.*, p. 88.

② 同上书，第 120 页。

③ 同上书，第 122 页。该理论于 1866 年在医学科学院发表过（参见：M. Perrot, «L’éloge de la ménagère», p. 109）。

④ M. Guilbert, *op. cit.*, p. 188.

资产阶级的婚姻模式，也没有提到必须纠正资本主义制度对性本能的压抑。

关于妓女地位问题，社会主义理论家一致呼吁废除风化警察，主要原因是风化警察只监督无产阶级姑娘，这样一来，“警察法规相当于认可了阶级剥削”[①]；关于这一点，社会党参议
院亨利·图罗在研究卖淫的著作《爱情的无产阶级》中做出了 443
阐释。

法国社会主义理论家提出的观点坚决有力且逻辑严谨，但令人感到奇怪的是，法国社会主义者不愿意打击公娼，至少从表面来看是这样。而且，20 世纪初年，在就公娼问题展开的辩论中，社会党也持保留意见。在废除风化警察的斗争中，社会主义人士并未发出响亮的声音，有时人们甚至认为社会主义党派实际上支持立法机构就卖淫问题继续保持沉默。我们接下来将试图找出这种态度的原因。[②]

最明显的原因是意识形态。在探讨卖淫问题时，社会主义者并不打算对普通法的适用范围进行大刀阔斧的改革，也不希望在尊重个人自由的问题上开展深刻的革命，更无意提高男性在性行为方面的个人道德意识。因此，他们认为，废除卖淫规制和废除风化警察本身并不是决定性的补救办法。真正的解决

① E. Dolléans, *La police des mœurs*, p. 166.

② 社会党代表弗朗西斯·普雷斯森强调了这一保留态度，他在 1903 年的一次公开会议上惋惜地表示，他的朋友们没有参与战斗（Arch. préfect. de police, B A 1689）。

办法在于摧毁资本主义结构，从而消灭资产阶级家庭及其传播的恶习。只有这样，无产阶级的性关系才能正常发展。简而言之，解决办法就是建立和发展一个真正的无产阶级家庭。社会主义人士认为，不能把发动一场彻底的社会变革看作解决卖淫问题唯一且必要的手段，这会导致忽略卖淫问题本身，相当于
444 把卖淫视为次级问题，不利于自由派废规运动的发展。[①]

社会主义人士在废规问题上持保留态度的第二个原因在于社会主义理论家的内部分歧，尤其是马克思和恩格斯在阐述唯一可能导致卖淫消失的社会性秩序时，二人的态度并不明朗，甚至产生了分歧。[②]理论家虽然合理地将卖淫人数与性需求得不到满足的人数以及单身的人数联系在一起，但并没有明确提出如何实现社会主义社会的零卖淫需求。所以，社会主义人士关于卖淫问题的观点变成了带有乐观主义色彩的乌托邦，面对可以立即改善妓女命运的斗争，社会主义人士反而显得漠不关心。

社会主义中存在的某些政治机会主义思想也解释了社会主义人士在废规运动中的沉默。自 1876 年以来，废规运动全面

---

① 这是从伯努瓦·马龙于 1883 年 7 月 19 日在《强硬派》发表的一篇文章（《社会主义代大会》）中得出的。

② 分歧非常明显。因此，贝努瓦·马伦梦想建立一个自由、人道和自然的劳动家庭，这个家庭的基础是爱、智力以及道德上的私密关系，其持续时间由配偶双方意愿决定。另一方面，爱德华·多利安斯让未来的家庭承担生育责任。他提倡青年人节制和性压抑，因为在他看来，生殖的需求高于享乐的权利。

爆发，组织方是一个由严守戒规的新教徒、进步主义者和激进分子组成的异质联盟，除少数例外，成员大多出身贵族或资产阶级。最早的英国和大陆联盟以及随后的各种道德团体都声称自己置身一切哲学潮流之外，能够将不同政治倾向的成员聚集 445
在一起。社会主义者对这种声明持保留意见，并在废规运动中长期持怀疑态度。废规运动领导层重点思考的是如何引导和挽救失足妓女，因此，他们明显更倾向于道德主义而不是社会主义。联盟里的女慈善家所做的善事多少带有家长式的权威作风，在社会主义者看来，挽救失足妓女不就是为资产阶级提供女佣吗？社会主义者心知肚明，废规运动的其他阶层至少在理论上不可能像他们那样指责资产阶级家庭。

废规运动构成了极端女权主义的主力运动。《投石党报》最为坚决地表明了废规立场，但第一次世界大战前夕，女权主义并未在社会主义运动中占据一席之地，其影响范围非常有限。[①]20 世纪初，贵族和大资产阶级成员组成的联盟展开了抵制拐良为娼的斗争。简而言之，废规主义的初心（如打击贩卖妇女），看起来太像资产阶级道德社会团体所做的事，因而导致社会主义者不具有大规模加入运动的意愿。

更深层的问题是，社会主义人士的领导层几乎都是小资产阶级出身，深受自身阶级的道德观念影响，他们与当时所有的

① 参见：Charles Sowerwine, «Le groupe féministe socialiste, 1899-1902», *Le mouvement social*, janv.-mars 1975, p. 87-120。

国会议员一样，对性问题和卖淫问题怀有明显的厌恶情绪。在
446 他们看来，讨论卖淫问题并不能帮他们在选举中拉票，相反，为妓女辩护并要求给妓女自由可能会使他们失去舆论优势。巴黎十五区竞选代表马塞尔·卡辛（Marcel Cachin）选择对卖淫问题避而不谈，[①] 这也是当时社会党派政治家的主流态度。在卖淫这个难以把握的问题上，社会主义者发现自己陷入了两难：如果宣称自己支持现状，无疑是在为风化警察的任意执法行为做辩护；如果要求制定有关卖淫的法律，那么在新卫生卖淫规制影响下的法规就有可能导致无产阶级出身的妓女在某种程度上受到法律压迫，而这正是社会主义者所抵制的。卖淫自由更让他们无法容忍，因为在社会主义领导层根深蒂固的信念中，卖淫是一种资本主义毒害，他们希望发展社会卫生。这就是社会主义领导层谨慎且低调的立场，无人真正去尝试让国会议员和参议员强行解决卖淫问题。

然而，迟疑并不意味着放弃。在各种社会主义团体和政党的代表大会上，有时也会有社会党人用简明而感人的言语抨击女工卖淫现象，他们指出卖淫是资本主义制度下滋生的罪行，是由于恶毒且不道德的雇主在性方面的不满足导致的可悲结果。1898 年以后，随着国际废规联盟分会在法国重新建立，
447 社会主义者对女工的同情加深，参与联盟的人也越来越多。在奥古斯特·德·穆尔西的影响下，废规人士拒绝把他们的斗争

① 参见下文第 604 页。

与捍卫资产阶级道德和婚姻联系起来。[①]1902年，深受鼓舞的乔雷斯正式宣布支持废规。社会党员图罗在市议会倡导发起反对风化警察的斗争。罗讷省社会党代表F. 德·普雷桑斯尤其活跃，他担任废规联合会和人权联盟主席，领导了一场反对卖淫规制的持久战。实际上，普雷桑斯在废规斗争中更多地强调了宗教信仰和家庭传统而非政治信仰，普雷桑斯对袖手旁观的社会主义伙伴的善意指责也促使社会党对这个问题进行了反思。即使大学和劳工交易所的主流意识形态是无政府工会主义，他们也热情地接待了联盟的人来发表演讲。[②]当保罗·穆尼尔试图要求议会就卖淫问题立法时，极左势力给予他极大的支持。[③]

除此之外，社会党人积极参与废规运动的情况并不多见。以马克思主义意识形态为指导的社会主义对性别的重视程度很低。社会主义观点认为，随着资本主义剥削和普遍早婚的消失，卖淫自然会随之消失。[④]社会党人并不反对一夫一妻制和婚前贞洁，也不关注因丑陋、害羞、虚弱和年老而产生的性需 448
求问题。对卖淫现象产生疑问的并非社会主义人士，而是另一群人，他们往往处于社会边缘，要么信奉自由主义，要么信奉新马尔萨斯主义。

---

① 参见下文第578页。

② 出自《社会增量》(*Relèvement social*)补编中的统计。

③ 参见下文第596页。

④ F. 德·普雷桑斯在会议上的讲话(Arch. préfet. de police, B A 1689)。

## 2）“一种适合资本主义制度的有力工具”[①]

与社会主义媒体的沉默和迟疑相比，无政府主义的媒体和文学作品对性道德给予了高度关注。面对五花八门的个体反思，我很难描绘出这个极端自由主义计划的全貌。经过多次调查后，[②]我将尽量介绍无政府主义关于卖淫问题的主要观点。

a）“资本主义制度下的典型女情人”[③]

无政府主义者与其他社会主义者一样，认为资本主义社会
449 是滋生卖淫的沃土，但最重要的是，他们认为卖淫是适应资本主义制度的一种手段。在这一点上，极端自由主义话语完全不同于社会主义话语的基调。极端自由主义大力谴责“工业苦役”的罪行，尤其分析了资本主义在无产阶级内部促进特殊婚外性行为发展的方式，指出这类婚外性行为既满足了资产阶级的性需求，也为工人维持工作能力提供了不可或缺的性满足。

当无政府主义者提到卖淫时，有三个主题反复出现：

1）第一个重要议题是谴责雇主对女下属的“性骚扰”[④]。

---

① Charles-Albert, «La prostitution», *Les Temps nouveaux*, 10-16 déc. 1898. 夏尔–阿尔伯特于 1900 年出版的《自由爱情》（*L'amour libre*）再次转载了这些文章。

② 特别是《自由主义者》（*Le Libertaire*）、《佩纳德老爹》（*Le Père Peinard*）和《新时报》（*Les Temps Nouveaux*）上发表的调查。

③ «La prostitution», *Les Temps nouveaux*, 26 nov. -2 déc. 1898.

④ 例如参见：«Le droit de cuissage», *Le Père Peinard*, février 1889, Louis Grandidier, «Le droit de cuissage», *Le Libertaire*, 22-28 avril 1897 ou «Le droit de jambage à Limoges», *Le Libertaire*, 23 avril 1905。

“性骚扰”问题在前文中已反复提及，不再累述。无政府主义媒体认为“性骚扰”是“工业苦役”固有的弊病，有女员工聘用制就会有性骚扰。事实上，在通常情况下，女工人或女员工在与雇主签订合同时就默认了雇主对她们的性便利。[①]

2）社会主义者是工人阶级道德的狂热捍卫者。而无政府主义者与社会主义者不同，在纯粹的蒲鲁东传统中，无政府主义者想要总结女性劳动者与妓女之间的细微差别。无政府主义 450
者的逻辑与资产阶级截然不同：资产阶级认为卖淫的状态与工作的状态是对立的，无政府主义者则认为卖淫本身就是一种劳动。妓女和女工一样劳累，一样消耗精力，妓女在谈论卖淫时也称之为“工作”；女工也会由于一些不得已的原因成为妓女。夜幕降临时，女裁缝向嫖客提供性服务以补贴家用，就像办公室职员晚上回家后熬夜赶稿增加收入一样。无论是女性的“工作肉体，还是享乐肉体”，[②]都只是资本主义制度奴役女性的两个方面而已。正如蒲鲁东所说，工厂与妓院有重合之处。付薪工作并不是卖淫的对立面，这两种现象在本质上是相同的。“每一份付薪工作都是一种卖淫，因为当你赞美工作时，就是

---

① 多利安斯也曾提出：“我们能否将卖淫合同与雇用合同进行比较？”（*Le mouvement socialiste*, 1902, p. 1790）我们发现夏尔·博尼埃也表达了这个观点（*op. cit.*, p. 42）。这表明，为了更清楚地说明这两种趋势，我们在这里所作的区分是比较系统的。

② 1896 年 11 月 13 日莱昂·沃尔克（Léon Wolke）在《自由报》发表的文章标题。

在赞美工作中所使用的身体零件——肌肉或大脑。”[1]1906 年 10 月 25 日，在废规联盟法国分支大会上，立贝塔德（Libertad）发表的演讲被视为一桩巨大丑闻，他说道：“在当今社会，不是只有性卖淫，还有手臂、身体、大脑的卖淫……为了利益给雇主工作的女工和出卖肉体的妓女是一样的。在当今的社会制度
451 下，人人都在卖淫，对此我感到悲痛惋惜。只有腐朽的社会崩溃之时，才能消灭卖淫。”[2]他随后被驱逐出会场。

3）在资本主义社会中，卖淫有三种功能：a）卖淫对维护资产阶级家庭结构和资产阶级道德而言是必需的，无政府主义者与社会主义者在这一点上达成了一致。简单来说，妓女是必要的，因为资产阶级的少女和妇女被禁止接触年轻男子，“男性被她们勾起的欲望无法在她们身上得到满足，所以只能去召妓”[3]；但这不是卖淫最重要的功能。b）卖淫规制管控下的卖淫是资本主义社会的一种规范制度，其优点是使一大批女孩和妇女脱离了令人不安的失业和无业人群，并将她们置于监督之下。[4]c）最重要的是，资本主义社会滋生了功利性的卖淫业，“妓院成为穷人性需求的发泄地”。社会主义者强调性服务业的发展源于资产阶级性需求的规模，在某种程度上促使无产阶级

① R. C. «Salariat et prostitution», *Les Temps nouveaux*, 29 avril 1899.

② Arch. préfect. de police, BA 1689.

③ Henri Duchmann, «Études féministes, la prostitution», *Le Libertaire*, 20-27 août 1904.

④ Charles-Albert, *Les Temps nouveaux*, 10-16 décembre 1898.

自动提供性服务。无政府主义者则认为资本主义制度的本质就是在工人中激发一种不削弱其工作热情的性行为，并鼓励发展适合这种行为的卖淫。[①]

资本家并不打算让受资本主义制度统治的工人明白什么是超越肉欲满足的爱，这是资本家束缚工人的重要因素之一。在 452
资本制度下，重要的是“监督……任何可能改变辛勤劳动的东西，比如爱情，并做好一切准备以避免这类情况的发生”。[②]在资本主义社会下，真正的爱情站在了劳动的对立面。如今，这个计划终于实现了：对“机器和资本的奴隶来说……爱情……只是器官的兴奋和满足”。[③]

从这个角度来看，功利性卖淫与工薪阶层的存在息息相关，功利性卖淫的发展成为“适应资本主义制度的有力工具”。卖淫在资本家的精心安排下履行职能；这就是卖淫规制的起源。规范化的卖淫既可以保护资产阶级家庭不受单身者破坏，又可以防止真爱使工人在劳动中分心。因而，卖淫的规模随着工业社会的发展而不断壮大，就不足为奇了。卖淫规制把妓女定义为“兜售情爱者”，卖淫是为了履行职责，所以无须隐藏身份，在警察允许的情况下甚至可以挤占人行道。面对“妓

---

① 利昂·穆拉德（Lion Murard）和帕特里克·泽尔伯曼（Patrick Zylberman）引用的作品《不知疲倦的小劳动者》（*Le petit travailleur infatigable*）也属于这个视角。

② Charles-Albert, *Les Temps nouveaux*, 10-16 décembre 1898.

③ *Les Temps nouveaux*, 26 nov.-2 déc. 1898.

女无处不在”的局面，极端自由主义者的担忧与超卖淫规制主义者不相上下。“在任何时间、任何地点，只要几个苏，妓女就能为受压迫的、贫穷的以及对生活困境不满的男人释放性欲。”[①]

妓女兜售廉价的爱情，且不留痕迹，“她们是资本主义制
453 度下典型的女情人”，也是社会腐朽的象征，[②]是“社会流脓的创
口”。[③]在这种情况下，消灭风化警察的斗争变得十分重要。[④]

b）对妓女的另一种看法

社会主义者同情作为社会制度受害者的妓女，但并不同情她们所从事的性服务活动。与社会主义者不同，无政府主义者对妓女的行为，或者说是工作，都表现出同情。无政府主义者认为，从逻辑上讲，妓女不应该受到比女工更大的蔑视。他们仔细分析了社会中的性苦难和性交易的功能，推论出妓女的存在是合乎常理的。当时流行的理论是“妓女是天生的”，而一旦妓女被认为是天生的，她们就会被彻底边缘化。那是否可以认为，极端自由主义反对“天生妓女”理论，反对这个导致妓女边缘化的撒手锏呢？承认妓女作用的无政府主义者是唯一真正使妓女重新融入社会的群体。

总之，无政府主义者对妓女有着非常独特的看法。我简要

① *Les Temps nouveaux*, 26 nov.-2 déc. 1898.

② Louis Grandidier, art. cité, *Le Libertaire*, 22-28 avril 1897.

③ *Les Temps nouveaux*, 10-16 déc. 1898.

④ 在这方面，应当提到1910年2月2日以来《社会战争》所引发的斗争。

举一些例子，以展现极端自由主义报刊或无政府主义歌曲中的
妓女形象。[1]这是一类既处于贫困的边缘又能引起人们同情的
女性，她们的形象无处不见，例如玛格[2]，她酗酒，身体虚弱，454
陷入最孤立无援的境地，她悲惨的生活是拉丁区妓女生活的缩
影。在报刊中，妓女经常被描绘成一个值得爱的女人，无政府
主义继承了浪漫主义，并与救赎主义相结合。在陀思妥耶夫斯
基[3]和托尔斯泰[4]的影响下产生的救赎主义激励了卡图尔·芒戴
斯（Catulle Mendès）[5]和莱昂·布洛伊。[6]

妓女卑微的眼睛

笼罩着面纱，她们是善于伪装的专家……

---

① 我们只需要想想阿里斯蒂德·布吕昂（Aristide Bruant）的全部作品和尼尼·保·德西安（Nini Peau d'Chien）的成功。

② D. Snop, «Margot», *Le libertaire* 11-17 juil. 1896; Gaston Kleyman, «La serve d'amour», *Le Libertaire*, 27 juin-3 juil. 1896. 尤其是后者，将理想情人的不安分形象留在心里。

③ 《罪与罚》中索尼娅的赎罪与救赎。

④ 参见《复活》中的喀秋莎。

⑤ 参见他的小说《幼龄女人》（*Femme-enfant*）。

⑥ 莱昂·布洛伊是这一潮流中最具代表性的。《绝望》的主人公马歇诺尔在失去了第一个情妇（曾经是一名公娼）后，与一名皈依宗教的妓女维罗尼克在一起，在这段动荡的关系中，他的情妇在神圣的爱和情人之间挣扎。在对神秘主义的渴望中，她伤害自己的身体，将自己锁在一个封闭的环境中（莱昂·布洛伊将其描述成一间专门用于神圣之爱的妓院房间）。这个关于上帝的妓女的主题，灵感来自圣经人物抹大拉的玛利亚，有时会扩展成乌拉诺斯（古希腊神话中的天空之神，象征希望与未来。——译者）的意象。于斯曼借杜尔塔尔之口表达了对圣母玛利亚的祈求（«Tenancière des glorieuses Joies», *La cathédrale*, Le Livre de poche, p. 17）。

妓女卑微的眼睛

比圣人更能安慰我们

这首诗歌出自雅克·达穆尔之笔，于1899年发表在《极端自由主义者报》，[①]发表时间比阿波利奈尔的词作《妓女眼中的遗憾》还要早。[②]

455　c）享乐的权利和卖淫业的消失

无政府主义者为纠正卖淫的罪恶而提出的办法与社会主义者的办法有很大不同，他们建议仿照女工成立妓女工会。1899年11月12日，安拉在《极端自由主义者报》中指出，被抢劫、欺诈，“被卑鄙的皮条客威胁、抢劫、折磨”以及“被法律搜寻、追捕、拘留”的妓女可以组成一个“真正的得到官方认可的职业团体”；[③]由于妓女数量庞大，无政府主义者主张成立的妓女工会将成为所有工会中最具影响力的一个：“它会成为最强有力的工会，因为其成员来自社会各个阶层”；“它可以很好地展示这一关于性爱的职业，帮助妓女争取长期得不到的尊重”，[④]并对公共卫生产生影响。不过，在很长一段时间里，建立妓女工会的想法遭到了各类讽刺报刊的嘲笑，例如《铃铛

---

① Jacques Damour, «Les yeux des putains», *Le Libertaire*, 12 novembre 1899.

② Apollinaire, «Marizibil» et «La chambre du mal-aimé», *Alcools*.

③ Alla, «Un syndicat de prostituées», *Le Libertaire*, 12 novembre 1899.

④ 同上。

报》(*Le Grelot*)大挥笔墨地畅想了一场可能发生的妓女罢工。

无政府主义者和社会主义者一致同意，只有进行彻底的社会变革才能消灭卖淫，但无政府主义者更加注重消灭性权威。颠覆资产阶级的性道德是消灭卖淫的一个不可或缺的前提条件。因此，出现了批评一夫一妻制的声音。利奥波德·拉库尔
是两性自由结合的倡导者，他反对资本主义社会的产物——家 456
庭主妇。拉库尔认为，家庭主妇与老鸨和妓女一起构成了奴役女性的三个象征。[1]

无政府主义者还提出了享乐权。自由派废规主义者和女权主义者指责年轻男性的堕落，而无政府主义者认为当时年轻男性的性行为是由整个社会的性结构决定的，青少年对自己实行性压制才是真正的堕落。亨利·杜克曼写道："坚守贞操的人通常都是胆小的人，他们沉迷于病态的拙劣意淫。这是一种可怕的堕落，阻碍了两性自由地获得性满足。"[2] 无政府主义媒体为单身人士的性权利甚至"处子的享乐权"摇旗呐喊，但并未得到舆论的支持。1904 年，亨利·杜克曼甚至鼓励未婚女性发生性关系，因为"贞操就是放弃，禁欲就是死亡"。[3]

在未来的社会中，当女性能够从奴役她们的道德中解放出

① Léopold Lacour, *Humanisme intégral. Le duel des sexes. La cité future*, p. 128, inspiré d'Edward Carpenter, *La femme et sa place dans une société libre*.

② Henri Duchmann, «La prostitution», *Le Libertaire*, 20-27 août 1904.

③ Henri Duchmann, «Études féministes. Le droit des vierges», *Le Libertaire*, 17 juin 1904.

来时，[1]当性自由能够蓬勃发展时，卖淫将失去存在的理由，各
457 种形式的卖淫也终将消失；只有到那时，女性，无论是资产阶级女性还是工人阶级女工，才不再成为资本主义当局所需的妓女，[2]真正的爱情才会胜利。

如何定义卖淫是一个根本问题。正如我们所见，卖淫概念涉及的范围远远超出我们的描述。通常被理解的性交易只是卖淫现象的某一个方面，要知道，卖淫现象几乎影响到所有的女性，因此，如果不彻底改革经济结构、社会结构尤其是道德结构，而指望卖淫消失，这是一种不切实际的想法。"在产权法至高无上的社会里，无法获得经济自由和道德自由的大部分男性不能也不愿把性爱本能提升到更高的形式，相反，他们会鼓励女人养成出卖肉体的习惯。"[3]

保罗·罗宾是一位个性难以捉摸但具有相当高的学术热情的学者，他在众多卖淫活动中选择了妓女的命运作为研究领域。[4]与他同时代的学者从未以如此灵活的思维看待这个问题。首先，保罗·罗宾为当时的妓女制订了最详细的工会组建计划。他建议将加布里埃尔·佩蒂领导的《妇女解放报》办公室

---

① Henri Duchmann, «Études féministes. La liberté sexuelle», *Le Libertaire*, 17 sept. 1904. 该文批评了女权主义者的节制。奇怪的是，玛德琳·佩莱蒂埃在其有关"妇女性解放"的作品中并没有讨论卖淫问题。

② Henri Duchmann, «La prostitution», *Le Libertaire*, 20-27 août 1904.

③ Charles-Albert, «La prostitution», *Les Temps nouveaux*, 24-30 déc. 1898.

④ Paul Robin, *Propos d'une fille*. 关于这个人物，参见前文所引的 F. 洪森（F. Ronsin）的论文。但是，作者忽视了罗宾对卖淫的态度。

设为该组织的总部。迄今为止，我还未找到相关资料显示这个工会是否真正运营过。保罗·罗宾还发起了新马尔萨斯运动，458
呼吁为妓女提供更完善的性知识，使她们免受“两种风险”，[①]即性风险和生育风险。他要求在妓女中推广使用安全套，[②]改善她们的工作条件，使其符合性卫生规定。

但是，保罗·罗宾比我刚才提到的无政府主义者更清楚地看到，未来真正解决卖淫问题的办法是“直截了当地倡导纯粹而简单的自由”，[③]尊重每个人的享乐权和每个人的“快乐”。在描述“人类可悲的性历史”时，保罗·罗宾认为“婚姻和离婚是普遍存在的酷刑的糟糕的存续”，[④]他乐观地认为“所有人都有可能获得性满足，不再有性匮乏，不再有性放纵”。[⑤]在他倡导的社会中，不再有妓女，爱将成为“一种快乐……爱将永远自由，永远发自本能，不再受到强迫、奴役和雇佣”。[⑥]

保罗·罗宾发动了一场真正的哥白尼革命，他不仅提倡单身女性的性爱权，而且提倡处女的性爱权。相比妓女，他更加同情处女，他认为处女才是性秩序的主要受害者。在《关于一个女孩》中，他借一个妓女之口劝告处女：“你们无疑是最不 459

① Michel Corday, *Vénus ou les deux risques*.

② 参见：F. Ronsin, thèse citée。

③ Paul Robin, *op. cit.*, p. 9.

④ 同上。

⑤ 同上。

⑥ 同上书，第 10 页。

459 幸的人，变老就会被抛弃，徒劳地渴望一点点肉体的享乐，而我们却被这些性爱享乐压得不堪重负！如果我们能够分享这种享乐，那你我都能快乐！我们什么时候才会想到这一点，才能团结起来进行正义的斗争？”[①] 早在威廉·赖希（Wilhelm Reich）之前，保罗·罗宾这位教育理论家就已经强调了性苦难的存在和性满足的不平等性，[②] 并以恰当的措辞提出了这个问题。

## 3. 重新估计透明度

### 1）性病学话语的扩张

建立一个新的卖淫规制是医学界对自由派废规运动的回应，也是自第二帝国结束以来性病主题升级的结果。最重要的是，它表达了医学界希望通过卫生和社会预防[③] 来巩固并行使权力的愿望。

最初，医学界组织召开国际会议对性病进行揭露，并呼吁加强卖淫规制。后来，废规运动的蓬勃发展使他们意识到“法
460 式制度”的陈旧和缺陷，并试图通过改革来予以纠正。

---

① Paul Robin, *op. cit.*, p. 15.

② 保罗·罗宾是著名的森普学校的创始人。

③ 正是在这个时候，议会接到了关于建立公共卫生局的众多提案。参见：docteur Corlieu, *La prostitution à Paris*, p. 107 *sq.*。

医学文献中性病主题的升级首先得益于科学的进步，临床研究提供了梅毒演变的信息，使医学人士确定了梅毒在三个连续阶段的病变表现。人们了解到梅毒的三个阶段、严重性和其他副作用，开始对病变产生恐惧，这种恐惧在 19 世纪 70 年代尤为强烈，标志着达尔文主义在欧洲的影响达到顶峰。达尔文主义引发的生物焦虑开始集中在几个首要灾病上，其中就包含性病。一些临床医生推动了性病研究，首屈一指的医生有奈瑟以及巴黎和里昂医学院的临床医生，特别是里科德和他的学生或接班人，包括杜桑·巴泰勒米、兰塞罗（Lancereaux）、莫里亚克，尤其是阿尔弗雷德·福尼尔。梅毒学新权威人士的出现与新卖淫规制主义的出现是一致的，他们当中的许多人都是新卖淫规制的创始人和最活跃的倡导者。

性病的极度严重性[①]是新卖淫规则主义出现的决定性条件，因此我们有必要准确地分析性病是如何被揭露的。在我看来，莫里亚克医生在 1875—1881 年的梅毒学课程中对当代梅毒的发展做了最好的阐述。莫里亚克医生参照南方医院的问诊人数——虽然这远远不是一个严格的科学样本——建立了一个发
病环境，并证明它与“享乐环境”存在重合，也就是说，与由 461
公共财富波动决定的卖淫活动存在重合。在他看来，“性交易”实际上是与其他因素并行发展的。[②]所以，在性病学的论述中，

① “危险”（péril）一词专门用于这种疾病，这一点就足以说明问题。

② Professeur C. Mauriac, *Leçons sur les maladies vénériennes professées à l'Hôpital du Midi*, p. 198.

肉欲享乐、不道德和财富都被描绘成健康的对立面。

因此，莫里亚克认为，影响公共财富的因素会影响卖淫活动，最终导致发病率的波动。莫里亚克发现经济衰退导致性消费减少，[①]从而减缓了疾病的发展。因此，莫里亚克自然经常强调经济危机的好处。帝国节日后，保守主义阶层中弥漫着一种希望恢复惩罚和监禁的意愿，与经济危机形成呼应。影响卖淫活动的其他因素包括：单身者的数量、结婚率（因此婚姻被认为是对付性病的最佳补救办法），以及最重要的因素——卖淫规制的执行方式。莫里亚克认为，性病发病率与被捕妓女和在册妓女的人数成反比，与失踪妓女人数成正比。

在1870年和1871年普法战争和围困期间，以及在1873—1876年，风化警察为了推行这三个因素开展了大量工作，性病随之减少。而在这两个时期之间，性病则出现轻微的爆发，这
462 可能源于人们对肉欲享乐和对“感官短暂兴奋”[②]的渴望，这些渴望可以视为对先前被剥夺的补偿。但是，莫里亚克教授和里昂的同事奥兰德（Horand）医生焦虑地指出，性病自1876年以来一直在蔓延，1878年的世界博览会吸引了大量外国人和外省人来到巴黎，性病在此期间加速流行。在1879年和1880年，也就是废规运动最激烈的时候，性病达到了“一种前所未有的发展势态”。[③]莫里亚克认为，性病爆发的原因之一是风化警察

① 与马克思主义者不同，他看待卖淫活动风险的方式是基于需求的波动。

② Professeur Mauriac, *op. cit.*, p. 126.

③ 同上书，第186—187页。

在受到废规运动的暴力攻击后有所懈怠。据莫里亚克调查，巴黎每年新增 5000 名梅毒感染者，10 年后，理查德估计巴黎有 8.5 万名梅毒感染者。[①]

梅毒这一灾难最终还是从深渊中涌了出来，以侵袭的方式四处扩散。梅毒主要是借助不同阶级之间的性交易进行传播，就像妓女一样在全社会扩散。福尼尔教授称，梅毒从底层跃进到上层。巴泰勒米教授写道，“经验证明，任何花柳病，不管是在哪里显现出来，源头都是街头”，他还补充道：“只要清洁了社会底层（街道、人行道、啤酒厂、舞厅、酒吧，等等），就能清洁其余阶层；只要清洁了大城市，就能清洁全国；只要清洁了所有的首都，就能清洁全世界。”[②] 梅毒引发的生物威胁 463
再次被视作对社会的威胁。然而，与 1859 年以来就消失了的霍乱不同，梅毒是一种持续的、流行性强的威胁，随着财富的增长和肉欲享乐吸引力的增加，这种疾病不断酝酿并以不可阻止的趋势扩散着。

莫里亚克教授[③] 的研究显示，性病地理分布不仅与社会地

---

① E. Richard, *op. cit.*, p. 23. 对所用统计方法的严格检查表明，这些估值是有问题的。

② 巴泰勒米教授，“法国实行的措施的声明，以及重新构建的卖淫监视项目”，与 1889 年 8 月在巴黎举行的皮肤病学和梅毒学大会的通信（Arch. préfect. de police, DB 407）。这里的性病学话语与“道德秩序”的卖淫规制主义话语相结合。参见上文第 42 页。

③ 他无法证明是 9 月 4 日共和国和巴黎公社导致了性病在全球爆发，因为他的统计数据得出了相反的结果，但莫里亚克仍想指出，这些时期是这些下流疾病的最大扩张期，无力地侵蚀着底层社会（*op. cit.*, p. 177）。

理分布基本重合，还与政治暴乱的地理分布吻合：在首都巴黎中心和法国北部、东部及南部郊区均有人感染，西部城区和郊区的居民则相对健康。在南方医院确诊的5008名女性中，虽有一部分是在册妓女（35%），但更多的是地下“交际花”（40%）和“其他人”：女佣、女工、零售酒馆的女服务员和女歌手。另一方面，经证明，不收取情人费用的情妇较少被感染（6%）。莫里亚克认为，该调查结果表明有必要无情铲除“暗
464 娼”，限制婚外性行为。染病女工（16%）的职业分布显示，容易感染性病的职业几乎都是洗衣女工、裁缝、女帽商、花商、鞋匠、擦铜女工和羽毛加工业女工。[①]

男性患者群体清晰地反映了嫖客的类别。这部分男性患者的样本来自莫里亚克教授统计的男性住院人员，并不包括直接去诊所问诊的资产阶级男性。我们发现，巴黎的单身无产阶级（建筑工人、陶工、日工、家政工人）是君主立宪制时期性服务业的主要顾客，除此之外，还有办公室职员和商店雇员。

专家认为性病之所以非常危险，是因为它从社会底层开始扩散，不仅影响到参与嫖娼的资产阶级，而且影响到根本没有涉足卖淫业的人。“感染梅毒的无辜病人”使这一疾病更加恐

① 莫里亚克的结果与莱昂·勒·福特医生于1866年和1867年在南方医院得出的结果截然不同。在他所知的4070起感染案例中，有2302人（58%）是“在街头或公共场合遇到的妓女”，780人（19%）是妓院妓女，但处于无偿性关系中的合法妻子或情妇有988人（22%）（*Bulletin de l'Académie de médecine*, 1888, p. 262 *sq.*）。莫里亚克教授或许倾向于夸大性交易在传染过程中的影响。

怖，虽然这一点早已为人所知，[1]但福尼尔以一种新的理论再次做了强调。根据福尼尔教授的说法，感染梅毒的新生儿、为其接生的助产士、喂母乳被婴儿感染的乳母、在工作过程中被感染的玻璃工人、被未消毒的医疗器械感染的病人[2]或是通 465
过文身感染的人[3]，这些意外受害者占梅毒患者的 5%。此外还有“感染梅毒的良家女子”[4]，比如与未婚夫发生性关系而被传染的女性、被丈夫传染的年轻新娘或者为丈夫的不当行为付出代价的忠诚妻子。福尼尔对私人客户（即中产阶级）的 842 个案例进行观察并得出结论，忠诚的妻子至少占梅毒女性患者的 20%。这种“间接感染”[5]促使他与新卖淫规制者站在一起，共同呼吁对性病患者进行人性化治疗。

社会心理环境加重了性病的程度。性病对患者的心理具有极大的破坏性，对患者周遭的影响也很大。阿尔弗雷德·福尼尔在著作中描写了许多令人难以忍受的细节：处女的身体上满是伤口，因羞耻感而错过了早期治疗，最终痛苦死去；未婚夫宁愿自杀也不想冒着传染给爱人的风险结婚；岳父杀死了使他

---

① 参见：docteur Mireur, *La prostitution à Marseille*, p. 120 *sq*.。这部作品于 1873 年面世，对这个问题进行了梳理。

② 探针、压舌板、窥镜。关于这一方面，参见：*Bulletin médical*, 15 et 18 mai 1895。

③ Docteur Commenge, *op. cit*., p. 505.

④ Professeur A. Fournier, «Documents statistiques sur les sources de la syphilis chez la femme», *Bulletin de l'Académie de médecine*, t. XVIII, 1887, p. 538 *sq*.

⑤ 同上。结论部分。

亲爱的女儿染上梅毒的女婿；1884 年以后，妻子会因丈夫生病而离婚。这本充满了戏剧性的汇编轶事在未来几十年里为作家提供了写作素材。

466 迪代教授站在男性性病患者心理的角度，写了多部指导患者在家庭内部行为的书籍。他为男性患者列出了所有不让配偶知道自己感染疾病的策略和话术，甚至为男性患者指明了应该如何脱衣，如何在床上“交欢”① 而不传染配偶。但他面临的最困难的问题是：患者该如何正当地拒绝配偶的性交要求？拉蒂尔医生 ② 描述了一名感染性病的农夫的痛苦经历，他不敢求助乡村游医，担心传出流言被周围的人知道，不得不独自进城求医。

男性患者因为得知病程太长而感到羞耻绝望，有时甚至会自杀，变得残忍暴虐，故意把梅毒传染给妓女，甚至夺走年轻女孩的童贞，因为根据民间传言，把性病传染给一个无辜者 ③ 就可以痊愈。一些慌乱的年轻人不敢把自己的病告诉家庭医生，不得不依赖贴在公共男厕里的广告推销的药物。④ 上述不

---

① Professeur H. Diday, *Le péril vénérien dans les familles*, 1881, p. 54.

② *Op. cit.*, p. 17 *sq*.

③ 参见：Tardieu, *Étude médico-légale sur les attentats aux mœurs*, 1859, p. 72。正是维克多·玛格丽特的小说《妓女》中提到的这种偏见促使拉乌尔·杜美斯夺走了年轻女裁缝安妮特的贞操。

④ 在鲁昂总医院由埃贝尔医生治疗的性病患者中，62% 最初曾求助于“江湖游医”（20% 找药剂师，17% 找草药师，16% 找“医学生”，4% 求助无正式资格的行医者，1% 找“无营业执照的医生”）。Docteur G. Hébert, *Où se prennent les maladies vénériennes?* p. 39.

同心态凸显了世俗对性病普遍怀有的偏见所带来的危害。值得 467
一提的是，19 世纪的医生本来非常在意医疗信息的保密，但是一旦涉及与性有关的疾病，他们就会变得不太谨慎。[①]

最后，正如医学文献所强调的那样，性病导致结婚率下降、家庭破裂、离婚率增加，从而导致人口的减少。这时候还很少有学者提及性病会造成人种退化，[②] 而到了 1885 年，福尼尔教授在医学院同事面前非常焦虑地谴责性病造成的人口减少风险。福尼尔教授提交的这份报告对同行造成了心理冲击，有力地促成了新卖淫规制运动的最终成功。

公众舆论虽然还未系统地宣传性病的危害，但是在人们的观念里，性病已经和卖淫结合在一起。人们主要的关切点包括健康问题、两性问题、人口问题和无产阶级的威胁。因此，性病和卖淫的结合引发了专家的高度关注，他们呼吁展开一场真正的健康运动大征程。[③] 当然，当专家用骇人的言辞揭露性病
时，实际上是在呼吁禁欲，阻止婚外情的发展。[④] 在 20 世纪初 468
的大规模运动中，越来越多的人关注这两点。

性病泛滥给人们带来了恐慌，人们开始担忧政府应对公共

---

① 米瑞医生提出了这个问题（*La syphilis et la prostitution*..., p. 67）。

② 马蒂诺医生提到了这一情况（*op. cit*., p. 10）。

③ 与约瑟芬·巴特勒为废除卖淫规制而进行的运动不同，新卖淫规制主义者反对“健康运动”。

④ “最好还是和自己妻子睡”，这是福兰丁在一间脏乱的公厕中发现的话，是“净化者”给性病患者的建议（J. K. Huysmans, *À vau-l’eau*, coll. 10/18, p. 389）。

卫生事件的能力和水平。许多作家在文学作品里讲述了相关问题，比如于斯曼。与于斯曼的焦虑不同，福楼拜[①]在性病恐慌这个问题上表现出带有嘲弄的洒脱。于斯曼对性病蔓延的焦虑在一定程度上奠定了他的生理悲观主义，他在皈依前写的所有小说几乎都以焦虑的口吻提及卖淫。有时，他会详细描述这种焦虑。比如，一名18岁的年轻高中生曾在下流学监的带领下观看“幻想自己染上梅毒的男人的肖像画”，[②]或是听学监讲染病单身汉因轻信公厕小广告而遭遇的痛苦，[③]后来，当年轻高中生与街头妓女进行第一次性交后，也会因害怕染病而深感焦虑。《安家》的主人公西普里安抛弃了爱情和事业，倾尽艺术才华撰写了一本合集，描绘了梅毒最可怕的一面——圣路易医院病人的溃烂病。[④]

于斯曼的小说讲述了许多噩梦和幻觉的故事，直击性病带
469 来的恐惧，比如他笔下一个名叫德泽森特的人梦到被“梅毒”侵染而受到惊吓，他还痴迷于观看长有疱疹而溃烂的植物。[⑤]于斯曼并没有在文中明确提及这种性恐惧的感觉，但读者能够在字里行间感受到这一点，它决定了作者对性行为的看法。人

① 福楼拜得过溃烂病，但他还以此开玩笑；沃克尔贝尔医生对受感染的佩库切尔也是开玩笑的态度（参见：Jean Borie, *op. cit.*，p. 82-83）。

② J. K. Huysmans, En ménage, p. 168

③ J. K. Huysmans, *À vau-l'eau*, p. 388.

④ J. K. Huysmans, *En ménage*, p. 303.

⑤ J. K. Huysmans, *À rebours*, p. 163 et 170 *sq*.

们通常认为性器官大张的女性携带着致命的梅毒病菌，容颜衰败、眼睛跳动[1]的女人的身体也带给人们同样的恐惧。费利西恩·鲁普斯（Félicien Rops）[2]的创作也深受这种性病恐惧的影响，反映了性病对思想的控制。

性病成为于斯曼摆脱不掉的顽念，浸透在他创作的故事结构中：小说《安家》参照梅毒病变的过程，将爱情的演变，或者更确切地说，将女人欲望的演变分为三个连续且不断加剧的阶段。[3]于斯曼笔下的神经症与“三步曲病症”之间的界线十分模糊，这也是某些斯堪的纳维亚作品的特点，易卜生的《群鬼》尤其如此。

不过，于斯曼并没有简单地让女主角玛尔塔死于梅毒，在作品结尾，人们对玛尔塔进行了尸检，发现死因是酒精中毒。于斯曼的这种写作手法深刻启发了左拉。于斯曼强调卖淫和酗酒之间的联系，也是对医学的一种呼应。

性病构成了于斯曼早期作品的核心题材，而在同时代其他作家的作品中，性病并非首要素材，有些作品只是简单地映射了男性的生殖器焦虑或者女性性器官疾病引发的恐惧。在巴贝 470
尔·多尔维利的作品中，塞拉·莱昂公爵夫人就是利用梅毒进行报复。[4]梅毒不仅代表卖淫状态，而且指向最可耻的死亡，

① 参见：le cauchemar de Jacques Marles, *En rade,* p. 208 *sq*.。

② J. K. Huysmans, *Certains*, éd. 1908, p. 77-118.

③ *En ménage*, p. 298-299.

④ Barbey d’Aurevilly, «La vengeance d’une femme», *Les diaboliques*.

梅毒是一种腐烂，是一种能够溶解活人的麻风病。1872 年，于斯曼笔下的卖淫和梅毒成为小说人物通过性行为自我毁灭的象征，这种象征手法为许多作家提供了创作思路。最后，我们回顾下莫泊桑对梅毒这个疾病祸害的描写。莫泊桑的描述不像于斯曼那般赤裸裸，但也是充满痛苦。人们常常批判莫泊桑的厌女倾向，但莫泊桑厌女的程度远不及于斯曼严重。莫泊桑对患病妓女是怀有同情的，他毫不含糊地谴责男性的懦弱以及人们对待病患的可耻方式。①

然而，即使文学作品常常把性病当作创作题材之一，即使性病是构成话语背后深刻焦虑的驱动因素，但性病从未成为作品的“主题”。一直要等到 15 年后，小说家和剧作家出于社会预防的目的才开始系统地描述性病以及性病引发的痛苦和罪恶。②

### 2）科学预防和卫生警察

新卖淫规制话语的发展及其主要内容的传播基本上是靠一
471 个人的作品，这个人就是阿尔弗雷德·福尼尔教授。福尼尔作为法国梅毒研究界的新掌门人，认为自己承担了双重使命：揭露梅毒危险的同时，提出可以制止这种危险的改革。为此，他打算通过推广医学界的最新成果来改变废规运动的方向。不

---

① 参见：G. de Maupassant, *Le Lit* 29。

② 参见下文第 500 页及以下。

过，对于废规运动的某些目标，他也是支持的。

1880 年，阿尔弗雷德·福尼尔第一次向巴黎市议会成立的委员会提出改革计划。[1]1885 年，福尼尔在提交给医学院的报告中指出了性病给人们带来的危险。警察局长根据福尼尔的报告组建了一个由学者和行政人员组成的委员会[2]以制订改革计划——福尼尔深刻意识到他可以借助这次行动树立权威。1887 年，深受阿尔弗雷德·福尼尔启发的勒·皮勒尔[3]医生呈报了改革计划。

同年，阿尔弗雷德·福尼尔向医学院证明了存在大量“无性生活却感染梅毒的患者”，并让他的同事们做好迎接梅毒人性化治疗的思想准备。在比利时医学院表态支持福尼尔的几个月后，福尼尔于 1888 年向学院提交了一份逻辑严谨的计划。该计划成为新卖淫规制的参考文本。[4]计划最初遭到布 472
鲁德尔（Brouardel）的单方面反对，后者以维护警察局特权的名义捍卫传统的卖淫规制，不同意采纳福尼尔计划的初始文本。

---

① 莫雷-托克维尔会议已经提出过一套内容几乎类似的措施。«Rapport extrait de l’annuaire 1879-1880», Paris, 1886, p. 54, Arch. préfect. de police, DB 410.

② 主要包括拉里、里科德、勒古斯特、杜哈尔丁-博美兹、克莱尔、福尼尔、帕桑、布勒、马蒂诺和勒·皮勒尔。

③ Docteur Le Pileur, *Prophylaxie de la syphilis, réglementation de la prostitution à Paris, Rapport adressé à M. le préfet de police…*, 1887.

④ 参见：*Bulletin de l’Académie de médecine,* 1888, séances du 31 janvier, des 7, 21 et 28 février, des 6, 13, 20 et 27 mars。

1887年和1888年，在医学院大多数同事的支持下，勒·皮勒尔医生、福尼尔教授和莱昂·勒·福特教授提出了新卖淫规制计划。我们首先对新规制进行整体分析，然后梳理它是如何根据每个人的意愿进行逐步调整的。

新规制的论述基础是一些简单但非常明确的原则：医学的进步尤其是梅毒学的进步，赋予医生一项新的使命——组织社会共同努力，达到预防疾病、促进健康的目的。莫里亚克教授写道："医学和卫生应当激励、指导和启发健康政策。"[①]1887年，科利乌医生写道："我们自称是卖淫规制坚定的支持者，但卖淫规制并不是'根据政府的想法制订的规则，而是根据诊所医生和梅毒学家的意见制订的计划，该计划将首先提交给塞纳河卫生和健康理事会，待公共卫生总干事成立后，再提交给总干事以获批准'。"[②]

新规制不再像19世纪初传统卖淫规制主义者所认为的那样，以宗教伦理的论点为基础。在新规制中，道德和政治问题
473 被正式置于次要地位。孔门格医生问道："为什么要把政治或宗教与预防措施混为一谈？"[③]在医学院展开的有关卖淫规范化的辩论中，几乎从未有过政治或宗教方面的顾虑。[④]早在十年前，莫里亚克教授就已经告知读者，他在分析性病形势时摈除了一

① O*p. cit*., p. 162.
② O*p. cit*., p. 34.
③ O*p. cit*., p. 558.
④ 这只是拉博德的一个暗示。

切道德考虑。[1]

此时，性病已严重泛滥，必须采取社会预防措施加以控制。挑衅社会卫生的不再是放荡行为，当局镇压的对象也不再是放荡行为，而是其引发的梅毒传播。[2]

根据这些原则，人们对现行的传统卖淫规制进行了批判性分析：在新卖淫规制主义者看来，传统规制陈旧而腐朽，令人难以容忍且效率低下。传统卖淫规制主义者以及废规联盟中的某些禁欲主义者认为，性病是天降惩罚，应当对性病患者采取惩罚性治疗。这种立场与新兴科学精神背道而驰。福尔尼强烈批评圣拉扎尔监狱式诊所的治疗体系。此外，人们轮番谴责患
者服务体系不完善、床位不足问题[3]、互助社排斥性病患者现象 474
以及某些修女拒绝治疗性病患者的态度。

此外，新卖淫规制主义者认为传统规制令人难以容忍，他们采纳了废规主义的一些观点，批评警察局滥用职权以及由此产生的丑闻，并谴责未成年人注册成为妓女是不尊重父母权威的行为。

最后，事实证明，传统的卖淫规制是无效的。面对抗议者的激烈斗争，警察局也妥协了。与勒·福特关系良好的勒库尔

---

① Professeur Mauriac, *op. cit.*, p. 103. 然而，这并不意味着道德问题不是这种新医学话语的基础。参见下文第 392—393 页。

② 参考莱昂·勒·福特的发言（*Bulletin de l'Académie de médecine*, 1888, p. 261）。

③ 参见：docteur Martineau, *op. cit.*, p. 196。

甚至也开始承认风化警察的无能和无所作为。妓院的衰落不正是卖淫规制体系失败的一个标志吗？此外，监狱式医院或综合医院只不过是简单的避难所，性病女患者的住院时间太短，治疗效果根本无法达到预期。[①]综上所述，传统卖淫规制体系无法提供真正的卫生预防。

以上顾虑促进了一系列紧迫的改革：**建立科学的预防法，由有效的卫生警察提供保障**，卫生警察的行动必须合法并由司法机构监督。改革的目的是确保妓女重归普通法管辖。

现代预防法的推广和对“无性生活却感染梅毒”的科学认识意味着应当废除针对性病患者的虐待和惩罚，废除由军医为
475 妓女做集体体检的惯例。但是，改革仍然要求妓女登记注册，并加强打击对健康构成严重威胁的暗娼活动。实际上，在关于在册妓女和册外妓女发病率的辩论中，新卖淫规制主义医生如莫里亚克、勒·皮勒尔、巴特、科利乌、马蒂诺、孔门格和巴泰勒米，与传统卖淫规制主义医生如加林、米瑞和让内尔，在一些观点上不谋而合，他们都认为暗娼比在册妓女更容易感染性病。

改革保留了对妓女进行登记的规定，但这并不意味着保留市镇条例的其他陈旧规定。[②]关于是否应该保留封闭式妓院，新卖淫规制最初的几大文本都没有直接涉及。新卖淫规制主义

① Docteur Le Pileur, rapport cité, p. 25.

② 同上书，第 18 页。

者对妓院问题的缄默起码证明了他们并不反对。1879年，莫雷-托克维尔会议起草了第一批新卖淫规制条例，明确支持建立妓院。最终版报告特别指出："每天（与妓女[1]）擦肩而过，共同居住，交流交往，长此以往，人们将会对妓女习以为常。难道不应该牺牲城市周边的一些土地，为这些堕落的人提供一个隔离避难所，使警察和医生能够更方便地维护良好的秩序和健康吗？"[2]

新卖淫规制不再强制在册妓女每周做一次全面体检，此 476
外，还有一些奖励机制鼓励暗娼去诊所做检查，诊所的数量也日益增加。新卖淫规制要求取缔隶属于监狱的医院。性病患者将在专科医院接受治疗，只要患者愿意接受治疗，专科医院都会向他们开放。每个省会都将设立一所性病专科医院。另外，废规主义者想要在综合医院开设治疗性病的特殊科室，但遭到福尼尔的反对。布尔内维尔教授多年来一直呼吁增加性病门诊，福尼尔教授在圣路易医院的成功尝试也证明了这一做法的有效性。门诊咨询将是免费的，向患者提供的药物也是免费的。专科医院的性病女患者需要住院隔离，直到主治医生证明她们已完全康复方可出院。

这个新的运作系统要求医务人员具备较强的业务能力。首

---

① 作者的题外话。

② 莫雷-托克维尔会议（见前引报告）。在这里，我们梦想着为不道德行为建立一个"避难所"，正如我们为非理性行为建立一个"避难所"。

先需要在医学教育方面进行改革。只有13%的新医生在学习期间见过梅毒，[1]因此，必须向医学院学生开放所有性病科室，并要求他们在第四年接受性病学培训。至于诊所和专科医院的医生，他们将不再由警察局任命，而是通过考核征聘。最后，还应该尽力向大众宣传相关信息并提供咨询意见。

新卖淫规制要求有一支高效的卫生警察队伍，以确保预防法的实施，加强对公路揽客行为的打压，加强对暗娼以及
477 咖啡馆、商店和酒水零售店妓女的监督，在军营周围组织特别警察部门以追捕“下等娼妓”，以及系统地组织民众举报传染病人。

卫生警察将依法采取行动。新卖淫规制主义者同意废规主义者的观点，认为应当就卖淫问题立法，并且相关法规的适用范围应该是整个国家。新立法的对象不是卖淫罪，而是废规主义者提出的挑逗罪。此外，一些新卖淫规制主义者甚至抢在反对派之前提出了设立传染罪的建议，这也符合新卖淫规制的逻辑。[2]

新卖淫规制要求解决卖淫争议应诉诸司法机构，更具体地说，诉诸警察简易法庭。简易法庭负责对违反体检规定的行为进行判决，以及对因公开挑逗被捕的册外妓女进行临时和可续

① Docteur Le Pileur, rapport cité, p. 21.

② Docteur Le Pileur, rapport cité., p. 24 et par Gustave Lagneau, *Bulletin de l'Académie de médecine*, 7 février 1888, p. 188.

期的登记。新规制下的卫生警察负责执行卫生条例，将犯挑逗罪的罪犯移交到司法机关，并执行法院的判决。如此一来，原风化警察任意执法的现象将不复存在。

以上就是新卖淫规制计划的组建方式，其目的是消除滥用
职权和任意执法的现象，体现了合法打压卖淫的意愿，这既是
为了医疗当局的利益考虑，也是为了翻新和加强传统的卖淫规
制。废规主义者看透了该意愿，新卖淫规制计划的拟定者也并 478
不掩饰，而且在一些场合公开承认了这一意愿。勒·福特教授
在医学院组织的辩论中称，新卖淫规制并不是试图削弱政府，
而是试图“通过立法来消除阻碍政府有效干预的障碍，从而加
强政府的行动”。[①] 福特在辩论中多次重申此声明。

新规制工程甚至被视为拯救传统卖淫规制的终极尝试。正如莱昂·勒·福特所言：“只有在司法部门的干预下，卖淫规制才能获得救赎。”[②] 福特之言在一定程度上是为了维护政府权威，然而，公众舆论越来越倾向于自由主义。福特呼吁国家最高医疗机构出面拟定新卖淫规制，以社会预防的名义在法律上承认对妓女的边缘化措施，或者说是隔离措施。

福尼尔教授的言论遭到了个别传统规制支持者的反对，最具代表的是布鲁德尔教授和一些公开支持废规主义的人士（如菲奥医生）。此外，早在 1888 年，实践医学学会成员就借马雷

① Docteur Le Pileur, rapport cité., séance du 28 février 1888, p. 292.

② 同上书，第 276 页。

高医生之笔[①]对医学院的立场，特别是对性病患者的监禁隔离进行了谴责。同年，《医学周报》（*La Semaine médicale*）也表示反对福尼尔。

然而，大多数医生在处理性病患者问题时，仍然采用福尼
479 尔教授的主要建议，只不过按照各自的方式进行了调整。1885年，马蒂诺医生[②]提出一套全新的卖淫规制卫生措施，但拒绝立足于法律。在卫生诊所工作了11年的科利乌医生[③]呼吁医务人员发起改革，改革涉及的范围超越了卖淫规制的框架。威尔士医生[④]大体上也支持新卖淫规制计划。1889年，巴泰勒米教授[⑤]作为后来全球性病预防法至关重要的组织人物，也表示赞同福尼尔教授的观点。此外，主张新卖淫规制的巴泰勒米还提出了一些切实可行的建议，这些建议对于定义新卖淫规制的性质至关重要。例如，他呼吁将风化警察转变成"卫生检查员"，还呼吁为妓院妓女和零售酒馆女售货员发放健康证明——迪代教授也曾提过这一措施。他把妓院称作"安全馆"，提议由"安全馆"中的产婆负责检查顾客的生殖器官。最后，他要求对违反卫生条例的行为进行惩罚，把违规者拘留在劳教所。事实上，这一提议更偏向于传统的卖淫规制主义。

---

① Docteur A. Malécot, *Les vénériens et les droit commun*, 1888.

② *Op. cit.*, p. 161 *sq*.

③ *Op. cit.*, p. 107 *sq*.

④ Docteur Verchère, «De la réorganisation de Saint-Lazare au point de vue de la prophylaxie des maladies vénériennes», *Bulletin médical*, 19 mars 1890, p. 267 *sq*.

⑤ 交流记录同前。

1885—1890年间，广纳意见的新卖淫规制取得实质性进展，巴黎市议会卫生委员会对工作进展做了梳理，于1890年 480
提交总结报告。指导废规运动改革工作的实际上是菲奥医生于1883年起草的方案，但1890年[①]市议会卫生委员会提交的总结报告具有更加深远的影响。该报告反映了第一委员会和第二委员会的工作，在很大层面上启发了1894年乔治·贝里提交的法案。最后，参议员理查德提出了一套温和的新卖淫规制方案，被市议会当局采纳。理查德要求取消警察局对妓女的控制权，将权力移交给市议会——废规主义菲奥医生曾在1883年提出过这项建议，但当时未被采纳。理查德还坚持要求性病患者住院，而且希望将其纳入综合医院专科门诊的服务范围。最后，理查德谴责对妓女的行政拘留，建议将在册妓女的登记工作委托给警察简易法庭。总的来说，理查德的著作高度重视性病风险，具有重要的参考价值。

*

1888年，这场关于妓女命运的争论接近尾声。激烈的废规运动逐渐缓和，社会主义者对这个问题不再感兴趣。但是，具体的改革计划已经成型，目标是使卖淫规制适应科学的进步与
情感的变化。新规制充分表达了医学界的主张，体现了社会卫 481
生和预防概念所取得的进展。新规制的拟定者大费笔墨地讲述性病的危害，将其描述为对健康最可怕的威胁，这种高度警惕

① E. Richard, *La prostitution à Paris*.

的背后实际上隐藏着人们的生殖器焦虑。新规制提议维持甚至强化使妓女边缘化的措施，呼吁加强对暗娼的打压和对性病患者的监禁隔离，这进一步证明了资产阶级长期以来对工人阶级的恐惧仍然存在。

新卖淫规制的改革计划虽已成型，但当时并未投入实际应用。[①]从1888年到1898年，医学文献一再重复着福尼尔和理查德的观点。十年间，医务人员争论不断，建立了一系列统计数据。他们过度关注对照组人群的发病率以至迷失了方向，始终没有意识到这不是问题的核心，也不是一个可以用现有数据科学解决的问题。从今天的角度来看，这十年的主要事件无疑是终身任职的参议员贝朗热的出现。他鲜明的个性在一定程度上模糊了双方的立场。贝朗热看似接受了新卖淫规制的要点，但实际上他一直在努力恢复其中的道德内容。作为一名自由派天主教徒，贝朗热与普雷桑斯以及提高公共道德协会的创始人也
482 一直保持着联系。贝朗热成为这一潮流的灵魂、各类色情作品的破坏者、贩卖女性行为的揭发者、未成年妓女的捍卫者。第一次世界大战前夕，也即1898—1906年，卖淫问题再次引起公众舆论的关注，贝朗热正式将新卖淫规制主义与支撑它的道德化意愿结合起来，为新规制增色添彩，赢得了最后的胜利。

---

① 1888年3月1日，警察局长莱昂·布尔乔瓦颁布了一项法令，规定通过竞争考试的方式征聘道德办公室的医生队伍，并对《圣拉扎尔条例》做了一些修改。

# 第 三 部 分

# 新战略的胜利

左翼阵营在1902年的选举中获胜，一直支持废规主义的 483
激进分子掌权，资产阶级道德的裂缝越来越大，离婚人数激增，女性要求解放，年轻人的行为由于有了更大的可能而发生改变，充满激情的律师为两性自由结合辩护，德雷福斯冤案提高了公众对个人自由的认知。简而言之，一切似乎都有利于解放妓女，废除卖淫规制似乎迫在眉睫。然而，眼前的热闹景象令人忘记了那些支持对妓女实施管控的人已做好开战的准备。最终，新卖淫规制派胜利，新规制的建立自然带来了新战略，但基本目标仍然是边缘化妓女。

首先，我们将研究新规制支持者是如何揭露**性病危害**、**拐
良为娼和卖淫天性论**的，这场精心策划的运动深刻地动摇了公 484
众舆论。这些观点违背了政治历史的逻辑，但也使公众舆论认同继续监管卖淫。接着，我们将回顾第二次废规运动的历史，并分析新的卖淫政策。

# 第一章　疾病、诱拐、退化以及必要的监督 485

自 1876 年以来，小说家开始在作品中着力描写卖淫；1876—1883 年反对风化警察的废规运动轰轰烈烈地展开，报刊作者也开始广泛讨论卖淫，但直到 20 世纪初，卖淫问题才成为公众关注的焦点之一。在道德团体的要求下，发行量较大的报刊以各自的方式谴责诱拐女性为娼的行为，以期引起广大读者的兴趣。与此同时，不同形式的文学作品浓墨重彩地描绘性病危害，令大众忧心忡忡。人们希望出台相应的措施预防“拐良为娼”和“性病危害”这两种祸害，由此产生了推广性教育的愿望，初衷是以威慑的方式向年轻人传播性知识。

这种理解现在看来过于狭隘。“拐良为娼”和“性病危害”这两个话题之所以不断升级，是因为它们符合法国学者普遍认同的“天生妓女”的理论。很明显，这两个议题应该属于更广泛的道德保护行动的一部分，因为大部分资产阶级都意识到颠覆性秩序的威胁，感到深切的焦虑。联合起来的道德家、教育 486
家和医生最终成功阻碍了资产阶级内部开展的性解放运动。开战前十年，伴随着民族主义的狂热，道德家积极反攻性解放运动。因此，性秩序的瓦解就像去基督化一样，并不是连续的、线性的，而是在一定背景下发生的。而了解背景的最好指标之一，就是参照社会对卖淫的态度。

如果讨论的框架范围仅限于法国，我们的眼界始终还是太窄了，因为在1899—1910年，拐良为娼和性病危害已经成为两个国际性问题。自1902年以来，性一直是外交官们关注的话题。至此，法国的卖淫史往往只是对国际会议决策的体现，而法国国家协会仅仅是全球组织的一个分支机构。大众通信手段和世界空间组织的变化将卖淫问题带到了一个全新的层面。

## 1. 20世纪初的性病危害：健康和道德预防[①]

### 1）可怕的危害

487 19世纪的最后几年和20世纪的前十年是性病危害的高峰期。期间，在1899年和1902年，布鲁塞尔举行了两次专门讨论性病危害问题的大型国际会议。会议孵化了一个新组织，其目的是呼吁人性化治疗性病患者，同时坚持不懈地向公众宣传

① 已有学者对这一问题做了详细的阐述。参见：A. Corbin, «Le péril vénérien au début du siècle; prophylaxie sanitaire et prophylaxie morale», *Recherches*, n° 29, 1977, *L'haleine des faubourgs*。

性病的危害。

临近 1900 年，梅毒俨然成为一种比人们先前所认为的更严重、更具传染性和更持久的疾病。梅毒晚期并发症概念的出现使人们认识到以前所说的“花柳病”会引发许多其他病症，而汞和碘对梅毒晚期并发症的治疗是无效的，这又导致梅毒为许多其他疾病“担责”。[1]1902 年，布鲁罗教授在提交给布鲁塞尔国际会议的报告中写道，医生“必须对梅毒的研究相当熟悉，因为不论面对哪类病人，梅毒的概念都可能出现在他们的头脑中”。[2]

无数出版物都在强调梅毒的致命性，相关书籍也在陆续问
世。早在 1889 年，勒·皮勒尔医生就断言“在巴黎孕育的每 488
100 个孩子中，就有 13 人死于母体携带的梅毒”。[3]1901 年，保罗·巴尔医生估计这一死亡比例为 7%—8%。[4] 同年，皮纳德教授的一个学生根据波德洛克诊所的实践经验撰写了一部专

---

① Professeur A. Fournier, *Ligue contre la syphilis*, Conférence faite à l'hôpital Saint-Louis en avril 1901, publié en 1904, p. 12. F. 拉乌特医生（F. Raoult）则写道：“当梅毒导致梅毒并发症成倍增加，那么在很大程度上，预后的严重性也会增加。”（*op. cit.*, p. 33）

② Professeur Burlureaux, «Rapport concernant la prophylaxie individuelle». IIe Conférence internationale de Bruxelles, 1902, p. 5.

③ Docteur L. Le Pileur, «De la mortalité infantile causée par la syphilis», *Journal des maladies vénériennes, cutanées et syphilitiques*, juin 1889, p. 78 *sq.* Voir aussi à ce propos «Statistiques sur l'avortement» par le docteur J. H. Doléris. *Bulletin de la Société française de prophylaxie sanitaire et morale*, 1906, p. 136-150.

④ *Bulletin de la Société française de prophylexie sanitaire et morale*, 1901, p. 37.

著，皮纳德教授引用了专著当中的数据："在两万件怀孕案例的统计数据中，作者发现42%的儿童死于父母携带的梅毒。"[1]同一家庭若出现多胎死亡，也会被归咎于梅毒。[2]这些作品虽然缺乏科学严谨性，但并不妨碍对人们造成焦虑。

最重要的是，医学界广泛认可**遗传梅毒**的概念，这使人们深感恐惧，担忧梅毒将导致人类退化。老福尼尔的儿子埃德蒙·福尼尔的作品问世后，许多人认为**梅毒造成人种退化**[3]是不容置疑的事实，几乎所有的畸形和怪胎都该归因于梅毒。梅毒畸形学盛行开来。[4]皮纳德教授结合帕罗的观点对福尼尔教
489 授说道："在我所有的临床病例中，除了梅毒遗传造成的佝偻病，我未见过其他因素引发的病例。"[5]

梅毒是一种传染性极高的可怕疾病，这种观点来自同一批专家。在他们看来，更严重的是，随着文明的进步，受害者的数量正在迅速增加。[6]莱昂·伊萨利医生在一篇论文中指出，

---

① *Bulletin de la Société française de prophylexie sanitaire et morale*, 1901, p. 80.

② F. Raoult, *op. cit.*, p. 39. E. Mignot, thèse citée，*op. cit.*, p. 28, observations des docteurs Porak et Ribemont-Dessaignes.

③ 特别是第二次遗传，也就是对孙子辈的影响，有时比第一次遗传更严重。

④ Docteur Edmond Fournier, *Les stigmates dystrophiques de l'hérédosyphilis*, Paris, 1898, avec planches en couleur. 埃德蒙·福尼尔后来的所有著作都是关于遗传梅毒的。

⑤ A. Fournier, *Danger social de la syphilis*, 1905, p. 56.

⑥ 福尼尔说，"我相信它正在增长"（*Ligue contre la syphilis*, p. 7）。这也是保罗·贝尔索德医生的观点，参见：«Le péril vénérien...», *Revue de médecine légale*, 1899, p. 86。

过去染上梅毒的人群主要居住在城市，现在梅毒感染已下沉到农村，该结论被高频引用，证明这一观点震撼了人心。[1]继勒·努瓦尔医生之后，[2]阿尔弗雷德·福尼尔教授重新估算了梅毒患者数量，他估计仅在巴黎就有 13%—15% 的男性（约 12.5 万人）被感染。巴泰勒米教授甚至认为这个比例达到了 20%。[3]1902 年，巴斯德研究所所长埃米尔·杜克劳得出结论：法国社会共有一百万名**传染性**梅毒患者。[4]1906 年，在里昂举行的科学进步大会上，法纳特医生认同了勒·努瓦尔医生和 A. 福尼尔教授提供的惊人估值。[5]埃米尔·杜克劳方面则认为法国有两百多万名淋病患者。即使像莫哈特医生这样有分寸的 490
人，也并不反对当时普遍存在的观点，他认为大多数人一生中至少感染过一次淋病双球菌。[6]

---

① Docteur Léon Issaly, *Contribution à l'étude de la syphilis dans les campagnes*. Thèse, Paris, 1895.

② Docteur Le Noir, Rapport à la conférence de Bruxelles, 1899, 转引自：A. Fournier, *ibid*。

③ 转引自：docteur Morhardt *op. cit.*, p. 60。这些数据与布拉斯科对哥本哈根市的估计数字相近。

④ Émile Duclaux, *L'hygiène sociale*, 1902, p. 237.

⑤ 1913 年，费福里埃教授、维涅龙医生尤其是斯皮尔曼教授认为，在南锡，性病发病率的上升是不可否认的。艾蒂安医生在讨论中指出，东方公司工人的性病发病率正在上升（Docteur V. Vigneron, *La prostitution clandestine à Nancy. Esquissed'hygiène sociale*. Thèse, Nancy, 1901, p. 8. Professeur Février: «Du rôle du médecin dans la prophylaxie de la syphilis», *Revue médicale de l'Est*, 1903, p. 385. L. Spillmann et Zuber: «Syphilis et prostitution à Nancy», *Société de médecine de Nancy*, 1913, p. 299）。

⑥ Docteur Morhardt, thèse citée, p. 88.

这就是为什么梅毒学家在揭露性病危害时总忍不住运用煽动的语气，尤其是巴泰勒米、迪欧拉夫里和福尼尔。[①]性病医生的言论比以往任何时候都更加呼应了法国出生率下降所引发的痛惜和焦虑。从人口角度来看，梅毒的危害非常严重，因为感染者都是年轻人。福尼尔对17406个案例[②]的调查显示，梅毒感染通常发生在年轻人身上。性传播梅毒的高峰期（除去“无
491 性生活却感染梅毒的人”）是：女性18—21岁，男性20—26岁。由此推论，梅毒最终影响的是处于最佳生育年龄的年轻人。

梅毒进而威胁到国家的未来。梅毒在军队和海军中都很猖獗，预防协会还为此成立了一个法国殖民地性病危害防治委员会。更严重的是，这种疾病还会导致生育率下降，从而减少国家未来的参军人数。福尼尔反问议会外道德委员会成员：“在今年死于梅毒的儿童中，一半或三分之一在20年后不就是新兵吗？”[③]

最后，全人类都面临性病带来的死亡威胁。帕托尔医生[④]相信全人类终将不可避免地接种梅毒疫苗。帕托尔医生还根据

---

① 具体见福尼尔向道德制度议会外委员会提交的报告。

② Docteur Edmond Fournier, «À quel âge se prend la syphilis», *Presse médicale*, p. 164-167. 此外，感染的年龄因社会阶层而异。福尼尔对他父亲的私人病人与米迪医院和圣路易医院的病人做过比较之后，总结道：“平民阶层感染梅毒比资产阶级更早。”（p. 165）

③ A. Fournier, *rapport à la commission extra-parlementaire du régime des mœurs*, p. 152.

④ Docteur Patoir, «La prostitution à Lille», *Écho médical du Nord*, 10 août 1902, p. 373.

塔尔诺斯基的声明补充道："对于俄罗斯的一些地区来说，梅毒接种即将完成。"[①] 总而言之，梅毒危害的言论造成了公众心理恐慌，对性行为具有长期的威慑作用。[②]

### 2）组织对抗性病危害 492

对抗性病危害的斗争在整个国际范围展开。1899 年，在迪布瓦–哈维尼斯（Dubois-Havenith）医生和比利时医学院成员的倡议下，布鲁塞尔举行了备受期待的国际会议。比利时医学院早在法国医学院之前就揭露了梅毒这一疾病的极端严重性。大多数欧洲国家，无论是像法国这样实行卖淫规制的国家，还是像比利时这样实行超卖淫规制的国家，或是像英国这样废除《传染病法》的废规主义国家，抑或是像 1888 年以后的挪威，都派代表出席了布鲁塞尔会议。法国代表团由坚定的卖淫规制主义者组成，其中包括巴泰勒米教授，他一直坚持不懈地呼吁召开这样的国际会议，还有长期坚信废规主义的学者（菲奥医生）以及新加入废规运动的学者（奥格诺教授）。

废规主义者在大会上赢得了极大的尊重，他们对此得意扬

① 在这方面，应当回顾，对这种疾病致命传播的信念已经催生出一项计划，即鼓励所有人自愿且系统地接种梅毒疫苗。

② 然而从那时起，就不乏著名的医生认为过分宣传梅毒危害是一种丑闻，并呼吁狂热的梅毒学家保持清醒。他们只是采用了赫伯特·斯宾塞的观点。早在 1873 年，斯宾塞在他的社会学研究中就强调了性病的严重性与人们看法之间的失调。在这些冷静的人士当中，有少数几位是在卖淫管制方面支持废规主义理论的医生，特别是路易·菲奥医生和里昂市市长奥格诺教授。

扬。然而，经过长时间的辩论——特别是关于对比在册妓女和暗娼感染率的辩论——会议最终决定采纳新卖淫规制主义者的建议。新卖淫规制主义人士取得的最显著成果是建立了国际卫生和道德预防协会，以协调所有决心对抗性病的战士。

493 1902 年在布鲁塞尔举行的第二次会议主要确认了 1899 年计划的斗争思路。在兰杜兹教授的倡议下，现行的卖淫规制工程在这次会议上遭到了强烈谴责。

法国展开了多种多样的对抗性病危害的斗争，领导斗争的核心团体是于 1901 年在国际团体中成立的法国卫生和道德预防协会。[①] 创立者福尼尔将其定义为真正的反梅毒联盟，从一开始，它就与道德团体、支持新卖淫规制的医疗协会和警察局官员联系在一起。后来，该团体成员还与军队建立了联系。因此，法国预防协会成为压力集团的中心，作用非常重要，不仅负责维持卖淫规制，还为法国的教育家、医生、军队和正直的自由派大资产阶级家庭提供了讨论性爱的场所。在畅所欲言的环境中，以及在性病释放的危害信号下，性教育的概念随之产生并得以普及。然而在我看来，法国预防协会以及一切相关人士的行动虽然打着对抗性病危害的旗号，实际上是组织了一场劝阻青少年发生性行为的教育，并取得了部分成功。

---

① 在布罗医生的倡议下，1896 年成立了一个短暂存在的“性病预防协会”，该协会招致了人们的偏见（*Bulletin de la Société française de prophylaxie sanitaire et morale*, 1902, p. 280）。

1901年，预防协会共有406名成员，其中11人是女性。494
在395名男性会员中，358人（90%）是巴黎人，只有34人来自外省，3人来自外国。

法国预防协会的主要成员是医学界权威人士，75%的成员是医生、牙医或药剂师，其他成员大多是富有的上层资产阶级，或是才能出众且常常邀请医生光顾沙龙的资产阶级。其余成员为巴黎的律师和公证员（5%从事法律职业）、高级官员、众议员、参议员甚至内阁部长（合计占4%）、股票经纪人、工业家或大商人（7%）、索邦大学教授或文人（4%）、艺术家（2%）和官员（2%）。还有几位贵族、两名大学生和一名巴黎中央菜市场的搬运工！很明显，协会招募成员的依据是家庭背景和社交关系。

法国预防协会从一开始就制定了明确的目标：优先关注健康而非道德，精准衡量性病危害并与之斗争，与以此为目标的国际协会开展合作。为了达成以上目标，协会需要考虑采取哪些预防措施制止性病的蔓延，对卖淫采取何种态度，还要组织宣传性自由带来的危害，特别是在年轻人中加强宣传的力度。

协会成员认为仅仅加强社会预防措施是不够的，因为协会
的根本目标是促进个人预防，[①] 因此健康运动中也暗含了对道德 495

① 这里有必要强调一下，这是治疗性病预防法历史上的一个转折点。在此之前，预防法几乎是与卖淫监督措施混在一起的。这项努力的目标是促进道德进步和个人预防，虽然这是新卖淫规制主义者的行为，但与伊夫·古约特和路易·菲奥医生所提倡的废规主义思想有关。

建设的关注。事实上，正如阿尔弗雷德·福尼尔所指出的，对抗性病危害的最佳方式始终是消除一切婚外性行为："如果人类重返纯真时代，回到黄金时代，梅毒的终结则指日可待。"[①]出于这个原因，协会的最终目标是通过"提升道德、净化风气、提高责任意识、尊重少女以及提倡早婚"[②]消灭梅毒。1902年，负责撰写个人预防报告的布鲁罗教授在布鲁塞尔大会上提出："婚姻显然是规避性病风险的最佳措施。因此，宗教戒律在对抗性病危害的斗争中不可或缺。"他还补充道："不同教派的牧师都希望看到我们的反性病斗争继续下去，因为他们很清楚，道德教育最终是预防性病的关键因素。"[③]

1904年，德博夫医生写道："先生们，正如各位所见，即
496 使是在纯医学领域，一旦涉及预防性病这一重大问题，我们都倾向于建议保持贞洁……"[④]莫奈医生在《给梅毒患者的建议》[⑤]中写道："对于治疗生殖器疱疹的建议，第一条就是严格遵守婚姻忠诚的准则。只拥有一个女人，这是明确且必要的。道德与医学再次结合在一起，一如既往的不可分割。"[⑥]

---

① A. Fournier, *Ligue contre la syphilis*, p. 25.

② 同上。

③ Professeur Burlureaux, Rapport cité p. 13.

④ Docteur Debove: «Rhumatisme blennorragique-Prophylaxie des maladies vénériennes», *Revue de thérapeutique médico-chirurgicale*, juin 1904, p. 400.

⑤ Docteur L. E. Monnet, *Conseils aux avariés*, p. 55-56. 要知道生殖器疱疹在当时被认为是一种性病。

⑥ 莫蒂（Moty）教授写道："如果每个男人只跟一个女人交往，性病很快就会消失，反之亦然。"（art. cit. p. 390）

综上所述，我们没有必要尝试理清卫生项目中的道德意图，这种尝试是徒劳的，它们是一个整体。法国健康与道德预防协会的文献和著作清楚地表明了医学论述与道德设想之间的密切关系。该协会的名字本身就清晰地体现了两者的联系。

预防协会就一些关键问题组织了辩论和民意调查，调查内容包括：哪些人对资产阶级的性行为感兴趣、预防措施的实施方法、婚姻自由和优生情况、性病传染罪的设立、禁欲的好处和坏处、体育对青少年性行为的影响。协会内部草拟了一份有关性行为的新策略，尤其涉及青少年性行为。乍一看预防协会 497
显得有些边缘化且微不足道，然而这是人们第一次敢于在公开辩论中讨论这些问题，而且不只是从卖淫的角度。关于卖淫和卖淫政策的讨论一下子与更广泛的性行为讨论结合在一起。预防协会留下的大量文献也证明了这种扩张的势态。我认为有必要强调这一现象，它是社会对性行为态度的一个历史转折点。

### 3）顽固的宣传

1902 年，布鲁罗教授在布鲁塞尔大会上表示：“当你想要达到一个值得称赞的目标时，激起同胞的顽念是个不错的方法。”[①] 这些话从第一位敢于公开讨论女孩性教育问题的医生口中说出，让人隐隐感到预防协会成员是在性病威胁的信号下推

① Professeur Burlureaux, rapport cité, p. 23.

广性教育的方法。

事实上，预防协会推广的性教育主要是进行性劝阻，目的是让年轻人避免婚前或婚外性行为。1902年[1]，奎拉特医生在预防学会上读了一份报告："事实上，应该让年轻人在婚前保持处
498 子之身。"他补充说："重要的是，不论是道德家还是医生，我们每个人都要参与这场强有力的运动……反对有害健康的蠢事。"[2] 所谓的蠢事就是认为年轻人应该在婚前享受性爱。他认为婚前性经历不过是"几个小时的肉体癫痫"，[3] 他进而总结道："应该让年轻男性保持纯洁，鼓励他们早些结婚，还应该把他们培养成忠诚的丈夫。"[4]

预防协会出版的册子清楚地表达了相同意图。册子中的大部分内容由布鲁罗[5] 教授和福尼尔[6] 教授撰写，主要是描述性病的症状。1906 年，芒卡医生表示，在他看来，让女孩接受性教育是为了向她强调"一旦她接受婚外性关系，她的现在和未来都会面临危险"。[7]1907 年 4 月，德罗姆教授观察了军队推广

① Docteur Queyrat, *La démoralisation de l'idée sexuelle*, 1902. 早婚是最好的预防措施，这一观点应该是真正的主流。乔治・赫伯特医生在论文中特别强调了这一点，参见：*Où se prennent les maladies vénériennes? Comment elles sont soignées, comment elles devraient l'être*, Paris, 1906, p. 49。

② Docteur Queyrat, *op. cit.*, p. 5.

③ 同上书，第 6 页。

④ 同上书，第 7 页。

⑤ Professeur Burlureaux, *Pour nos jeunes filles quand elles auront seize ans*.

⑥ Professeur A. Fournier, *Pour nos fils quand ils auront dix-sept ans*.

⑦ Docteur Manquat, rapporteur de la question: «Prophylaxie de la syphilis et des maladies vénériennes…», p. 25.

性教育的成效并总结道，这种教育正在“逐步落实，且确实有效”，士兵对性交逐渐产生一种“有益的恐惧”，一种“理性的或者说本能的排斥”。[①]

开设“性教育”只是协会揭露性病危害的多种方式之一。为了提高公众意识，协会还采取了很多其他方法。预防协会甚 499
至在男厕里张贴公告，打击江湖骗子的虚假宣传。在 1902 年的布鲁塞尔大会上，布鲁罗教授建议使用发光投影、彩色插画和模具来促使人们对性病产生“有益的恐惧”，还提出可以在大城市建立梅毒博物馆。[②] 众所周知，他的建议被部分采纳了。

相关会议越来越多，皮纳德教授在索邦大学宣讲性病的危害，R. P. 塞尔蒂兰热（R. P. Sertillanges）在圣母院举行的两次四旬斋会议上也谈到了这个问题。1903 年，国会议员乔治・贝里向众议院提交了一份关于卖淫的法案，他在提案中理性地分析了性病的扩散趋势。贝里认为，性病危害不仅没有减少，自 1900 年以来反而明显增加。而就在前一年，瓦尔德克-卢梭决定设立专门研究应对性病威胁的议会外委员会。[③]

易卜生在欧洲的成功令文化人士对性病导致的人种退化感到恐慌。爱德华・罗德在为易卜生戏剧作品《群鬼》的法语译本撰写的前言当中称，自己在观看这部剧时感受到“无声的恐

① Professeur Delorme «La syphilis dans l’armée…», *Bulletin de l’Académie de médecine*, 23 avril 1907.

② Professeur Burlureaux, rapport cité p. 20.

③ 委员会取得的结果随后被议会外的道德委员会采用。

怖”。[①]“舞台展现了一个致命的疾病”，[②]一个人在出生之前就会由于父辈的错误而被毁灭，这一幕幕都令人恐慌，再加上科
500 学研究也指向性病的致病性与遗传性，使台下观众忧心忡忡。戏剧并未提及“遗传梅毒”引发的病症，如“麻痹性痴呆症”[③]和“神经症”，这反而使落幕显得更加恐怖，这种模糊处理梅毒的手法无形中令当时的观众感到恐惧。

布里厄则在剧作《污病患者》（*Les Avariés*）中提及了性病的各种危害。这部作品的灵感来自卡扎里斯（Cazalis）医生的《科学与婚姻》（*La science et le mariage*），伊夫·古约特认为这部作品不是一出戏，而是将福尼尔医生的采访搬上了舞台。这一作品多半是预防协会所做的宣传，展现了梅毒对个人和家庭造成的灾难性后果。剧作家在剧中谴责大众对梅毒问题的沉默、无知和由此造成的灾难，他建议增加相关医疗报道，并要求像对待所有其他疾病一样对待“污病”，无需感到羞耻。该剧主人公乔治·杜邦是一名26岁的准公证人，已与国会议员的女儿订婚，却在初夜时染上了梅毒。他的岳父被家庭医生说服，终于承认女婿并不是唯一的过错方，等感染梅毒的孩子出生后，他会为这对打离婚官司的年轻夫妇做调解。面对他人的劝说，这位国会议员岳父甚至准备向众议院提交一份针对梅毒

① H. Ibsen, *Les revenants*. Préface d'Édouard Rod, 1889.

② 同上。

③ 根据隆布罗索（Lombroso）的说法（转引自：T. de Wyzewa, *Le Temps*, 9 mars 1899: «Le crime et la folie dans la littérature»），这是关于麻痹性痴呆的问题。

的社会保障法案。

布里厄戏剧《污病患者》向大众曝光了性病的危害。该剧 501
起初在法国被禁，后来还是登上舞台进行了公演，并且剧本于1902年出版。这出戏为资产阶级提供了“污病”和“污病患者”等用语，比起医学专用名词“梅毒”和“花柳病”，它们相对不那么刺耳。这种稍显含蓄的称谓使上流社会能够像讨论酗酒和肺结核一样公开讨论这种疾病。自此，科普性医学文献开始大量出版。1902年，布里厄的专著《梅毒预防的研究》（*Étude sur la prophylaxie de la syphilis*）问世，该书由费尔南德·拉乌特医生题献。莫奈医生撰写了《给污病患者的建议》，米瑞医生也在《小外省人报》发表了一系列科普文章，1906年，他又以《污病：社会卫生研究》为标题把这些文章汇总在一起。米瑞医生在给布里厄的题献中写道，“布里厄的三幕戏剧所做的贡献比半个世纪以来所有的卫生学家还要多”。[①] 人们注意到“每份报纸都设有性病研究专栏”。[②] 布里厄戏剧作品《污病患者》因而成为引起公众性病恐慌的关键环节。

1900年，安德里·库夫罗尔出版了一本骇人的小说《毒番石榴》，他认为这本书是只面向男性读者的梅毒“临床研究”[③]。书中把巴黎比作毒番石榴树，在树荫下睡着会有致命危险，同

---

① Docteur H. Mireur, *L'avarie, étude d'hygiène sociale*, p. 7.

② 同上书，第1页。

③ André Couvreur, *Les Mancenilles*, Paris, Plon, 1900, préface.

时，巴黎的女性被视为“毒番石榴果”，与她们交往的男人会道德败坏、身体衰弱。书中提到滋生梅毒的“大众肥料”[①]，展
502 现了对城市的敌意，对典型传统主义思潮质朴的颂扬，以及仇外心理和种族主义。[②]

但从本质上说，这部小说是一部关于梅毒演变的记录资料。主人公多次探访圣路易医院，使读者得以了解性病发展的不同阶段。通过男主人公马克西姆·迪普拉特对病情变化的描述，作者展现了一套完整的性病学课程。马克西姆·迪普拉特是小说的男主人公，在 36 岁当上部长，最终因 12 年前感染的第三级梅毒而去世。书中详细分析了性病对个人、家庭和社会造成的影响：主人公推迟与乡下纯洁的未婚妻结婚，因为他得先“清洗”干净，而后他辉煌的政治生涯破碎，被传染的妻子生出畸形儿，库夫罗尔逗趣地描述畸形儿有“绿色的肚子，猴子一样的手，侏儒一样扭曲的脚”。[③] 马克西姆本人就是一名“遗传梅毒患者”，他最后疯狂的样子在读者的脑海中强化了性病学家在性病和精神疾病之间建立的联系。

与所有这类小说一样，作者借主人公一位医生朋友之口叙述故事。这位医生认为“道德是最好的杀菌剂”，[④] 他不断激发

---

① André Couvreur, *Les Mancenilles*, Paris, Plon, 1900, p. 217.

② 马克西姆与弗里达发生了关系，“她的床是这个地区各色人种的发泄地，人们从世界各地带来了罪恶和疾病！”（p. 121）。最后，一个亚美尼亚人把病传染给马克西姆的另一个情妇西蒙娜。

③ André Couvreur, *Les Mancenilles*, Paris, Plon, 1900, p. 363.

④ 同上书，第 188 页。

主人公对疾病扩散和道德败坏的恐惧情绪，不断劝说年轻的马
克西姆："利用你的恐惧，让自己和女人分开"，[①]不幸的是马克 503
西姆没有听从这个建议！

出于相同的担忧，保罗·布鲁（Paul Bru）于1903年在小说《无性》（*L'insexuée*）中讲述了淋病的危害。小说的故事情节很简单：一家大型家具制造商的独生子雷蒙德·莫雷尔娶了西蒙娜·劳吉尔，他们彼此相爱，但是雷蒙德染上了花柳病。在度蜜月的途中，西蒙娜生病了，她得了输卵管炎，必须接受卵巢和输卵管手术，为此她将失去生育能力，"也不能再有性生活了"。面对这一晴天霹雳，西蒙娜认为自己的人生破灭了，陷入了昏迷。后来，她陷入神秘论无法自拔，在得知丈夫出轨后，她彻底疯了。

还有很多作品都对性病的危害有过描述，加重了人们焦虑恐慌的情绪，这些作品的作者并不都是健康和道德预防协会的追随者。新马尔萨斯主义作家也介入其中，米歇尔·科代（Michel Corday）在小说《维纳斯，两种风险》（*Vénus ou Les deux risques*）中指出，夫妻对生育和疾病的恐惧对两性快乐造成很大的阻碍。小说的主人公是诗人莱昂·米拉特，妻子发现他在故意避孕，随后两人的婚姻便破裂了。成为鳏夫后，他和情妇们在一起也遇到了同样的障碍，尽管他在她们每个人身

① André Couvreur, *Les Mancenilles*, Paris, Plon, 1900, p. 195.

上都使用不同的避孕方法。最终他遇到一位老情人，她以前是商店售货员，后来做过女裁缝，又成了著名演员，在和她有过一段露水情后，他就染上了梅毒。米拉特有一位叫雷赛的医生
504 朋友，雷赛的兄弟因染上梅毒自杀，在兄弟死后，雷赛一直在巴斯德研究所拼命寻找对抗梅毒疾病的血清[①]，但是最终徒劳无果。这一切使米拉特深信梅毒是不可治愈的，他本人最后也以自杀告终。

这部小说用现代化的话语和笔调讲述了一个骇人的故事。作者拼命呼吁无性病风险的愉悦，“一切与性或性行为后果相关的事都是耻辱：爱情、痛苦、生育、感染都应该被抵制”。[②]书中再次描述了“性病引发的恐惧、等待和焦虑，书中人物数周以来一直自我观察、自我检查，想知道自己是否被感染了[③]……当被告知确诊时，他感到全身流过一阵电流，大脑顿时麻痹[④]……”作者不用任何隐喻，直白地描述出性病的可怕：“这个病会侵蚀骨头：病人的牙齿会脱落，像潘格罗斯一样，失去鼻子，顶着死人一样可怕的脑袋，人们有时会在街上看到这样的人，他们的身体有时由于骨坏死而碎裂、分解、消失。”[⑤]小说结尾附了一份雷赛医生的报告，报告明显是在模仿

---

① 当时的公众舆论认为抗梅毒血清的发现即将实现。

② M. Corday, *Vénus*, 1901, p. 78.

③ 同上书，第 166 页。

④ 同上书，第 247 页。

⑤ 同上书，第 252 页。

福尼尔的口吻。这本极度悲观的小说对读者产生了负面影响。据莫奈医生所说，许多患有性病的读者在读完这本书后，急忙叫医生坦白告知这个病是否无药可救，自杀是否是唯一的出路。[①] 这本小说进一步加强了人们对梅毒的恐惧感。

军队是对抗梅毒传染最见成效的地方。自 1902 年，[②] 每当 505
新兵入伍，军队就会举办宣讲会向新兵讲解梅毒的危害，并发放介绍性病的军事卫生手册[③]、介绍性病知识的“示意图”和投影以及印有建议的许可清单。官方建议士兵使用含甘汞的防治药膏。1907 年 9 月 23 日，由于一份引起公愤的通告，管辖战争事务的副国务卿切伦要求推广性教育，采取预防措施，设立可供士兵在发生性行为后问诊的防疫站。1912 年 4 月 7 日，应法国预防协会的要求，战争部长拓宽了向士兵传播性知识的渠道。

自 1902 年以来，军队取消了所有针对患病士兵的惩罚，不再强制体检。为了避免士兵受到外界诱惑，军队增设了社团活动、娱乐场所、游戏室和图书馆，[④] 总之，军队想尽一切办法让士兵少出军营。在取消士兵夜间外出许可的同时，军队鼓励士兵多多回家探亲。主要驻军城市还建立了“士兵之家”和“军

---

① Docteur L. E. Monnet, *Conseils aux avariés*, p. 86.

② 参见：rapport cité du Professeur Delorme。

③ 主治医生拉玛利（Ramally）的著作和马蒂厄（Mathieu）医生的著作。

④ 在这方面，参见：Granjux, «Prophylaxie de la syphilis dans l'armée, 1901-1911», *Bulletin de la Société française de prophylaxie sanitaire et morale*, 1911, p. 60 *sq.*。

事花园”。

506 1913年，美国学者弗莱克斯纳指出，教化士兵是欧洲军队的一项普遍原则。弗莱克斯纳认同这项原则，认为这是备战要素之一：“首先，成功减少（性病）的国家将比对手获得更大的优势”，[①] 欧洲国家“都应该告诉士兵禁欲是可行且健康的”，“欧洲军事当局从来都是同时打击酗酒行为和奢淫行为”。[②]

这种系统性的顽固宣传不仅对军队起到了作用，对非军事文学也产生了深远影响。在夏尔-路易·菲利普的小说《蒙帕纳斯的布布》[③] 中，青少年总是担心会患病，始终无法摆脱焦虑。有人认为这本书是由预防协会出版的，但其实二者并没有关系。以往，性病焦虑症还只是于斯曼作品的部分内容，然而在《蒙帕纳斯的布布》这本关于卖淫的书中，性病焦虑症正式成为作品主题，该书还有一个副标题：《性病心理影响的社会学研究》。布布是一个年轻的皮条客，故事开始时，他怀疑自己染上了性病，在等待病症显现的期间，布布经历了莫大的心理折磨。最后，同行“大儒勒”安抚了布布的焦虑症。“大儒勒”是一名梅毒患者，但并不惧怕“病毒”。[④]“大儒勒”带着些许自负告诉布布，性病是他们这一行的一部分。这本书也许是一
507 种反宣传，揭示了性病危害宣传的社会学局限性。

---

① Abraham Flexner, *La prostitution en Europe*, p. 309.

② 同上书，第308页。

③ Charles-Louis Philippe, *Bubu de Montparnasse*, Le Livre de poche, p. 57.

④ 同上书，第65页。

维克多·玛格丽特（Victor Margueritte）的小说《妓女》（*Prostituée*）[①]是一部关于性交易的代表作，梅毒引发的恐惧症遍布全书。这部作品对我们的研究至关重要，正是因为这本书，人们深信性病的发展已势不可挡，因为性病扩散与文明发展相关，所以性病无法避免。[②]书中的一个人物是著名的梅毒学家，名叫"蒙塔尔，他讲述了性病的侵袭和性病遗传造成的破坏，认为性病会随着人们接触空间的扩大四处扩散，还分析了传染渠道如何增加，如何变得混乱。蒙塔尔指出，随着文明发展，传染范围扩大，性病不断恶化，每天都恶化得更严重、更迅速。以前，染上梅毒的只是个别人，局限在狭隘的家庭范围之内，现在，预防梅毒失败的事故不断发生，梅毒蔓延到所有人种，病毒从一个人的血脉中流向下一个人，从一个家庭传播到另一个家庭。这个巨大的恶性循环不仅仅局限在卖淫行业，它的范围越来越大，离普通人越来越近……"[③]小说结尾的反思十分重要，结论指出成效低微的卖淫规制主义远不足以预防性病。为了阻止性病危害的扩 508
散，不仅要更新卖淫规制，还应在教育、卫生和道德层面对

---

① 从另一个层面来说，这些确实都属于激进的文学作品。

② 这使得自由主义报业玩起"文明"和"梅毒"这两个词的文字游戏，并讽刺法国军队在马达加斯加的传播文明工作也是传播梅毒工作。参见：«La syphilisation à Madagascar», *Le Père Peinard*, 28 nov.-5 déc. 1897。

③ Victor Marguerite, *Prostituée*, p. 82. 莫蒂教授研究了导致性病上升的推动因素（他也研究了促使下降的因素），他写道，"蒸汽文明提高了性病发病率"（p. 390），他还提出一种观点，认为性病扩散范围与贸易繁荣程度成正比。

性行为实施更加严密的监管。

### 4）借助风化警察以阻挡性病危害

医生对卖淫业造成的性病危害给予了全新的重视，促进了（甚至可以说过度促进了）新卖淫规制的建设，造成了卫生领域的过度监管，因而阻碍了废规运动的进步。另外，医学界对性病的猛烈抨击体现了医学界支持卖淫规制的立场。巴斯德的研究及奈瑟在性病方面的发现推动了“社会卫生”概念的形成和落实。埃米尔·杜克劳医生在著作的标题中使用了“社会卫生”这个术语。作为巴斯德研究所和高级社会研究所所长，埃米尔·杜克劳于 1902 年发表了一篇综合报告，其中有一章专门讨论了风化警察，[①] 报告最后得出的结论是：应该把风化警察转变为卫生警察。作为福尼尔的得意门生，杜克劳只是重申了新卖淫规制理论。不过，这次他重点探析了如何将理论融入一个连贯且全面的社会卫生项目，他把这个项目称为“医生的社
509 会化”[②]，也就是说，管理健康的医学界应把社会各个阶层都考虑在内。

废规主义者充分意识到，揭露性病危害无疑是对新卖淫规制主义的助攻，于是他们试图证明这场运动有些夸大其词，但没有成功。规制支持者给出的理由简单明了：性病在发展，但

① Émile Duclaux, *L'hygiène sociale*, chap. VII. «La syphilis», p. 224-266.

② 同上书，第 263 页。

卫生监管条例降低了发病率。他们认为有两点可以证明：一是妓院内的染病妓女数量极少，二是“平衡法则”，也就是说，在特定地区内，男性的性病发病率与风化警察的能动性和严厉程度成反比。因此，有必要继续实施并完善对妓女的监管。人们明白，在民族主义高涨时，军队的压力很大，妓院的妓女能帮助士兵减压，因此人们尽力阻止妓院衰落。

上文谈到，性病危害引起的恐慌导致医学界过度管制病患，但与 19 世纪 70 年代的过度管制不同，这一次完全没有公开参照道德准则和宗教信条。因而费舍尔医生[①]建议：政府应颁布法令，要求所有性病患者指认是谁使他们感染性病，并告知传染源的姓名和地址；辖区警察局应给传染者寄一份“性病治疗手册”，并让他接受治疗；被举报满三次的人将被处以罚款或监禁，并强制住院。

1900 年，达西·德·利涅尔出版了一本手册，在这本手册 510
中，性病被视为“最凶残、最可怕的灾难”，[②]妓院被视为“社会秩序的支柱”。[③]利涅尔要求嫖客必须接受体检，并携带“健康卡”去妓院，“健康卡”在体检现场制成，上面会注明检查的时间。“健康的妓女、健康的嫖客、接受医疗监督和卫生改

① Docteur Fischer, «Essai de prophylaxie des maladies vénériennes», *La Presse médicale*, 2 avril 1902, p. 317-318.

② Dassy de Lignières, *Prostitution et contagion vénérienne*, Paris, Barthe, 1900, p. 36 et 38.

③ 同上书，第 11 页。

造的妓院，这些规定有待尝试。”[①] 战争时期，这类想法吸引了众多欧洲国家的关注，斯堪的纳维亚和日耳曼的医生也提出过类似建议。1906 年，温和主义的芒卡医生建议设置健康证就足够了，嫖客可以要求妓女出示证件。[②] 卡尔勒（Carle）医生支持这个建议。他认为，在过去三年感染过梅毒的女性尤其需要办理此类证件。[③]

毫无疑问，关于性病危害的顽固宣传引发了焦虑情绪，公
511 众舆论一致认为有必要对卖淫进行管制。作为少数支持废规主义的医生，利维克在一篇医学论文中直击这种顽固宣传带来的影响：“福尼尔教授靠着他的科学权威带人们参观了恐怖博物馆……人们瑟瑟发抖，双膝发软，跪在了警察局长面前。”[④]

关于变态和精神病的性学专项研究由于自身派系众多，反而坐实了形式多样的享乐行为。[⑤] 与精神病话语相反，性病话

① Dassy de Lignières, *Prostitution et contagion vénérienne*, Paris, Barthe, 1900, p. 37.

② Docteur Manquat, rapport cité.

③ Compte rendu du congrès de Lyon in *Annales d'hygiène*, 1906, 6, p. 338-360。我们因此理解了卢陶（Lutaud）医生的讽刺言论，他表示自己与绝大多数同行的意见并不一致；他对他们抗议道：“你们所追求的安全（况且还是相对的安全）只有在你们把巴黎数不清的“妓院”里的 85000 名妓女变成军营士官之后才能实现；只有当性交只允许在妓院里进行时，只有当所有处于勃起状态的顾客被一位监察医生检查时，你们的安全才会存在。”在他看来，这是人们尝试实现的色情漫画家海斯蒂夫·布列塔尼的久远梦想（Docteur Lutaud, «La prostitution patentée», *Journal de médecine de Paris*, juin 1903）。

④ Prophylaxie des maladies vénériennes et police des mœurs, thèse, Lyon, 1905, p. 87.

⑤ 可以推测，米歇尔·福柯主要受到《求知欲》一书的启发。

语非常统一。学者的一致步调在大众心中构建了对性行为的统一观念。由于宗教的衰落和医学的兴起，强权的性病话语成功地将道德、教育甚至精神疾病病因学汇集在一起，汇集点就是对性病危害的顽固宣传。

这一切使我们想到了福柯所说的“压制假说”[①]：围绕性病，对性行为的一致看法衍生出一种主要针对青年人群的威慑策略。在创立性学时，医生和社会学家也对性行为进行了分类，将性的作用放在精神病的起源中进行探讨。如果想把有关性行 512
为的信息传达给公众舆论，只能对性病危害进行恐怖的顽固宣传。不出所料，人们对“性病”的极度恐惧替代了对罪恶的恐惧，成为享乐主义的主要障碍。这就是当时普遍存在的梅毒恐惧症的根源。

## 2. 拐良为娼：“我们这个时代最严重的祸害之一”[②]

如果说哪个话题与传言牵扯不清，那一定是拐良为娼。比起这个话题所覆盖的事实，承载这一话题的充满焦虑的文学作品更有意义。拐良为娼的话题是当时所有困扰的交汇点，在这个岔路口上，头脑最冷静的人也会迷失。

① 但情况可能并非如此，因为从定义上讲，将性与痛苦联系起来的宗教话语与关于享乐的话语形成了对立。

② A. B., «La traite des Blanches», *La République*, 27 juillet 1902.

拐良为娼这个表达有一定歧义。勒诺贝尔[①]建议区分“小型贩卖”和“大型国际贩卖”。事实上，对于公众舆论，甚至对于某些法学家如代理检察长弗伊洛利，拐良为娼和贩卖女性指的是一个意思。[②]第一批采用“拐良为娼”这一表达的学者把这种行为定义为犯罪，因为人类的一切肉体交易都应严令禁止。代表作家有探讨卖淫主题的古约特，以及第一个写书讨论
513 这一灾难的塔古赛尔。[③]伊贝尔（Ibels）在《灯笼报》和《晨报》专栏发起的反对拐卖女歌手运动，同样也是针对法国境内的人口拐卖问题。简言之，每当妓院老鸨、经纪人和供应商想给公娼馆招募或更新妓女，就要借助拐骗妇女的手段。因此，正是因为存在卖淫规制，人口贩卖才会出现。于是，废规主义者将贩卖女性现象作为呼吁废规的有力论据，他们优先以英国和比利时作为例证，因为这些国家先于法国做了专门调查，证实了贩卖女性的猖獗。

另一方面，法国的国际法专家、外交官和新卖淫规制主义者担心卖淫规制在法国根深蒂固，无法撼动，因此他们披露的拐良为娼问题只涉及跨国人口买卖。路易·雷诺写道：“一个国家从另一个国家招募妓女，事实上就是出口或进口。”[④]巴黎会

---

① Jules Lenoble, *La traite des Blanches et le congrès de Londres*, 1900.

② *Revue pénitentiaire*, séance du 19 mars 1902.

③ F. Tacussel, *La traite des Blanches*, 1877.

④ Ministère des Affaires étrangères. Doduments diplomatiques, conférence internationales pour la répression de la traite des Blanches, Paris, 1902, p. 183.

议于1902年举办，在这之后，人们开始倾向于对被认定为犯罪的事实冠上“拐良为娼”的帽子，“拐良为娼”不再指跨国买卖女性，而是指利用暴力、欺诈或骗取信任的手段拐卖未成年少女和成年女性。

1880—1914年，“拐良为娼”的语义逐渐改变，“拐卖女 514
性卖淫”的含义逐渐取代“跨国买卖女性”的含义。这一现象本身就反映了新卖淫规制主义的胜利以及废规主义的失败，打击拐良为娼运动是成败的关键，这场运动将保留传统规制的诉求与崇高情感结合在一起，性质相当模糊。

### 1）传言的来源和首批斗争

第一批废规主义者认为，对“拐良为娼”无须赘述，只需谴责一切形式的贩卖女性贸易即可。基于英国议员和比利时法官所公布的案件，[①]废规主义者斥责“拐良为娼”是人类的祸害。1881年7月26日，斯纳格勋爵代表上议院委员会就保护少女问题发表了报告，他在报告中揭露了英国和欧洲大陆之间的人口贸易以及交易流程。他还公布了英国供应商与比利时经纪人和妓院老鸨之间的部分通信内容，引起巨大轰动。在这些作为呈堂证供的信件中，卖方大肆吹嘘“货品”的年龄、外貌

---

① 此处回顾一下“女性贸易”问题在公众舆论中的上升趋势；当然，这个表达已经使用了很长时间，例如卢西安·德·鲁贝普雷在与科伦廷谈话中就用到过（*Splendeurs et misères des courtisanes*, La Pléiade, p. 862）。

和专业素质。在过去三年（1878—1880年）中，共有34名年轻的英国女性（其中有3人是处女）从伦敦被卖到布鲁塞
515 尔，当时的价格是300法郎，买方在签收并确定品相完好后付了款。

借助英国公开的这些信息，比利时法院在1881年12月开庭的一场公诉中查明了一起相关案件，证实了人口贩卖的存在。法国废规主义者详细报道了这起公诉案的来龙去脉。后来比利时还出版了一部致敬约瑟芬·巴特勒的法语小说，书中详细讲述了英国和欧洲大陆之间的贩卖女性贸易。[①] 古约特在著作中用大量篇幅介绍了这种买卖，还提供了法国妓院招募妓女、运送妓女以及佣金方面的细节。1885年7月3日，《蓓尔美街报》（*Pall Mall Gazette*）刊登了一连串爆料，证实伦敦也存在把年轻女孩强行带入妓院并实施强奸的交易。[②] 同年，这项调查的法文译本在巴黎出版，题目是《伦敦丑闻》（*Les Scandales de Londres*）。文本内容相当吸引人眼球，其中有一段妓女的独白尤其引人注意。

新加入废规运动阵营的卢陶医生化名为米尼姆医生，努力散播新的爆料。他于1886年出版了《伦敦和巴黎的拐良为娼现象与卖淫活动》，在书中讨论了所有的热门话题。1902年，

---

① Lord Monroe, *La Clarisse du XIX$^{e}$ siècle ou la traite des Blanches*, Bruxelles, 1881, 367 p.

② 这些片段长期穿插在小说作品中。参见《交际花盛衰记》中莱迪的命运。

报业大批量印刷运动的成功也有这本书的一份功劳。卢陶只用了一章论述拐良为娼的问题，章题为“殉难的贞操”。他要谴 516
责的并非贩卖女性的现象，而是认为真正卑劣的是夺取处女贞操的买卖。该章各小节标题为：强奸处女——处女贸易——被卖出的处女——一笔买卖五名处女的订单——为什么没人听到受害者的喊声？——捆在传送带上的女孩。卢陶医生详细标出年轻女孩在不同地区的批发价，以及消费者在求购处女时应付的价格：M 夫人和 Z 夫人的店明码标价 125 法郎，伦敦东区 250 法郎，伦敦西区 500 法郎，[①] 当然，这些费用包括向客户出示由合格执业医生正式签发的贞操证明。书中还写道，在英国首都卖淫的女孩有一万人。作者举了一个例子，有个嫖客通常每两周买三个处女。这些爆料在法国没有引起多大轰动，因为报业大批量印刷运动的时刻还没有到来。

然而，在法国以外的国家，官方已经开始出面谴责拐良为娼。例如匈牙利政府[②]1864 年颁布法令，要求有关部门留意被运往美国的少女。1867 年 3 月，定居埃及的匈牙利人联名向埃及议员请愿，要求打击这种贸易。特别是在 1874 年，奥地利众议院希望召开一次国际会议专门处理这个问题，并提议在正在拟订的新刑法中增加一项相关罪行。1889 年，在日内瓦举行

① Docteur Minime, *La prostitution et la traite des Blanches à Londres et à Paris*, p. 92.

② Paul Appleton, *La traite des Blanches*, p. 103.

517 的第五次大会上，英国与大陆废规总联盟郑重揭发贩卖女性的国际产业链。

1895年，法国参议院投票通过了贝朗热提出的一项法案，[①]该法案规定，“禁止以暴力或欺诈手段迫使他人卖淫，禁止使用同样的手段强迫成年女性从事卖淫”。但是，议会并未受理参议院提交的这一提案。同年，应罗比奎特[②]要求，巴黎举行的国际监狱大会通过了两项建议，旨在制止一切形式的强迫卖淫，并呼吁召开一次以拐良为娼为主题的国际会议。

只有德意志帝国采取了具体措施，[③]1897年，雷尼格、贝贝尔和福斯特在国会中多次提出拐良为娼的问题，一些打击非法交易者的法规被采纳。《移民法》中有一项条款规定，任何隐瞒真实意图拐骗女性移民从事卖淫活动者，可判处二至五年监禁和150—6000马克的罚款。随后，德国与邻国签署了多项引渡协议。

经过无数人的努力，打击拐良为娼的国际性运动得以开
518 展。发起国际运动的依旧是英国和瑞士的新教徒。1885年，英国国家警戒协会在伦敦成立，目的是建立一个打击国际人口贩子的国际组织。协会秘书库特多次访问欧洲大陆，推动了欧洲各国委员会的成立。贝朗热参议员组织成立了法国委员会，并

① 参见下文第589页及以下。

② Paul Robiquet, *Histoire et Droit*, «La traite des Blanches», p. 179-192.

③ Savioz (Mme Avril de Sainte-Croix), «La traite des Blanches», *La Grande Revue*, 1902, p. 282.

将打击拐良为娼作为协会的首要目标，成功团结了各界人士。围绕这项“团结事业”[1]，委员会聚集了新卖淫规制主义者、废规主义者、新教徒、犹太人和天主教徒、女权主义的反对者和支持者。简而言之，从一开始，这就是一场团结各方力量的运动，就连最狂热的废规主义者都暂缓了反对卖淫规制的斗争。

1899 年 6 月，英国国家警戒协会在伦敦皇宫酒店召开第一次反对拐良为娼的国际会议，来自 12 个国家的成员出席了会议。西欧国家中，只有西班牙和意大利缺席。对此次大会持怀疑态度的英国政府没有派官方代表到场，这导致其他外国政府也跟着缺席，[2] 但这些政府依然派出了半官方发言人作为代表。每个国家的协会委员会均任命了两名报告员，负责报告与本国有关的贩卖人口案件以及为解决这一祸患所做的预防和修正工 519
作。[3] 在这次大会之前，许多人认为拐卖妇女为娼只是传言，大会的意义在于提供了科学依据，坐实了事实。

与会人员先是指出在这个问题上存在巨大的法律空白，一致希望建立一个打击拐良为娼的常设国际机构。与会人员还要求各国委员会向权力机关施加压力，将这种贸易定性为犯罪。最重要的是，大会宣布有必要召开一次国际会议，正式组织这

---

① Moncharville, *La traite des Blanches et le congrès de Londres*, rapport présenté au comité français de participation au congrès, p. 14.

② Ferdinand Dreyfus, *Misères sociales et études historiques*, p. 60.

③ 法国委员会的报告员是蒙夏维尔（Moncharville）和 H. 乔利（H. Joly）.

场斗争。

然而，在辩论过程中，时而激烈的争执暴露了某些国家的委员会（特别是法国委员会）的矛盾立场。以贝朗热为代表的一些人认为，在打击拐良为娼的同时也可以保留卖淫规制。对此，英国和瑞士代表以及出席会议的女权人士深感愤怒。因此，参会者之间存在着根本的矛盾，在参会者看来，这种矛盾使他们的努力几乎付诸流水。①

在大会的尾声，孔特牧师担心争执会造成会议效率低下，他顶着英国代表强烈反对的压力，认可了法国废规主义者的观
520 点，同意不把卖淫规制与拐良为娼联系起来。其他参会代表纷纷效仿孔特，决议得以一致通过。这一重大让步使得贝朗热背后的新卖淫规制主义者把打击拐良为娼的战斗变成掌握在自己手中的工具，至少在法国是如此。②

除了英国国家警戒协会组织的活动以及一系列国际范围的斗争外，许多慈善组织也积极投入保护少女的斗争，明确宣布要将少女从人贩子手中解救出来。在废规大会之后，国际少女之友联盟于 1877 年在日内瓦成立。据我所知，这是第一个维护青少年性道德的国际运动。1902 年，巴黎会议召开前夕，该

---

① 早在 1895 年，罗比奎特在监狱大会上就指出了这一矛盾。后来，法国致力于研究这一问题的智囊团也经常强调这一矛盾。例如在 1902 年，反对这一矛盾的有监狱总协会、前警察局长吉戈特以及贝朗热。弗伊洛利和普伊巴罗要求将所有人类肉体贸易都定性为犯罪，贝朗热不接受他们的观点。

② 然而需要指出的是，法国代表被迫向他们的对手承认，所做的决定只是最低限度的。

联盟已经拥有240个用于“保护”或“帮助从良”的收容所，在27个大城市的火车站安排了警员巡逻，成立了84家免费的职业介绍所，并且出版了一系列期刊，如《少女之友》（*l'Amie de la Jeune Fille*）。[1]国际天主教少女保护协会同步开展工作，此外，妇女与女童保护犹太协会和以色列联盟也在着手打击贩卖女性贸易。[2]

在法国，至少有1300个协会（全部或部分）致力于少女 521
保护或从良工作。“制止对儿童实施暴力或粗暴行为”的法律于1898年4月19日通过，促使这类机构纷纷成立。H. 乔利在报告中列举了所有的伦敦协会，我认为没有必要在这里重复这份单调的名单，[3]我们只需要认识到两点：第一，在19世纪末，协会数量激增；第二，清点这些协会并协调它们的行动需要付出大量努力。

伦敦会议结束时，拐良为娼问题正式提上议程。[4]1901年，各国委员会的代表在阿姆斯特丹举行了一次会议。第二年，在极端派政府的倡议下，期待已久的国际会议在巴黎举行，开启

---

① J. Lenoble, *op. cit.*, p. 69-78.

② Vittorio Lévi, *La prostitution chez la femme et la traite des Blanches*, p. 6. 1910年4月5日、6日和7日将在伦敦举行一次反对拐骗妇女为娼的犹太人国际会议。

③ 关于这一方面，除了H. 乔利的报告外，参见：Lenoble, *op. cit.*; Savioz, art. cité。

④ 1899年9月在布达佩斯举行的国际刑法联盟大会专门讨论了这个问题（参见：Louis Layrac, *De l'excitation à la débauche*）。

了这场斗争的新阶段。关于拐良为娼的传言沸沸扬扬，在此时达到了巅峰，接下来我们将研究它的真实情况。

### 2）事实的真相

拐良为娼贸易的发展显然是欧洲扩张导致的结果之一，与其说是由于殖民主义的兴起，不如说是因为移民大潮将数百万
522 欧洲人带到世界各地。很多学者已经研究过移民问题，此处不再累述。最近的也是迄今为止范围最广的移民大军主要来自地中海北部（希腊、意大利）、奥匈帝国和俄罗斯帝国。拐良为娼的传言与移民大潮的出现、壮大、兴起同步，这是因为大规模移民以男性为主，主要由贫穷且没有技术的年轻人构成，他们的性需求旺盛。从开拓先驱抵达殖民地开始，新兴国家（澳大利亚、拉丁美洲）的性别比例就很不平衡。欧洲与中国关系的“破裂”以及 1899—1902 年的德兰士瓦战争进一步刺激了男性的性需求。随着交通革命的到来，这些需求逐渐得到了满足。[①] 总的来说，个人的流动性增加，背井离乡变得普遍，隐名埋名更加容易，守身如玉也不再那么重要，这一切都使人贩子更容易诱拐女性。一些国家的政治事件也加速了人口贩运的发展。塞尔日 · 沃尔考斯基王子（prince Serge Wolkowski）就曾指出，[②] 在沙皇俄国，许多无法忍受虐待的犹太教少女在人贩

① 此外，这种拐骗妇女为娼的组织源于运送妓女的久远惯例（普雷沃斯特神甫使人们永远记住了这一惯例）。

② 在其提交给伦敦国会的报告中。

子的诱惑下被拐。

由于性别失衡，欧洲迁徙者的性需求日益增长却又无法得
到解决，只能借助性交易来抚慰在性生活中遭遇的挫折。[①]不 523
过，这并不是拐良为娼贸易兴起的全部原因。否则，我们怎么
解释在欧洲移民运动中几乎没有发挥作用的法国受到了拐卖妇
女问题的严重困扰呢？拐良为娼贸易的兴起是由于人们反感另
一种贸易，它反映了整个西欧妓院的衰落。人贩子、皮条客、
经纪人或供应商意识到一场不可避免的妓院危机正在形成，男
性的性感受正在发生深层的变化，而公众舆论的容忍度也在降
低。他们很快意识到只要稍作调整，建立贩卖妇女的国际网
络，就能拥有更广阔的替代市场。因此，在为西方妓院供货的
经纪人眼中，拐良为娼贸易只不过意味着业务的转变和扩展。
它并非一种新的祸患，而是卖淫规制的衍生物。只要继续允许
妓院贸易存在，就不可能有效打击拐良为娼的现象。

妇女贸易的这种新转变和新规模是否是一种集中现象，就
像 20 世纪头几十年的“圈子”现象那般？主流报刊争先恐后
地报道这一观点。[②]1912 年，皮埃尔·古戎（Pierre Goujon）
在众议院的发言中表示，过去 15 年里，邪恶的“扩散速度着
实惊人，可以说，它是有条不紊地组织起来的。从事拐良为娼 524

① 在西方，这是一个取之不尽用之不竭的题材。

② 我们在 1902 年 4 月 21 日的《晨报》中读到关于安德里西的组织的报道：“团伙中包括娼妓、掮客、检查员和旅客，甚至还有会计师和出纳员，以及来自世界各地的中介。”

贸易的是一个国际组织，在世界各国拥有固定的代理人和专门的金融管理人，甚至还为附属机构的成员设立了救济基金，可供司法部门查账。”① 大会上提出的报告、官方调查的结果以及司法部门和警方档案② 中保存的文件均表明，这项贸易的参与者行事谨慎。令人震惊的是舆论——我不想说是谣言——与事实之间的扭曲。根据警方记录，我们可以提出这样一种假设：拐良为娼贸易结构与卖淫规制允许下的妇女贸易结构并没有本质的不同，不同的只是适应新市场的个别调整和业务数量的增长，而不是方法、技术或资金方面的重大变革。

根据法国监狱总协会专家的说法，广义上的拐良为娼贸易通常是传统的双边贸易：小规模的货物采集者为更高级别的供货商供货。“自称此类贸易案件专家的律师长弗伊洛利向最高法院指出，供货商从外表和举止来看就像一个正直的资产阶级。他按时付房租，家庭声誉很好，邻居们都认为他是个商
525 人。”③ 普伊巴罗强调，从事这一行业的人很多是珠宝商。④ 供应商“下面有一批马仔帮他们物色对象，马仔一般是卖酒的售货员、理发师以及酒店、露天咖啡馆和公共夜总会的服务员”。马仔绝不会把女孩领到供应商家中，也不会带回自己家。“招

① *Chambre des Députés. Débats parlementaires. Séance du 26 mars 1912*, rapport de Pierre Goujon, p. 328-329.

② 国家档案馆编号为 BB$^{18}$ 的全部资料整理了与拐卖妇女有关的文件，以及警察总局档案部 DB 411 和外省档案部中的文件。

③ *Revue pénitentiaire*, séance du 19 mars 1902, p. 509.

④ *Revue pénitentiaire*, 1902, p. 317.

募地点一般是街道、公共花园和咖啡馆，不会连续两次在同一地点……被招募的女性会得到一些钱……成功招募一定数量的女性后，供应商就会组建所谓的**车队**，将她们送往外省或是海外的登船港。”[①] 这段描述也证实人口贩运存在一层层的产业链，买卖的发生相对集中。在阅读完普伊巴罗的上述描述后，我查阅了一些档案，下面我们将对普伊巴罗的描述做些许纠正。

1902 年巴黎会议召开前夕，警察局秘密清点了所有被认为参与拐良为娼买卖的人。[②] 我查阅到一份珍贵的文件，其中列出了 81 名“供应商兼经纪人”。巴黎警察可能了解皮条客的活动，但他们并不了解供应商的活动。不过，皮条客和供应商的区别是否真的像弗伊洛利所认为的那样明显呢？我不这么认为。显然，拐良为娼的人贩子是卖淫规制体系之内的人，如妓院龟头、妓院老鸨或她们的丈夫、为某家妓院拉客的皮条客、小旅店店主、酒商，这是参与这项买卖的主要职业分布。然而，必须承认，越来越多其他职业的人也参与到这种买卖中。例如，四年后，费迪南·德雷福斯（Ferdinand Dreyfus）引用内政部官员根据 1902—1906 年 400 起贩卖妇女的卷宗所做的分析，指出人贩子通常自称经纪人或商业代表、酒商、旅店老 526
板、职介所老板、音乐咖啡馆经理或艺术团体经理，[③] 这些千奇

① Feuilloley, *Revue pénitentiaire*, 1902, p. 509-510.

② Arch. préfect. de police, DB 411.

③ Ferdinand Dreyfus, *La répression de la traite des Blanches, compte rendu du 3ᵉ congrès international*, Paris, p. 362.

百怪的职业确实一直被用来掩盖妓院供货商的真实行动。

我们还调查了这些人贩子为谁工作，以及他们口中的“包裹”的送货地址。我们发现的第二个明显迹象是：“包裹”通常被送往外省，或同时被送往外省和国外。实际上，皮条客、经纪人或专业供货商并没有参与大型国际贩卖。负责将“货品”送往国外的通常是特定妓院的代理人，根据研究样本，主要是荷兰的妓院在从事国际贩卖。这是必然的，也很符合逻辑，因为妓院需要大量买卖和招募妓女，自然会涉及一系列对外买卖，这也证明了维护卖淫规制的贝朗热以及在其领导下的法国委员会的狂妄自大和徒劳无功。

527 主流媒体通常根据不具代表性的案例来描述买家，并声称他们是外国人，甚至是外国阔佬。1902 年 8 月，萨维奥兹在《大期刊》中声称他们是地中海东岸地区的人、加利西亚犹太人和南美人。[①] 警方认为从事这类贸易的卖家绝大部分是法国人，他们出生于边陲省份，很少是犹太人，有一些人来自比利时和俄罗斯。这也证实了法国人贩子与买家的来源国交往甚密。此外，外国人贩子通常会用假名。

需要强调一点，“供货商兼经纪人”，也即从事贩卖妇女者都是成年人（参见第 304 页）。他们与皮条客完全不同，不应把他们混为一谈，供货商通常是妓院的管理者。最后，并不令人意外的是，他们中只有 66% 的人没有犯罪记录。

---

① *Grande Revue*, art. cité, p. 286.

巴黎贩卖妇女的交易地点相当明确，尽管有时会因为警察的打击出现变动。1902 年，警察追踪了 34 个交易场所，16 个在第九区（主要是福堡-蒙马特街），7 个在第二区（蒙马特街、圣德尼大道、圣马丁街、布隆德尔街、塞瓦斯托波尔大道），5 个在第十区，4 个在十三区，2 个在第三区。交易地点包括 10 家酒馆、6 家咖啡馆、4 家小酒店、2 家啤酒馆、2 家酒吧、2 家餐厅和 8 家经营其他业务的场所。警察列出的这份位置分布 528
与老鸨艾薇儿·德·圣克罗伊的描述相差不多。[①] 她称中间人一般聚集在蒙马特高地或夏多顿十字路口、烈士街和洛雷特圣母院附近的咖啡馆。自从警察迫使他们离开王宫附近以来，他们就一直分布在这些地方。

“被拐对象”被集中在郊外某个具体的地方，通常是供货商的住处。1902 年，康弗兰、分多奥西尤其是安德雷斯[②] 是法国走私妓女的核心区域。

人贩子的诱拐技巧与妓院打广告的技巧类似，主要渠道包括非法职业介绍所、与人贩子串通的旅店老板、报纸上的小广告、在医院或公共花园（尤其是在巴黎、圣雅克图尔广场和孚日广场）物色女性的中间人等等。不同之处在于，火车站似乎已成为中间人的主要活动区域，他们在那里等待独自来大城市迷了路的年轻乡下姑娘。人贩子运输女性的方式和过境方式也

---

① *Grande Revue*, art. cité, p. 286.

② 关于安德雷斯，参见《晨报》1902 年 4 月 21 日发表的报道。

有所改变。人贩子为未成年少女制造假公民身份，带她们去体检，给新手安排“实习期”，将她们集中在郊区的某个地方，然后训练成一组队伍，一起前往车站和港口。[①]少数被诱拐的
529 新人不知道今后会面临什么，不知道等待她们的是过境时的预借款、到达后的贫困生活、被遗弃且债务累累的人生。在沙俄，官方支持为国内新区单身人士寻找未婚妻，而人贩子的活动往往就隐藏其后。因此，为了实现利益最大化，海外妓院老板还会廉价诱拐一批良家少女。

国际上被贩卖的法国女性不全都是受害者，她们多数是妓女、女佣和百货商店店员。[②]至少根据当时的说法，许多受害女性是“不分阶级的”，收不到学生的职业教师或钢琴教师常常被沙俄尤其是波兰提供的家庭教师职位所吸引，[③]当她们意识到上当受骗的时候，已经别无选择，只能接受妓院代理给出的条件。音乐咖啡馆里驻场的女歌手也属于类似情况，一旦到达目的地，她们只有同意卖淫才能签约。

阿普尔顿[④]在调查过程中采访了地方法官和检察官，得出了与弗伊洛利[⑤]相同的结论。他们发现，被诱拐的处女数量并

---

① 然而我们必须认识到，司法调查涉及的案件以及档案中记录的案件似乎很少组织得如此完善。

② 参见：Feuilloley et Savioz。的确，这一说法并不是基于一项真正的定量研究，因为我无法查阅内政部在 20 世纪初整理的 400 份受害者档案。

③ 1902 年 5 月 25 日的《晨报》有一篇关于这个问题的文章。

④ Appleton, *op. cit.*, p. 42-43. 这一点查阅国家档案馆 BB$^{18}$ 系列档案。

⑤ *Revue pénitentiaire*, 1902, p. 508.

不多，也没有多少被欺骗的女性或是从偏远妓院被强行带走的 530
妓女。的确，调查委员会和废规协会证明了暴力贩卖女性的存
在，但在被贩卖的女性中，不论是“大型买卖”还是“小型交
易”，大多数女性都知道会发生什么，她们并不害怕，都是自
愿出国的。在同行经纪人的指示下，[①]她们会在过境过程中隐瞒
真实目的地，声称自己是未婚妻、销售员或政府职员，以免引
起海关的注意。虽然国际贩卖妇女贸易牵扯的人数众多，但实
际上与国内贩卖妇女贸易的模式相同，只不过走出了国门。用
乔治·皮科的名言来说，唯一的区别是不再有统一地点。[②]这
种买卖女性的国际活动每天都在发生，其合法性一直受到质
疑，但是在巴黎会议上，世界各国的外交人员却表示认可这种
买卖，他们将其编入法典，确定了这种贸易的法律界限。

女性与其他国际贸易中的商品一样，有其运输路线、储存
仓库和主要消费市场，这种商业地图会随着需求、流行趋势或
市场容量的变化而迅速做出调整。[③]1899 年伦敦大会的报告帮
助我们对国际贩卖妇女贸易进行初步的勾勒。[④]欧洲内部的非 531
法交易断断续续，欧洲以外的交易则很有规律。事实上，欧
洲的女性出口大于进口，“拐良为娼”在法语里的字面意思是
“拐卖白人女性为娼”，这个说法就是这么来的。

---

① 司法记录和警方记录表明，他们经常独自旅行。

② *Revue pénitentiaire*, 1902, p. 535.

③ Savioz, art. cité, p. 284.

④ 参见：Moncharville, Lenoble, et Appleton, *op. cit.*。

维也纳和布达佩斯是欧洲大陆的主要交易市场。来自波西米亚、匈牙利帝国或加利西亚的女子，尤其是犹太女子，会被送到意大利港口城市（的里雅斯特或热那亚），然后出口到世界各地。奥地利首都设立了180个卖淫机构，长期备有1500名女性的“库存”以便随时满足各类需求。[①] 俄罗斯帝国[②] 是另一个主要的供应市场，供应的女性包括犹太女子，尤其是切尔克斯女子，也有来自华沙、基辅或彼得罗和卡利什省的女子，每15或20个女孩为一组从敖德萨港出口到世界各国。阿尔弗雷德·加洛弗洛医生[③] 认为，每年有1200名女孩在热那亚上船准备进入卖淫业，她们来自匈牙利、俄罗斯、瑞士或法国。意大利出口女性的港口还包括那不勒斯和墨西拿，不过这两个港口一般用来出口意大利本国的女性移民。在意大利南部，[④] 克莫拉[⑤] 和黑手党控制了女性贩卖交易。与英国一样，法国主要是中转国。除了法国女子之外，还有意大利、德国、比利时甚至是俄罗斯女子，从法国的勒阿弗尔、波尔多、马赛[⑥] 和南安普敦港口上船。

532　除瑞典外，所有欧洲国家都为国际拐良为娼贸易提供货

① Savioz, art. cité, p. 290.

② Rapport du prince Serge Wolkowski.

③ 转引自：Appleton, *op. cit.*, p. 33。

④ 参见：rapport Paulucci de Calboli 转引自：Appleton, *op. cit.*, p. 37。

⑤ 克莫拉是类似于黑手党的秘密团体，起源于意大利坎帕尼亚地区和那不勒斯市。——译者

⑥ Arch. dépt. Gironde, 4 M 340 et Bouches-du-Rhône, M 6 6356.

源，因此瑞典在当时被认为是一个道德良好且尊重传统家庭观的国家。此类买卖在比利时的安特卫普和汉堡港口也非常活跃，尽管政府采取了措施予以打击，但始终无法彻底消除。法国卖家源源不断地为欧洲市场，尤其是比利时、荷兰和俄罗斯帝国的妓院供货。根据荷兰政府调查警官巴尔肯施泰因的报告，[①] 阿姆斯特丹、鹿特丹和海牙当时有 11 家“法式”[②] 妓院，其中 4 家直接从法国进口妓女，几周后转售给其他二流妓院。在 15 个月的时间里，妓院一共做了 201 笔交易，买进了 79 名法国女子。例如，一名布列塔尼女子在八周内被强行转卖了三次。还有很多法国女子被运往以阿根廷为主的南美洲。

南美国家是主要进口国。随着西方的占领和移民控制的收紧，美国进口妓女的需求似乎已不再那么旺盛。[③] 纽约是主要
集散地，[④] 但大多数女子在纽约中转后会前往太平洋沿岸地区。 533
同样，由于巴西国内强烈反对猖獗的性交易，里约热内卢进口妓女的数量也在下降。[⑤]

---

① Savioz, art. cité, p. 287.

② 原文 Fransche Huizen 为荷兰语，意为“法式妓院”。——译者

③ 然而，妇女进口现象仍然存在。根据移民委员会 1908—1909 年在美国进行的一项关于因不道德目的进口和定居妇女的调查，大多数妇女是同意的。通常是通过邮购方式购买这些女子，价格在 200—2000 美元不等（Arch. nat. $BB^{18}$ $2167^{2}$）。1910 年，国会通过了一项法令，试图彻底消除这种贸易。

④ 英国人和爱尔兰人继续为海岸线市场提供服务。新奥尔良的童话镇是爵士乐的发源地，也是一个卖淫中心。

⑤ 在巴西，卖淫主要掌握在来自匈牙利、加利西亚、波兰或俄罗斯南部的“卡夫茨”（即走私犯。——译者）手中，然而，在这个国家定居的少数法国裔妓女通常不受他们控制（1906, p. 402）。

直到1914年，贩卖妇女的主要市场仍然是布宜诺斯艾利斯和蒙得维的亚。皮埃尔·古戎[①]向议会提交了一项统计研究，研究表明，首都阿根廷的风化警察在1889年1月1日至1901年12月31日一共登记了6413名妓女：4338人（68%）来自欧洲，其中1211人（19%）来自俄国，857人（13%）来自意大利，688人（11%）来自奥匈帝国，606人（9%）来自法国，350人（5%）来自德国，326人（5%）来自西班牙，96人（1.5%）来自瑞士，76人（1%）来自罗马尼亚，65（1%）来自英国，42人（0.7%）来自比利时。根据1897年[②]瑞士驻布宜诺斯艾利斯领事的一份公报，大多数人贩子是波兰犹太人，2200名女孩挤在拉瓦勒街的一家妓院，这条街又叫“血泪街”。这份公报还披露，40%的妓女来自波兰，15%来自俄罗斯，11%来自意大利，10%来自奥匈帝国，8%来自德国，5%来自
534 法国，4%来自英国，4%来自西班牙，只有3%来自阿根廷。这与皮埃尔·古戎提供的数据存在很大差异。按照这份公报的数据，俄罗斯帝国的女性出口量在19世纪末有所增长。我们发现，无论是根据公报数据还是皮埃尔·古戎提供的数据，大多数女孩的来源地都是移民输出大国。然而，英国女性的出口数量很少，法国女性的出口数量则很大，这表明并非所有大城市都一样，品位、传统、时尚、社会结构和性心理也是重要的

① Rapport cité, p. 328.

② *Le Relèvement social. Supplément*, 1er juin 1897.

因素。

东方国家也是贩卖女性贸易的重要市场。进口到东方国家的大部分妓女是俄罗斯人、意大利人、马耳他人、罗马尼亚人[①]、希腊人[②]和犹太人。据阿普尔顿调查，[③]在进口到埃及的妓女中，有75%来自奥匈帝国，她们被运往亚历山大港，那里是地中海东部买卖妇女的交易中心。埃及国家委员会在巴黎大会上提交了一份报告，[④]指出“女性往往是在尼罗河沿岸学会卖淫”。维托里奥·列维在六年后进行了一份调查，得出了不同的结论，他认为几乎所有来自俄罗斯、罗马尼亚和匈牙利的女孩在被送到埃及之前，都要在博斯普鲁斯海峡接受两到三年的培训。[⑤]这种看似矛盾的观点实际上反映了一条来往于君士坦丁堡和亚历山大港之间的贩卖女性贸易线路。尼罗河沿岸的妓 535
女会前往奥斯曼帝国的妓院和后宫，特别是斯米恩、贝鲁特、安纳托利亚和博斯普鲁斯海峡沿岸城镇的妓院。在土耳其，从贩卖女性贸易中获利的是贵族和苏丹。[⑥]此外，东方血统的妓女在法国极为罕见，在马赛也不多见。这表明贩卖女性贸易在地中海地区并不均衡。

---

① Vittorio Lévi, *op. cit.*, p. 54.

② Bérenger, «La traite des Blanches et le commerce de l'obscénité», *Revue des Deux Mondes*, juillet 1910, p. 85.

③ *Op. cit.*, p. 34.

④ *La répression de la traite des Blanches*..., 1906, p. 337.

⑤ *Op. cit.*, p. 53.

⑥ Rapport du docteur Ismaïl Kémal bey à la conférence de Londres, 转引自：Appleton, *op. cit.*, p. 35。

来自远东的经纪人会在亚历山大港为孟买或中国主要港口的妓院购买女性。根据埃及委员会的报告，有一条固定的运输女性的路线：“欧洲、亚历山大港或开罗、塞得港、孟买、科伦坡、新加坡、西贡、香港和上海，反过来就是返程。需要补充的是，她们一旦去了中国，很少会回来。”[①] 由于当时埃及没有法律禁止这种贸易，所以来自欧洲的运输人员、埃及批发商和东方买家都聚集在亚历山大港和开罗。埃及因而成为名副其实的女性买卖市场。

澳大利亚和南非也存在贩卖白人女性的现象，此外，在西伯利亚东部和俄罗斯统治下的满洲地区，特别是在性别比例极
536 其不均衡的地区，存在贩卖黄种女性的现象，[②] 例如海参崴和哈尔滨的妓院里就有很多日本妓女。

从 1899 年的伦敦会议到 1906 年的巴黎会议，国际贩卖妇女贸易的地理格局发生了几次变化。法国女性一直很受欢迎，价格是其他国家女性的两倍或三倍，[③] 北美市场则持续疲软。南非战争期间，德兰士瓦成为主要的女性消费地区。成千上万名欧洲妇女被卖往开普敦以满足英国士兵的需要，其中包括许多法国妇女。[④] 南非的约翰内斯堡成为妇女买卖交易中心。

自 1899 年以来，南美洲的卖淫结构也发生了巨变，最显

---

① *La répression de la traite des Blanches*…, 1906, p. 337.

② Appleton, *op. cit*., p. 37 et *Revue pénitentiaire*, 1902, p. 768-769.

③ Bérenger, *La traite des Blanches*…, p 87.

④ 费迪南·德雷福斯分析了 1902—1906 年内政部关于买卖妇女的 400 份档案，指出法国妓女被大量输送到南非。

著的变化是卖淫场所不再集中，地理位置越来越分散。蒙得维的亚的红灯区[①]被取缔；1904 年 1 月 1 日，布宜诺斯艾利斯市政府取缔了大妓院，卖淫活动只能在所谓的“三女孩之屋”的小妓院中进行。这证明人们的感受正在发生变化，这也导致了半个世纪以来西方妓院的危机。[②]

### 3）拐良为娼：公众舆论及国际立场（1902—1910 年） 537

a）一个新的人身牛头怪

1895 年，罗比奎特在巴黎举行的国际监狱大会上提议研究拐良为娼这一问题，他的言论引起了人们的强烈反对，几位参会代表以修女在场作为理由提醒演讲者注意礼节。[③]1899 年，蒙夏维尔在伦敦大会上表示，拐良为娼这一现象仍不为大众所

---

① Wagener, rapport cité, p. 404.

② 这种衰落在埃及也开始显现。参见：Vittorio Lévi, *op. cit.*, p. 53。

在简要介绍了贩卖女性贸易问题之后，必须强调对这一现象进行定量研究是多么困难。移民统计数据没有什么帮助，因为很少有妓女会承认自己是妓女，也很难被别人看出来是妓女，只有官方卖淫登记册才能提供相当有效的统计数据库，可惜东方国家缺乏这方面数据。这可能导致我们高估了法国与拉丁美洲卖淫管制国家之间妇女贸易的规模。司法档案只涉及刑事案件，我们会发现刑事案件非常罕见，可能不具代表性。然而，通过阅读某些档案，我们可以直接了解拐卖人口活动。卖往里斯本的，参见滨海夏朗德省档案部 6 M 415 和纪龙德档案部 M 340；卖往巴塞罗那的，国家档案馆 BB[18] 2184，卖往宜诺斯艾利斯的，参见纪龙德档案部 4 M 340、罗讷河口档案部 M 6 3336、国家档案馆 BB[18] 2231 和 2514，卖往赛义德港的，参见罗讷河口档案部 M 6 3336，卖往波兰和俄罗斯帝国的，参见国家档案馆 BB[18] 2250、南非国家档案馆 BB[18] 2249 和 2250，卖往塞内加尔的，参见纪龙德档案部 4 M 340。

③ P. Robiquet, *Histoire et Droit*, t. II, p. 181.

知，这令人感到震惊，委实难以置信，而现在就如萨维奥兹所说，[①]他们只是扑哧一笑，觉得这是天方夜谭。在1902年4月20日的《晨报》中，一名记者写道，公众“在这个问题上一直很冷漠”，因此他打算动员人们重视起来。简而言之，直到20世纪初，在公众的眼中，拐良为娼都只出现在小说中。

538 1906年巴黎大会开幕之际，曾在国际监狱大会发言的罗比奎特写道：“今天，世界上最有思想的人士和最高贵的女性都将打击拐良为娼看作必须完成的事情。”[②]法国总统在爱丽舍宫接见了巴黎大会成员。六年后，皮埃尔·古戎在议会上激昂地指出巨大的恐惧正笼罩着全国人民。[③]

1902年，拐良为娼的问题突然摆在了公众面前。7月27日，一名共和国记者斥责拐良为娼是“我们所处的时代最严重的祸患之一，肆虐在所有文明国家”。他将拐良为娼比作“可怕的道德毒瘤，无情地吞噬和摧毁了欧洲的一部分年轻人”。他说，拐良为娼造成的死亡人数比结核病还多。“这是一种强大的力量，一些比鲨鱼还要危险的人类正在利用这种力量摧毁普世道德。”[④]拐良为娼这个由来已久的现象在过去二十年里一直受到废规主义者的广泛谴责，但从未走进大众视野，为何大众现在突然意识到它了呢？

---

① Art. cité, p. 281.

② P. Robiquet, *op. cit.* p. 179.

③ Rapport cité.

④ 参见注释81。

第一个原因很明显，以《晨报》《日报》和《小巴黎人报》为主的发行量巨大的报刊在法国委员会的要求和资助下，[1]结成了制止拐良为娼的联盟，于1902年4月份开展抵制运动，为7 539
月在巴黎召开的国际会议做了充分的舆论准备。大型报业在德雷福斯冤案中发挥了重要作用，证明了自己对公众舆论的影响力。作为保守党的对立派，掌权的激进派一直是个人自由的坚定捍卫者。瓦尔德克-卢梭和孔波（Combes）虽然没有亲自参与废规运动，但他们的许多支持者一直在为这项事业战斗，并期待进行彻底的改革。[2]克莱蒙梭本人可能会被他之前的声明所束缚，但是，这场抵制拐良为娼的运动比废规运动的拘束少得多，并且有助于团结所有正直人士。

对大型报刊来说，拐良为娼是精彩的新闻话题。在不同的情况下，这个话题可以激起读者的仇外心理、反犹太主义情绪、对英国和德国的敌意、反教权主义心理以及对国家人口减少和人种退化的普遍焦虑。贝蒂荣医生及其联盟谴责新马尔萨斯主义者，认为他们应该为国家人口资源的流失负责，难道拐良为娼的人贩子就不该负责吗？而且，拐良为娼这个新闻话题蕴含许多下流的，至少可以说是具有性暗示的事件，可以激起

① 参见雅克·图茨（Jacques Teutsch），制止拐骗妇女为娼联盟秘书。法兰克福会议纪要（*Revue pénitentiaire*, 1902, p. 1134）。

② G. 巴阿勒（G. Baal）最近指出了埃米尔·库姆斯上台所引发的舆论运动的规模，以及支持者的愿望。参见：Combes et la République des comités, *Revue d'histoire moderne et contemporaine*, avril-juin 1977, p. 260-285。

540 人们被压制的情感。与卖淫题材相比，拐良为娼讲述的是**女性衰落的人生**，而**不仅仅是失足的人生**，这样的题材充满了巨大的情感力量，这一点尤其重要。随着女性性解放意识的加强和女性行为的“开放化”，人们对拐良为娼的传言感到焦虑，而脱离事实的传言在一定程度上加深了人们的焦虑，所以拐良为娼的报道来得正是时候。有了拐良为娼的案件，人们就不再强调妓女的不幸了。舆论转而认为妓女是必要的，更何况最纯粹的卖淫规制主义传统一直认为妓女对维护良家妇女的美德是必不可少的。这就是为什么废规运动的影响力一直较为有限。当人们谈论拐良为娼时，更多是在谈论“社会的变动”①、衰落和转型，当然，这并不是要指责女性道德的脆弱，而是要“强调少女或忠贞妇女所面临的风险”，讲述她们如何沦为外国妓院的妓女。背井离乡导致女性的社会地位下降，而男性的暴力又使她们在两性中的地位下降，两种地位的同时下降使她们不得不屈服于男性的欲望，再加上国外谁也不认识她们，这减轻了她们的羞耻感，使她们更容易接受卖淫。

当人们听到这类报道时，简直无法忍受。这种心理因素解释了为什么拐良为娼会让舆论既激动又恐慌。**人们容忍妓院老板因为这是没有办法的事**，**而人们憎恨人贩子是因为他们降低了女性的地位**。对记者来说，站在道德的角度规劝女性自然比

① Ch. Brunot, «La traite des Blanches», *Revue philanthropique*, 10 mai 1902, p. 13.

向她们描述妓院的丑恶要容易得多，他们向年轻的姑娘强调屈 541
服于诱惑就意味着要面临痛苦，认为自己的呼吁对女性提供了很大的帮助。

在了解这种心理后，我们就更容易明白为什么各大日报争先恐后地揭露和打击这一丑恶现象。①1902年，《晨报》刊登了一篇题为《拐良为娼》的文章，并得意地声称自己帮助逮捕了供货商卢奇尼克。几年后，《小巴黎人报》为巴黎大会的筹备提供了资助——至少它自己是这么说的。②大多数报纸都专题报道过拐良为娼这一现象，据我查阅，仅在1902年③就有22家报纸报道了这个问题。

拐良为娼贸易受害者的叙述就像一出鲜活生动的原创连载，借用了情节剧中的所有桥段。我们将这些叙述收集整合进行分析后发现，卖淫业新闻和拐良为娼新闻是两种完全对立的写作手法，几乎有天壤之别。通常，当报刊记者报道卖淫业新

① 1902年5月8日，《黎明报》报道说，是新闻界把这个问题呈现在公众面前的。

② *Le Petit Parisien*, 17 août 1906.

③ *La Lanterne* (24 avril, 19 mai, 4 juin, 9 et 25 août, 2 septembre), *L'Aurore* (8, 12 mai, 8 août), *La Libre Parole* (5 mai), *Le Père Duchêne* (17 mai), *La Journée* (20 mai, 30 août), *Le Rappel* (31 mai, 1er septembre, 30 décembre), *La Presse* (8 juin, 18 novembre), *Le Radical* (14 juin, 10 et 28 novembre), *Le Libertaire* (13 juin), *Le Français* (22 juin), *Le Journal des Débats* (22 juillet), *La République* (27 juillet), *La Petite République* (8 août), *La Patrie* (6 août), *Le Temps* (26 août), *L'Éclair* (10 octobre), *La Tribune française* (28 novembre), *L'Écho de Paris* (4 décembre) et *La Fronde* (6, 17, 28 décembre)；以及以下报纸刊登的系列文章：*Le Matin*, *Le Journal* et *Le Petit Parisien*。

闻时，他们会把卖淫圈子中的妓女、嫖客、妓院老板作为整体加以指责，以引起读者对整个卖淫业的反感。但是，当记者报道拐良为娼的新闻时，他的思路完全不同，他常常在报道中流
542 露出同情：受害者通常很年轻，甚至有些还很年幼，还未完全度过童年时期，尽管记者也不确定她们是否已经失贞，但常把她们认作是处女。中间人会首先取得她们的信任，向她们畅想做歌手的前景，然后把她们卖给人贩子。而被诱拐的受害者依然保持贞洁，就像牛头人身怪吃童男童女的故事一样，在这场贸易中，处女被献身给吞噬一切的恶人。人贩子都很强势："大多是三四十岁的男士，肥胖丑陋，手指上戴着大戒指，让人想起先前提到过的赛马经纪人、风化警察和妓院龟头。"[①] 他们通常都给自己取外国名字，若名字太法式，反而不像真的。当年出现在报道中的人物有德·波科特先生、哈姆也叫哈乌姆先生和卢什尼克先生。前两人在带五名未成年女孩上船去开普敦时被捕。德拉乌奈也叫卢什尼克，他的情妇是一名抒情歌手，名叫路易丝·图尔内克斯，在她的帮助下，卢什尼克说服了 15 岁的女孩杰曼·尼库德去伦敦卖淫。

据报道，女孩被诱拐后会先坐火车再坐轮船过境，但记者很少描述旅途中的“异国风情”，而是突出“背井离乡”的悲凉，以激起读者的仇外情绪。接着，记者会描述被卖女性的人生衰落历程以及伴随的社会变革。由于女孩们——通常是天真

---

① Jean Marestan, «La traite des Blanches», *L'Aurore*, 8 mai 1902.

无辜的女孩——拒绝接客，暴力和变态的场景时常出现。反犹报刊毫不犹豫地指认罪犯："在犹太人染指金融业之后，拐良为 543
娼又成为以色列最大的商业组织……在这场贸易中，以色列国际协会为股东们挣得了巨额股息。"拉斐尔·维亚乌（Raphaël Viau）在《自由言论报》[1]发表了一篇题为《哈乌姆，以色列公司》（Hayum, Israël et Cie）的文章，他在文章中列举了犹太人可能涉及的所有人口贩卖案件。他提到，1892 年，"大约四十名希伯来人"在伦伯格被捕，缴获了用"希伯来-日耳曼方言"写的信件以及买卖的"包裹"。他还提到犹太人伊西多尔·比克塔登和罗森克兰兹在 1896 年犯下的诱拐女性的罪行。在他看来，在法国，只有巴黎的犹太人才会做拐卖妇女的生意，这就是奥尔良谣言的由来。[2]《法国论坛报》[3]批评了打击拐良为娼联盟的低效，并指出这些联盟在"成立不到一周就招募了许多犹太人，犹太人纷纷加入联盟是为了避免被人们议论"，而垄断人口贩卖的恰恰是犹太人。反教权媒体也站在自身的角度对神职人员提出了质疑。1902 年 9 月 2 日，《灯笼报》在一篇关于拐良为娼的文章中谴责了"教士在南美拉皮条"的行为。12 月 3 日，《呼吁报》对"教会婚姻机构"提出了质疑。

---

① 1902 年 5 月 5 日期。

② 法国的奥尔良事件也称拐良为娼事件。法国奥尔良当地传出"进入成衣商店的女性陆续失踪"的谣言。传言称，有女性失踪的六家成衣商店都是犹太人经营的，这激起当地居民对犹太人的敌意，最后发展成攻击犹太人的暴力事件。——译者

③ *La Tribune française*, 28 novembre 1902.

同年，出现了比反犹运动规模更大的反英运动，尤其是波尚–哈耶姆事件引起了人们对德兰士瓦庞大的人口贩卖规模的关注。5月12日，《黎明报》引用了罗伯茨将军于1886年发出的一份通告，“要求为驻扎在印度的所有英国军队的营地设立
544 军妓馆”。作者想知道这位将军是否“秘密地促进了以南非为目的地的卑鄙贸易”。在卢奇尼克事件发生后，《日报》[①]将伦敦描述为“人贩子的总部”。摩洛哥危机[②]后，法德达成协议，但两国之间的紧张关系在有关拐良为娼的文献中可见一斑。德国委员会曾派瓦格纳调查员调查南美贩卖德国女性的问题，后者在1906年的巴黎会议上指责法国勒阿弗尔港是贩卖妇女的重要运输港，法国警察代表亨内金愤怒地回击了瓦格纳。[③]

媒体也非常关注被贩卖女孩的父母，尤其关注母亲的痛苦。记者积极采访了被卖女孩的母亲，并使用扣人心弦的语调强调，在拐良为娼贸易中，存在不可预测却又随时可能发生的危险，使读者直面拐卖女性造成的后果。报道的故事带有悲喜剧的特点，结局通常都是圆满的，救济院的女慈善家表现得像一位击败罪恶的善良天使。1904年1月21日，《日报》报道了加布里埃尔·德克斯海默（Gabrielle Deixheimer）案，文章的每一部分都有小标题：“已售—— 16岁少女贝尔维罗斯的失

---

① *Le Journal*, 27 août 1902.

② 20世纪初期法德两国争夺摩洛哥引发的战争危机。——译者

③ *La répression de la traite des Blanches*...，会议记录和讨论（1906, p. 99）。

踪——奴隶市场——共和国广场上的一条黑带——母亲的苦难”。这篇报道就颇为典型。

这些新闻故事虽然满足了读者的幻想，但通常夸大了女孩被诱惑的危险，向读者展示的人口贸易画面非常片面。在各大 545
报刊的文章里，往往只有极度变态的人才会定期从事贩卖妇女贸易，这样的报道掩盖或至少是忽略了现行卖淫规制的失灵以及由其造成的大量非法交易。报刊偏向于挑选强暴处女的个别事件进行报道，但是很少报道大规模拐卖事件。我们不得不承认，这些被拐卖的少女和妇女是现存性结构和卖淫规制的实际受害者。①

b）艰难组织国际行动

1901 年 12 月，距离伦敦大会的召开已过去两年，法国国家委员会成立了打击拐良为娼和保护少女的协会。这个新组织积极号召大家与这一祸患进行斗争，争取推动法律改革，改变
“人贩子”不受惩罚的现状，协调所有保护女性和帮助女性从 546
良的工作，并建立新的救援机构。它发起的“征战”是国际行动的一部分，旨在阻止不道德行为的发展，打击色情行为，以及消除街头的放荡行为。自 1902 年以来，新协会在勒阿弗尔、

① 然而，左翼报刊尤其是无政府主义媒体有时会强调这种矛盾。参见 1902 年 6 月 13 日《自由主义者》艾米奥特（G. Amyot）的文章。关于社会主义者，见路易·莫里斯（Louis Maurice）1902 年 8 月 8 日发表在《小共和国》的文章。8 月 30 日，亚历山大·布蒂科写了一篇《肉体交易》，突出了贩卖妇女和法制卖淫之间的联系。受到废规主义启发的报刊也持有相同的观点。参见 1902 年 9 月 2 日的《灯笼报》。

瑟堡、布雷斯特、波尔多和马赛设有五个地方委员会，[①] 它声称已经成功阻止了巴黎和波尔多之间的非法交易。

在贝朗热及其支持者的影响下，乔治·皮科、亨利·乔利和费迪南·德雷福斯于 1899 年在伦敦大会上组建委员会，意在指定一个国家举办国际会议，参议员在试探法国政府后选择了法国作为主办方。这一事件最大的悖谬之处在于，针对卖淫活动推出“卖淫规制”的法国，居然正式成为反对国际妇女贩卖贸易运动的领导者。

会议于 1902 年 7 月 16 日在巴黎开幕，16 个国家正式参会。[②] 法国委员会拟订了会议方案，并在备注中强调贩卖妇女
547 罪的立法缺陷。[③] 会议的任务是促使各国采取立法措施，确定各国处理国际贩卖妇女问题的程序和权限，并建议各国政府采取行政措施，加强监管，将被害人遣返回国。从一开始，路易·雷诺就明确定义了拐良为娼的界限，[④] 以确保卖淫规制不受质疑。

会议水到渠成地产生了两份性质不同的文件：a）一项行政

① Ferdinand Dreyfus, *Revue pénitentiaire*, 1902, p. 1135.

② 奥地利、比利时、丹麦、德国、西班牙、英国、匈牙利、意大利、荷兰、挪威、葡萄牙、俄罗斯、瑞典、瑞士和巴西。法国的代表是贝朗热、费迪南·德雷福斯、法学专家路易·雷诺、警察局长莱平和警察局长亨内金。

③ 因此，在法国，只有第 334 条（关于刺激未成年人放荡行为的法规），第 354—355—356—357 条（关于绑架或转移未成年人的法规）以及《刑法》第 341—344 条（关于非法逮捕和绑架公民的法规）与拐卖妇女有关，但并未直接涉及。

④ 参见下文第 513 页。

工作安排计划，包括旨在保护和遣返受害者的措施。这个计划在各国政府批准后即刻生效，几乎没有任何异议。1904 年 5 月 18 日，13 个国家[1]正式达成一致，于 1905 年 2 月 7 日在法国颁布行政工作安排计划。根据这项“安排计划”，法国内政部设立了打击拐良为娼的国家办事处。b）一项公约计划，这项计划通过了议会和有关当局的批准，包含一系列作为底线的刑法规定，并提议增加一项新的国际罪行。然而，会议将拐卖未成年少女和拐卖成年女性区别看待，法国新闻界称这是会议的一大丑闻，[2]这意味着会议暗示了拐卖成年女性的合法化。[3]

以上就是巴黎会议的意义所在。正如费迪南·德雷福斯所 548
强调的，尽管这是外交官们第一次关注卖淫和贩卖妇女问题，最终却演变为承认该贸易本质的合法性。读者可能会认为这种说法自相矛盾，但这的确符合警察局得出的结论。警察局长办公室于 1902 年 11 月 22 日发出一份文件，[4]对巴黎会议做了总结：“可以说，国际会议根本没有打击到拐良为娼这种卑鄙且不道德的贸易，反倒是向人贩子指明了从事这项贸易所必须满足的条件，这样贩子们就没有什么好顾虑的了。”会议打击的仅仅是强暴清白处女事件，因为只有这类事件会给公众带来焦虑并引发舆情爆炸。至于以欺诈、暴力或威胁方式拐卖成年女性

① 奥匈帝国、美国和巴西随后加入。

② 特别是《时代报》。

③ 的确，最终议定书规定，所建议的措施应视为最低限度的措施。

④ Arch. préfect. de police, DB 411.

的行为，警方认为难以展开打击，“在这些女性所属的阶层里，很少有人向法院或向警察提出申诉，因为她们不敢。此外，欺诈、暴力等案件必须在法庭上提交证据，而这些证据一向很难收集，法官也难以评断证人在恐惧状态下提供的证词是否可靠。”

为了树立榜样，法国议会于 1903 年 4 月 3 日投票通过了一项法案，制裁以暴力、欺诈或威胁方式买卖未成年人和成年人的行为，并迅速执行了公约的提案。按照相关法律，罪犯会被
549 判处六个月到三年的监禁以及五十到五千法郎的罚款。法案第 4 条还规定：“以暴力、欺诈、威胁、债务等方式将他人（即使是成年人）强行扣押在妓院或强迫其卖淫，应受到同样的制裁。”

作为主办方，法国政府迅速采取必要措施，推进提案生效，但并非所有国家都像法国这么着急。德国、英国、瑞典和挪威均表示了拒绝。因此，我们有必要梳理 1902 年提案在获得成员国批准前所做的修正。1910 年，德意志帝国政府提议利用在巴黎举行的一次旨在打击淫秽出版物的会议对草案进行修正，法国政府迅速接受这一提议。1910 年 4 月至 5 月，巴黎举行第二次国际会议，将拐良为娼问题列入议程。1910 年 5 月 4 日提交给成员国批准的新公约实际上就是 1903 年法国通过的法律条款，所以，立法层面并未作任何改变。[①]

---

① 然而应当指出的是，公约的案文与最终议定书一样，对“违背女性意愿将其监禁在妓院”的行为保持沉默，不过，案文中讨论了殖民地的女性贸易问题。

除了官方组织的打击拐良为娼的国际行动，民间也在主
动开展相关的打击行动。三次国际会议（1902 年法兰克福会
议、1906 年巴黎会议、1910 年马德里会议[1]）盘点了国际组织
所做的工作。第二次大会发布的文件显示了 1903 年法案的实 550
施所产生的影响：“1903 年 4 月 3 日至 1906 年 8 月，全国有
144 人因雇用未成年妓女被起诉，17 人被判无罪，6 人被判罚
款，121 人被判入狱，35 人因雇用成年妓女而被起诉，3 人被
判无罪，2 人被判罚款，30 人被判入狱。”[2] 此外，根据新法案，
“754 人被定性为皮条客，因介绍卖淫罪被起诉，56 人被判无
罪，6 人被罚款，692 人被判入狱”。[3]1885 年 5 月 27 日规定，
介绍卖淫是犯罪，这使很多皮条客落入法网，要知道，在此之
前，大部分皮条客很容易就能逃脱警察的追捕。不可否认的
是，所有企图剥夺妓女自由的人都遭到了镇压。伴随着国内掀
起的打击浪潮，卖淫管制逐渐“放松”，智囊团的积极倡导以
及沸沸扬扬的公众舆论都促使莱宾省长加速改革的步伐。[4]

相反，统计数字反驳了国际拐良为娼贸易中以处女为商品

---

① 第四届联合会国际大会在马德里举行，卖淫法规的问题一直未被正式提出，但对贩卖女性的来源和路线的集体思考能够间接处理这一问题。参见：*La répression de la traite des Blanches, compte rendu du IV^e congrès international tenu à Madrid les 24-28 octobre 1910.* 6^e question, p. 146 *sq.*。

② Rapport cité de Ferdinand Dreyfus au congrès de Paris, p. 359.

③ 同上书，第 360 页。在巴黎，安全部成立了一个特别分队，称为流动分队，专门负责执行 1903 年的法令。

④ 参见下文第 597 页及以下。

的夸张传言。与此同时，内政部处理了400起严格意义上的拐
551 良为娼案件，警察局处理了93起。但根据警方的调查，有63起被认定是没有根据的，这表明人们对拐良为娼有很多臆想。30起案件提供了司法信息，只有10名被告在刑事法庭受到起诉，8人被定罪，全国有754名皮条客入狱，而在巴黎，只有8人因大规模拐贩卖妇女被判有罪。由此看来，传闻与现实并不相符，这个对比说明了一切！四年中，整个法国[①]有41名成年女性或少女是拐良为娼贸易的真实或嫌疑受害者，她们均被遣返，费用由法国承担，其中12人来自德兰士瓦和开普敦殖民地，12人来自美国，7人来自埃及，7人来自俄罗斯，3人来自德国或奥地利。1908年，根据《国际协定》，全世界共审理了93起"国际拉皮条"案件，涉及146名被告，125人被定罪。[②]

上述迹象表明，在律师和外交官眼中，严格意义上的拐良为娼（即未成年和成年女性的被迫出口）只是一个次要现象，远非贝朗热及其同伴宣传的那样，也并非如主流媒体所报道或
552 古戎在议院中所揭露的那样，是一个可怕的祸患。国际会议（如反对拐良为娼大会）拒绝对卖淫规制提出质疑，而卖淫规

① Ferdinand Dreyfus, rapport cité, p. 363.

② 皮埃尔·古戎1912年3月26日向众议院提交的报告。这位国会议员引用了马德里会议记录中的数据（1910, 3$^{e}$ question, p. 85）。补充一点，尽管如此，保护协会仍在积极阻止人贩子的活动，1905年10月的"火车站行动"就是为了这个目的开展的。

制必然导致非法贸易。正如我们在警方文件当中看到的那样，1902 年的巴黎会议狭义界定了拐良为娼的犯罪行为，反而消除了成年女性自愿被贩卖的道德障碍。贝朗热通过主持所有这些受人关注的会议获得了声望，却又利用得来的名望支持新的卖淫规制；拐良为娼的丑闻本应使卖淫规制支持者名誉扫地，贝朗热却巧妙地将反拐良为娼运动转化为维护卖淫规制的手段，他还宣传说，卖淫规制下的妓院和在册妓女可以减少拐良为娼现象。卖淫规制的支持者也谴责未成年卖淫，并组织了大范围的打击行动，但他们从未对“法式制度”提出过质疑，只是降低了警方管控卖淫界的难度，**成功地让更多的人相信监管卖淫是必要的**。无论如何，他们成功牵制了废规主义者最近发起的运动，甚至致使其流产——因为废规主义者宣称卖淫规制的存在本身就很危险。

很明显，在整个事件中，废规主义者被愚弄了。他们本以为这是一场实用主义的运动，于是同意与形形色色的保守派和卖淫规制主义者一起参与运动。保守派和卖淫规制主义者很高兴能够借机减轻对手的敌意，“最重要的是，还能实现他们一直期望达成的目标，让废规人士参与到道德运动中来”。有一点我们不要弄错了，无论这些流派如何争执，对所有反拐良为娼运动的领导人来说，这种运动主要是一种加强年轻人道德的手段，553
同时表达了人们抵制淫秽出版物和街头拉客行为的共同意愿。

拐良为娼现象的实际规模与传言之间的差距本身就说明了

问题，抵制运动实际上更希望宣传一种广泛的观念，就是让姑娘们相信，她们每天都会受到诱惑和暴力的威胁，对她们来说，年轻是真正的考验，是一段充满危险的时期，在这段时期里，她必须知道如何“保护自己”，才能进入婚姻的港湾。[①]

## 3. 卖淫、疯癫和人种退化

卖淫、疯癫和歇斯底里症之间的联系构成了卖淫话语的基本主题之一。然而在 19 世纪末，这种联想正在发生彻底逆转。
554 人们不再认为妓女是精神疾病或歇斯底里症的高发人群，也不再认为妓女的癫狂是由于生活困难、酒精中毒或特殊疾病的影响，而是转而认为卖淫本身就是一种疯病，不同的卖淫行为指向疯病的不同症状，这是人种退化的结果。为了证明卖淫是人种退化导致的疾病，越来越多的人类学和心理生理学著作对妓女和“良家妇女”展开对比研究。波旁王朝复辟时期（1815—1830 年）流行的经验社会学带有偏见地认为卖淫导致了疯癫，而 19 世纪末，随着犯罪人类学的发展，新的论述开始出现，

① 1902 年 7 月 21 日《辩论报》发表的《禁止拐卖妇女和保护少女协会》大会讲话中，乔治・皮科建议少女避免独自行动，应“与其他少女结伴，保护自己，直到度过年轻时的危险时期，唯一能够解决这种问题的道德方案就是结婚”。他紧急呼吁“私人慈善机构”在女孩周围建立保护墙，增加各种各样的避风港。协会成员对青年性解放深感焦虑，这与国际妇女贩卖几乎没有任何关系。协会同样拒绝攻击妓院的规定和制度，他们认为保护年轻资产阶级妇女的贞洁与妓女的存在密不可分。

它们试图消除过去的种种偏见，并宣称从科学层面解释说明卖淫和疯癫的另一种关系。

### 1）传统调查

a）妓女是精神疾病的高发人群

19世纪，几乎所有精神病医生、神经学家和性学家都坚持这种观点，却没有任何真正的临床研究能够证明其可靠性。人们认为没有必要验证这种假设，因为结论似乎是有目共睹的。所有人都认为妓女患精神错乱症的几率高于其他女性。

1832年，埃斯奎洛[1]首次在精神疾病病因学中提到卖淫。在很长一段时间里，只有他对这一问题进行了临床研究，他发现，在妇女救济院收容的精神错乱者中，有5%曾经是妓女。555
继库勒里耶[2]之后，杜其勒[3]又在埃斯奎洛著作的基础上进行研究，他在书中用数页篇幅强调了妓女是精神病高发人群。这种现象在当时被认为是科学真理，引述的学者有罗西尼奥尔[4]、格里辛格[5]、吉兰[6]、雷纳丁[7]、夏特兰[8]以及19世纪末的罗伊斯医

---

① Esquirol, *Maladies mentales*, p. 47.

② *Dictionnaire des sciences médicales*, t. XXXII, p. 483.

③ Parent-Duchâtelet, *op. cit.*, t. I, p. 262-266.

④ Docteur Rossignol, *Aperçu médical sur la maison de Saint-Lazare*, 1856.

⑤ Griesinger, *Traité des maladies mentales*, p. 175.

⑥ Guislain, *Leçons orales sur les phrénopathies*…, p. 73.

⑦ Renaudin, *Études médico-psychologiques sur l'aliénation mentale*, p. 312-316, à propos de la femme galante.

⑧ Châtelain, *Causeries sur les troubles de l'esprit*, p. 32 et 123 *sq*.

生[1]。克拉夫特–艾宾在《精神病临床治疗》[2]中反复强调，妓女很容易成为精神病患者。

困难、贫穷、单相思、纵欲，特别是酒精和梅毒造成的损害似乎足以解释妓女的精神障碍。卖淫被认为是通往疯癫症的道路。研究者还提到了社会组织失能和个人道德败坏等因素，但尚未有学者真正从遗传学的角度解释疯癫的病因。[3]

556 直到1899年，弗朗索瓦·格拉斯医生在罗讷大学精神病院进行的唯一一项科学临床研究，[4]证实了精神错乱与妓女行业并无关联。1879—1899年，共有5137名女性进入精神病院，格拉斯医生发现其中仅有40人是妓女，占比0.8%。不可否认，他只核实了在册妓女，这40名妓女包括7名公娼、16名站街女和17名在登记前就受到警方监控的册外妓女。1900年，有3338名在册或受监控妓女在城区卖淫。作者认为，40人中有7人的精神错乱是酗酒导致的。作者还归纳了精神病院里患疯癫症的妓女不同的发病形式，按照发病率递减的顺序，依次是“过度狂躁兴奋”“全身无力”“有自杀倾向的忧郁症”和“引起幻觉的精神错乱”。但是，在罗讷省，妓女发生精神错乱的情况非常少见。

格拉斯医生这项低调的研究并未产生多大影响力，连医生

---

① Docteur Reuss, *Annales d'hygiène*, 1888, janv.-juin, p. 301.

② Krafft-Ebing, *Traité clinique de psychiatrie*, p. 188.

③ 除了罗伊斯医生。

④ Docteur F. Gras, *L'aliénation mentale chez les prostituées*.

本人也对研究结论感到不安。然而这足以说明，在当时的医学论述中，有很多未经证实的假设，那些将疯癫症与卖淫联系起来的知名精神病学家缺乏科学严谨性。

b）歇斯底里症的发病率

针对歇斯底里症的起源，有很多观点，各方争论不休。大量文献[①]描述了歇斯底里症，只有部分作者提及了卖淫。布里 557
凯特于1859年指出，这表明，就“卖淫对歇斯底里症的影响，学者们的认识存在很大差异”。[②]支持子宫-卵巢理论的学者认为，是禁欲导致了歇斯底里症，比如兰杜兹医生，他认为妓女的工作可以保护她们免受这种疾病的伤害。巴朗-杜夏特莱同样一直强调很少有妓女患上歇斯底里症。[③]另一方面，以布里凯特为首的学者反对上述理论，在他们看来，歇斯底里症是神经系统疾病，而不是生殖器官疾病，禁欲并不是造成这一疾病的首要因素。[④]这一类医生乐于强调妓女是歇斯底里症的高发人群。

1859年，皮埃尔·布里凯特公布了他与莫尔里尔和德·波依斯·德·卢里合作完成的研究结果，这项研究调查了197名在圣拉扎尔诊所接受治疗的在册妓女，年龄在16岁至30岁之

① 关于这一方面，参阅最近歇斯底里症的故事，特别是伊尔扎·韦特医生的记录。

② Docteur P. Briquet, *Traité clinique et thérapeutique de l'hystérie*, p. 123.

③ *Op. cit.*, t. I, p. 259.

④ 参见：Gérard Wajeman. «Psyché de la femme, note sur l'hystérique au XIX$^{e}$ siècle», *Mythes et représentations*..., p. 56-66。

间。[1] 其中 106 人患有歇斯底里症，[2]28 人患有“神经敏感症”，只有 65 人在其看来似乎没有任何病症。布里凯特认为，这些
558 结果使他得出一条规律，即“超过一半的妓女都患有歇斯底里症”。[3] 德斯平、勒格兰德·杜·索尔（Legrand du Saulle）和吉尔·德·拉·图雷特（Gilles de La Tourette）马上引用了这个观点，[4] 他们很高兴能证明导致神经症的不是禁欲，而是性病。

在另一些医生看来，歇斯底里症的病因是显而易见的。布里凯特写道，“贫穷、熬夜、酗酒、长期处于被警方管束的恐惧当中、遭到同居男性的虐待、染病后经历的强制性监禁、强烈的忌妒和旺盛的情欲”[5] 都可能导致神经症疾病。吉尔·德·拉·图雷特认为，“歇斯底里症与其说是器官疾病，不如说是由持续的恐惧、精神障碍和道德堕落引起的疾病，是妓女从事这个可耻行业的后果”。[6] 勒格兰德·杜·索尔则认为

---

① 布里凯特的目的是建立洛尔辛医院性病女患者的样本对比。这是一项毫无意义的工作，因为在该机构接受治疗的病人绝大多数是暗娼，奇怪的是，布里凯特似乎忘记了这一点。

② 其中 32 人患有歇斯底里症，74 人有“持续或几乎持续的歇斯底里症状，但很少患病”（*op. cit.*, p. 124-125）。

③ 同上书，第 125 页。

④ 参见：docteur H. Colin, *Essai sur l’état mental des hystériques*, p. 38。请注意，埃德蒙·德·龚古尔创作《少女艾丽莎》的目的是描述一名妓女歇斯底里症的发病过程（参见：R. Ricatte, *op. cit.*, p. 64）。

⑤ *Op. cit.*, p. 125.

⑥ 转引自：F. Gras, *op. cit.*, p. 13。

遗传是歇斯底里症的决定性因素。

1890年，夏科特的学生科林医生对布里凯特的说法提出了质疑。他亲自[1]对圣拉扎尔诊所的196名性病女患者进行了细致的检查，发现19人患有歇斯底里症，而且“患歇斯底里症的人通常都很聪明，至少比妓女聪明得多”。[2]科林的研究并未 559
影响某些医生坚持妓女是歇斯底里症高发人群的观点。[3]事实上，1890年以后，这场争论已显得过时了。此后，精神病理学与卖淫之间的联系将以不同的方式出现。

### 2）天生妓女和遗传疯癫症

在研究卖淫的起源时，卖淫规制主义者和新卖淫规制主义者都相当重视社会阶层的影响，但他们也明确承认了个人体质的重要性。长期以来，包括巴尔[4]或莫罗·德·图尔医生[5]在内

---

① Docteur H. Colin, *op. cit.*, chap. IV: «l'hystérie dans les prisons et parmi les prostituées», p. 37-43. 此外，书中还包括妓女的精彩传记。

② 同上书，第41页。

③ 参见：docteur Octave Simonot, «Psycho-physiologie de la prostituée», *Annales d'hygiène*, 1911, p. 498-567。

④ Ball, *Leçons sur les maladies mentales*, p. 383. 巴尔扎克回应了颅相学家关于卖淫与生俱来的想法，卡洛斯·埃雷拉对以斯帖说：“你是一个妓女，你将永远是妓女，到死都是妓女。因为，尽管发展理论很诱人，但凡夫俗子只会发展成命中注定的样子。有的人天生就聪明，而你天生就懂情爱。”（*Splendeurs et misères des courtisanes*, La Pléiade, p. 710）犯罪和卖淫不可磨灭的特点在小说中一再重申（参见：p. 1046-1050）。“卖淫和盗窃是男性和女性的自然状态，是对社会状态的鲜明抗议。”（p. 1046）

⑤ Docteur Moreau (de Tours), *La psychologie morbide*, p. 379-381.

的专家都尝试用遗传学来解释卖淫行为，但这种思路并不符合
560 当时的主流观点。19 世纪末的主流研究方法是犯罪人类学，主导从逻辑角度入手，坐实“卖淫是先天性缺陷”这一观点的科学性。

“天生妓女”是一个不完整的人，其发育过程受到阻碍，是病态遗传的受害者，她的身体和精神皆表现出退化的迹象，这与她有缺陷的成长经历有关。卖淫之于女性，犹如犯罪之于男性，是退化甚至倒退的结果。在精神学领域，天生妓女指的是多次通奸的妻子，是“精神疯狂”的受害者。总而言之，种种退化迹象使她远离良家妇女的形象而接近小偷的形象。当然，并不是所有妓女都是天生的，她们中的一些人“后来才做妓女”，犯罪人类学研究者认为这一类妓女不具有参考意义。以上内容就是犯罪人类学流派建立的“天生妓女”理论，这一流派的代表人物有俄罗斯学者波林·塔诺斯基，意大利学者费里加尼、隆布罗索和费雷罗。他们的作品在问世时遭到舆论界的批评，但仍然很快被译成法语，[①] 并且在1890—1914年对卖淫言论产生了重大影响。这些学者极端科学严谨的表象的确给人留下了深刻印象，因此有必要细致分析一下他们的研究结论。

通过运用人体测量学进行测量和观察，人们发现妓女身上

① Pauline Tarnowsky, *Étude anthropométrique sur les prostituées et les voleuses*, 1889. Lombroso et G. Ferrero, *La femme criminelle et la prostituée*, 1896.

的退化迹象比比皆是。在许多方面，妓女看起来像原始妇女，这意味着她更接近男性，而不是“良家妇女”。人体测量学专 561
家坚持不懈地对妓女进行测量研究，于19世纪末为妓女勾勒出一幅新的画像。这幅画像基于一个更全面的理论基础绘制，比以往任何时候都更加精确。

人体测量学专家对女性罪犯、妓女、农妇和良家妇女进行比较后，发现妓女的颅骨[①]和眼眶容量小。另外，妓女的下颚要比良家妇女重得多。[②]妓女往往有畸形特征：听骨肿块肿大，枕骨间孔不规则，前额扁塌或狭窄，鼻骨异常，凸颌，面部有男性特征，下巴巨大，面部和眉毛不对称，牙齿不齐和短缺。她们的骨盆比“正常女性”的平均骨盆短，具有返祖特征：骶骨管打开，上肢也比正直女性短，脚较小，通常一手就能抓住，眼睛通常是深色。

妓女的三个基本特征体现出她们是野蛮、原始、具有男性特征的女性：1）丰满，身材矮小，体重比良家妇女更重，大腿一般比良家妇女更粗；2）外表更加男性化，全身毛发过度旺盛，头发特别浓密，性器官周围有大量阴毛（具有这一特征的 562
妓女占41%，良家妇女占14%）。此外，由于声带过大，妓女的嗓音很像男性；3）有大量文身。

---

① 根据隆布罗索的说法（*op. cit.*, p. 265），“良家妇女的颅骨体积比她们高出五到六倍”。

② 同上书，第269页。

以上就是人类学认为的天生妓女的特点，但这并不妨碍她们年轻时很美。事实上，妓女涂抹的脂肪、妆容以及为了诱惑顾客所做的打扮，都可以暂时掩盖她随着年龄增长而愈加畸形的身体。不过她的脸会越来越男性化，甚至“比男人的脸更丑”。[①] 所有这些观察结果都表明，妓女比罪犯更容易让人想起女性的原始特征，再加上隆布罗索本就认为“原始时代的女性……一般都是妓女”。[②] 男性化恰恰是野蛮时代女性的一个特点，妓女的返祖性是其过度丰满的原因，隆布罗索还指出，霍屯督人群落里的女人就有这样的外表。

**生理生物学**证实了人体测量学的结果，认为天生妓女的特点首先是**早熟**，这是人种退化的另一个迹象。在对妓女进行观
563 察后，罗西尼奥尔医生指出，妓女的月经初潮来得很早，经期不规律。[③] 妓女会过早失身，这也符合原始女性的特点。

天生妓女还有一个特点是非常**迟钝**。[④] 例如，疼痛计的测量结果显示，天生妓女的阴唇和阴蒂对疼痛的敏感度低于正常

① *Op. cit.*, p. 338. 蒲鲁东在《色情政治》中写道：“巴朗-杜夏特莱可能会补充说，这些女性的形象与她们的道德一样，也在发生变化：她们改变了自己，学男人的眼神、声音和神态，在性别方面，她们仅仅在肉体和道德上保留了女性最重要的特质和绝对必要的东西。”（p. 372-373）

② *Op. cit.*, p. 345.

③ 转引自：le docteur S. Icard, *La femme pendant la période menstruelle*, 1890, p. 197。

④ 在这里，隆布罗索与传统人类学的论述形成了鲜明对比，后者认为，女性的本质特征是性器官和高度的敏感性（参见：Y. Knibiehler, «Le discours médical sur la femme», p. 49-50）。

女性。味觉迟钝和嗅觉失灵在妓女身上很常见，而且她们的视野比较窄。这并不妨碍天生妓女比“良家妇女”更早表现出**好色的特点**，这种特点与男性更相似。总的来说，生理生物学对妓女的科学论述略显简短，并未对妓女的性活动进行生理测量。隆布罗索和费雷罗引用了古代的著作，甚至引用了巴朗-杜夏特莱的著作，指出妓女是女同性恋的高发人群；还指出妓女身上的男性特征是导致天生妓女的病因，这种“回到雌雄同体时期的返祖倾向”[①]也是一种退化的迹象。

天生妓女的精神退化导致了她的**精神疯癫症**[②]。这种疾病的主要特点是**缺乏廉耻心**，是卖淫行为产生和发展的根本原因。
根据波林·塔诺斯基的定义，“精神疯癫症”的特征是多种多 564
样的：情感缺失，嫉妒心和极强的复仇欲，缺乏归属感和友情，母性本能萎缩（天生妓女有迫害儿童的行为），到了一定的年龄就送自己的女儿去卖淫，容易吸引罪犯（尤其是窃贼和勒索犯），喜爱暴力而且贪婪，这些特征是定义**精神疯癫症**的第一组数据。

此外，天生妓女的智商低于平均水平。智力的下降和生殖意识的萎缩使她们不加控制地吸收营养，所以天生妓女嗜酒、贪吃甚至贪婪。她们沉迷赌博、游手好闲、无所事事、天生懒

---

① Lombroso, *op. cit.*, p. 409.

② 关于“精神疯癫症”，参见舒尔（Schüle）的著作；我们可以在《医学心理学年鉴》（*Annales médico-psychologiques*, 1899, p. 482）中找到对这一概念的评论。

散、不爱思考。与此同时她们又容易激动，她们特别喜欢跳舞就是证据。这些鲜明的反差都是退化的迹象。天生妓女的这些特征令人想起野蛮人的懒惰和狂欢。此外，天生妓女喜欢撒谎。与所有“精神疯癫者”一样，她们还非常喜欢动物，像狗一样忠于她的皮条客。隆布罗索[①]认为妓女的宗教精神也是退化的标志之一。

天生妓女最关键的特征是缺乏羞耻心。这是精神退化的一种心理症状。羞耻心的缺乏解释了性早熟、卖淫行为和性冷漠之间一直存在的矛盾。驱使天生妓女从事这份职业的是精神上的迷失，而不是性生活上的迷失。更重要的是，对天生妓女来
565 说，性冷漠是一种优势，一种“达尔文式的适应”。[②]在她看来，无论是在精神上还是在肉体上，性行为都是微不足道的小事，因此天生妓女可以很容易发生性行为。

**谱系学**也坐实了天生妓女的理论。众所周知，19世纪的作家非常重视家谱的建立，左拉的作品就是最好的例子，他们想要证明犯罪、放荡和所有罪恶都是有遗传根源的。诉诸遗传学主要是为了追溯疾病和不健康现象的病因并做出解释，而不是将其归咎于自发现象。谱系学关于天生妓女的科学论述特别有说服力。波林·塔诺斯基指出，俄罗斯妓女的上一代亲属大都酗酒，患有肺痨、梅毒、神经或精神疾病。她还指出，酗酒的

① *Op. cit.*, p. 556.
② *Op. cit.*, p. 542.

母亲生出的后代具有明显的退化迹象。

当然，需要重申的是，有些妓女不是天生的，她们的性格是后天养成的，这些人通常是册外妓女。用波林·塔诺斯基的话来说，这个世界上“毫无忧虑”的女人是通奸的女人，因为她们只需讨好一个情人。通奸的女人“没有对邪恶的恶趣味”，[①]这是她们区别于天生妓女的标志。被迫卖淫的女人必然遭受过贫穷、恶劣的家庭环境、被引诱者抛弃，她们也有可能是拐良为娼贸易的受害者。一旦沦落到卖身的境地，她们会表现出比天生妓女更大的廉耻感。这类女性仍然容易感到羞耻和 566
悔恨，对孩子也会表现出极大的爱。

天生妓女的理论受到了广泛批评，但在法国医生中引起强烈的反响。尽管有些法国学者不愿完全赞同波林·塔诺斯基或意大利的犯罪学家，但天生妓女的理论明显渗透在他们的作品中。早在 1888 年，比塞特尔医院性科听诊医生费雷就把卖淫和犯罪等同起来，在他看来，妓女和女犯人的共同之处在于她们都是没有生产力的人，是“文明的残废者”[②]，是“人类适应社会过程中的残渣”[③]和“先天残疾与疾病导致的无能者”[④]。在他看来，拒绝工作（追求享乐也一样）和“易怒（这个生物学条件非常利于发展艺术细胞）”[⑤]都是退化的迹象，都是神经病

① Lombroso, *op. cit.*, p. 585.

② Ch. Féré, *Dégénérescence et criminalité*, p. 103.

③ 同上。

④ 同上书，第 107 页。

⑤ 同上书，第 104 页。

家族成员的特征。科勒医生强调，卖淫提供了一种以往很少考虑到的优势，即为犯罪女性提供了转型的可能。[1] 埃米尔·劳伦特医生在一篇文章中强调了酒精遗传在卖淫起源中的重要影响，重点普及了天生妓女理论，尤其推广了隆布罗索和费雷罗
567 的著作，他指出，许多家庭成员只有疯子、罪犯或妓女。[2] 尽管格拉斯医生的临床观察表明这种观点是错误的，但他在论文的结论中却表示支持天生妓女理论。[3]

在法国，奥克塔夫·西蒙诺特（Octave Simonot）医生对天生妓女理论进行了最详细的阐述和完善。西蒙诺特是风化警察队伍中的医生，他声称检查了两千名从事性交易的妓女，并试图从生理学角度描述她们的心理特征，进而定义他口中的遗传疯癫症。他认为这种精神偏差病症只会出现在妓女身上。西蒙诺特作品于 1911 年问世，标志着法国对妓女展开的漫长的人类学研究历程达到高潮——这段研究历史的开端就是以巴朗-杜夏特莱 1836 年出版的作品为标志。西蒙诺特首先反驳了社会学家的观点，认为“卖淫是一种病态的器官疾病”。[4] 他引用了波林·塔诺斯基的人类学研究，并且将大部分理论建立在

---

① Docteur Cotre, *Crime et suicide*, p. 273-276；以及p. 277-291的详细内容。

② Docteur Émile Laurent, «Prostitution et dégénérescence», *Annales médico-psychologiques*, 1899, p. 353 *sq*.

③ 一些废规主义者的著作中也充斥着这样一种信念，即妓女往往是堕落的人，参见儒勒·霍切访问圣拉扎尔监狱时所做的描述（J. Hoche, Une visite à la prison de Saint-Lazare, *La Grande Revue*, mars 1901, p. 697-721）。

④ Art. cité, p. 562.

神经学尤其是大脑活动障碍的理论上。西蒙诺认为，“卖淫是一种自动的反射行为”，妓女的生活是一种“纯粹的反射”。[①]这种“遗传疯癫症”[②]具有典型的遗传特征，是“遗传血液化学 568
和生物变异”[③]的结果。

西蒙诺特称，在圣拉扎尔诊所接受治疗的妓女中，有80%患有脑衰弱，伴有记忆丧失、注意力差、注意力不集中的症状。妓女和野蛮人一样只有“自发的注意力”；她们没有能力“主动注意”，而这种主动注意与工作能力密切相关，标志着人类进化的一个高级阶段。与此相关的另外两个症状也是妓女退化的标志：一是注意力经常分散，二是思维容易固定。

患有“遗传疯癫症”的妓女没有发挥意志的能力，在圣拉扎尔接受治疗的妓女中，有70%都是这种情况。她们对工作的渴望最多是“内心想想”。此外，妓女常常出现幻觉，因为她们的“大脑感官图像混乱”，[④]无法完成感知所需的合成工作。有时，她们的大脑会持续出现“完全放空”的状态，遭受这种“生理斩首”[⑤]的妓女完全受冲动行为的控制。

在圣拉扎尔接受治疗的妓女中，90%的人把精力花在享乐上，这是“遗传疯癫症”的另一个症状。她们的外围神经是下

---

① Art. cité, p. 516.

② Art. cité, p. 499.

③ 同上书，第543页。

④ 同上书，第510页。

⑤ 同上书，第511页。

意识的组成部分，因此仍然处于“下意识”的控制之下，[①]鲜艳
569 的色彩、音乐和性关系对她们很有吸引力。这种对享乐的持续追求使妓女类似于孩童和野蛮人。对妓女来说，爱等同于生育行为，从这个角度来看，妓女的“进化阶段停留在两栖类或鸟类”。[②]“生殖行为”在她身上会产生真正的激情，“正常人和发育良好的人具有的情感在她们身上只会短暂出现”，对她们来说，“生殖行为产生的激情就是卖淫”。[③]

妓女的脆弱性、不稳定性以及被人们指责的“精神飘忽不定”，都是从她出生的地方习得的。在她们的“大脑机制”中，产生了“一种连续性的解决办法，这种办法妨碍了思想、运动和行动的协调”。[④]最后，关于卖淫的起源，西蒙诺特医生再三强调遗传引起的脊柱刺激，他认为，这种疾病伴随着一种“反射性兴奋”，病因是“脊髓和大脑的连续处被或多或少中断了”。[⑤]

西蒙诺特的疯言疯语表明医学界在处理卖淫现象时极端紧张。不过，他的研究并不像人们认为的那么不值一提。其研究的意义并不是因为它出现在一份重要的、广泛传播的期刊上，
570 而是因为这位前风化医生声称他一直在以科学的方式求证早期卖淫规制文献中出现的既定观念。综上所述，西蒙诺特医生

① Art. cité, p. 514.

② 同上书，第 518 页。

③ 同上书，第 520 页。

④ 同上书，第 530 页。

⑤ 同上书，第 548 页。

与以往所有人类学家一样，强调妓女的边缘化，不过这一次，他将这种排斥建立在从心理生理学借来的伪科学武装基础上。“强大的、适应性强的、集体生活的人类在不断进化，但软弱的、被孤立的妓女永远不懂如何适应。”[①] 妓女对工作的厌恶，对痛苦的逃避，对稳定的拒绝，以及对享乐的不断追求，构成了她们的“遗传疯癫症”，该病症就是人种退化的结果。

不管天生妓女理论的影响力如何，它始终遭到了许多人的怀疑，隆布罗索本人后来也收回了自己的言论。反对天生妓女理论的人包括社会主义者[②]、极端自由主义者以及所有拒绝承认性格决定卖淫行为的人，除此之外，医学界也多持保留意见。[③] 格拉斯医生对天生妓女理论持谨慎态度，他有时甚至会公开谴责这个理论。1897 年，布鲁塞尔的丹尼尔医生对波林·塔诺斯基的著作做出了严厉批评。他质问道：难不成辨认良家妇女也需要标准？他补充说：“坦率地讲，我不认为有任何理由专门对妓女进行精神病学研究，正如我们不会单独研究女裁缝或花 571
商。妓女与其他劳动者一样，给一笔钱做一份工作。她们的特别之处是没有钱。”[④] 当然，最清醒的废规主义医生对天生妓女

① Art. cité, p. 567.

② E. Dolléans, *La police des mœurs*, p. 95 *sq*.

③ 在德国和奥地利，宾斯旺格、门德尔、贝尔、梅内特和奈克拒绝将“精神疯癫”视为一种病态。在法国，拉卡萨涅医生强调了生活圈子在卖淫行为起源中的作用。

④ Docteur G. Daniel, «Études de psychologie et de criminologie: contribution à l’étude de la prostitution», *Revue de psychiatrie*, 1897, p. 80.

理论的批评最为严厉。[①]废规派医生莫哈特认为，卖淫规制和天生妓女理论都是一条线上的产物，他于1906年写道："路易十二时期，妓女在道德上是被剥夺的。从隆布罗索开始，她们的肉体也被剥夺了……于是，一次又一次，人们对她们想做什么都行。"[②]

对意大利人类学做出最深刻批判的学者是G. 塔尔德，他提出了一种极具创新性的、令人震撼的分析，解释了天生妓女理论无法成为主流的原因。作为法兰西公学社会学教授，G. 塔尔德给出的理由很简单："爱生而带有奴性，随着文明的进步，爱……逐渐超越了动物生活中纯粹的生殖手段，成为生存目标。"[③]塔尔德认为这种"不孕的爱情"[④]是他那个时代发展的主要现象。在他看来，这种不以生育为目的的爱所带来的肉欲享乐不应被视为"可耻的"。

572 提出新见解的G. 塔尔德进而反思"肉欲享乐的功利价值或美学价值，以及它对个人和社会产生的作用"，[⑤]这种反思衍生出一种新的伦理观。事实上，"未来的伦理观决定了人们的信仰，而这些信仰决定了人们认为重要的事，决定了人们对自然

---

① 包普利兹医生（Poppritz）的《天生妓女存在吗？》（*La prostituée-née existe-t-elle?*）一书系统地驳斥了这一理论。

② *Op. cit.*, p. 151.

③ G. Tarde, «La morale sexuelle», *Archives d'anthropologie criminelle*, 1907, p. 29.

④ 同上书，第29页。

⑤ 同上书，第23页。

行为的看法，决定了性关系的意义”；[1] 根据人们对享乐的定义，“整个婚姻和家庭的概念将随之而来，整个性责任体系将由此产生”。[2] 情色的重要地位一旦得到承认，卖淫的概念就将发生根本变化。它绝不像韦斯特马克所说的那样，是原始滥交的结果，而是随着文明的发展而发展。卖淫成为一种美学职业，只有基督教的廉耻心才会为这个职业烙上耻辱的标记。被条条框框的规则束缚住、限制住的不孕的爱情将得到颂扬。然而，卖淫履行了一项基本职能，即弥补以生育为目的的一夫一妻制婚姻的缺点和缺陷。G. 塔尔德总结道：“只有两种结局：如果卖淫继续被视作耻辱，那么卖淫业的作用再大，也无法摆脱被消灭的命运，取而代之的是另一种能更好地弥补一夫一妻制婚姻缺陷的机制。卖淫业也许会继续存在，它终会变得受人尊敬，也就是说，不管人们愿意与否，卖淫都会得到尊重。第二种结局并不能一蹴而成，它是逐步实现的，首先需要组建卖淫业工
会，由强大的行会出面组织事宜，包括为卖淫业提供一定的保 573
障，培养职业美德，提高成员的道德水平。”[3] G. 塔尔德的这种社会学分析与俄罗斯和意大利学者的人类学理论截然相反，但与极端自由主义的主张不谋而合。

乍一看，医学话语与人类学话语高度一致，让人震惊。从

① G. Tarde, «La morale sexuelle», *Archives d'anthropologie criminelle*, 1907, p. 23.

② 同上。

③ 同上书，第 39 页。

巴朗-杜夏特莱的鸿篇巨制到西蒙诺特医生的低调作品，都表明性格对社会结构的影响至关重要。然而，19 世纪末发展起来的妓女人类学并未延续七月君主制时期博爱主义的思路。博爱主义采用的研究方法包括对生活方式和环境的研究，在某种程度上属于前社会学范畴。而以波林·塔诺斯基或隆布罗索为代表的人类学家则把生物学理论放在优先地位，承认遗传的影响大于环境的影响，这是在说服人们，**不管卖淫是否被边缘化，它都没有构成一个社会阶层，而是构成了一个生物环境**。与此同时，精神病学也试图研究卖淫。将卖淫和世俗的放荡认定为疯狂，就像试图认定其为犯罪一样，相当于将女性的性越轨行为排斥在正常范围之外加以驱逐。

一旦把卖淫视为遗传行为，而不是社会组织缺陷的结果，就可以规避很多问题。医学界声称已科学地建立了卖淫先天理论，其目的是强化卖淫规制。

把卖淫和无耻行为视为病态的遗传，这会引发人们对卖淫
574 行为和女性性自由的抵触情绪，对人种退化的恐惧也会在公众舆论中蔓延开来。1890 年，科林医生写道："遗传是命运的现代表达。"[①] 害怕性病危害的人们利用这一概念进行大肆宣传。无论在哪种情况下，遗传疾病都代表着天生的错误，这无疑加深了人们尤其是女性群体的性焦虑。

---

① Docteur H. Colin, *op. cit.*, p. 48.

*

公众舆论的发展史上有三个与性观念相关的事件同时发生，分别是对拐良为娼现象过度而片面的揭露、对性病危害的夸大以及将卖淫与退化联系起来。如果我们注意一下这三件事的同时性，就可以很容易看出，医学界、警界与军界以及道德团体有一个共同的愿望，就是对妓女实行监管。由此衍生出一系列性行为道德化计划，至少人们开始尝试通过强调性病危害的方式压制风化自由。与此同时，支持废规主义者的激进派掌握了政权。我们接下来就要分析，在这两派中，哪一派更强大，哪一派更能确保本派制定的卖淫政策得以成功实施。

575 # 第二章　立法的沉默和新卖淫规制主义的胜利

1898年，卖淫的相关问题再次被提上议程。各类智囊团都在关注妓女的命运，开展了规模空前的调查，广泛的舆论运动使公众对性服务业产生了兴趣。然而，在战争结束前夕，这种受到废规主义启发的宏大运动就被证明徒劳无功的，最终正式流产。在新卖淫规制主义的压制下，这项运动只推进了一些细微的改革，并没有对妓女的边缘化提出真正的质疑，也没有真正打破立法的沉默。这种衰落以及言论和政策的扭曲，成为卖淫舆论和卖淫制度在这一历史阶段的主要特征。

576 ## 1. 努力反思和民意调查

### 1）废规主义试图利用政治形势，但未遂

孔波之所以开始关注妓女的命运，是因为风化警察的反对者与激进分子建立了初次联系。1906年，克莱蒙梭进入内政

部继而担任总统，这成为一个关键点，仿佛预示着废规主义的胜利。早在 1903 年，克莱蒙梭就作为《黎明报》主编在媒体上呼吁废除风化警察。成为内政部长后，他于 1906 年 10 月 14 日在德拉吉尼亚发表了一次演讲，这个演讲预示着有利于妓女的深刻改革即将展开。他刚到波伏广场就亲自调查了被监禁在圣拉扎尔诊所的女患者的情况。同年，内政部设立了劳工和社会保障部，并交由维维安尼负责，这不仅给了废规主义者希望，也显示出官方部门对卖淫及相关事务越来越关注。

废规主义的支持者试图利用这种有利形势。但到了 1896 年底，运动近乎流产。于 19 世纪 80 年代初在巴黎、里昂和马赛成立的废规委员会最终决定脱离英国和大陆联盟，单独成立法国公共道德康复联盟。新联盟的第一个方案强烈要求废除
风化警察和卖淫规制，因为卖淫规制使警察蒙羞，危害司法制 577
度，造成男女不平等。事实上，正如联盟的机关刊物《社会康复》所表明的，1887 年联盟宣布的目标是“重建家庭”。因此，除了倡导废除卖淫规制以外，联盟更关心打击酗酒、拐良为娼、淫秽作品和街头拉客的现象。不过，联盟在这方面的努力遭到部分成员的强烈批评，这些人以道德的名义捍卫风化警察。

为了回击反对的声音，奥古斯特·德·莫西尔和联盟领导人之一路易·孔德决定从 1897 年 1 月 1 日起发行一份《社会康复》增刊，专门用于打击卖淫规制。同年，趁着约瑟芬·巴

特勒来法访问，奥古斯特·德·莫西尔召集了一批废规人士共同组建国际废规联合会法国分会。经过几个月的筹备，莫西尔在 1898 年 5 月正式呼吁公众加入，同年，这个新组织出席了在伦敦举行的国际废规大会。[①]

1902年，奥古斯特·德·莫西尔对自己的工作进行总结，[②]
578 肯定了社会主义者和极端自由主义者对他所捍卫的事业的支持。他指出，废规主义的主张在工人运动、劳工交易所和公立大学中得到了广泛的认同。令他感到遗憾的是，只有少数医学人士加入了这场运动，而且，关心道德保护和恢复问题的天主教徒与神职人员始终对这场运动怀有敌意。[③]

加入废规联盟的成员阶层解释了废规主义话语在各个领域的转变。基督徒奥古斯特·德·莫西尔拒绝背弃家庭，他认为法国分会的领导层在道德问题上并没有用心，社会主义者和极端自由主义者的加入迫使他采取与联盟截然不同的新态度。废规运动发展到现在，只剩下一个目标，就是废除风化警察，实现男女道德统一。为了达成这个目标，法国分会领导人完全接

① 从 6 月 1 日起，《社会康复》(*Le Relèvement Social*) 增刊成为“法国公共道德联盟和国际废规联合会法国分会反对法制卖淫的机关刊物”。事实上，直到 1902 年 7 月，撰写专栏文章的都是刊物的编辑秘书奥古斯特·德·莫西尔和他的几位朋友。

② Auguste de Morsier, «La campagne abolitionniste française, 1897-1902», *Le Relèvement Social. Supplément*, 1er mai 1902.

③ 的确，两个月后，四名大主教和四名法国主教宣布反对卖淫规制（*Le Relèvement Social. Supplément*, 1er juillet 1902）。

受两性自由结合的原则，甚至承认法定婚姻与组建家庭没有关联。[①]

1898—1907年，在奥古斯特·德·莫西尔和艾薇儿·德·圣克鲁瓦夫人的推动下，废规组织再次显示出活力。1901年的里昂大会[②]使废规运动达到高潮。之所以选中里昂这座 579
罗讷河城，是因为其市长奥格内尔教授担任废规大会的主席，而且法国中部和南部的新教徒一直是废规运动的保卫者。多年来，废规人士在各个战线组织反对风化警察的行动。在巴黎，艾薇儿·德·圣克鲁瓦夫人（化名萨维奥兹）、奥古斯特·德·莫西尔、西卡德医生和伊夫·古约特举行了多次会议，还亲自前往各种社团进行宣讲，例如人权联盟、世俗教养院、共济会住所、劳工交易所、世俗大学、青年宗教协会，甚至极端自由主义团体。此外，他们在各省组织巡回会议。艾薇儿·德·圣克鲁瓦夫人还发起了一场为站街女提供避难所的解放运动。他们开展的宣传运动得到了部分媒体的支持：《投石党报》和伊夫·古约特主编的《世纪报》公开表示支持；《黎明报》《回声报》《小共和党人》《事件报》和《闪电报》站在中立的立场上提供了支持；1899年在日内瓦和巴黎成立的《社会道德评论》完全支持废规运动。

---

① A. de Morsier, «Explications nécessaires», *Le Relèvement Social. Supplément*, 1er décembre 1899 et «seconde explication», 1er janvier 1902.

② A. de Morsier, *La police des mœurs en France et la campagne abolitionniste*, 1901；这部作品是大会纪要。

废规宣传还包括其他形式：莱昂·弗拉皮出版《被禁者》（*La proscrite*），讲述一个妓女的人生故事，这本书被题献给了废规联盟；儒勒·霍切出版小说《圣拉扎尔》，在书中谴责了“瘟疫之家”的虐待行为。1906年，里尔上演了马吕斯·维兰的废规宣传戏剧《骗钱的妓女》（*L'entôleuse*），戏中有一位红
580 棕色头发的姑娘，她因为贫穷被老板诱拐，走上卖淫的道路，宁愿自杀也不愿去看医生，因为她在诊所认出了曾被送进公共福利机构寄养的弟弟。

法国分会的领导层正式向社会名流发起呼吁，邀请他们加入。乔雷斯和左拉表示支持，弗雷德里克·帕西表示再次支持。1906年10月25日，克莱蒙梭进入内阁，燃起了废规运动的希望，废规主义者立刻在巴黎组织了一场抗议卖淫规制的会议。[①] 这次会议吸引了七百多人，其中包括许多妇女。大会期间有一个小插曲：自由派无政府主义人士在会上攻击参会者都是伪君子，[②] 大会成员最终驱逐了无政府主义者，随后大会继续进行。

废规运动能够再一次被组织起来，一部分原因是公众对卖淫问题重新产生了兴趣。1900年世界博览会期间，巴黎举行的两届世界女权主义大会都给予卖淫问题很大的探讨空间。1901年，应法国分会的要求，人权联盟组织了一场关于卖淫法制和

---

① Arch. préfect. de police, BA 1689.

② 参见上文第450页。

风化警察的大型辩论，当时得出的结论是支持温和的新卖淫规制主义。[①]在随后的几年当中，人权联盟的许多部门都毫不含糊地支持废规主义的论点。在联盟主席的影响下，罗讷省社会
党代表弗朗西斯·德·普雷桑斯于1907年5月在波尔召开的 581
议会上强烈谴责卖淫规制。1904年，巴黎市议会召开的辩论引起了更大的反响。在议会期间，莱宾省长提出了改革的想法，尽管议员们一贯思想传统，但他们在讨论后还是要求废除卖淫规制和风化警察。

法国的领导班子难以在这场运动中置身事外。《黎明报》的激进社会主义议员保罗·莫尼耶向政府提出质询后，在1903年7月18日，孔波任命了一个议会外风化委员会——此前他已经下令对相关问题展开统计调查。1903年11月3日至1906年12月7日，委员会招募了73名成员，包括医生、行政人员、广告商和法学家。经过大量的调研工作，[②]委员会通过了一项以废规思想为基础的法律提案。支持规制的贝朗热参议员据理力争，但人们并未被说服。

菲奥医生很好地阐述了这份提案的法律精神："用一种不分社会地位和性别的道德和法律义务取代卖淫规制片面地强加于

---

① *Bulletin officiel de la Ligue des droits de l'homme*, séances du comité central des 23 et 27 décembre 1901. 6, 13, 20 et 27 janvier 1902.

② 其中有委员会53次会议书面记录，例如保存在圣热内维埃夫图书馆的记录，以及引用的亨内金的报告及其附录。此外，路易·菲奥对委员会的讨论做了有效总结（*La police des mœurs*）。

582 少数人的强制义务”。[①] 他写道，“我们想要建立一种性意识”，[②] 尤其是男性的性意识。这项提案最终没有被采纳。在新卖淫规制主义者的迅速反击下，除了有关未成年人卖淫的条例外，该提案大部分条例都被埋葬了。综上所述，委员会的重大成果在于它主动进行的大量调查工作，而不是其建议的影响力。

### 2）诉诸公众舆论

有关卖淫的辩论不仅限于智囊团，相关人士对公众舆论也展开了多项调查。所有观点的核心都是呼吁建立男性的“性意识”，这也是为什么菲奥医生不断重申设立性病传染罪的重要性。民意调查的形式多种多样。例如，《社会道德评论》组织了一次关于**梅毒患者**问题的全民公决，并就国家干预行为的局限性向选出的参与者征求意见。[③]

人们最关心的是医学界的意见。1903 年，《法国人报》[④] 组织了一项关于风化警察的医学调查。337 名受访者做出了回答。受访者一致谴责卖淫规制的运作方式，175 人（52%）支持妓
583 女回归普通法管辖，150 人（46%）支持保留改革后的卖淫规制。在新卖淫规制主义者中，48 人（14%）希望对规制进行彻底改革。医务人员积极参与民意调查的态度证明了医学界对性

① L. Fiaux, *La police des mœurs*…, t. II, p. 865.

② 同上。

③ *La Revue de morale sociale*, 1902-1903, p. 90 *sq*.

④ 结果于 1903 年 8 月 2 日在《法国人报》公布。

病的威胁非常敏感。报刊编辑部对医务人员的踊跃参与感到意外，不过，他们并没有进一步求证调查结果。1904 年，法国健康与道德预防学会在成员中展开调查，这些成员绝大多数是医学界人士。在 863 名成员中，410 人（47.5%）支持保留卖淫规制，只有 51 人（6%）认为自由卖淫更可取。[①] 必须指出的是，加入这个协会就已经表明在一定程度上支持新卖淫规制主义观点。

为了解市长们对保留或取缔妓院的意见，议会外委员会以市长为调查对象进行了更官方的调查。87 名市长回答了问卷，其中有 74 人支持妓院，32 人认为妓院“不可或缺”，28 人认为妓院是“必要的”，14 人认为妓院是“有用的”。另外 13 人对妓院怀有敌意，但对取缔妓院持保留态度。

支持公娼馆的论点很简单：一旦取缔公娼馆，将危害公共卫生（35 个回答），导致暗娼增加（21 个回答），产生更多的零售酒水馆（15 个回答），损害公共道德（11 个回答），导致 584
街头拉客的增加（9 个回答），并最终危害未成年人的道德（3 个回答）。可以看出，虽然市长们对健康的关注超过了对维护公共道德的关注，但后者仍然引起了他们的格外注意。

委员会主张允许妓女成立协会，在公用的房屋或公寓内卖淫，不需要老鸨或龟头，不需要与市政当局或警察局建立联

---

① *Bulletin de la Société française de prophylaxie sanitaire et morale*, 1904, p. 543.

系，委员会还请市长们就协会的自由程度发表意见。71 人认为这一想法是“灾难性的”“不可接受的”“非常危险的”，因为这将危及健康、道德和公共安全（42 个回答），使重建妓院不受任何保障（24 个回答），产生更多的皮条客（11 个回答），令拐良为娼更加猖獗（9 个回答），导致诈骗行为激增（7 个回答）。[①]

道德团体也通过公众舆论迫使公共当局清理街头拉客现象。早在 1894 年，为了推动提交给参议院的法案，反对街头拉客联盟的主席贝朗热参议员在巴黎发起了一项请愿活动，要求对当众揽客行为进行严厉打击。在几个月的时间里，活动就收集到两万个签名。联盟就该问题咨询了总务委员会，其中 61 人（包括塞纳省）表示支持贝朗热参议员组织行动的这份热情。[②]

## 585 2. 司法的长期沉默和“无关痛痒”的政策

19 世纪末以来，人们越来越关注卖淫问题，但国会议员始终拒绝处理这一问题。这种长期的沉默令人吃惊，所以我们必须思考，这种立法沉默的根源是什么？由于许多国会议员本身

① L. Fiaux, *La police des mœurs*…, t. II, p. 162 *sq*.

② *Journal officiel*. Débats parlementaires. Sénat. Séance du 30 mai 1895, intervention du sénateur Bérenger.

就是嫖客，他们觉得这个问题难以启齿，甚至令人不快。这就是当代学者用以解释立法者沉默的论据之一。然而更重要的原因是，国会和参议院的成员信奉奥古斯丁主义，他们在卖淫问题上总是装装样子，仅仅强调秩序和管理的重要性。法国的部长们（特别是历任司法部长）则不断向参议员或众议员重申他们对政府和警方的信任。

每当涉及卖淫问题，议员们总是哄笑带过，这实际上体现出他们在处理性问题时深感不安。他们认为这类问题应当私下讨论，不该成为议会的公开辩论主题，这个淫秽的话题只会玷污立法者和共和国。G. 塔尔德指责政客们的心理：他们雄心勃勃，渴望权力和财富，这引导他们在处理“一切与爱情相
关，与自身立场相反的事务时，会做出草率、轻蔑、无知的判 586
断”。[1]1904 年，这位社会学家再次强调，[2]立法者应即刻解决这些问题，因为在此之前，社会的性爱需求问题一直由宗教管理，而宗教的影响力正在减弱。

当时的人们看透了立法者的心态，常常谴责他们有意回避问题，故意拒绝就卖淫问题立法。《刑法》第 334 条修正案于 1903 年 4 月 3 日通过，在此之前，法国司法部长瓦莱在参议院宣布：“这是立法者第一次进入此前只属于警察的领域。”[3]1903

---

① G. Tarde, art. cit., p. 29.

② 同上书，第 35 页。

③ Séance du 3 avril 1903.

年 12 月 23 日，前警察局长阿尔伯特·吉戈特向监狱总协会提交了一份报告，他在报告中写道：“我们对立法者的绝对沉默感到震惊，他们故意保持沉默。现行法律没有对这些问题做出规定，立法者也对这些问题避而不谈，甚至连暗示都不行。大家都心照不宣地保持沉默。”[①]“只要目前的道德观念仍然有效，只要谈论妓女和性病仍然被认为上不得台面，议会就永远不会处理这些问题，最多实施一些‘无关痛痒’的政策。”[②]警察局第一分局局长洪诺拉特看清了事情的本质，他在同一次会议上补
587 充道，对于这项我们所期待的法令，“恐怕我们至死都无法看到了”。[③]

司法机构从各个方面抵制相关法律的建立。法官们在 1904 年和 1908 年监狱总联合会的辩论中提出的意见可以说明他们抵制的原因。[④]法官不仅担心轻罪案件有增多的风险，还担心庭审卖淫会造成丑闻，并且，他们在处理这些问题时难免有反感心理。法官们主张由行政部门对这方面进行干预。要知道，当时的法官是无权审判社会法律管辖的案件的。[⑤]

然而，三位国会议员（乔治·贝里、激进派社会党人保罗·莫尼耶，尤其是终身参议员贝朗热）坚持不懈地致力打破

---

① *Revue pénitentiaire*, séance du 23 décembre 1903, p. 43.

② 同上书，第 69 页。

③ 同上书，第 548 页，séance du 16 mars 1904。

④ 参见：intervention de Paul Jolly, *Revue pénitentiaire*, 1904, p. 525。

⑤ 参见：déclaration de M. A. Rivière, *Revue pénitentiaire*, 1904, p. 385。

立法的沉默。这些尝试虽未成功，但历史意义重大。

第一次尝试发生在1894年和1895年。1894年11月23日，乔治·贝里向众议院呈交了一项关于规范卖淫的法律提案，[①]这是攻克司法沉默的第一步。这项提案并没有什么独创之处，而是直接沿用了理查德在报告中提倡的新卖淫规制卫生法，众议院并未受理这项提案。乔治·贝里建议保留妓女登记制度和公 588
娼馆，还建议把幽会馆转型为公娼馆。此外乔治·贝里回应了贝朗热关于整治街头卖淫的观点，呼吁设立街头揽客罪，同时加强对皮条客的打击。另一方面，他建议设立保健中心，在综合医院为性病患者提供专科服务，并增加公开问诊。

贝朗热成功地让议会开始讨论这个长期以来被认为伤风败俗的问题。19世纪末，人们对性普遍感到焦虑，全球展开了维护公共道德的斗争。1894年4月27日，贝朗热参议员趁势向参议院提交了一份"关于卖淫和损害风化的法案"。法案的主要目的是"清理"街头揽客和公共场所卖淫的现象，"反对通过耳濡目染接触不道德事件"。[②]道德问题依然放在首位：由于年轻人的好奇心和欲望很容易得到满足，他们有可能会过早放荡，从而导致渴望享乐，抛弃工作，习惯不劳而获，容易被煽

① *Journal officiel*. Débats parlementaires. Chambre des députés, Annexes à la séance du 23 novembre 1894.

② Sénat. Documents parlementaires. Annexes. 1894, n° 81, 27 avril 1894. «Proposition de loi sur la prostitution et les outrages aux bonnes mœurs» par M. Bérenger.

动仇恨社会。此外，贝朗热参议员认为，公开的不道德行为不仅损害了男性气概以及道德和身体健康，还破坏了少女和良家妇女的羞耻心。对他来说，最严重的不是卖淫，而是“妓女公开揽客”。参议员呼吁：“我们相信贞洁观念能够给年轻人带去强大的道德力量和智慧力量！”①

589 反观贝朗热提出的一系列建议，我们可以发现，他的立场介于最狂热的卖淫规制主义者和最粗暴的风化警察反对者之间。他在最初的提案中主张监管性交易并革新妓院。同时，他强烈反对风化警察的暴力执法，建议设立与有伤风化罪等同的“公开卖淫”罪。他认为，妓女登记与否必须交由司法当局决定。此外，贝朗热参议员还计划加大对皮条客、老鸨、暗娼馆老板和人贩子的惩罚力度。最后，他要求将未成年人案件交给刑事法庭审判。

1895 年 5 月 27 日，贝朗热向参议院阐述了他的计划，猛烈抨击了风化警察的专横。第二天，法国司法部长特拉瑞厄拒绝设立揽客罪，因为揽客罪与卖淫本来就是密不可分的。特拉瑞厄更是公开反对任何有关卖淫的立法，在他看来，设立相关法律始终是不可想象的，它将被证实无法执行，并且这样的法律还会大大降低卫生服务的效率。②他以“社会利益”的名义

① 转引自：Trarieux au Sénat. Séance du 28 mai 1895。

② 1895 年 5 月 28 日参议院会议。有必要强调的是，在法国司法部长的眼中，对妓女进行强制的健康检查是维持这种专制执法的理由。

表示："我甚至可以说，这方面的法律在某种程度上必定是武断的"，因而他明确支持立法机构在卖淫问题上保持沉默。他补充说："从各方面来看，我们都必须坚定沉默的立场。我们必须继续像过去两个世纪那样生活。"通过上述言论，他劝服参议 590
员们相信卖淫是一种历史现象，其不可改变的性质证明它不可能随着文明进步而有所改善。①

这一次，风化警察得到了政府中大多数温和共和党人的支持，贝朗热的提案则被推迟。尽管仍有一些人表示支持贝朗热，但支持者成分混杂，包括保守派贵族和切斯内隆，还有儒勒·西蒙、巴菲、沃丁顿、瓦隆和巴泰勒米·圣希莱尔——我们由此可以看出，贝朗热的立法提案打破了传统的系派划分。贝朗热的建议实际上是非常模棱两可的，他一方面提议将妓女纳入普通法，另一方面又想要设立卖淫罪。贝朗热的反对者包括废规主义者舍勒-凯斯特纳以及其他持不同观点的人士，如康斯坦斯、弗洛克、瓦尔德克-卢梭、阿拉戈、弗雷辛特和特谢伦克·德博尔特。

贝朗热提案的第一条遭到驳回，他重新调整了提案，删除了许多激进建议。1895 年 6 月 14 日和 27 日，参议院终于通过了一项被删减过的法案。这个删减版法案不再要求将妓女纳入

① 《公报》显示，在 1895 年 5 月 28 日和 30 日召开的会议上，参议员们就该法案进行了讨论，会议在哄笑中结束。贝朗热说他"承担了近距离观察这些事情的艰巨任务"，并补充说"我相信我知道街上发生了什么……"参议员们频繁使用拉丁语也表明，他们在处理这个问题时感到非常不安。

普通法管辖，而只是要求打击皮条客、老鸨和地下酒馆老板，
591 加大对零售酒商的惩罚力度，并将未成年妓女移送刑事法庭。正如我们所知，众议院并未受理该提案。[①]

1902—1910 年，当民意调查运动和立法运动已经蔓延到似乎最为顽固的阶层时，议会仍然反对任何涉及卖淫的法律提案，仅支持采取“无关痛痒”的措施。此外，孔波决定委托一个议会外委员会对卖淫结构进行全面的调查和思考，这个决定既反映了立法者拒绝采取任何大胆想法的立场，也反映了他们希望在未来解决问题的愿望。这次民意调查是卖淫调查史上的创新，人们第一次不再害怕研究上流社会的卖淫现象[②]，并提出对街头妓女采取保护措施。

早在议会外委员会被任命之前，重新掌权的乔治·贝里就于 1903 年 6 月 4 日向众议院提交了一项新卖淫规制提案，对性病的危害提出强烈谴责——在此之前，众议院从未讨论过性病问题。于 1903 年 4 月 3 日通过的法案批准了巴黎会议关于拐良为娼问题的决议，这无疑是为保护妓女而采取的最重要的立法措施。1904 年 2 月 1 日，勒佩尔蒂埃提出一项修正案，提议将卖淫案件移交治安法官审理。经过激烈的辩论，众议院否决了勒佩尔蒂埃的提案。

---

① 然而，根据参议院的规定，这项草案应该由加斯顿·杜梅格于 1895 年、1898 年、1902 年、1914 年、1919 年以及 1924 年 6 月提交给众议院院长。

② 参见：rapport cité de Paul Meunier。

1906年12月，议会外委员会投票通过了废除卖淫规制的
革命计划。紧接着，废规主义者开始焦急地期盼克莱蒙梭或他 592
在政府中的继任者们能促使议会讨论这项提案。结果令他们非常失望，议会并未讨论外委员会呈交的提案。一年后，也就是1907年6月7日，保罗·莫尼耶在1906年12月提案的基础上做出改良，重新向议会呈交了一草案，[①]可惜议会还是没有列入讨论。议会外委员所做的大量工作最后只是催生了一份与未成年人卖淫相关的法律提案，该提案于1908年4月11日呈交，遭到新卖淫规制主义者的猛烈反击。这场反攻由预防学会、医学院以及影响力日益增加的军医学会共同领导。1908年12月7日，贝朗热领导的预防学会代表团向克莱蒙梭指出议会外委员会提案的缺陷，并提出了一份反对提案，这一提案由巴特医生起草，更具有说服力。

长期以来，未成年人卖淫一直是人们密切关注的问题，特别是对关心未成年人保护事业的保守派和神职人员来说。德豪森维尔伯爵对流浪儿童大军带来的威胁表示担忧，害怕大批流浪儿童会滋生犯罪和政治暴力。法国第三共和国第一个十年期间，德豪森维尔以巴朗-杜夏特莱的理论为指导，致力于针对
流浪儿童的人类学研究。[②]在他看来，卖淫只是流浪的一种形 593

① 因为，与委员会的愿望相反，保罗·莫尼耶建议保留交际场所。

② D'Haussonville, «L'enfance à Paris. Les vagabonds et les mendiants», *Revue des Deux Mondes*, juin 1878, p. 598-627.

式，与之相关的是私生子女大量出生、工人家庭的滥交、父母的不良示范，尤其是夜总会的有害影响。他将少女失足归咎于流行音乐和喧闹的音乐的影响，这反映了统治阶级对人民聚集在一起享乐、"花天酒地"的恐惧心理。

人们关注未成年人的卖淫问题，是因为人们普遍感觉年轻人的放荡行为和堕落生活开始得越来越早。关于这个问题，马克·雷维尔（Marc Réville）于1896年出版的著作《刑法下的未成年人卖淫》（*La prostitution des mineures selon la loi pénale*）具有重要的参考价值。作者描绘了一个执行着最严厉的卖淫规制的乌托邦，为了防止少女丧失廉耻心，作者要求建立道德监督所，同时坚持认为放荡堕落是一种疾病，要求设立强制措施加以管控。

此外，特别是在20世纪初，随着男性对幼女的兴趣增加，人们对"变态"的恐惧也日益增长。1891年，卡图尔·芒戴斯描述了年轻舞蹈演员莉莉安悲惨的一生，"她是一个既没有欲望也没有快乐的可怕妓女……非常瘦小，非常漂亮"，[①] 是"被迫卖淫的幼年受害者"。[②] 卖淫幼龄化这一发展趋势[③] 掀起了一股

---

① Catulle Mendès, *Femme-enfant*, p. 435.

② 同上书，第599页。

③ 除上文已经提到的关于马赛幽会馆的例子之外。1898年，埃尔伯夫爆发了一桩丑闻；当地报刊称M女士在她的房子里让小女孩们卖淫。中心警局确认了这个事实；光顾的客人里有批发商、工业家、房地产业主、靠年租金利息生活者、邻市镇的市长，以及由于匿名规则限制我无法太清楚地指明的多名当地达官显要（Arch. Dép. Seine-Inférieure, 4 MP 4565）。

招募伪未成年人的浪潮。皮条客伪装成保姆，把看起来年轻的 594
成年妓女打扮成梳着辫子的小女孩，让她们穿着短裙、手里抱着洋娃娃或嘴边沾着蛋糕，展示给觊觎垂涎的过路人。[①]

允许未成年少女登记卖淫一直遭人诟病。1882 年，参议院委员会代表参议员鲁塞尔就儿童犯罪问题广泛开展了民意调查（问卷的第十三个问题涉及未成年人卖淫）。57 个省参与了问卷调查。当时这些省份的城镇里共有 1338 名未成年在官方登记卖淫。[②]

尽管当局越来越不愿意让未成年女孩登记卖淫，但在巴黎和外省仍有许多未成年女孩注册。不过在首都巴黎，这一数字一直在稳步下降。[③]亨内金于 1904 年分析了 400 条市政法规，[④]其中有 337 条完全允许未成年女孩注册妓女，只有 26 条规定只有成年女性才能注册。在某些城市，14 岁、13 岁甚至
12 岁的女孩都可以登记卖淫。[⑤]1904 年[⑥]，外省有 3809 名未成 595
年妓女因卖淫被捕，2026 人（53%）为在册妓女，其中 45 人（2.2%）的年龄在 16 岁以下，385 人（19%）的年龄是 16—17 岁，1596 人（78%）的年龄是 18、19 或 20 岁。巴黎警察局也

① L. Fiaux, *La police des mœurs*..., t. I p. CCXLII et t. II, p. 17. 人们还记得《死缓》中对这些未成年妓女的描述。

② 事实上这并不重要，因为大多数未成年妓女都是在地下工作的。

③ 参见：statistiques figurant dans l'ouvrage cité d'H. Turot, p. 153。

④ Rapport cité, p. 93-94.

⑤ Selon H. Turot, *op. cit.*, p. 213

⑥ L. Fiaux, *La police des mœurs*… t. I, p. CCCXXI

开始留意在册妓女中的未成年人数量：1902 年，1832 名未成年妓女被捕，其中 457 人（25%）是在册妓女，年龄均在 18 岁[①]以上（含 18 岁）。

1905 年 6 月 30 日，贝朗热向参议院提交了一项关于未成年人卖淫的法案。贝朗热参议员一直为日益放荡的社会风气感到忧心忡忡，并且了解到年轻妓女是性病的高发人群，因此他建议将 18 岁以下的妓女送到少管所。参议院推迟了对该提案的讨论，同时等待议会外委员会的建议。议会外委员会进行了相关的调研工作并将结果提交给政府。1908 年 4 月 11 日，政府根据调查结果通过了一项法案，**预备将 18 岁以下的妓女安置在收容所**。[②]

这项法案是议会外委员会工作的唯一积极成果，然而多年来，议会外委员会设立收容所的建议始终未能落实。新立法的最晚实施日期是 1909 年 4 月 16 日，届时警方将不得不停止对未成年妓女的监视，但倘若计划中的学校和收容所尚未建立，警方将不知道如何处理被捕妓女。克莱蒙梭收到皮罗医生的
596 警示报告，报告称性病发病率急剧上升，因此克莱蒙梭延长了1908 年法案的最后实施期限。

就卖淫问题立法的最后几次尝试都在大众的无动于衷中流

① 1902 年法国法定成年年龄为 21 岁。——译者

② 1906 年 4 月 12 日的法律将法定年龄从 16 岁提高到 18 岁，这就引起了 18 岁以下妓女的命运问题（参见下文第 478 页）。

产。1912 年 7 月 11 日，在社会党和激进派人士的支持下，保罗·莫尼耶再次就风化警察的专制执法问题向政府提出质询。他强调，议会外委员会已向政府呈递了调查工作报告，但政府没有采取任何行动，他再次抨击圣拉扎尔监狱。克莱蒙梭本是风化警察专制执法的抨击者，但内政部长斯泰格却斥责克莱蒙梭在漫长的任期内没有进行任何改革，1908 年通过的法案本身仍然是“一纸空文”。[①] 斯泰格的这番责问未见成效。最后，众议院以 320 票对 241 票拒绝通过改革风化警察的专项计划。次日，在斯泰格的建议下，保罗·莫尼耶根据议会外委员会的调查结论提出了一项新的草案，要求取消妓女登记制和体检制。众议院从未把该提案列入议程，并将提案退回给委员会。

左派阵营的瓦解，激进派对众议院影响力的减弱，推动年轻人道德化的强劲攻势，往年保守措施的接连失败，舆论尤其是医学界内部新卖淫规制主义的进步，以及在此学说启发下改革的相对成功，以上这些因素解释了“一战”前立法者一直保持沉默的原因。

## 3. 实施的改革 597

立法机关对卖淫问题保持沉默的同时，行政机构对卖淫问题的态度也并不一致。行政人员的想法、承诺、对外声势浩大

① 1912 年 7 月 11 日众议院会议。

的声明和实际进行的改革之间也存在巨大差距。[①]行政改革工作的重点是推动官方认可巴黎幽会馆以及对性病患者采取人性化治疗。

### 1）认可幽会馆以便更好地进行监管

在巴黎市议会组织有关幽会馆的辩论之前，甚至在议会外委员会成立之前，警察局长莱平就于1895年向参议员们宣布了“搜捕时代”的终结。1900年2月14日，新卖淫规制颁布，警察局正式承认幽会馆的营业活动。此外，新规制还鼓励发展新的卖淫机构。

资产阶级隐私模式的核心即私密。幽会馆的兴起反映了这种模式的胜利以及在社会的传播，但是，幽会馆在某种程度上是不透明的，莱平也意识到了这一点。西奥多·泽尔丁在一篇关于警察局长改革的文章中写道：“中产阶级的快乐就这样从国家的控制中解放出来了。”[②]这样的观点有一定的正确性。当然，
598 不可否认的是，新规制比适用于公娼馆的旧条例更简略。我认为莱平最重要的提议是建议警方监管当时不受管控的卖淫场所，以及按照最传统的卖淫规制的思路鼓励“纯粹”[③]妓院的发展，因为公娼馆已经成为“变态行为”和“卑劣行为”的聚集

① E. 斯坎达（E. Skandha）强调（La prostitution et la police des mœurs, *La Revue blanche*, 1[er] septembre 1902, p. 49）。

② *Op. cit.*, p. 308. 作者翻译。

③ 同上。

地，新式“纯粹”妓院能够与旧式公娼馆抗争，以阻止变态卑劣行为的扩散。

1900年的新规制只是使一些自行发展起来的惯例得以规范化。妓院原则上不得强制妓女寄宿，这个“解禁”过程在几十年前就缓慢开始了。新建立的卖淫场所与巴黎幽会馆一样，统一由监管寄宿酒店的部门监管。根据规定，这些场所的老鸨必须登记所有妓女的信息并附上她们的照片，妓女必须定期接受有资质的医生的检查，检查结果将记录在登记簿上。幽会馆的窗户必须关闭（与公娼馆一样），而且不得悬挂任何外部标志向路人昭示。新规制还禁止一切形式的广告和门前揽客行为。卖淫场所内不得配有酒馆，老鸨也不得允许没有登记的妓女进
入。警察局第一分局局长洪诺拉特称，莱平局长“命令我们 599
首先处理那些收费在40法郎及以下的妓院，我们已经这样做了”。[①]不过莱平还说，“有些大妓院的妓女不愿遵守登记制度，作为例外，可以允许她们携带一张印有照片的证件，无须登记姓名”。至于严格意义上的公娼馆，则必须取消大型表演，不得做任何广告。

1904—1908年，巴黎妓院改革进入过渡时期。1904年，莱平决定废除现有的一般法规，同时建议老鸨在新政出台之前暂时保持原样。此时的妓院老鸨不再需要地方政府授权，不再

① 1900年3月31日致小酒馆服务处管理人的信（arch. préfect. de police, DB 408）。

受登记制度的约束，可以接收册外妓女，妓女唯一需要遵守的义务就是去诊所接受体检。附属于妓院的小咖啡馆仅仅被视为单纯的小酒馆。新规取消了对中下等幽会馆的所有规定，但是老鸨仍需对出入妓女的健康状况负责。政策上的自由主义倾向导致中下等卖淫场所的数量急剧增长。至于一流妓院的老鸨，她们只需要将妓院的营业活动告知政府即可。

简言之，议会的决定迫在眉睫，人们在等待议会做出决定的同时，也在落实市议会和议会外委员会提出的政策。莱平在
600 理事会和委员会成员面前发言时表示，他本人深受新卖淫规制主义的启发，希望卖淫规制的建立有法律基础，这样才能消除针对妓女的突击体检，并取消负责登记妓女的特别委员会和惩罚行为。莱平认为，在新卖淫规制下，如果一个女孩想要卖淫，她就会自觉地向警察局提交声明，并请医生出具“健康证明或证书”，因为假如不这样做，她就会被带到刑事法庭接受审判。莱平建议划分治疗和惩罚之间的界线。他说，改革还将取消对幽会馆的监控，尤其是取消妓女提供照片的义务。

针对卖淫问题进行立法的尝试失败了，这迫使警方搬出临时方案。1908 年 8 月 4 日，警察局废除了负责登记妓女的特别委员会，并设立了一个道德行政法庭。事实上，这个机构并没有发挥什么作用，1911 年，法国国务委员会宣布道德行政法庭为非法机构。1910 年 2 月 15 日，警察局禁止巴黎小旅店或咖啡店店主定期接收妓女。最重要的是警察局于 1912 年 4 月 4

日颁布的条例，该条例重新规定了巴黎幽会馆的运作方式。新条例几乎与1900年颁布的条例相同，包括规定幽会馆老鸨向警察局提交开业声明，禁止任何外部标志，禁止任何广告，禁止在门口拉客，以及必须配有登记册。

通过立法解决性交易的尝试失败后，警察局对妓女的管控又回到1903—1907年议会讨论之前的境况。这说明，尽管莱平拥有改革的意愿，警方仍决心对新卖淫场所进行监管。然 601
而，纵观1900—1910年出台的卖淫规制，我们可以感受到公娼馆的衰落以及幽会馆的兴起，我们发现在私密性强的幽会馆中，大部分妓女不必再寄宿，也不再像以前那样直接受控于老鸨。

### 2）对性病患者的人性化治疗

新卖淫规制主义对健康原则的落实从根本上改变了性病的治疗方式。圣路易医院及其皮肤科起到模范作用。[①]兰杜兹教授告诉议会外委员会的同僚，超过一半的巴黎性病患者是在综合医院接受治疗。性病治疗方式的变化是内在自行发生的，而不是从外部强加的。日科德医院（也就是以前的南方医院）不再区分性病科和皮肤科，两个科室合并在一起。从1890年开始，布罗克教授致力于把洛尔辛医院（也就是后来的布罗卡医

① 这家医院之所以成功是由于它既包含专科服务又包含全科服务，因此类似于一家综合医院。

院）转变成皮肤科医院，而不是性病专科医院。自从医院把性病患者和皮肤病患者混合在一起后，拉皮条的行为就在医院里消失了。

1904 年，塞纳省总理事会决定在圣拉扎尔建立一个免费的性病诊所。这家诊所以首位主任杜桑·巴泰勒米的名字命名，于 1906 年开始运营，取得了巨大成功。1912 年，诊所总
602 共进行了 12531 次医疗干预，[①] 女性不再害怕去诊所就诊。简而言之，在“一战”爆发前夕，巴黎性病患者的观念发生了深刻变化。[②]

然而，令新卖淫规制主义者失望的是，无数试图改革圣拉扎尔监狱诊所的尝试都失败了。因此，陈旧的圣拉扎尔监狱诊所导致的丑闻引发了无穷无尽的讨论。1902 年，瓦尔德克-卢梭与国会议员梅莱之间展开了辩论，自此以后，圣拉扎尔的预算几乎每年都是众议院批评的对象。

同年，塞纳省总理事会投票决定拨款五百万法郎重建监狱，并于 1906 年选好了预计建设地址，但是，直到“一战”前都未开工。

在外省大城市，性病治疗的人性化进程相对缓慢。在波尔多，圣约翰医院为性病患者提供了对外问诊。“一战”前夕，

① Arch. préfect. de police, DB 408.

② 战后，性病诊所将全面运行。席琳在《死缓》中描述了她工作的一家医院的患者。

南锡的性病女患者离开了救济院。[①]里昂则进行了一项雄心勃勃的改革：[②]自 1910 年起，取消强制患病妓女住院的规定。从此，城市里的妓女开始涌向门诊和看护科就诊。

1908 年，监狱部门决定对患有性病的在册妓女进行调查，以掌控该区域的总体诊治情况。调查显示，自伯恩维尔的上一 603
次调研以来，几乎所有地区都允许妓女进入医院。将妓女监禁在监狱里治疗已经成为个例。[③]然而，这并不意味着妓女不会再被监禁在医院里。1913 年 6 月 14 日，布里埃副省长巡查了一所矿区医院的建设情况，他再次要求“对新建筑进行改造，以便监督病患，防止她们逃跑”。[④]

## 4. 战前监管的加强

### 1）道德团体的压力剧增

“一战”爆发前，通过宣传性病和贩卖妇女的危害，道德团体部署了针对青少年的性威慑策略。同时，与道德团体携手打击色情和放荡的其他团体也在加紧开展活动。地区报业以清

① Professeur L. Spillmann et J. Benech, *Du refuge à la maison de secours*.

② 参见：Carle, *Paris médical*, 1er mars 1913。

③ 这时，在下查伦特省（6 M 415）、塞纳-瓦兹省（6 M 7）、埃罗（62 M 8）以及默尔特-摩泽尔（4 M 134）省，所有妓女都可以在医院接受治疗。

④ Arch. dépt. Meurthe-et-Moselle 4 M 134.

理街道卖淫和禁止非法卖淫为目的，进行了多次大规模运动。
604 1907 年，《北方十字报》[①] 刊登了一篇题为《发臭的里尔》的文章，向在市中心卖淫的妓女宣战。《日报》刊登了一份由 60 名居住在本市的知名外籍人士联合签名的请愿书，表达了他们对城区淫乱现象的愤怒。在天主教机构的支持下，其余大部分地区的报纸也跟着发布请愿书。1912 年，《南部太阳报》[②] 发表了题为《请清扫一下》的文章，呼吁政府加大打击马赛卖淫业的力度。

巴黎在街区范围内成立打击组织。"金粒子"街区开展的打击卖淫嫖娼行动是一个很好的例子。1913 年初，"金粒子"街区成立"社区道德利益委员会"，成员包括社会党人、激进社会党人和道德团体成员，组织者是市议员马塞尔·卡辛。6 月 21 日，委员会向所有"正派人士"发出呼吁，号召参与反对街头卖淫的抗议，该集会至少吸引了 1500 人。[③] 卡辛很高兴所有政治派别都参与了这场道德运动，这表明街头卖淫是"一个有关秩序、安全和清洁的问题，高于所有政党的问题"。[④] 卖

① *La Croix du Nord*, 27 décembre 1907.

② *Le Soleil du Midi*, 4 juillet 1912. 在战争前的几年里，请愿书成倍增加。参见：Arch. dépt. Bouches-du-Rhône, M 6 6574。

③ Arch. préfect. de police, BA 1689.

④ 同上。社会党人和激进社会党人与道德团体成员共同参加这场运动是很重要的。这表明，极左分子现在被"道德家"视为可敬的人，拥护民主思想不再等同于拥护醉酒和淫乱。这种"罪恶界定范围的缩小"对于理解第三共和国时期法国政治的历史是至关重要的（关于这一问题，参阅莫里斯·阿古龙在巴黎高师研讨班第三讲中表达的观点）。

淫“毒害街区”，[①]导致商业资本贬值，赶走了那些不再愿意为 605
在家做工的女工提供就业岗位的企业家，并导致犯罪率上升。卡辛亲自与警察局长和内政部长进行了交流，他要求对妓院老板判处监禁。在近期选举中落败的激进社会党人德索莫医生也跟进了卡辛的改革工作，他发表讲话指责资本主义社会应对卖淫活动的猖獗负责。最后，社会保护联盟副主席勒费夫尔-奥尔托祖尔建议联盟的三万名成员“清理拉卡波尼埃和其他街道上的污秽”，[②]同时建议当地居民也参与到这项工作中。

这些事件不是个例，1913 年 6 月，坎布隆内广场的居民也向警察局长提交请愿书，要求制止公共场所的卖淫行为。[③]以上种种体现了维护公共道德的斗争范围在扩大，由废规主义和救赎主义文学引起的对妓女的同情在减弱。

### 2）卫生检查和警察监管的外延

很多迹象表明，与 15 年前相比，警察在“一战”前夕对 606
妓女的控制更为严格。马赛针对地下幽会馆展开了大规模打击行动。政府正式宣布此前不受监督的场所为“淫乱场所”，要求关闭“快乐场”，也就是传统的低级妓院。

在“一战”前夕的布里埃盆地，政府雷厉风行地对农村人

① Marcel Cachin, récit de la réunion, arch. préfect. de police, BA 1689.

② 同上。

③ Arch. préfect. de police, BA 1689.

口开展了健康检查，将酒馆中的年轻女侍者登记为在册妓女。同样的行动也发生在图尔卫戍部队附近，政府登记注册了周边村落的军妓。这些档案文件在某种程度上使一些更广泛的现象浮出水面，它们表明卖淫规制逐渐控制了小城市，甚至是以前不受监管的村镇。警察以管控公共卫生为借口逐渐加强了对卖淫的监督和控制。

与此同时，政府第一次系统组织了打击毒品交易的行动。长期以来，毒品交易被认为与暗娼的发展息息相关。雷恩市上诉法院总检察官以胜利的口吻写道：截至 1913 年 6 月 14 日，[①]所有藏有鸦片的半上流社会的女子都已被驱逐出布雷斯特市，所有嫖娼的海军中将都已被驱逐出港。

废规运动和新卖淫规制运动如火如荼，但对妓女实施的行
607 政处罚远未消失。健康检查的表象之下掩盖着警方的严厉镇压。[②]监狱部门于 1908 年开展的调查表明，监禁妓女制度一直存在。1907 年，南锡市的妓女被拘留的时长总共达到了 3117 天。[③]1914 年，在警察的押送下，市内的性病女患者被转移到专门为她们设立的新医院。[④]

---

① Arch. nat., BB[18] 2488.

② 从 1902 年的调查中可以清楚地看出，人们宣称的自由化愿望与卖淫监管进展之间存在某种失调。埃罗省的情况非常清楚地表明了这一点（Arch. dépt. 62 M 8）。

③ Arch. dépt. Meurthe-et-Moselle, 4 M 134.

④ 参见斯皮尔曼和本内施（L. Spillmann & J. Benech）作品中有关这一转移的照片。

打击不道德行为的舆论大潮不仅仅涉及妓女和色情制品。1912 年，法国司法部长向总检察长询问其辖区内的公共道德状况，总检察长答复说几乎各处都希望对皮条客施加更严厉的惩罚。①1910 年 9 月 30 日，孚日总理事会提议将流浪汉和阿帕奇人编入外籍军团。1911 年 5 月 27 日，阿利埃省理事会也要求加强打击皮条客。同时，政府还加强了对酒吧的管控。②1907 年，根据克莱蒙梭的要求，省长建议市长限制酒吧开放的数量。1913 年 7 月 30 日，《金融法》的一项附加条款
规定省长可以行使与市长相同的权利，禁止某些地区开设酒 608
吧。1914 年，共有 43 名省长行使了这一权利。1914 年 2 月 20 日，内政部长发出通告，要求严厉打击酒馆内的酗酒行为和卖淫行为。

### 3）关押年轻妓女和妓女的反抗

1906 年 4 月 12 日，青少年保护法通过，这充分体现了青少年道德化进程以及对卖淫活动的严厉打击。青少年保护法将刑事责任年龄从 16 岁提高到 18 岁，导致许多女孩因流浪和未成年卖淫而被捕。在被捕的第一年，她们会被送到卡迪拉克和杜伦的少年犯教管所，以及蒙彼利埃、贝尔福特附近的巴维利埃、利摩日和鲁昂的私立关押机构。被拘留的年轻妓女从一开

① Arch. nat., BB$^{18}$ 2363.

② 参见：J. Lalouette。作者指出，在战争前夕，公众日益担忧大量咖啡馆和夜总会的存在会对公共卫生构成威胁。

609 始就表现出极大的愤怒，① 她们不明白为什么自己要被关到 18 岁——卖淫不是一种犯罪，而且她们中的许多人以前都是由政府派发卖淫许可证的。她们中的大多数人将卖淫视为真正的职业，因此拒绝做任何学徒工。她们不断重申："我们是妓女。"她们不想工作，只愿意花时间与皮条客和嫖客来往。

在这种激烈的情绪下，妓女爆发了前所未闻的强烈反抗。所有关押妓女的机构都爆发了只有妓女参与的运动。政府决定将暴乱者集中在多伦和鲁昂的妓院。妓女们刚被送到鲁昂的妓院就决定发起新的抗议，管理部门在骚乱爆发前得到消息，决定将其中的两组妓女转移到市区内的监狱。《鲁昂快报》描述了转移过程的混乱场景；第一组妓女拒绝上监狱的押运车。"妓女挥拳砸向一名随车宪兵和一名警察的脸，妓女

---

① 关于这一方面，参见：Eugène Prévost, *De la prostitution des enfants, Étude juridique et sociale ( loi du 11 avril 1908)*，特别是附录：«Résultats de l'envoi en correction des prostituées mineures de 16 à 18 ans», p. 295 *sq*.。

是否可以说，在战前的几十年里，卖淫界的请愿飞速增加？妓女的抱怨自古就有，王宫里的妓女在王朝复辟时期就在写请愿书，很难证明战前这种请愿多于以往。然而，在废规主义者，有时甚至是在司法部门的鼓励下，似乎越来越多的妓女敢于挑战警方的权威。在这方面，当废规主义律师戈吉洛特鼓励波尔多和马赛妓女反抗警局时，或当检察官释放被市长监禁的妓女时，波尔多和马赛妓女的态度的确非常强硬，这些事件分别发生在 1905 年的马赛和 1910 年的波尔多（Arch. dépt Bouches-du-Rhône M[4] 3336 et Gironde 4 M 337）。

1907 年，警方粗暴地逮捕了一名来自马赛的册外妓女，这一举动招致了谴责和惩罚。在那之后，省司法部长写道，姑娘们"要求简单的笔录程序"（Arch. dépt. Bouches-du-Rhône, M[6] 3336）。这方面可以参考 1901 年一名拉塞纳妓女提出的个人请愿书（Arch. nat. BB[18] 2199），1905 年一名尚贝里妓女的个人请愿书（Arch. nat. BB[18] 2318），以及 1906 年里昂妓女的联名请愿书（Arch. nat. BB[18] 2342）。

对警察拳打脚踢，为脱身狠咬警察。所有这一切都发生在镇 610
压档案所记录的最肮脏的喧闹声里……”[①] 在大街上，有的妓女把衣服撕成碎片，有的妓女扑向警察。据媒体报道，第二组转移更具戏剧性：“在半小时内发生了欢乐、愤怒和绝望交织的场面。妓女们唱着难听的歌，一名妓女看见押运车来了就双腿发软瘫倒在地……还有一名被激怒的妓女跳了起来，大喊大叫着冲向窗户打碎了玻璃。她割破了手腕但拒绝包扎。另一名妓女拼命反抗，四名警员合力才将其抓住。”[②] 在鲁昂监狱里待了一段时间后，这些反抗的年轻妓女被送到圣拉扎尔，她们在那里立即煽动了一场暴乱。1908 年 7 月 13 日，骚乱彻底爆发。她们砸碎了窗户和家具，一些暴乱妓女被转移到弗雷尼斯监狱。为防止这种情况再次发生，克莱蒙梭亲自前往弗雷尼斯监狱检查相应的预防措施，期间，被捕的妓女朝他比画下流手势。[③]

在克莱蒙特德瓦兹的新监狱开放之前，政府也不知道如何对付叛乱妓女，只能不断地把妓女转移到不同的关押场所，以防止她们组织动乱。“妓女暴动此起彼伏，非常激烈。”[④] 秋天，妓女在被转移到克莱蒙特监狱的途中，制造了新的暴乱。10 月
7 日，反抗的妓女试图从北站站台逃跑，她们跳下了火车，敞 611

① *La Dépêche de Rouen*, 13 juin 1908.

② *Le Journal de Rouen*, 27 juin 1908.

③ E. Prévost, *op. cit.*, p. 299.

④ 同上书，第 301 页。

开了紧身衣。据《闪电报》报道，[①]她们掀起裙子露出肚了，用尖叫声吸引旁观者。1909 年 1 月 14 日，妓女再次发动暴乱，一部分被关押妓女被转移到波恩-纽瓦监狱，在转移途中她们不停地高唱《国际歌》。

① *L'Éclair*, 7 octobre 1908.

# 结　语 613

通过回顾1871—1914年第三共和国时期的卖淫史，我们重现了19世纪上半叶实施的妓女关押制度缓慢的局部瓦解过程。随着时间的推移，卖淫业不再是圣奥古斯丁或巴朗-杜夏特莱所设想的精液下水道。在社会经济结构演变的影响下，男性的性心理发生变化，性需求也随之转变。资产阶级隐私观念的传播、某些性苦难形式的减少以及性挫折感在不同社会阶层的转移，都使人与人之间的关系更加充满情感。召妓逐渐变成下下策，人们找妓女是为了和女性交往，满足城市社会内部滋生的深层社交型性饥渴。在嫖客与妓女的关系中，情色欲望超过了生殖器欲望。

上述现象发生在社会各个阶层中，例如，酒馆皮条客业务在工人阶层和士兵阶层中迅猛发展，蓬勃发展的暗娼馆逐步取代了公娼馆的地位，年轻人迷恋啤酒馆女服务员和音乐咖啡馆驻场女歌手，幽会馆促进了通奸交易的兴起。文学作品中的救
赎主义也反映了上述变化。 614

至此我们可以看出，人们在描绘妓女的形象时，不再机械死板，隔阂被打破。人类学借鉴巴朗-杜夏特莱的观点提出了改革计划，该计划在1900年左右已变得无法实现，甚至十分可笑。同时，资产阶级妻子的形象也变得模糊，只有通过对比妓女，“良家妇女”的形象才能得到界定，合法夫妻在做爱的时候，若妻子扮演饱受谴责的妓女形象，夫妻双方的性生活更容易获得满足。女性不再被视作天使或魔鬼；认为女性本质具有特异性的医学话语逐渐枯竭，证明了这种心态的转变；包法利夫人，试图承担自身性欲的小资产阶级妇女的缩影，其具有代表性的悲剧命运散播了焦虑。

舆论的大肆宣传将妓女置于性病悲剧的核心。妓女隔离计划失败后，人们的焦虑和对混乱的恐惧进一步加深。生物学专家焦躁不安，认为妓女是聚集了各类祸患的综合体，患有性病、酗酒、肺结核和身心衰退的妓女似乎象征了对社会构成的所有威胁。

因此，出于优生学目的，人们开始重新考量卖淫规制的透明化。新卖淫规制应运而生，并取得成功。新规制的目标是解决由于卖淫业的存在而引发的根本矛盾。作为一种耗竭技术，卖淫具有社会矫形作用，不仅维护了资产阶级家庭的隐私关系，还保持了无产阶级的劳动力。但是同时，卖淫业对健康、
615 生产力和国防都是一种威胁。因此，在维持卖淫业存在的同时，有必要使它变得更加卫生。

公娼馆的设立符合当时卫生学家的理念，他们相信隔离可以避免生物学层面和道德层面的传染。19 世纪末，人们认识到这种做法没有任何作用，开始要求实行新的管制方法。新卖淫规制主义以卫生学的名义对从事卖淫业的人员进行挑选、管理，逐渐使之规范化，这在当时被认为是一种终极尝试。

妓院老鸨的管理策略也实现了从监禁到监督的转变。规制管理下的公娼馆代表老鸨既想让妓女工作又想监禁她们，这种心态与年轻女孩们所在的修道院-工作坊或工厂寄宿学校的管理者的心态一样。另一方面，新卖淫规制提出了新的策略，其特点是通过卫生监督提高妓女行为的透明度。

第一次世界大战爆发时，无论是传统的卖淫规制体系，还是规制下的众多妓院，都是断壁残垣，解除对妓女的监禁逐渐变成现实：大部分妓女可以自由卖身、自行治疗，不再遭受监禁。约束罪恶散布的堤坝被部分打破。此外，“幽会馆”的兴起以及出入这类场所的女性享有的相对自由证明了卖淫行为在整个社会蔓延。新卖淫规制主义赢得了公众的支持。医学界巧妙地利用人们对性病传播的恐慌、对拐良为娼贸易的担忧以及 616
对各种人种威胁论的恐惧，战胜了企图使卖淫自由化的废规主义。针对妓女的卫生监督得到加强和延伸。政府通过卫生监督增强了对以前不在监管范围内的妓女的管控。政府通过承认幽会馆的存在，以对这类场所进行谨慎而有效的控制。对幽会馆的胜利监管属于道德团体发动攻势的一部分，“一战”爆发前夕，道德团体的攻势还表现为监督士兵娱乐活动以及大力打击街头卖淫、夜总会、毒品或色情制品。

上述事态的发展、新战略的执行和取得的胜利都与政治决策无关，因而并没有真正打破立法的沉默。这不足为奇。卖淫业本就是充满矛盾的行业，政府的不作为和模糊的态度源于人们惶恐不安的心理。卖淫对保护少女的贞洁和妻子的忠诚是必不可少的，并且可以抵御单身汉带来的威胁，简而言之，性交易可以满足性缺乏导致的本能需求。但是，性交易又造成了晚婚，阻碍了生育策略的实施，并破坏了形成年轻资产阶级身体文化的行为准则。

无论如何，女性性解放造成的恐慌已经消除。优生学使妓
617 女继续被边缘化。精神病学和人类学话语将淫乱视为一种非正常行为。色情依然是一种特色，一种商业产品。在警察局长的监视下，沙龙里的莎乐美仍然可以把希律王变成她的奴隶，仍然可以挥舞着施洗约翰的头颅。[①]

① 根据《圣经》记载，莎乐美是个年仅16岁的妙龄美女，由于向施洗约翰求爱被拒，愤而请继父希律王将其斩首。她把施洗约翰的首级拿在手中亲吻，以这种血腥的方式拥有了他。因此，莎乐美也成为爱欲的象征。——译者

# 资料来源

## 主要资料

### 1. 手写本资料

*Archives nationales* Série $F^7$ 9304-9305. Série $BB^{18}$ dossiers concernant les affaires de prostitution.

*Archives de la préfecture de police* BA/1689. DB/407. 408, 410 et 412.

*Archives départementales* (Série M, 4 M au 6 M : police des mœurs) des départements suivants : Bouches-du-Rhône, Charente-Maritime, Finistère, Gironde, Haute-Garonne, Hérault, Meurthe-et-Moselle, Nord, Rhône, Seine-Maritime, Seine-et-Oise, Var.

### 2. 印刷资料

**官方报纸**

*Débats parlementaires. Documents diplomatiques concernant la traite des Blanches.*

**媒体**

Notamment *Le Bulletin continental. Le Relèvement social. Supplément. Le Bulletin de la Société française de prophylaxie sanitaire et morale* et la *Revue pénitentiaire.*

## 参考书目概览

本概览中不包括性病学教科书、法律评论、拐良为娼的国际贸易报告、小说和一般性学著作；所列书目严格限于本书所讲述的时期内法国的卖淫社会史。19 世纪上半叶的情况可以参考著作：*PARENT-DUCHÂTELET, La Prostitution à Paris au XIX^e^ Siècle*, présenté et annoté par A. CORBIN, Paris, Le Seuil. 1981。

## 本书所研究时期内出版的作品

BARTHÉLEMY, T., *Étude d'hygiène sociale. Syphilis et santé publique*, Paris, 1890.

BÉRAUD, A., *Les filles publiques de Paris et la police qui les régit*, 2 vol., Paris, 1839.

BÉRAULT, G., *La Maison de tolérance considérée au point de vue hygiénique et social*, Paris, 1904.

BERGERET, E., « La prostitution et les maladies vénériennes dans les petites localités », *Annales d'hygiène publique et de médecine légale*, 1866.

BOURNEVILLE, Pr, *Enquête sur le traitement des vénériens dans l'est de la France, Le Progrès médical*, 1887.

BUTLER, J., *Souvenirs personnels d'une grande croisade*, Paris, 1900.

CARLIER, F., *Étude de pathologie sociale. Les deux prosti-*

*tutions*, Paris, 1887.

CÈRE, P., *Les Populations dangereuses et les misères sociales*, Paris, 1872.

COFFIGNON, A., *Paris vivant. La corruption à Paris*, Paris, 1888.

COMMENGE, O., *Hygiène sociale. La prostitution clandestine à Paris*, Paris, 1897.

CORLIEU, A., *La Prostitution à Paris*, Paris, 1887.

DECANTE, R., *La Lutte contre la prostitution*, Paris, 1909.

DELVAU, A., *Le Grand et le Petit Trottoir*, Paris, 1866.

DESPRÈS, A., *La Prostitution en France...*, Paris, 1883.

DIDAY, P., *Le Péril vénérien dans les familles*, Paris, 1881.

DOLLÉANS, E., *La Police des mœurs*, Paris, 1903.

DU CAMP, M., *Paris, ses organes, ses fonctions et sa vie dans la seconde moitié du XIXe siècle*, t. III, Paris, 1872.

ESQUIROS, Adèle, *Les Marchandes d'amour*, Paris, 1865.

ESQUIROS, Alphonse, *Les Vierges folles*, Paris, 1840.

ÉTIENNE, G., *Études sur la prostitution*, Nancy, 1901.

FIAUX, L., *La Police des mœurs en France et dans les principaux pays de l'Europe*, Paris, 1888.

– *Les Maisons de tolérance, leur fermeture*, Paris, 1892.

– *La Prostitution cloîtrée, étude de biologie sociale*, Paris, 1902.

– *La Police des mœurs devant la commission extra-parlementaire du régime des mœurs*, 3 vol., Paris, 1907-1910.

– *L'Armée et la police des mœurs. Biologie sexuelle du soldat*, Paris, 1917.

FLEXNER, A., *La Prostitution en Europe*, Paris, 1919. (New York, 1913).

FLÉVY D'URVILLE, *Les Ordures de Paris*, Paris, 1874.

FOURNIER, A., *Commission extra-parlementaire du*

*régime des mœurs* (Rapport), Melun, 1904.

GARIN, J., *Le Service sanitaire de Lyon...*, Paris, 1887.

GORON, M.F., *L'Amour à Paris*, Paris, 1899.

GRANDIER-MOREL, Dr, *Voyages d'études physiologiques chez les prostituées des principaux pays du globe*, Paris, 1901.

GRAS, F., *L'Aliénation mentale chez les prostituées*, Lyon, 1901.

GRAUVEAU, A., *La Prostitution dans Paris*, Paris, 1867.

GUYOT, Y., *La Prostitution*, Paris, 1882.

HAYEM, H., « La police des mœurs en province », *Revue pénitentiaire*, fév. 1904.

HENNEQUIN, F., *Rapport... sur la réglementation de la prostitution en France*, Melun, 1903.

HERMITE, E., *Prostitution et réglementation sanitaire de la police des mœurs à Grenoble*, Grenoble, 1907.

HOMO, H., *Étude sur la prostitution dans la ville de Château-Gontier...*, Paris, 1872.

IBELS, A., *La Traite des chanteuses...*, Paris, 1906.

ISSALY, L., *Contribution à l'étude de la syphilis dans les campagnes*, Paris, 1895.

JEANNEL, J., *De la prostitution dans les grandes villes au XIX^e siècle...*, Paris, 1868.

LANGLET, Pr, « La cure de prison », *Union médicale et scientifique du Nord-Est*, n° 30, juillet 1905.

LARDIER, P., *Les Vénériens des champs et la prostitution à la campagne*, Paris, 1882.

LEBLOND, A. et LUCAS. A., *Du tatouage chez les prostituées*, Paris, 1899.

LECOUR, C.J., *La Prostitution à Paris et à Londres*, 2^e éd., Paris, 1872.

LEPINE. L., *Rapport... sur la réglementation de la prostitution à Paris et dans le département de la Seine*, Melun. 1904.

LOMBROSO, C. et FERRERO, G., *La Femme criminelle et la prostituée*, Paris, 1896.

MACÉ, G., *La Police parisienne*, t. IV : « Gibier de Saint-Lazare », Paris, 1888.

MARTINEAU, L., *La Prostitution clandestine*, Paris, 1885.

MIREUR, H., *La Prostitution à Marseille. Histoire, administration, police, hygiène*, Paris, 1882.

– *La Syphilis et la Prostitution dans leurs rapports avec l'hygiène, la morale et la loi*, Paris, 1875.

MITHOUARD. A., *Conseil municipal de Paris. 17 novembre 1908*. « Rapport… sur l'application de la loi du 15 avril 1908 concernant la prostitution des mineurs ».

MORSIER, A. de, *La Police des mœurs en France et la campagne abolitionniste*, Paris, 1901.

PARENT-DUCHÂTELET, A., *De la prostitution dans la ville de Paris…* 2 vol., Paris, 1836.

POTTON, A., *De la prostitution et de la syphilis dans les grandes villes, dans la ville de Lyon en particulier*, Paris, 1842.

PRADIER, F.H., *Histoire statistique, médicale et administrative de la prostitution dans la ville de Clermont-Ferrand*, Clermont-Ferrand, 1859.

REGNAULT, F., *L'Évolution de la prostitution*, Paris, 1906.

REUSS, L., *La Prostitution au point de vue de l'hygiène et de l'administration en France et à l'étranger*, Paris, 1889.

REY, J.L., *Des prostituées et de la prostitution en général*, Le Mans, 1847.

RICHARD, E., *La Prostitution à Paris*, Paris, 1890.

SPILLMANN, L., *Du refuge à la Maison de Secours*, Nancy, 1914.

TALMEYR, M, *La Fin d'une société : les maisons d'illusion*,

Paris, 1906.
TARNOWSKY, P., *Etude anthropométrique sur les prostituées et les voleuses*, Paris, 1889.
TAXIL, L., *La Prostitution contemporaine, étude d'une question sociale*, Paris, s.d.
TUROT, H., MITHOUARD, A. et QUENTIN, M., *Conseil municipal de Paris, Rapport... sur la prostitution et la police des mœurs*, Paris, 1904.
TUROT, H., *Le Prolétariat de l'amour*, Paris, 1904.
VIGNERON, V., *La Prostitution clandestine à Nancy. Esquisse d'hygiène sociale*, Nancy, 1901.
VILLETTE, A., *Du trottoir à Saint-Lazare. Étude sociale de la fille à Paris*, Paris, 1907.
VIRMAÎTRE, C, *Paris-Impur*, Paris, 1889.
– *Trottoirs et lupanars*, Paris, 1893.
WOLFF, A., *L'Écume de Paris*, Paris, 1885.

## 与所研究时期完全或部分相关的当代著作和书籍

BELLADONA, J., « Folles Femmes de leurs corps », *Recherches*, n° 26, 1977.
BULLOUGH, Vern L. et Bonnie L., *The History of Prostitution*, New York, 1964.
CHALEIL, M., *Le Corps prostitué*, Paris, 1981.
CORBIN, A., « Le péril vénérien au début du siècle, prophylaxie sanitaire et prophylaxie morale », *Recherches*, n° 29, 1977.
– « L'hérédosyphilis ou l'impossible rédemption. Contribution à l'histoire de l'hérédité morbide », *Romantisme*, n° 31, 1981.
– « La prostituée », in *Misérable et glorieuse, la femme du*

*XIXe siècle*, présenté par J.-P. Aron, Paris, 1980.

DALLAYRAC, D., *Dossier prostitution*, Paris, 1973.

DÉSERT, G., « Prostitution et prostituées à Caen pendant la seconde moitié du XIXe siècle (1863-1914) », *Les Archives hospitalières*. Cahier des *Annales de Normandie*, n° 10, 1977.

ELLIS, H., *Études de psychologie sexuelle*, « La prostitution. Ses causes, ses remèdes », Paris, 1929.

MANCINI, J.G., *Prostitution et proxénétisme*, Paris, 1972.

ROMI, *Maisons closes dans l'histoire, l'art, la littérature et les mœurs*, 2 vol., Paris, 1965.

SERVAIS, J.J., et LAUREND, J.P., *Histoire et dossier de la prostitution*, Paris, 1967.

OLRIK, H., « Le sang impur. Notes sur le concept de prostituée-née chez Lombroso », *Romantisme*, n° 31, 1981.

**图书在版编目(CIP)数据**

烟花女子:19世纪法国性苦难与卖淫史/(法)阿兰·科尔班著;唐果译.—北京:商务印书馆,2024
(物象社会译丛)
ISBN 978-7-100-20376-0

Ⅰ.①烟… Ⅱ.①阿… ②唐… Ⅲ.①娼妓—社会问题—史料—法国—19世纪 ②卖淫问题—史料—法国—19世纪 Ⅳ.①D756.588

中国版本图书馆CIP数据核字(2021)第190368号



物象社会译丛

**烟花女子**

——19世纪法国性苦难与卖淫史

〔法〕阿兰·科尔班 著

唐 果 译

---

商 务 印 书 馆 出 版
(北京王府井大街36号 邮政编码100710)
商 务 印 书 馆 发 行
北 京 冠 中 印 刷 厂 印 刷
ISBN 978-7-100-20376-0

---

2024年2月第1版 开本 850×1168 1/32
2024年2月北京第1次印刷 印张 17¾
定价:95.00元